孔庙国子监论丛

⊙孔庙和国子监博物馆编

中国社会科学出版社

【2013年】

图书在版编目（CIP）数据

孔庙国子监论丛 . 2013 年／孔庙和国子监博物馆编 . —北京：
中国社会科学出版社，2014.1
ISBN 978 - 7 - 5161 - 3676 - 8

Ⅰ . ①孔…　Ⅱ . ①孔…　Ⅲ . ①孔庙—北京市—丛刊
Ⅳ . ①K928. 75 - 55

中国版本图书馆 CIP 数据核字（2013）第 285945 号

出　版　人　赵剑英
责任编辑　冯春凤　孙　萍
责任校对　韩国茹
责任印制　王炳图

出　　　版　中国社会科学出版社
社　　　址　北京鼓楼西大街甲 158 号（邮编 100720）
网　　　址　http：//www. csspw. cn
　　　　　　中文域名：中国社科网　010 - 64070619
发 行 部　010 - 84083685
门 市 部　010 - 84029450
经　　　销　新华书店及其他书店

印刷装订　环球印刷（北京）有限公司
版　　　次　2014 年 1 月第 1 版
印　　　次　2014 年 1 月第 1 次印刷

开　　　本　787×1092　1/16
印　　　张　23
插　　　页　6
字　　　数　428 千字
定　　　价　85.00 元

①
②
③

① 2013 年 2 月 5 日，文化部党组书记、部长蔡武一行十余人到孔庙和国子监博物馆检查慰问

② 2013 年 4 月 3 日，清明节祭扫先师孔子

③ 2013 年 4 月 18 日，北京孔庙和国子监博物馆与柳州文庙传统文化交流活动揭幕仪式在柳州文庙隆重举行

① 2013 年 4 月 23 日，企业家俱乐部国子监大讲堂在彝伦堂举办，舒乙先生主讲
② 2013 年 5 月 9 日，北京市纪委书记叶青纯到孔庙和国子监博物馆考察廉政教育基地建设
③ 2013 年 5 月 23 日，蒙古副总理特尔比西达格瓦一行到孔庙和国子监博物馆参观考察

① 2013 年 6 月 1 日，京西学校毕业典礼在孔庙大成殿前隆重举办

② 2013 年 6 月 5 日，吴志友馆长向新南威尔士大学孔子学院院长金江赠送书籍光盘

③ 2013 年 6 月 5 日，《孔子——圣人圣地文化展暨书画艺术精品展》在澳大利亚新南威尔士大学正式展出，吴志友馆长发表演讲

① 2013 年 6 月 9 日，《孔子——圣人圣地文化展》在新加坡南洋理工大学孔子学院展出

② 2013 年 6 月 9 日，吴志友馆长在新加坡南洋理工大学孔子学院演讲

③ 2013 年 6 月 18 日，孔庙和国子监博物馆学术委员会年会暨中国科举研究会筹备会在敬一亭隆重召开

① 2013 年 6 月 23 日，孔庙和国子监博物馆三个支部成立大会隆重召开
② 2013 年 7 月 18 日，"童谣中国　感悟经典"——2013 全国少儿国学文
化节开幕仪式在孔庙和国子监博物馆隆重举行
③ 2013 年 8 月 6 日，孔庙和国子监博物馆"深入开展党的群众路线教育
实践活动"动员大会召开

① 2013 年 9 月 1 日，东城区回民小学开学典礼暨"行圣人训，养好品行，铸中华梦"主题活动

② 2013 年 9 月 9 日，"国学圣地 德化天下"国学文化饕餮盛宴开席——第四届北京孔庙国子监国学文化节盛大开幕

③ 2013 年 9 月 18 日，第四届国学文化节"中秋月圆中国梦"书画交流会在国子监敬一亭举办

①

②

③

① 2013 年 9 月 28 日，孔庙崇圣祠国学文化新景观七十二贤人瓷板画揭幕仪式
② 2013 年 9 月 28 日，祭孔大典吴志友馆长宣读告文
③ 2013 年 9 月 28 日，祭孔大典主祭官分献官陪祭官

孔庙国子监论丛

①
②
③

① 2013 年 10 月 13 日，重阳节敬老礼

② 2013 年 10 月 30 日，诺贝尔文学奖获得者莫言先生在孔庙和国子监博物馆参加网络文学大学成立仪式暨 2013 年开学典礼

③ 2013 年 12 月 5 日下午，法国总理埃罗一行五十余人到孔庙和国子监博物馆参观考察

目　录

孔庙　国子监研究

儒家思想研究

博物馆学研究

专题研究

博物馆探索与实践

大成殿

万世师表

孔庙国子监研究

◇元代国子祭酒——许衡

◎ 庚华

[摘　要] 许衡是宋元之际儒学领域的重要人物，终身致力于传承和发展儒家学说，促进汉蒙文化融合，培养治国安邦人才，对于元朝初期的政治、文化和教育的发展发挥了巨大作用。作为元朝首位国子祭酒，许衡积极探索，在实践中确立了元代早期国子学的教学和管理模式，可谓元代儒学发展史上可圈可点的历史人物。论文梳理了许衡的生平事迹，分析了他独具魅力的高洁品行，归纳总结了他对于元代初期儒学教育以及儒学发展与传承方面的突出贡献。

[关键词] 元代　儒学　祭酒　许衡

许衡，元朝怀庆河内（今河南焦作沁阳）人，字仲平，生于公元1209年，卒于公元1281年，享年七十二岁，不仅是宋元之际的儒学大家，也是元朝开国重臣，官至中书左丞，终身致力于传承和发展儒家学说，促进汉蒙文化融合，培养治国安邦人才，对于元朝初期的政治、文化和教育的发展发挥了巨大作用。作为元朝首位国子祭酒，许衡积极探索，在实践中确立了元代早期国子学的教学和管理模式，可谓元代儒学发展史上可圈可点的历史人物。

一　贫寒出身　聪颖勤奋

许衡出生于地位卑微的农民世家。关于许衡的出身，《元史》中记载："许衡，字仲平，怀之河内人也，世为农。父通避地河南，以泰和九年九月生衡于新郑县。"①《鲁斋遗书》卷十二《谱传》"魏国公通"条记载："通其先河内人，避地河南，隐德弗耀，赠银青荣禄大夫大司徒，追封魏国公，

---

① （明）宋濂等：《元史》卷一百五十八，《许衡传》，中华书局1976年4月第1版，第3716页。

谥惠和，暨配李氏，追封魏国夫人，子二：衡、衎。"① 父亲许通避居河南新郑，务农为生，与其夫人李氏育有二子许衡和许衎，许衡为长子，许通夫妇死后被追封为魏国公和魏国夫人。许衡的童年在贫寒中度过，但他天资聪颖，好学好问，表现出非同寻常的气质。"幼有异质，七岁入学，授章句，问其师曰：'读书何为？'师曰：'取科第耳！'曰：'如斯而已乎？'师大奇之。每授书，又能问其旨义。久之，师谓其父母曰：'儿颖悟不凡，他日必有大过人者，吾非其师也。'遂辞去，父母强之不能止。如是者凡更三师。"② "年十余，有道士过门，见之，惊曰：骨清神完，目光射人，苟非命世大贤，即当神超八表，人间富贵不足道也。"③

　　天资聪颖的许衡酷爱读书、勤于思考的特质在幼年时期就表露无遗。在七岁刚入学启蒙之时就向老师请教为什么读书等问题，对于老师教授的内容总是刨根问底，不满足于老师教授的内容，导致老师推辞不教，不得不屡次更换老师。长大一些之后，他仍然保持浓厚的读书兴趣，如饥似渴地读书。卑微的出身和贫寒的家境并没有影响许衡的求学之路。"稍长，嗜学如饥渴，然遭世乱，且贫无书。尝从日者家见《书》疏义，因请寓宿，手抄归。既逃难岨峡山，始得《易》王辅嗣说。时兵乱中，衡夜思书诵，身体而力践之，言动必揆诸义而后发。"④ "世乱家贫，无从得书，闻有善本，冒险数百里就而抄之，读之有疑，即能有所折衷。"⑤ "往来河洛间，从柳城姚枢学，得程颐、朱熹书，益大有得。寻居苏门，与姚枢、窦默相讲习，慨然以道为己任。"⑥

　　由于时逢朝代更迭、兵荒马乱的岁月，为了逃避战乱而四处奔波，加之家境贫困，许衡常常因为找不到书读而苦恼，曾经在日者（古时以观察天象，占候卜筮为业的人）家看见《尚书疏义》，便请求夜宿其家中连夜手抄，如获至宝地将手抄本带回家研读。战乱中逃难到岨峡山，得到王辅嗣注解的《周易》，昼夜学习诵读，达到忘我境界。当他得知哪里有古书，便不顾战乱危险，不辞辛劳，跋山涉水，前往数百里之外

　　① （元）许衡：《鲁斋遗书》卷十二，《文渊阁四库全书》（影印版），集部第一百三十七册，台湾商务印书馆 1986 年版，第 436 页。
　　② （明）宋濂等：《元史》卷一百五十八，《许衡传》，中华书局 1976 年 4 月第 1 版，第 3716 页。
　　③ （元）欧阳玄：《神道碑》，《鲁斋遗书》卷十三，《文渊阁四库全书》（影印版），集部第一百三十七册，台湾商务印书馆 1986 年版，第 441 页。
　　④ （明）宋濂等：《元史》卷一百五十八，《许衡传》，中华书局 1976 年 4 月第 1 版，第 3716 页。
　　⑤ （元）欧阳玄：《神道碑》，《鲁斋遗书》卷十三，《文渊阁四库全书》（影印版），集部第一百三十七册，台湾商务印书馆 1986 年版，第 441 页。
　　⑥ 张善文编著：《周易辞典》，中国大百科全书出版社 2005 年版，第 289 页。

亲手抄写。

　　青年时期，许衡曾跟从舅舅当差吏，但他对此不感兴趣，不慕仕途，决意求学，潜心钻研儒家经典。1228 年，许衡参加儒生考试中选，遂以教学为生。1242 年，三十三岁的他拜学姚枢，求得程颐《易传》、朱熹《四书章句集注》，带回亲自抄写的手抄本，教授门徒，名声越来越大。1250 年，已过不惑之年的许衡移居于与世隔绝的苏门山（位于今河南辉县西北，道教人物孙登隐居于此），潜心治学，并与姚枢、窦默等人共同讲习学问，所讲习的内容无所不包，涉及经学、史学、礼乐文化、天文历学、军事、法律以及经济等诸多领域。勤奋治学所积累的渊博学识为许衡从政、从教奠定了坚实的基础。

二　安贫乐道　品行高洁

　　饱读儒家经典的许衡深知"修身"是"齐家、治国、平天下"的起点，努力修身修为，终其一生，他始终安贫乐道，教书育人，其高洁品行常为后人所称道。《元史》中记载了一则有关他不取他人之物的故事："尝暑中过河阳，渴甚，道有梨，众争取啖之，衡独危坐树下自若。或问之，曰：'非其有而取之，不可也。'人曰：'世乱，此无主。'曰：'梨无主，吾心独无主乎？'"① 说的是在战乱中他四处奔波求学和讲学时的故事，某个夏天他路过一片无人管理的梨园，天气酷热，加以旅途劳累，他便在树荫下乘凉休息。其他路人难以忍受酷暑，便去路边梨园中摘梨解渴，见他不为所动，便问他为何不去？他回答说：不是自己的，不能摘。路人告诉他说：现在世道乱，梨园没主人。而他则反问道：梨没主人，难道我的心也没主人吗？"转鲁留魏，人见其有德，稍稍从之。居三年，闻乱且定，乃还怀。"② 他在今山东河南一带辗转，由于他的品德为人所称道，跟随他的学生越来越多。

　　许衡在十分艰苦的环境下能坚持以弘扬儒学为己任，安于贫困，不贪图钱财和个人享受，乐于助人。文献中对此也有记载："家贫躬耕，粟熟则食，粟不熟则食糠核菜茹，处之泰然，讴诵之声闻户外如金石。财有余，即以分诸族人及诸生之贫者。人有所遗，一毫弗义弗受也。"③ 文中说即使是在吃糠咽菜的艰苦环境也丝毫不能动摇许衡勤奋学习的决心，不贪爱财物，对于别人给予的不义之财，他做到分毫不取。同时，他还具有宽厚的仁爱之

---

　　① （明）宋濂等：《元史》卷一百五十八，《许衡传》，中华书局 1976 年 4 月第 1 版，第 3716—3717 页。

　　② 同上书，第 3717 页。

　　③ 同上。

心，乐于助人，当他手中有了钱的时候，他不是用以个人享受，而是立即分发给家族的人或家境贫困的学生。

许衡堪称谦谦君子，"不为利回"、"不为权屈"，既不为名利所惑，也不趋炎附势，不阿谀奉承，不仅拒绝了已经得到朝廷青睐的姚枢的挽留，而且对家人的教化亦如此，连他家的小孩子都表现出轻视财物的非凡举止。"枢尝被召入京师，以其雪斋居衡，命守者馆之，衡拒不受。庭有果熟烂坠地，童子过之，亦不睨视而去，其家人化之如此。"① 许衡为官清廉正直，不畏权贵，敢于直言，有"元代魏徵"的美誉。他的仕途也因此颇为波折和奇特，《元史·许衡传》中记载了他多次辞官，多次被皇帝诏回并委以重任，仕途起起落落，反反复复，这在中国古代政治史上都是极为少见的特殊案例。

> 甲寅，世祖出王秦中，以姚枢为劝农使，教民耕植。又思所以化秦人，乃召衡为京兆提学。秦人新脱于兵，欲学无师，闻衡来，人人莫不喜幸来学。郡县皆建学校，民大化之。②

早在元朝统一全国前，忽必烈入关中为秦王，闻听许衡的学识和为人，于公元 1254 年任命许衡为京兆教授，从事民众的教化工作，这是许衡担任的第一份官职。可是好景不长，"世祖南征，乃还怀，学者攀留之不得，从送之临潼而归"③。忽必烈征战南方之后，许衡就辞归老家怀州，这一次应该是他第一次辞官。

> 中统元年，世祖即皇帝位，召至京师。时王文统以言利进为平章政事，衡、枢辈入侍，言治乱休戚，必以义为本。文统患之。且窦默日于帝前排其学术，疑衡与之为表里，乃奏以枢为太子太师，默为太子太傅，衡为太子太保，阳为尊用之，实不使数侍上也。默以屡攻文统不中，欲因东宫以避祸，与枢拜命，将入谢。衡曰："此不安于义也，姑勿论。礼，师傅与太子位东西乡，师傅坐，太子乃坐。公等度能复此乎？不能，则师道自我废也。"枢以为然，乃相与怀制立殿下，五辞乃免。改命枢大司农，默翰林侍讲学士，衡国子祭酒。未几，衡亦谢病归。④

---

① （明）宋濂等：《元史》卷一百五十八，《许衡传》，中华书局 1976 年 4 月第 1 版，第 3717 页。

② 同上。

③ 同上。

④ 同上书，第 3717—3718 页。

　　许衡曾拒绝担任太子太保。元世祖忽必烈于即位那年将许衡重新诏至京城，听从中书省平章政事王文统的建议，任命许衡与姚枢、窦默分别担任虚衔无实职的东宫三师：太子太保、太子太傅和太子太师。谙熟权术的王文统目的是为了在表面上重用许衡，实际上是不让许衡接近皇帝。窦默和姚枢在各自心里权衡一番之后认为斗不过王文统，想借此机会躲避到东宫，以免惹祸上身，准备谢恩从命。此时，许衡站出来发表自己的看法，认为这种职务安排不符合"义"理，并说服姚枢一起拒绝任职，五次拒绝后皇帝不得不改命姚枢为大司农，窦默为翰林侍讲学士，许衡为国子祭酒，这一年是元世祖中统二年（公元1261年）。

　　至元二年，许衡上奏皇帝《时言五事》，皇帝一一采纳。"衡多病，帝听五日一至省，时赐尚方名药美酒以调养之。四年，乃听其归怀。"[1] 许衡因病辞归老家怀州，皇帝准许。第二年（至元五年，公元1268年）又将其诏至京师，"奏对亦秘"[2]，关于这一次皇帝与他商讨的具体内容史书没有记载，无从知晓。

　　至元七年（即公元1270年），许衡再次辞官，当时他担任中书左丞，因为弹劾奸臣阿合马，皇帝不听，许衡便愤然辞职。

　　至元八年（公元1271年），也就是元世祖命尼泊尔建造北京妙应寺白塔的那年，因为当时朝中有些权臣以学校非急务，认为读书无用，不及时供应廪膳，致使国子学学生离散，担任集贤大学士兼国子祭酒的许衡感觉朝廷不重视国子学教育，自己难有作为，于是辞职回到老家怀州。

　　至元十三年（公元1276年），皇帝将其诏回京城大都，还让他担任集贤大学士兼国子祭酒，主持太史院的事务，命令他与王恂、郭守敬等共同商定历法。在许衡的领导之下，创制仪象圭表，测量天文，并于至元十七年完成《授时历》。至元十七年，许衡告老还乡，之后再也没有返回京城，第二年离开人世。

三　国子祭酒　致力教育

　　国子祭酒是中国古代官学机构的最高官员，《通典》卷二十七《职官九》载："凡祭酒、司业，皆儒重之官，非其人不居。""其品秩，唐代定为从三品，宋代也为从三品。"[3] 元代亦如此，只有德高望重的儒学大家才能

---

① （明）宋濂等：《元史》卷一百五十八，《许衡传》，中华书局1976年4月第1版，第3726页。

② 同上。

③ 王建军：《元代国子监研究》，博士学位论文，暨南大学，2002年。

担此重任。元朝建国初期，百业待兴，人才匮乏，发展教育成为当务之急。元世祖忽必烈于至元八年（公元 1271 年）颁发诏令，创办以推行蒙古新字为目的的蒙古国子学，同年三月，创办了以儒学为学习内容的儒学国子学；至元十四年（公元 1277 年），设蒙古国子监；至元二十四年（公元 1287 年）设儒学国子监；至元二十六年（公元 1289 年）"设回回国子监"。① 许衡由于才学出众，名声远播，很快得到忽必烈的重用，先后担任京兆教授、国子祭酒、中书左丞等职，为元朝初期的儒学教育作出了贡献。

首先，许衡倡导儒学，以传道授业为己任，致力于元朝国子学的创立。年轻的许衡游学苏门期间曾"与枢及窦默相讲习。凡经传、子史、礼乐、名物、星历、兵刑、食货、水利之类，无所不讲，而慨然以道为己任。尝语人曰：'纲常不可一日亡于天下，苟在上者无以任之，则在下之任也'"。② 表现出了弘扬儒学、以儒学治国的政治理想。《宋元学案·鲁斋学案》："至元二年，以安童为右丞相，使先生辅之，乃上书言立国规模。"至元二年即公元 1265 年，许衡为议事中书省，先后给忽必烈上五道奏章，主张实现汉法，即以儒家学说治理国家。他直言道："自古立国，皆有规模。循而行之，则治功可期。否则心疑目眩，变易分更，未见其可也。昔子产相衰周之列国，孔明治西蜀之一隅，且有定论，终身由之，而堂堂天下，可无一定之说而妄为之哉？考之前代，北方之有中夏者，必行汉法乃可长久。故后魏、辽、金历年最多，他不能者，皆乱亡相继，史册具载，昭然可考。使国家而居朔漠……"③ 在以许衡、窦默等为代表的儒家学者们的影响和推动之下，元初统治者逐渐认识到儒家学说的治国理念及重要价值，吸纳他们的建议，创办了国子学，至元二十四年，改设监学合一的国子监。《元史》对于国子监作如下记载："国子监，至元初，以许衡为集贤馆大学士、国子祭酒，教国子与蒙古大姓四集赛人员。选七品以上朝官子孙为国子生，随朝三品以上官得举凡民之俊秀者入学，为陪堂生伴读。"④ 位于北京东城区的国子监在许衡去世之后才建立，因此许衡所在的国子学当是位于南城的金代枢密院旧址。

其次，许衡在任国子祭酒期间，创立了完善的教学管理体系，使国子学

① （明）宋濂等：《元史》卷八十一《选举志一》，中华书局 1976 年 4 月第 1 版，第 2027—2028 页。

② （明）宋濂等：《元史》卷一百五十八《许衡传》，中华书局 1976 年 4 月第 1 版，第 3717 页。

③ 同上书，第 3718—3719 页。

④ （明）宋濂等：《元史》卷八十七《百官志三》，中华书局 1976 年 4 月第 1 版，第 2192—2193 页。

的教学有了制度保障。许衡所创立的国子学制度十分严格，也得到后继者的推崇和坚守，"十年，权臣屡毁汉法，诸生廪食或不继，衡请还怀……刘秉忠等奏，乞以衡弟子耶律有尚、苏郁、白栋为助教，以守衡规矩，从之"①。许衡在管理国子学期间为坚持原则，不屈从权贵的破坏和诋毁，不得不请辞还乡。刘秉忠对许衡创立的国子学管理制度十分认可，希望继任的国子学职官继续遵守。

再次，在教学过程中贯彻务实践行的教学宗旨和理念。许衡认为教育应以务实为宗旨，以求圣贤之理、行圣贤之道为目的，注重实践，反对空谈。他说："凡为学之道必须一言一句自求己事，如'六经'、《语》、《孟》中，我所未能，当勉而行之；或我所行不合于'六经'、《语》、《孟》中，便须改之。先务躬行，非止诵书作文而已。"②

最后，许衡在教学中结合实际，采取措施，努力提升教学效果。许衡热爱教育事业，当他得知被委任集贤大学士兼国子祭酒时，喜不自禁，说："此吾事也。"因此，他在教学和管理中尽职尽责，在教材方面，许衡除了选用朱熹的著作作为教材外，还亲自编著了《大学直解》、《中庸直解》、《大学要略》、《编年歌括》、《稽古千字文》等教材。在教学过程中，因材施教，因人而异，"随其才昏明大小，皆有所得"，"因觉以明善，因明以开蔽，相其动息以为张弛"。他对学生充满信心，曾说："蒙古生，质朴未散，视听专一，苟置之好伍曹中，涵养三数年，将来必能为国家所用。"③一方面"爱之如子"、"其言熙熙，虽与童子语，如恐伤之"，关心学生日常生活，为学生争取利益；另一方面纪律严明，在制度管理中始终坚持原则，"出入进退，其严若君臣"，"先生自开学，家事悉委其子师可，凡宾客来学中者，皆谢绝之。先生尝曰：'学中若应接人事，诸生学业必有所妨。外人谤怒是我一己之事，诸生学业乃上命也'"④。为了给学生营造好的学习环境，许衡不仅以身作则，拒绝接待宾客，还禁止学生接待来自社会的访客。许衡还创立了伴读制度，"乃请征其弟子王梓、刘季伟、韩思永、耶律有尚、吕端善、姚燧、高凝、白栋、苏郁、姚燉、孙安、刘安中十二人为伴

---

① （明）宋濂等：《元史》卷一百五十八，《许衡传》，中华书局 1976 年 4 月第 1 版，第 3728 页。

② （元）许衡：《语录》上，《鲁斋遗书》卷一，《文渊阁四库全书》（影印版），集部第一百三十七册，台湾商务印书馆 1986 年版，第 276 页。

③ （元）苏天爵："左丞许文正公"，《元名臣事略》卷八，《文渊阁四库全书》（影印版），史部第二百零九册，台湾商务印书馆 1986 年版，第 621 页。

④ 同上书，第 451 页。

读。诏驿召之来京师，分处各斋，以为斋长"①。伴读制度客观上有利于分散教学压力，利用学习优异者帮助其他学生，以此方法来提升整体教学效果。许衡注重学生的全面发展，"课习少暇，即习礼，或习书算。少者则令习拜跪、揖让、进退、应对，或射，或投壶，负者罚读书若干遍。久之，诸生人人自得，尊师敬业，下至童子，亦知三纲五常为生人之道"。许衡也十分注重学生们的品德修养，言传身教，用自己的言行去感悟学生。"岁时，诸伴读以酒礼至先生家，先生辞曰：'所以奏取诸生者，盖为国家、为吾道、为学校、为后进、非为供备我也。夫为官守学，所当得者俸禄也，俸禄之外，复于诸生有取焉，欲师严道尊难矣。'"②

四　著书立说　传承儒学

许衡不仅亲自教授"《易》、《诗》、《春秋》、《礼记》、《论语》、《大学》、《中庸》、《孟子》"等儒学经典，还著书立说，发展和传承儒学思想，"其说则周、程、张、朱氏之传也"。③ 许衡的著述很多，后人将其收录在《鲁斋遗书》之中，主要包括：《小学大义直说》、《大学要略》、《大学直解》、《中庸直解》、《读易私言》、《读文献公撰著说》、《阴阳消长》以及奏疏、杂著、书状和诗文等。

许衡在学术上的成就主要在于儒家思想的承继与发展。他生活在宋元交替的历史时代，"以朱子之言为师"，是程朱理学的重要传承人。朱熹的气化学说在他这里得到了很好的继承，他认为事物都由阴阳二气相互依附、相互作用形成，"万物皆本于阴阳"，"天即理也，有则一时有，本无先后。有是理而后有是物……凡物之生，必得是理而后有是形，无理则无形"。"此天地所以造化万物，日新无敝者也。"④ 用自然现象推论社会现象，他的观点蕴涵对立统一的辩证思想。在政治上主张"王道"、"仁政"，认为"自古至今，天下国家惟有个三纲五常是治乱之本"。在教育上提倡务实致用。许衡除了研究儒学经典之外，还注重道德实践，进一步发展了朱熹的心学思想，使程朱理学逐渐向心学转化，为此后王阳明"正心以正物"心学思想的出

---

① （明）冯从吾：《元儒考略》卷一，《文渊阁四库全书》（影印版），史部第二百一十一册，台湾商务印书馆 1986 年版，第 453 页。

② （元）许衡：《鲁斋遗书》卷十三，《文渊阁四库全书》（影印版），集部第一百三十七册，台湾商务印书馆 1986 年版，第 462 页。

③ （元）虞集：《国子监学题名序》，《道园学古录》卷六，《文渊阁四库全书》（影印版），集部第一百四十六册，台湾商务印书馆 1986 年版，第 103 页。

④ （元）许衡：《语录》，《鲁斋遗书》卷二，《文渊阁四库全书》（影印版），集部第一百三十七册，台湾商务印书馆 1986 年版，第 274—275 页。

现奠定了基础。

许衡在当时的社会影响很大，他去世之后，朝野上下"所去，人皆哭泣，不忍舍，服念其教如金科玉条，终身不敢忘。或未尝及门，传其绪余，而折节力行为名世者，往往有之。听其言，虽武人俗士异端之徒，无不感悟者"①。许衡的贡献得到了元代朝廷的认可，给予他很高的殊荣，"大德二年，赠荣禄大夫司徒，谥文正。至大二年，加正学垂宪佐运功臣、太傅、开府仪同三司，封魏国公。皇庆二年，诏从祀孔子庙庭。延祐初，又诏立书院京兆以祀衡，给田奉祠事，名鲁斋书院"②。不仅赠许衡"荣禄大夫司徒"，封谥号"文正"，追加"正学垂宪佐运功臣"、"太傅"、"魏国公"等一系列头衔，元仁宗还于皇庆二年（即公元1313年）颁发诏令，将许衡列入孔庙先儒先贤的行列，享从祀之礼。许衡与宋元之际的另一位儒家学者吴澄齐名，时称"南吴北许"。③

庚华，孔庙和国子监博物馆馆长助理、研究馆员

---

① （明）宋濂等：《元史》卷八十七《百官志三》，中华书局1976年4月第1版，第3729页。
② 同上。
③ 董玉整主编：《中国理学大辞典》，暨南大学出版社1995年版，第232—233页。

◇北京孔庙大成殿清代皇帝御制匾联考辨

◎ 王琳琳

[摘　要] 北京孔庙是元、明、清三代皇帝祭祀儒家创始人、至圣先师孔子的场所。大成殿是祭祀孔子的正殿，殿内外悬挂着清代康熙至宣统九位皇帝御书匾额、楹联以及袁世凯、黎元洪书写的匾额。近年来研究北京孔庙大成殿匾额、楹联的文章屡有发表，取得一定成果。但关于某些匾额、楹联的颁揭时间有待考证，清代皇帝为孔庙御制匾额、楹联的意义也还需深入阐发。本文主要试图从以上两个方面研究北京孔庙大成殿清代皇帝御制匾额、楹联。

[关键词]　北京孔庙　大成殿　御制　匾额楹联

一　大成殿内清代皇帝御制匾联概况

北京孔庙是元、明、清三代皇帝祭祀儒家创始人、至圣先师孔子的场所。大成殿是祭祀孔子的正殿，殿内外悬挂着清代康熙至宣统九位皇帝御书匾额、楹联以及袁世凯、黎元洪书写的匾额。大成殿内正中梁架上原悬挂着康熙御书的"万世师表"匾额（现悬挂于大成殿外），按照"昭穆之制"①和"左为上尊"的惯例，"万世师表"匾额居中，康熙之后清代皇帝御书匾额分居"万世师表"匾额左右，两侧各四块匾额。左侧为：雍正的"生民未有"，嘉庆的"圣集大成"，咸丰的"德齐帱载"，光绪的"斯文在兹"；右侧为：乾隆的"与天地参"，道光的"圣协时中"，同治的"圣神天纵"，宣统的"中和位育"。除了匾额，在殿内还悬挂两幅乾隆皇帝御书的楹联："气备四时，与天地鬼神日月合其德；教垂万世，继尧舜禹汤文武作之师。""齐家治国平天下，信斯言也，布在方策；率性修道致中和，得其门者，譬之宫墙。"

---

①　古代宗法制度，宗庙或宗庙中神主的排列次序，始祖居中，以下父子（祖、父）递为昭穆，左为昭，右为穆。

"万世师表"匾悬挂于大成殿内旧照

大成殿内匾额、楹联全景图

　　1912 年清帝退位，民国建立。黎元洪任北洋政府大总统时为消除清朝统治的影响，下令将大成殿内康熙至宣统九位清代皇帝御书的匾额全部摘下。民国六年（1917 年）黎元洪效仿旧制亲笔题写了"道洽大同"匾额，悬挂在大成殿内孔子牌位上方正对大门处，也就是"万世师表"匾额悬挂的位置。1979 年首都博物馆在北京孔庙成立，1983 年首都博物馆准备恢复大成殿原貌，对外开放。清代其他八位皇帝御书的匾额都按照原位悬挂，只有康熙"万世师表"匾额不知如何安放：如果放回原处，黎元洪"道洽大同"匾额就没有位置；黎元洪"道洽大同"匾额悬挂于民国初年见证了那段历史，摘掉也不符合历史。经过专家的商议，最后决定：黎元洪"道洽大同"匾额不动，康熙"万世师表"匾额移至大成殿外前檐高悬。因此在全国孔庙中出现了北京孔庙康熙"万世师表"匾额悬挂在大成殿外的特例。

　　关于北京孔庙大成殿内清代皇帝御制匾联，道光十三年（1833 年）修定的《钦定国子监志》记载较为全面：

> 殿中恭悬圣祖仁皇帝御书额一，曰"万世师表"。（康熙二十四
> 年颁揭）世宗宪皇帝御书额一，曰"生民未有"。（雍正三年颁揭）
> 高宗纯皇帝御书额一，曰"与天地参"。（乾隆三年颁揭）御制联一，
> 曰"气备四时，与天、地、鬼、神、日、月合其德；教垂万世，继
> 尧、舜、禹、汤、文、武作之师。"（乾隆三年颁揭）又御制联一，
> 曰："齐家治国平天下信斯言也，布在方策；率性修道致中和得其门
> 者，譬之宫墙。"（乾隆三年颁揭）仁宗睿皇帝御书额一，曰"圣集
> 大成"。（嘉庆三年颁揭）皇上御书额一，曰"圣协时中"。（道光三
> 年颁揭）①

道光版《钦定国子监志》中关于一些匾联的颁揭时间记载有误。而且
道光版《钦定国子监志》也缺少咸丰"德齐帱载"，同治"圣神天纵"，光
绪"斯文在兹"，宣统"中和位育"四块匾额的记载。

二　大成殿内清代皇帝御制匾联探微

（一）"万世师表"匾额

"万世师表"匾

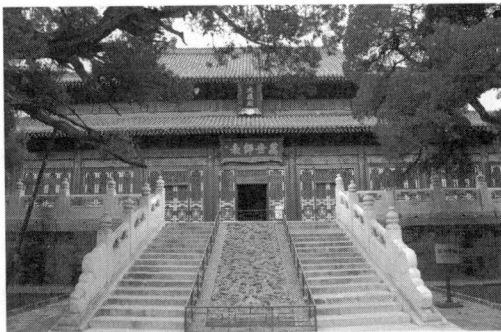

大成殿外景

"万世师表"匾芯横长约 450 厘米，纵宽约 160 厘米，四周边框宽约 40
厘米。木质，磁青底，正中为"万世师表"四个大金字，每字一米见方，
右侧为"康熙甲子孟冬敬书"一竖排小金字，并钤有"广运之宝"满汉文
玺印。"万世师表"匾额四周金漆，雕有群龙戏珠图案，工艺十分精美：上
下匾框各有六条飞龙，每条匾框左右各三条飞龙相对戏珠；左右匾框升降戏

---

① （清）文庆、李宗昉等纂修：《钦定国子监志》，北京古籍出版社 2000 年版，第 38—39
页。

珠对龙两条。康熙从小接受汉文化教育，喜爱书法，尤为推崇董其昌的书画，曾临摹董书，因此字体深受其影响，软媚中涵有博雅的气度；康熙还崇尚"馆阁体"，所以字体结构平稳严谨。"万世师表"四个字，结构严谨端庄，笔画圆润丰满，气韵非凡。

康熙甲子孟冬敬书　　　　　　　"广运之宝"满汉文印章

　　康熙御书"万世师表"并命全国各地孔庙将题词一体刻制成匾悬挂于大成殿中，但现在只有北京孔庙"万世师表"匾额没有悬挂在大成殿中；"万世师表"匾额的题名时间、颁发全国各地孔庙的时间、颁发北京孔庙的时间一直以来并不明了。笔者通过查找文献资料，详细考察其流传经历，对上述问题有了一个清晰的认识。

　　康熙二十三年（1684 年），康熙临幸阙里，亲诣孔庙，行三跪九拜之礼，书"万世师表"匾额，这是清代皇帝首次亲临曲阜孔庙祭孔。对此，《清实录》、《清史稿》等史书均有翔实的记载。《清实录·圣祖仁皇帝实录卷之一百十七》记载："（康熙二十三年十一月己卯）至大成殿。乐作。上行三跪九叩礼……上复至大成殿前……命大学士等宣谕曰：……特书万世师表四字，悬额殿中。"《清史稿·卷七圣祖本纪二》与此记载类似："（康熙二十三年十一月）己卯，上诣先师庙，入大成门，行九叩礼……上大成殿，瞻先圣像，观礼器……书'万世师表'额。留曲柄黄盖。"匾左侧落款的"甲子"，按推算应该是康熙二十三年（1684 年）；"孟冬"是旧历冬季的第一月，即十月，而康熙是十一月去曲阜祭孔，由此推断可能康熙事先书写好这个榜文带到山东曲阜的。康熙二十三年应是康熙题写"万世师表"匾额的时间。

　　康熙题写"万世师表"匾额后，下诏颁发全国各省学宫孔庙悬挂。但是全国各地"万世师表"匾额的具体颁发悬挂时间不尽相同。比如《浙江通志·卷二十五》记载杭州府学"（康熙）二十四年，巡抚赵士麟修圣殿、明伦堂，并重造两庑、庙门，庙悬圣祖仁皇帝御书万世师表扁额"；《广西通志·卷三十七》记载："（康熙）二十五年，圣祖仁皇帝御书万世师表颁行州、县，悬额庙中"；《钦定盛京通志·卷四十三》中记载奉天（沈阳）府学"（康熙）二十八年，颁御书万世师表扁额，奉悬大成殿"。北京孔庙悬挂"万世师表"匾额的时间为康熙三十二年（1693 年），《清实录·圣祖仁皇帝实录·卷之一百五十九》载有："（康熙三十二年五月壬子）颁御书万世师表匾额于国学。""国学"即北京国子监，因其包括孔庙，构成所谓"左庙右学"之制，所以又称"庙学"。

由此我们知道：北京孔庙"万世师表"匾额上的"甲子"为康熙二十三年（1684 年），是康熙在曲阜祭孔、御书匾额的时间；而匾额颁发给北京孔庙则是在康熙三十二年（1693 年）。道光版《钦定国子监》载："殿中恭悬圣祖仁皇帝御书额一，曰'万世师表'。（康熙二十四年颁揭）"这样看来《钦定国子监志》关于"万世师表"匾额颁揭时间的记载有误。

"万世师表"最早源自于《三国志·魏志·文帝纪》："昔仲尼大圣之才，怀帝王之器……可谓命世之大圣，亿载之师表者也。""亿载"意同于"万世"。北京孔庙大成门前元代孔子加号碑，记载元大德十一年（1307 年）元武宗加封孔子为"大成至圣文宣王"的诏令，碑文称赞孔子为"师表万世"。现在"万世师表"一词已经成为赞颂孔子的专用词，孔子为铸造中华民族性格之导师，堪用此词！

（二）"生民未有"匾额

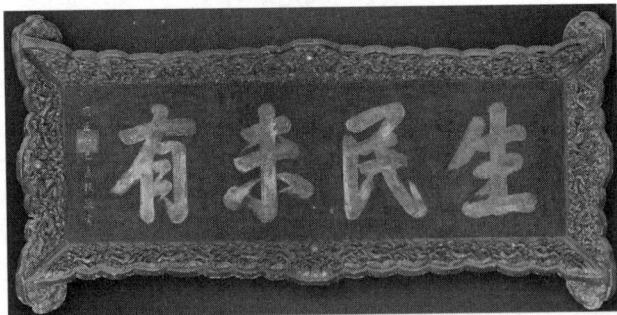

"生民未有"匾

"生民未有"匾芯横长约 450 厘米，纵宽约 160 厘米，四周边框宽约 40 厘米。木质，磁青底，正中为"生民未有"四个大金字，每字一米见方，右侧为"雍正乙巳孟秋敬书"一竖排小金字，并钤有"雍正御笔之宝"玺印。与"万世师表"匾额四周边框一样，金漆群龙，华美异常。康熙钟爱董其昌书法，受其父影响，雍正书法也走董其昌流畅秀美一路。雍正御制大字作品明显是兼受赵孟頫的影响，而董其昌的意味则逐渐减少。"生民未有"四个大字端庄流丽，丰腴饱满，气脉贯通，气势宏伟。

《清实录·世宗宪皇帝实录·卷之三十五》记载："（雍正三年八月庚午）颁发孔子及颜曾思孟闵子仲子庙、御书匾额。孔子庙，曰：'生民未有'。大学士等奏请御书'生民未有'四字，敕下礼部钩摹。颁发直省，悬榜孔子庙，昭垂永久。"《日下旧闻考》也有类似的记载："雍正三年世宗御书额曰生民未有。"① 雍正三年（1725 年）为孔庙颁发御书匾额"生民未有"，并颁发各省文庙皆悬挂。

满清入关后，为了巩固统治，笼络人心，统治者崇儒尊孔，借儒家思想规范人心。从顺治到康熙，再到雍正，这种思想一以贯之。雍正在他即位的第一年（1723 年），即下诏追封孔子五代王爵：封木金父公为"肇圣王"，祈父公为"裕圣王"，防叔公为"诒圣王"，伯夏公为"昌圣王"，叔梁公为"启圣王"。更名"启圣祠"，为"崇圣祠"。② 雍正二年（1724 年），孔庙复祀、增祀林放等 26 人，增祀张载父张迪于崇圣祠。③ 在孔庙发展史上，此次入祀孔庙的儒者，人数仅次于唐太宗和唐玄宗的时代。历史上称皇帝亲临国子监为"幸学"，为了表示对孔子的崇敬，同年，雍正改"幸学"为"诣学"。④ "幸"本有临幸之意，引申为皇帝亲临。"诣"则特指到尊长那里去。一字之差，意义非凡！雍正三年（1725 年），下令避先师的名讳，丘改为邱。⑤ 雍正五年（1727 年），定八月二十七日为先师诞辰，官民军士逢此，致斋一日。⑥

"生民未有"一词出自《孟子·公孙丑上》："有若曰：'岂惟民哉？麒麟之于走兽，凤凰之于飞鸟，泰山之于丘垤，河海之于行潦，类也。圣人之于民，亦类也；出乎其类，拔乎其萃，自生民以来，未有盛于孔子也！'"推崇孔子圣道出类拔萃，赞叹自有生民以来，没有超越孔子的。

雍正崇儒尊孔一系列举措的深意，以及赞颂自生民以来没有超越孔子的思想，在雍正五年（1727 年）给礼部的上谕中淋漓尽致地表现出来：

　　朕惟孔子以天纵之至德，集群圣之大成。尧、舜、禹、汤、文、武相传之道，具于经籍者，赖孔子纂述修明之。而《鲁论》一书，尤切

---

① （清）于敏中等编纂：《日下旧闻考·卷六十六》，北京古籍出版社 2000 年版，第 1097 页。
② 参见（清）文庆、李宗昉等纂修《钦定国子监志》，北京古籍出版社 2000 年版，第 10—12、103 页。
③ （清）文庆、李宗昉等纂修：《钦定国子监志》，北京古籍出版社 2000 年版，第 14、95 页。
④ 同上书，第 356 页。
⑤ 参见（清）文庆、李宗昉等纂修《钦定国子监志》，北京古籍出版社 2000 年版，第 15 页。
⑥ （清）文庆、李宗昉等纂修：《钦定国子监志》，北京古籍出版社 2000 年版，第 16 页。

于人生日用之实，使万世之伦纪以明，万世之名分以辨，万世之人心以正，风俗以端。若无孔子之教，则人将忽于天秩天叙之经，昧于民彝物则之理。势必以小加大，以少陵长，以贱妨贵，尊卑倒置，上下无等，干名犯分，越礼悖义。所谓君不君，臣不臣，父不父，子不子。虽有粟，吾得而食诸。其为世道人心之害，尚可胜言哉！惟有孔子之教，而人道之大经，彝伦之至理，昭然如日月之丽天，江河之行地。历世愈久，其道弥彰。统智愚贤不肖之俦，无有能越其范围者。纲维既立，而人无逾闲荡检之事，在君上尤受其益。《易》曰："君子以辨上下，定民志。"《礼运》曰："礼达而分定。"使非孔子立教垂训，则上下何以辨？礼制何以达？此孔子所以治万世之天下，而为生民以来所未有也。使为君者不知尊崇孔子，亦何以建极于上，而表正万邦乎？人第知孔子之教在明伦纪，辨名分，正人心，端风俗，亦知伦纪既明，名分既辨，人心既正，风俗既端，而受其益者之尤在君上也哉！朕故表而出之，以见孔子之道之大，而孔子之功之隆也。①

雍正深谙孔子、孔庙在中国社会的文化含义，他认为孔子"天纵之至德，集群圣之大成"，尧、舜、禹、汤、文、武之道，全赖孔子整理上古典籍得以流传。这正是"孔子所以治万世之天下，而为生民以来所未有"的原因。雍正不仅肯定儒家思想在"明伦纪、辨名分、正人心、端风俗"方面的作用，更重要的是如果"为君者不知尊崇孔子，亦何以建极于上，而表正万邦乎"？显然，儒家思想"在君上尤受其益"。雍正在上谕中，说明了君主崇儒重道，提倡孔庙祭祀的深刻内涵！

（三）乾隆大成殿御书匾联

大成殿内有乾隆皇帝御书"与天地参"匾额和两副楹联。《钦定国子监志》载：

高宗纯皇帝御书额一"与天地参"。乾隆三年颁揭。御制联一，曰"气备四时，与天地鬼神日月合其德；教垂万世，继尧舜禹汤文武作之师。"乾隆三年颁揭。又御制联一，曰"齐家治国平天下，信斯言也，布在方策；率性修道致中和，得其门者，譬之官墙。"乾隆三年颁揭。②

---

① 参见（清）文庆、李宗昉等纂修《钦定国子监志》，北京古籍出版社 2000 年版，第 17 页。
② （清）文庆、李宗昉等纂修：《钦定国子监志》，北京古籍出版社 2000 年版，第 39 页。

通常情况，一块匾额和一副楹联是一套，皇帝不大可能一年（乾隆三年 1738 年）为孔庙题写两副楹联。我们推测，其中一副楹联应该是乾隆另外又题写的，《钦定国子监》记载可能有误。

查阅典籍，发现在《日下旧闻考》中有关于这两副楹联和"与天地参"匾额的记载：

> 乾隆三年皇上御书额曰与天地参，联曰：气备四时，与天地鬼神日月合其德；教垂万世，继尧舜禹汤文武作之师。
>
> 三十四年御书联曰：齐家治国平天下，信斯言也，布在方策；率性修道致中和，得其门者，譬之宫墙。①

《日下旧闻考》中记载，"齐家治国平天下，信斯言也，布在方策；率性修道致中和，得其门者，譬之宫墙"这副联是乾隆三十四年（1769 年）御书颁揭给孔庙的。

乾隆时期是清朝鼎盛之际，文化也空前繁荣。乾隆皇帝曾九次晋谒阙里孔庙，十一次亲诣北京孔庙祭孔，次数之多为历代帝王之冠。乾隆二年（1737 年），即位之初，下令孔庙大成门、大成殿换上只有皇家才能使用的黄色琉璃瓦，崇圣祠换用绿色琉璃瓦。乾隆三年（1738 年）春二月，"圣庙易用黄瓦工成，高宗纯皇帝亲诣先师庙释奠，始行三献礼②。根据文献记载，乾隆亲诣北京孔庙行释奠礼时，为孔庙大成殿题写匾额"与天地参"，和楹联"气备四时，与天地鬼神日月合其德；教垂万世，继尧舜禹汤文武作之师"。

乾隆三十三年（1768 年）下令大修孔庙，为此还专门作文《御制重修文庙碑记》，立石刻碑于孔庙。这次修缮规模很大，增加、改换了很多匾额。"乾隆三十四年春二月丁亥，大修先师庙工成，高宗纯皇帝亲诣释奠。"③ 乾隆皇帝在孔庙大修后也就是乾隆三十四年（1769 年）亲诣释奠，笔者推测应于此时御制楹联"齐家治国平天下，信斯言也，布在方策；率性修道致中和，得其门者，譬之宫墙。"

"与天地参"匾额横长约 450 厘米，纵宽约 160 厘米，四周边框宽约 40 厘米。木质，磁青底，正中为"与天地参"四个大金字，四个字上方正中钤篆书章"乾隆御笔之宝"。匾额四周边框金漆，雕有群龙戏珠图案，工艺

---

① （清）于敏中等编纂：《日下旧闻考·卷六十六》，北京古籍出版社 2000 年版，第 1097 页。
② （清）文庆、李宗昉等纂修：《钦定国子监志》，北京古籍出版社 2000 年版，第 385 页。
③ 同上书，第 387 页。

"与天地参" 匾

十分精美。乾隆"与天地参"四字，布局合理，疏朗大方，沉重扎实，笔画圆润均匀，结体婉转流畅。其用笔特点是圆中带方，刚柔相济，化刚为柔，自成一格。字里行间，既有"赵董"之意，又寓"晋唐"之神。"与天地参"出自《中庸》："可以赞天地之化育，则可以与天地参矣。"参，三也。后人以此引申为配天与地而为叁。匾额中"与天地参"之匾词，乃是形容孔子圣德之伟大，足可与天地相配。

乾隆三年御书楹联　　　　乾隆三十四年御书楹联

  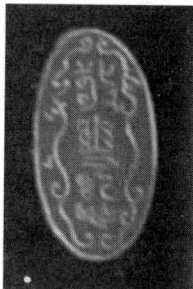

"三"印章　　　　　"隆"印章　　　　　"敬胜怠"印章

"气备四时，与天、地、鬼、神、日、月合其德；教垂万世，继尧、舜、禹、汤、文、武作之师。"这副楹联纵长约 444 厘米，横宽约 69 厘米，木质，黑底金字。四周边框金漆群龙围绕，华丽富贵。上联"气备四时，与天、地、鬼、神、日、月合其德"，钤章"敬胜怠"。下联"教垂万世，继尧、舜、禹、汤、文、武作之师"，钤章"三隆"。现在看到的这副楹联是修复后的，字迹、印章、边框都焕然一新。楹联上的字和印章都是用灰膏定型粘贴上去的，修复前，楹联上的字迹、印章都已脱落，有些字迹还可辨得，有些则了无痕迹。山东曲阜大成殿也悬挂着这样一副对联，工作人员根据乾隆书法特点及曲阜楹联的样貌，修复了这副楹联，基本保持了原貌。

"气备四时，与天、地、鬼、神、日、月合其德"出自《周易》："夫大人者，与天地合其德，与日月合其明，与四时合其序，与鬼神合其吉凶。先天而天弗违，后天而奉天时。天且弗违，而况于人乎？况于鬼神乎？"赞颂孔子之德与万物相感，无所不和，顺应四时，遵循天道，趋吉避凶。"教垂万世，继尧、舜、禹、汤、文、武作之师"表彰孔子继承尧、舜、禹、商汤、周文王、周武王的事业，教化万世。《论语·尧曰》曾记载尧、舜、禹相继禅让，选择继承人时授以治道之意。"尧曰：'咨！尔舜！天之历数在尔躬。允执其中。四海困穷，天禄永终。'舜亦以命禹。"孟子排列出一个从尧到孔子的名单，认为"五百年必有王者兴，其间必有名世者"（《孟子·公孙丑下》）。唐代韩愈在《原道》中认为儒家有一个代代相传的系统："斯吾所谓道也，非向所谓老与佛之道也。尧以是传之舜，舜以是传之禹，禹以是传之汤，汤以是传之文、武、周公，文、武、周公传之孔子，孔子传之孟轲。轲之死，不得其传焉。"孔子是传承"道统"的重要环节，承上启下。

"敬胜怠"出自《大戴礼记·武王践作》："敬胜怠者吉，怠胜敬者灭。"敬，敬重、敬奉之意。怠，怠慢、懈怠。对待政务要严肃、认真、重视，不可有半点懈怠。乾隆以此为印，时时警醒自己勤勉恭敬，勤于政事。乾隆非常欣赏"敬胜怠"印文，他在故宫西路修建了"敬胜斋"，并在此编辑刊印《敬胜斋法帖》四十册。下联印章中"三隆"的"三"是我国古代占卜使用的八卦中乾卦的符号，以此象征乾隆的"乾"字。

"齐家、治国、平天下，信斯言也，布在方策；率性、修道、致中和，得其门者，譬之宫墙。"这副楹联纵长约 444 厘米，横宽约 69 厘米，木质，黑底金字。四周边框金漆群龙围绕，华丽富贵。上联"齐家、治国、平天下，信斯言也，布在方策"，钤章"德日新"。下联"率性、修道、致中和，得其门者，譬之宫墙"，钤章"乾隆宸翰"、"惟精惟一"。

"齐家、治国、平天下"出自《大学》："古之欲明明德于天下者，先治其国。欲治其国者，先齐其家。欲齐其家者，先修其身。"儒家重视个人身心修养的作用，认为这是一切的基础，"修身、齐家、治国、平天下"也是儒家达成理想境界的步骤。"率性、修道"出自《中庸》："天命之谓性；率性之谓道；修道之谓教。"上天所赋予，人所禀受，谓之性。性，天性也。率，循也。遵循人自然之本性之谓道。循性而为，即是道。率性而行，各得其所。先天性、道相同，而后天才德却有差异，故须修养教化，以致圣贤。"致中和"出自《中庸》："致中和，天地位焉，万物育焉。"儒家"中庸"境界就是不偏不倚，天地各安其位、各得其所，万物便自然能生长发育，生机勃勃。《中庸》："文武之政，布在方策。"方，版也。策，简也。方策，典籍。"布在方策"就是记载在典籍上。《论语·子张》："子贡曰：'譬之宫墙，赐之墙也及肩，窥见室家之好。夫子之墙数仞，不得其门而入，不见宗庙之美，百官之富。得其门者或寡矣。'"孔子弟子子贡以宫墙为譬喻比较自己与孔子的差距：自己学问不过如及肩的宫墙，很容易见到内里；而孔子的学问如万仞之宫墙，"仰之弥高"，能得到门径、看到华美的内里的人太少了。这副楹联引用儒家经典，概括了儒家的主要思想，并且颂扬了孔子的伟大，孔子思想的精深。

"德日新"出自《周易》："富有之谓大业，日新之谓盛德。"《大学》："汤之盘铭曰：'苟日新，日日新，又日新。'"乾隆皇帝以此印文警示自己，每日都要进德修业，修身正心，提升自己！"惟精惟一"出自《尚书·大禹谟》："人心惟危，道心惟微，惟精惟一，允执厥中。"人心是危险难测的，道心是幽微难明的，只有自己一心一意，精诚恳切地秉行中正之道，才能治理好国家。这十六个字是儒学乃至中国传统文化中著名的"十六字心传"。据传，这十六个字源于尧舜禹禅让的故事。尧把帝位传给舜，舜把帝位传给禹，所托付的是天下与百姓的重任，谆谆嘱咐的治道之意就是这十六个字。后来禹又传给汤，汤传给文、武、周公，文、武、周公又传给孔子，孔子传给孟子。这就是儒家的"道统"。儒家认为"道统"代代相传的就是这治理国家、教化民众的十六个字。这十六个字也为后世君主所尊奉。钤章"惟精惟一"常与"乾隆宸翰"在一起使用。宸翰，皇帝翰墨的意思。

（四）"圣集大成"匾额

"圣集大成"匾额为嘉庆皇帝御书颁揭。匾额横长约 450 厘米，纵宽约 160 厘米，四周边框宽约 40 厘米。木质，磁青底，正中为"圣集大成"四个大金字，四个字上方正中钤篆书章"嘉庆御笔之宝"。匾额四周边框金漆，雕有群龙戏珠图案，工艺十分精美。史料记载嘉庆皇帝能书善画，书法多为楷书，可惜书画作品传世较少。从"圣集大成"四个字看带有赵孟頫书法的特点，字体端庄秀美，笔画圆润流畅。

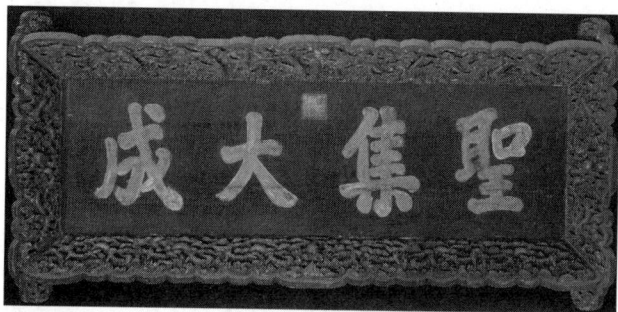

"圣集大成"匾

关于御书颁揭这块匾的时间，史料记载不一。道光版《钦定国子监志》："嘉庆三年颁揭。"①《清实录·仁宗睿皇帝实录·卷之四十五》："（嘉庆四年五月）乙亥，颁发太学、阙里文庙，及各直省府州县学宫，御书扁额，曰：圣集大成。"清朝中前期，一般是皇帝来孔庙亲诣释奠，祭祀孔子，然后御书匾额，颁揭孔庙。"嘉庆三年春二月丁酉，仁宗睿皇帝恭奉高宗纯皇帝敕旨，临雍讲学。亲诣先师庙释奠。"②"三年二月丁未，上释奠文庙，临雍讲学。"（《清史稿·本纪十六仁宗本纪》）"（嘉庆三年二月）丁未，上诣文庙行释奠礼。礼成，御彝伦堂。"（《清实录·仁宗睿皇帝实录·卷之二十七》）虽然具体日期有出入，但《清史稿》、《清实录》、《钦定国子监志》都记载在嘉庆三年（1798 年）二月，嘉庆皇帝来孔庙亲诣释奠。而且查阅史料，嘉庆四年未来过孔庙释奠祭孔。由此推断，嘉庆三年来孔庙祭孔后，御书匾额，颁揭孔庙的可能性最大。

"大成"一词出自《孟子·万章上》："孔子之谓集大成。集大成也者，金声而玉振之也。金声也者，始条理也；玉振之也者，终条理也。始条理者，智之事也；终条理者，圣之事也。"赞颂孔子思想集古圣先贤之大成，

---

① （清）文庆、李宗昉等纂修：《钦定国子监志》，北京古籍出版社 2000 年版，第 39 页。
② 同上书，第 391 页。

德智兼备，对中华文化的传承和发展有着巨大的贡献。历代帝王多喜用"大成"一词赞颂尊崇孔子。宋崇宁三年（1104 年）宋徽宗赵佶取《孟子》"孔子之谓集大成"语，尊崇孔子为"集古圣先贤之大成"，诏令天下文宣王殿为"大成殿"；元大德十一年（1307 年）元武宗加封孔子为"大成至圣文宣王"；乾隆三十三年（1768 年），乾隆亲笔御书，孔庙大门增加"先师庙"额，正殿改称为"大成殿"，二门改称为"大成门"。嘉庆皇帝也以"圣集大成"御书匾额赞颂孔子之圣道乃是继承上古圣贤之道而成。

（五）"圣协时中"匾额

"圣协时中"匾额为道光皇帝御书颁揭。匾额横长约 450 厘米，纵宽约 160 厘米，四周边框宽约 40 厘米。木质，磁青底，正中为"圣协时中"四个大金字，四个字上方正中钤篆书章"道光御笔之宝"。匾额四周边框金漆，雕有群龙戏珠图案，工艺十分精美。道光皇帝书法作品传世不多，笔画规整，中规中矩。

"圣协时中"匾

关于"圣协时中"匾额《清实录·宣宗成皇帝实录·卷之五》这样记载："（嘉庆二十五年九月己巳）遣官祭历代帝王庙……颁发太学、阙里文庙，及各省府、州、县学宫，御书扁额曰圣协时中。"太学文庙即北京国子监孔庙。嘉庆皇帝于嘉庆二十五年（1820 年）七月，病逝于承德避暑山庄行宫，八月道光皇帝在故宫太和殿即皇帝位，下令翌年（1821 年）为道光元年，并遣官祭天、地、太庙、社稷。"（嘉庆二十五年八月）庚戌，上即皇帝位于太和殿，分遣官祗告天、地、太庙、社稷。"（《清实录·宣宗成皇帝实录·卷之三》）九月己巳日，遣官祭历代帝王庙，向全国各孔庙、学宫颁发"圣协时中"匾额。道光皇帝即位之初就御书匾额颁发全国孔庙，与祭祀天、地、太庙、社稷、历代帝王庙并列，可见道光皇帝对孔庙的重视，从中更能看出，此时为孔庙御书匾额已成为皇帝荣登大宝后的必须之举。皇帝御书匾额赐给孔庙的意义远远超越了最初的含义——尊孔敬儒，它已经与皇权紧紧捆绑在一起，成为继承皇权自我肯定的一种形式，上升到政治层面。清代自嘉庆朝开始走下坡路，而道光朝更面临内忧外患。孔子和儒家思想既是政教的指导原则，更具有凝聚人心的作用。为了加强统治，笼络人心，自道光起，清朝统治者对孔子、孔庙的尊崇程度不断升级，以至清末祭孔升为"大祀"。

在《钦定国子监志》中却记载"圣协时中"匾额为"道光三年颁揭"①。道光三年（1823年）春天道光皇帝曾来孔庙亲诣释奠，《钦定国子监志》、《清史稿》、《清实录》等史料均有记载："道光三年春二月癸丑，皇上临雍讲学，亲诣先师庙释奠后，御辟雍殿。"② 按照前朝皇帝的惯例，都是来孔庙亲诣释奠后，御书匾额颁发给孔庙。

道光皇帝究竟是登基之初即御书匾额颁发孔庙呢，还是道光三年来孔庙祭孔时颁揭匾额呢？目前为止，笔者还没有更充分的材料，进一步证实。笔者个人更倾向于前一种结论，因为清代中后期，统治岌岌可危，在这种情形下，激励士人、安抚人心是统治者亟须面对的。而且道光皇帝之后的几位皇帝——咸丰、同治、光绪、宣统——都是登基之始就为孔庙颁发匾额。道光皇帝很有可能是清代皇帝中第一位即位即为孔庙御书匾额的皇帝。

"圣协时中"也出自儒家经典。《尚书·尧典》："百姓昭明，协和万邦。"协，协调，调和，融洽。《中庸》："君子之中庸也，君子而时中。"时中，时时处中。"中庸"是儒家的重要思想，儒家认为最佳的状态就是达到不偏不倚的中庸境界。圣人之道，协和万邦，凡事处置得当，恰如其分，不偏不倚。顺应时代潮流，合乎客观实际，方能国运昌盛，民生安乐。

（六）"德齐帱载"匾额

"德齐帱载"匾额为咸丰皇帝御书颁揭。匾额横长约320厘米，纵宽约120厘米，四周边框宽约40厘米。木质，磁青底，正中为"德齐帱载"四个大金字，四个字上方正中钤篆书章"咸丰御笔之宝"。匾额四周边框金漆，雕有群龙戏珠图案，工艺精美。清代后期国力大不如从前，匾额的尺寸也比前朝小了许多。该匾文为楷书，圆匀平正，得颜真卿书法意趣。该匾"德"字"心"上少一横。心字四画，如果再加一横，就成了"五心"，整个"德"字也就成了十五画，正应了俗语"七上八下"、"五心不定"的不祥之语。因此该匾"德"字少一横，以避不祥之兆。

《清实录·文宗显皇帝实录·卷之三》记载"德齐帱载"匾额颁揭时间："（道光三十年，二月，乙亥）颁给京师太学、山东阙里、暨各直省府州县学宫、御书扁额，曰：德齐帱载。"道光三十年（1850年）正月道光皇帝崩于圆明园，奕詝即位，即咸丰皇帝，翌年（1851年）为咸丰元年。"三

---

① （清）文庆、李宗昉等纂修：《钦定国子监志》，北京古籍出版社2000年版，第39页。
② 同上书，第370页。

"德齐帱载" 匾

十年正月丁未，宣宗不豫，宣召大臣示硃笔，立为皇太子。宣宗崩，己未，上即位，颁诏覃恩，以明年为咸丰元年。"（《清史稿·本纪二十文宗本纪》）正月咸丰皇帝即位，二月就遣官祭历代帝王陵寝、孔子阙里、长白山、松花江、五岳四镇、四渎之神等。二月丁卯日 "祭先师孔子。遣协办大学士杜受田行礼"（《清实录·文宗显皇帝实录·卷之三》）。咸丰皇帝也如父亲道光皇帝一样即位后就御书匾额颁揭全国文庙。书写匾额颁赐全国文庙不仅是皇帝独享的特权，而且成为皇权的一种表现。

"德齐帱载" 出自《左传·襄公二十九年》："德至矣哉，大矣！如天之无不帱也，如地之无不载也。"《中庸》："仲尼祖述尧舜，宪章文武，上律天时，下袭水土。辟如天地之无不持载，无不复帱。"帱，覆盖。载，承载，放置。孔子承袭尧舜，效法文王、武王，上遵循天时变化，下与水土相协调，孔子品德宏大博远，像大一样无不覆盖，如地一般无不承载。经天纬地，无所不包，完美无缺。

（七）"圣神天纵" 匾额

"圣神天纵" 匾额为同治皇帝颁揭。匾额横长约 320 厘米，纵宽约 120 厘米，四周边框宽约 40 厘米。木质，磁青底，正中为 "圣神天纵" 四个大金字，四个字上方正中钤篆书章 "同治御笔之宝"。匾额四周边框金漆，雕有群龙戏珠图案，工艺精美。这块匾额与咸丰皇帝的 "德齐帱载" 匾额尺寸一样，都照前代要小一些。

咸丰十一年（1861 年）八月，咸丰皇帝在承德避暑山庄病故，6 岁皇太子载淳登基，这就是同治皇帝，第二年（1862 年）即为同治元年。同治皇帝也延续继承皇位之初即为孔庙大成殿颁揭匾额的传统，关于此，《清实录·穆宗毅皇帝实录·卷之八》有着详细的记载：

（咸丰十一年，十月，辛巳）又谕：列圣御极之初，均恭书扁额，悬挂文庙。兹朕寅绍丕基，敬循旧典，命南书房翰林恭书 "圣神天纵"

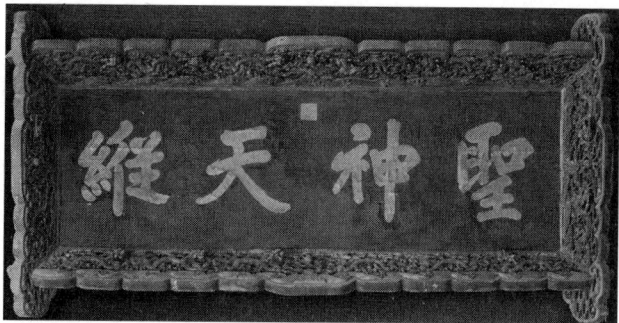

"圣神天纵" 匾

扁额，交造办处成造一分，敬悬京师太学文庙。其墨笔著俟衍圣公孔繁
灏到京时，由军机处交领，敬谨赍回，制造扁额，于阙里文庙恭悬。墨
笔无庸缴回，即于阙里收藏。所有各直省府州县学，著武英殿摹勒颁
发，一体悬挂。

"列圣御极之初，均恭书扁额，悬挂文庙"，同治皇帝登基两个月后也
遵循"旧典"，命南书房翰林书写匾额"圣神天纵"，由造办处制作匾额悬
挂国子监文庙大成殿。衍圣公①孔繁灏来京时将墨笔书写的"圣神天纵"交
给他，制作匾额悬挂于阙里②文庙。墨笔由阙里保藏，无需交还。武英殿摹
勒匾额颁发地方各学宫文庙悬挂。

关于阙里文庙制作匾额一事《清实录·穆宗毅皇帝实录·卷之四十四》
也还有记载：

> （同治元年，九月，丁丑）谕内阁：朕御极之初，命南书房翰林恭
> 书"圣神天纵"扁额。前经降旨俟衍圣公孔繁灏到京时，敬谨赍回，
> 制造扁额，于阙里文庙恭悬。现在孔繁灏到京，遽尔溘逝，伊长子荫生
> 孔祥珂随侍来京，所有前颁墨笔扁额，即著由军机处交孔祥珂祗领赍
> 回，恭制悬挂。其墨笔即于阙里收藏，无庸缴回。

同治元年（1862年）九月，衍圣公孔繁灏来京"遽尔溘逝"，其子孔
祥珂随行，墨笔书写的"圣神天纵"交给孔祥珂，制作匾额，悬挂阙里文
庙，墨笔由阙里保藏。

同治皇帝继承大统时才六岁，六岁的小孩子怎么能提笔书写大字匾额

---

① 衍圣公是孔子嫡派后裔的世袭封号，宋仁宗至和二年（1055年）加封，后代一直沿用。
② 阙里，孔子故里，在今山东曲阜城内阙里街。因有两石阙，故名。孔子曾在此讲学，后建
有孔庙。

呢。这个任务自然交给皇帝御用文人——南书房翰林。南书房位于北京故宫乾清宫西南，康熙十六年（1677 年）建立，是清代皇帝文学侍从值班的地方。翰林入值南书房，作为皇帝文学侍从，随时应召侍读、侍讲。翰林侍皇帝左右，常代皇帝撰拟诏令、谕旨，参与政务。从《清实录》记载可知，"圣神天纵"这四个字就是由南书房翰林代同治皇帝书写的。南书房翰林文采书法都属上乘，从书法角度看，"圣神天纵"四字极佳，有王（羲之）字书风！虽然匾上有"同治御笔之宝"的篆字印玺，但却并非皇帝亲笔题写。大成殿内皇帝御书匾额除了同治这块匾额外，光绪、宣统皇帝因为即位时，年纪幼小，也都由南书房翰林代笔书写。其余匾额并未记载为他人代写。

匾额上"御笔"的钤章并不代表一定是皇帝御笔亲书，但是这些匾额却是御制的。从《清实录》关于"圣神天纵"的记载中，我们知道，匾额是由造办处制作的。

皇帝颁揭的匾额不只悬挂在京师国子监孔庙大成殿内，孔子故里——阙里孔庙以及全国各地学宫孔庙一并悬挂。作为对孔子的尊崇，墨笔由阙里孔庙保存。武英殿摹勒匾额颁发给各地学宫孔庙。

"圣神天纵"出自《论语·子罕》："子贡曰：'固天纵之将圣，又多能也。'"另《孟子·尽心下》："充实之谓美，充实而有光辉之谓大，大而化之之谓圣，圣而不可知之之谓神。"借孔子弟子子贡对老师的评价，赞颂孔子，天意纵使之成为大圣，具备超人的才能、高尚的德行。

（八）"斯文在兹"匾额

"斯文在兹"匾额为光绪皇帝颁揭。匾额横长约 320 厘米，纵宽约 120 厘米，四周边框宽约 40 厘米。木质，磁青底，正中为"斯文在兹"四个大金字，四个字上方正中钤篆书章"光绪御笔之宝"。匾额四周边框金漆，雕有群龙戏珠图案，工艺精美。这块匾额与同治皇帝的"圣神天纵"匾额尺寸一样，都照前代要小一些。"斯文在兹"四个字笔画虽规整，但略显板滞，神韵不足。

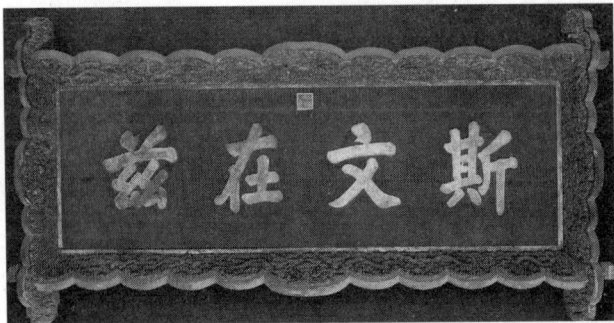

"斯文在兹"匾

同治十三年（1874年）十二月，同治皇帝病逝，同治皇帝没有子嗣，慈禧太后将自己外甥——四岁的载湉推上皇帝宝座，这就是光绪皇帝。《清实录·德宗景皇帝实录·卷之三》载：

> （光绪元年，春正月，辛酉）以御极之初，敬循旧典，恭书"斯文在兹"扁额，敬悬京师太学文庙，阙里文庙，及各直省府州县学。

光绪皇帝也如先祖一样，登基之初即为京师国子监孔庙大成殿颁揭匾额"斯文在兹"。延循旧历，阙里孔庙以及全国各地学宫孔庙也一并悬挂"斯文在兹"匾额。光绪皇帝即位时，虚岁才四岁，情况应该也与同治皇帝一样，"斯文在兹"四个大字也是由他人代写的。

"斯文在兹"出自《论语·子罕》："子畏于匡。曰：'文王既没，文不在兹乎？天之将丧斯文也，后死者不得与于斯文也；天之未丧斯文也，匡人其如予何？'""斯文"，指周初文武周公相传之礼乐、典章制度。以"斯文在兹"称颂孔子继承周代礼乐制度，开创儒家学派。

（九）"中和位育"匾额

"中和位育"匾额为宣统皇帝颁揭。匾额横长约320厘米，纵宽约120厘米，四周边框宽约40厘米。木质，磁青底，正中为"中和位育"四个大金字，四个字上方正中钤篆书章"宣统御笔之宝"。匾额四周边框金漆，雕有群龙戏珠图案，工艺精美。这块匾额与光绪皇帝的"圣神天纵"匾额尺寸一样，都照前代要小一些。"中和位育"四字端正，中规中矩，但结字重心偏低，神气不足。

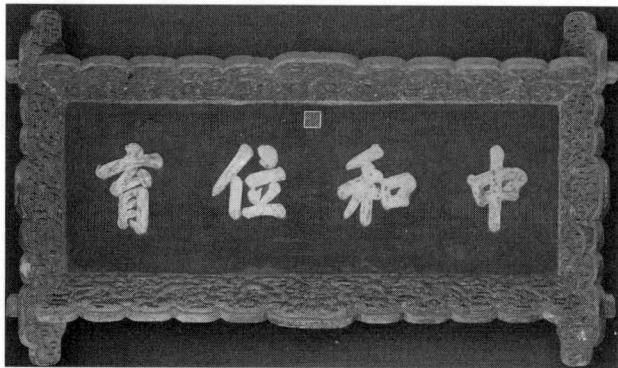

"中和位育"匾

光绪三十四年（1908年）十月突然病逝，光绪皇帝同样没有子嗣，慈禧太后选择了三岁的溥仪继承皇权，这就是中国的末代皇帝，第二年为宣统元年。《大清宣统政纪·卷之三》记载：

（光绪三十四年，十一月，己亥）己亥。谕内阁，列圣御极之初，均恭书扁额，悬挂文庙。兹朕寅绍丕基，敬循旧典，命南书房翰林恭书中和位育扁额。交造办处成造一分，敬悬京师太学文庙。其墨笔著俟衍圣公孔令贻到京时，由军机处交领，敬谨赍回，制造扁额，于阙里文庙恭悬。墨笔无庸缴回，即于阙里收藏。所有各直省府州县学，著武英殿摹勒颁发，一体悬挂。

为天下孔庙颁揭匾额已经成为皇权的一个表现，末代皇帝更是无力改变祖宗法典，即位之初也得要为京师孔庙大成殿颁揭匾额。宣统皇帝年幼，书写匾额的任务自然还是由南书房翰林代劳。造办处根据墨笔书写的大字，制作匾额，悬挂京师孔庙。墨笔大字还是等衍圣公孔令贻来京时交给他，制作匾额悬挂阙里并保存。武英殿摹勒匾额，颁发地方学宫孔庙悬挂。整个程序与前代完全一致，僵化的制度已经走到历史尽头，呼唤一场暴风骤雨打破藩篱。

《大清宣统政纪·卷之十五》还记载：

先是上御极初，敬循旧典，命南书房翰林恭书中和位育扁额，悬于阙里文庙。其墨笔俟衍圣公孔令贻到京时，由军机处交领，敬谨赍回制造。至是孔令贻咨由山东巡抚袁树勋据情代奏，因令贻上年丁亲母忧。在籍守制，未致赴京与贺。若俟服阕后再行入都承领，为时太久。可否先行差官代领，以免稽迟。抑或俟服阕后，再行亲身承领。得旨，著仍遵前旨，俟衍圣公孔令贻服阕后，来京承领，用昭朕尊重之意。

孔令贻因母亲去世在家守孝"丁忧"不能进京，只能等衍圣公在家"丁忧"之后再来京领取墨笔大字，以显示皇帝对孔家的尊重之意。

"中和位育"出自《中庸》："喜怒哀乐之未发，谓之中；发而皆中节，谓之和。中也者，天下之大本也；和也者，天下之达道也。致中和，天地位焉，万物育焉。""中庸"是儒家的重要思想，儒家认为最佳的状态就是达到不偏不倚的中庸境界，天地万物各安其位、各得其所，万物便自然能生长发育，生机勃勃。

三　结束语

本文主要以《清实录》、《清史稿》、道光版《钦定国子监志》等典籍中关于北京孔庙大成殿匾额、楹联的记载为依据，考证出大成殿内清代九位皇帝御制匾联的颁揭时间，纠正了道光版《钦定国子监志》的错误记载，尤其考查出了咸丰"德齐帱载"、同治"圣神天纵"、光绪"斯文在兹"、宣统"中和位育"四块匾额的时间，为研究晚清北京孔庙提供重要的素材。从清初康熙皇帝即位二十三年驾临曲阜孔庙手书"万世师表"，三十二年颁揭给北京孔庙；到晚清，小皇帝即位之初就命翰林院书写匾额牓文；皇帝为孔庙颁揭匾联的时间愈加提前，颁揭匾联已超越了最初单纯的尊孔敬儒的意义，它与皇权紧密相连，成为皇权的一个体现。

王琳琳，孔庙和国子监博物馆研究部主任、副研究馆员

◇北京国子监始建时间辨正

◎ 李永康

[摘　要]　此文以古典文献和存史碑记为据，多角度考证了北京国子监的建成时间，确认隶属于中央政府的北京国子监（衙署）及太学（教育实体）的最早建成时间为元代至元二十四年（1287 年），东侧孔子庙的建成（1306 年）则晚于国子监。文章阐述了北京国子监的设立和建成史实，明确指出古文献中"营国学于庙之西"实际是对国子监扩建工程的记载，而非新建国子学。纠正对史籍文献的这一误读，有利于理解我国历史上各民族对教育普世价值的认同和实践，同时也将著名的北京国子监建成时间提前了整整21 年，这是引为骄傲的史实。

[关键词]　至元二十四年　北京国子监　改葺

1961 年 3 月 4 日，国务院批准北京国子监为"全国重点文物保护单位"。从那时起到现在的半个多世纪，这组建筑在历史上的重要作用以及显赫地位越来越为更多的人所知悉。古典文献记载，从公元 1348 年（至正八年）开始，元、明、清三代封建王朝的最高统治者曾频频光顾此地，从元代的顺帝（惠宗）、明代的正统、景泰、成化、弘治、正德、嘉靖、隆庆、万历、天启、崇祯；清代的顺治、康熙、雍正、乾隆、嘉庆、道光、咸丰等18 位皇帝先后共 28 次来到这里释奠、视学。① 其中清朝的乾隆皇帝对国子监最为关注，曾七次来国子监视学、释奠（即 1738 年、1748 年、1753 年、1756 年、1783 年、1785 年、1795 年）。长达 505 年的历史长河中，元、明、清三代的皇帝们频繁造访北京国子监，全部的关键就在于这里是朝廷培养后备管理人才的基地，它的任务是要培育和训练肄业监生的道德修养与才识度量，以备朝廷日后选拔重用。这种养成官僚的正途，是中央政府制度设计与实施的重要组成部分，是每个朝代的皇帝必须要考虑的重大问题。国子监建

---

① 《五礼通考》卷一百七十二；《钦定续文献通考》卷四十九；《清实录》诸卷。

筑群所担负的重要功能与三代封建皇帝治国理政的联系如此的紧密，除了紫禁城之外，北京其他古代建筑中具备这样特殊功能的可谓仅此一家。因此，很有必要探究这个地位显赫而又略显神秘的古代建筑群的"身世"，这样，首要的问题则是：北京国子监何时建立？

笔者写作此文的目的，就在于通过相关的古典文献，考证北京国子监的建成初始形态，纠正在国子监建立时间上的传讹或谬误，确立它的建成时间距今（2013 年）已经长达 726 年，这比相邻的北京孔庙建成时间还要早 21 年。

长期以来，在北京国子监建立时间的认识上一直很模糊。流传的说法也多种多样，但以下三种最为多见：

第一，北京国子监是元代至元二十四年（1287）成立的，但这只是元廷管理教育职能的衙署，并无所属的太学。

第二，北京国子监是大德十年（1306）始建，至大元年（1308）建成的。

这个结论曾一度镌刻于正式公开的石碑标识上，流传最为广泛。

如果依第二个结论来解释北京国子监的起源，那么《元史》所载"二十四年既迁都北城，立国子学于国城之东"[①]，又迁建于何地？自然就成了一个难以解释的糊涂账。这里必须要搞清楚的是：至元二十四年（1287）与至大元年（1306）之间的二十多年时间里，作为太学实体的北京国子监究竟存在不存在？

第三，为了掩盖上述结论的漏洞，一些同仁推断出第三个"结论"，这就是至元二十四年（1287）成立国子监，经过了 20 多年的时间，至大元年（1306）方建成。就连笔者原来也认定这个结论。

确切地考证国子监的初始形态，可以明晰国子监建立的确切时间，这是研究国子监史的基本出发点。当我们考察元代教育沿革和职官制度时，首先会碰到古典文献中对太学称谓比较随意的现象，即对同样的一个太学可以有不同的称谓，如"国学"、"庙学"、"国子学"、"太学"、"监学（或国子监）"，等等。为了不致混淆元廷的不同官学体制，我们必须联系历史记载的具体情景来区分这些官学实体，才能明晰这些学校的性质，而不是仅仅停留在教育管理衙署和学校的区分上。《钦定历代职官表》对解决这个问题提供了一个思路："自北齐立国子寺，隋改为监，嗣后建国学者皆以国子为名，其实当时诸学并建，其品官及庶人之子为生徒者，各以差等分，隶国子

---

① 《元史》卷八十一。

乃专教三品以上子孙之学，以此名监。盖特取其居首者，以概其余耳。元代以后，博士助教总为一学，无分教之法，诸生亦不复以贵贱为区别，而学校犹独蒙国子之名，盖亦沿用隋唐之旧也。"① 根据《元史》记载，蒙古太宗窝阔台六年（1234），以金代枢密院旧址立为国子学②；至元七年（1270），"帝久欲开太学"，元世祖忽必烈利用王宣府宅设立国子学，任命许衡为国子祭酒，教授十几名学生③；至元二十四年（1287）成立国子监，迁学北城④。从蒙古太宗到元世祖办学的这几个阶段来看，沿袭隋唐旧名的"国子学"原指三品以上官员的贵族子弟学校，蒙古太宗窝阔台在枢密院旧址成立的国子学即是此类。至元八年（1271）三月，也就是忽必烈建立元朝称帝后的第八年，他的近臣、大学者许衡因年老辞去中书省职务。忽必烈为了留住这位老臣，特任命他为集贤大学士、国子祭酒，并为此设立国子学，并设置司业、博士、助教各一人，挑选随朝百官近侍中蒙古、汉人子孙及优秀的人充当生徒。"帝久欲开太学，会衡久罢益力，乃从其请。八年，以为集贤大学士，兼国子祭酒，亲为择蒙古弟子俾教之。"⑤《元史》这段记载中的一句话很为我们注意，这就是"帝久欲开太学"。意思是说，皇帝早就想设立太学，却没有实现。这就意味着当时元代太学还没有正式建立起来。许衡壮年时曾为忽必烈管理朝政出谋划策，又是对元代文化教育极有影响的儒宗，是元廷重要的高级智囊人士之一。现在，再次重用年迈的许衡来创办中央政府管理的太学，用先进的文化从比较高的起点上培养元代治国理政的管理人才，恰是一个可以利用的机会。根据《日下旧闻考·卷六十六》记载，元代翰林直学士（注：相当于国子监博士）虞集曾提到许衡担任国子祭酒时期，"尚在王宣府宅"内办学。这个许衡领衔的"太学"（国子学）实际仍保留着贵族子弟学校的特征，还不是严格意义的太学。因此，蒙古太宗的国子学和元世祖利用王宣府宅举办的太学只能算作是北京国子监起源的"流"，而不能算作是建立国子监的"源"。强调这样一个结论的意义在于，北京国子监的起源绝不可以轻率下结论。总结北京国子监建立之前的沿革，《元史纪事本末》简洁地总结为："初太宗设总教国子监之官，至元初以许衡为祭酒，而侍臣子弟就学者才十余人，衡既去，教益废，而学舍未建，师生寓居民舍。国子司业耶律有尚屡以为言，始立国子监，设监官，增广弟子

---

① 《钦定历代职官表·卷三》。
② 《元史》卷八十一："国初，燕京始平，宣抚王楫请以金枢密院为宣圣庙。太宗六年，设国子总教及提举官，命贵臣子弟入学受业。"
③ 《元史》卷一百五十八。
④ 《元史》卷八十一："二十四年既迁都北城，立国子学于国城之东。"
⑤ 《元史》卷一百五十八。

员，遂以有尚为祭酒。"①

一 元代国子监于至元二十四年建立

《元史》记载，至元二十四年（1287）闰二月，62 岁的忽必烈在上都近郊打猎，召集麦术丁、铁木儿、杨居宽等与集贤大学士阿鲁浑撒里以及叶李、程文海、赵孟頫讨论钞法和中央行政体制的改革，还作出一个重要的决定，就是"设国子监，设置国学监官：祭酒一员（从三品），② 司业两员（正五品），监丞一员（正六品），学官博士两员，助教四员，生员百二十人，蒙古汉人各半，官给纸札，饮食仍隶集贤院；设江南各道儒学提举司"。十一月"升集贤院秩正二品"。③ 次年（至元二十五年）十一月"修国子监以居胄子"④；至元二十七年又"敕令臣下的子弟入国子学"⑤。根据这个决定，忽必烈将原来设在王宣府宅的国子学改为大都路学，在城北设立国子监，元代国子监自此成立。就是在这个问题上，始终存在着一个含混不清的问题，那就是国子监成立之后，是仅仅成立了一个官署衙门，还是成立了一个既具管理职能又兼教育的太学实体？被四库全书总纂官纪昀称赞为"一代庙学之制措置、规画梗概具存，颇可与元史相参考"⑥，并列入《四库全书》的《庙学典礼》一书，给我们提供了珍贵的历史线索，为这一年成立国子监的有关情况作了清晰的描述。为了说明问题，我们将此段文字详细摘录如下：

> 至元二十四年二月二十日，集贤院南北诸儒并众官钦依圣旨节该，讲究学校事，会议到下项事理具呈中书省：国学前件议得监官四员：祭酒一员周正平，司业二员耶律伯强、砚伯固，监丞一员王嗣能（监察御史）；学官六员：博士二员张仲安、滕仲礼，助教四员谢奕（教授）、周鼎（童科）、靳泰亨（刑部令史）、王载（建宁教授）；监令史二名，学生（元议二百人，先设一百二十人）蒙古五十人，诸色目、汉人五十人（十岁以上），伴读二十人（公选通文学人充十五以上）。学舍比及标拨官地兴盖以来，拟拨官房一所，安置创建房舍。讲堂五间，东西学官厅二座（各三间），斋房三十间（东西各十五间），厨房六间（分

---

① 《元史纪事本末》卷二。
② 此时原国子祭酒许衡已过世。
③ 《元史》本纪第十四。
④ 《元史》本纪第十五。
⑤ 《元史纪事本末》卷二。
⑥ 《庙学典礼·提要》，四库本。

左右），仓库房五间，门楼一间，生员饮膳每人日支（面一斤、米一升）油、盐、醋、酱、菜蔬、柴炭，照例斟酌应付，床、卓（桌）、什物、锅、灶、碗碟等物，验人数多寡逐旋应付；厨子二名，仆夫一十人；生员各用纸札、笔墨，官为应付，本学各用经、史、子、集诸书于官书内关学产比及别行措置；以来生员饮食并一切所需之物官为应付；候置讫学田，然后住支；国子监隶集贤院；文庙前件议得合行创建一所，先立学校后盖文庙；大都拨地与国学一同兴盖；外道学校儒学提举司前件议得，除迤北江淮路分随各道按察司置司去处，设立儒学提举司提举正、副各一员，提举从五品，副提举正七品；外道学校生员成材者申太学，茂异者申集贤院闻奏区用。前件议得教官从翰林院选拟呈省照会，集贤院外处生员成材者申国子监，若有茂异者，提举司申覆集贤院闻奏呈省区用。①

忽必烈批准了这些意见，史载："至元二十四年闰二月初十日，柳林飞放处奏过，钦奉圣旨：那般者了也，钦此。"②

从不同文献的记载内容比较，《元史》与《庙学典礼》的记载是基本吻合的，而后者关于北京国子监的记载信息更详细一些，归纳起来有如下几点：

第一，成立国子监隶属于元廷集贤院。

第二，国子监的人事由监官（祭酒、司业、监丞）4人、学官6人组成，包括了管理官员和教学官员。

第三，挑选官地中的好地块（"比及标拨官地"）来修建学舍。修建学舍的数量有明确的要求："讲堂五间，东西学官厅二座（各三间），斋房三十间（东西各十五间），厨房六间（分左右），仓库房五间，门楼一间"，总共53间房舍建筑。这其中没有修建专门的孔庙。究其原因在于，蒙古贵族入主中原以后，崇信萨满教、藏传佛教。忽必烈称帝之后，奉行尊孔崇儒但不独尊儒术的基本国策，没把孔子太当回事，因此"合行创建一所，先立学校后盖文庙"的决定也就不显得奇怪了。除了上述文献之外，《元史》中同样记载了"二十四年朝廷乃大起学舍，始立国子监，立监官而增广弟子员"③的史实。

"至元二十四年立国子学而定其制，设博士通掌学事，分教三斋生员，

---

① 《庙学典礼》卷二。
② 《庙学典礼》卷二。
③ 《元史》卷一百七十四。

讲授经旨。"① 《元史》所述内容就是这个过程的简要概括。初建的元代国子监布局比较简单，"讲堂"和"学官厅"的功能显而易见；"厨房"分而建之的原因显然是因为元代规定的民族等级的不同以及民族习惯各异使然。这里首先要保证蒙古族子弟的特权，不与其他民族（色目人和汉人）习俗相混。30 间斋房分而建之的原因不仅仅有布局的考虑，同样也有生活习俗的考虑。从"修国子监以居胄子"② 这个史载推断，这些斋房不会是纯粹的教室，极有可能兼有居住和肄业功能的房舍。之所以这样推断房屋的使用功能，仍然是要考虑蒙古族生活习惯与汉族生活习惯之间的差异。

国子监成立以后，其教育活动的安排详尽而规范："博士通掌学事，分教三斋生员。讲授经旨，究正音训，上严教导之术，下考肄习之业。助教掌学事而专守一斋。正、录（注：学正、学录）申明规矩，督习课业。凡读书必先《孝经》、《小学》、《论语》、《孟子》、《大学》、《中庸》，次及《诗》、《书》、《礼记》、《周礼》、《春秋》、《易》。博士、助教亲授句读音训，正、录伴读以其次，传习之讲说则依所读之序，正、录伴读亦以此而传习之。次日，抽签令诸生复说其功课，对属诗章、经解、史评则博士出题，生员具藁（稿）先呈助教，俟博士既定，始录附课簿，以凭考校。"③ 国子监成立之后，还定期扩大生员规模。至元二十七年（1290）忽必烈敕令臣下的子弟入国子学。④ "成宗大德八年（1304）冬十二月，始定国子生蒙古、色目、汉人三岁各贡一人。十年（1306）冬闰十月，国子学定蒙古、色目、汉人生员二百人，三年各贡二人。"⑤ 相比起来，大德十年计划招生数量扩大了一倍是有原因的，这就是国子监已经开始扩建，后文会谈及这个问题。

国子监建立时的初始规模对于距今 720 多年前的元代来说已然不小，但对于需要居住并在其内学习的一百几十名学生来说，仍然显得拥挤。国子监建筑功能的布局和分配也不太合理，这就为大德年间扩建国子监提出了客观上的要求。虽则如此，元代国子监太学实体的创立却是不容置疑的历史事实。"二十四年闰二月设国子监，立国学。"⑥ 这一年，是公元 1287 年。

二 元代国子监始终建在规划原址

至元四年（1267）由刘秉忠主持元大都的建设规划，几百年之后的北

---

① 《元史》卷八十一。
② 《元史》本纪第十五。
③ 《钦定续文献通考》卷四十七，《元史》卷八十一。
④ 《元史》本纪第十五。
⑤ 《元史》卷八十一。
⑥ 《钦定续文献通考》卷四十七。

京旧城仍能完美地表现出其规划严谨、布局规整的特点。"至元四年作都城画地，宫城之东为庙学基"①，更为完整保存下来的北京国子监和孔庙所印证。

现在的问题是，忽必烈于至元二十四年"迁都北城，更立国子学于国城东而定其制"②，具体的地址是不是"庙学基"规划所在地？

答案是肯定的，有史为证：

第一，"迁都北城，更立国子学于国城东"指出了元代新建国子监的方位，这就是元大都之北，元代皇宫之东，这恰是至元初期"庙学基"规划所在方位。

第二，元代著名学者，时任元廷翰林集贤学士，首次提出"修建国学"建议并亲历国子监成立的程文海，在他撰写的《雪楼集·大元国学先圣庙碑》中记载："至元四年作都城画地，宫城之东为庙学基，二十四年备置监学官，元贞元年诏立先圣庙。"同为元代的学者苏文爵在其编撰的《元文类·国子学先圣庙碑》中汇集了程文海撰写的上述碑文："至元四年作都城画地，宫城之东为庙学基，廿四年备置监学宫，元贞元年诏立先圣庙。"同一篇碑文，从规划方位和具体建设的连贯意义上指明了国子监建立的地址，虽然出现了"监学官"与"监学宫"的一字之差，但这是对"备置监学官"的理解差别而出现的笔误。两位学者恰恰指出了一个相同的史实，这就是至元二十四年迁学北城，不仅设立了管理机构国子监（"监学官"），而且修建了国子监的学舍房屋（"监学宫"）。"备置"如是也。

第三，《庙学典礼》中"文庙前件议得合行创建一所，先立学校后盖文庙，大都拨地与国学一同兴盖"清楚地说明了在划拨的官地上先建国子监，后建孔庙的时间顺序（与程文海所撰碑文中的时间相符）。由于《庙学典礼》一书"杂钞案牍排缀成编，未经文士之修饰，故词多椎朴"，③ 故上述引文中的"一同"在这里显然是个方位概念，而非指时间，否则就无法理解"先立学校后盖文庙"了。

第四，据《钦定续文献通考》："成宗大德十年正月营国子学于文宣王庙西偏。自至元二十五年十一月修国子监以居胄子至是，始营于文宣王庙西。"④ 这段文献记载，再清楚不过地提供了国子监最初成立的地理位置。

① （元）程文海：《雪楼集·卷六·大元国学先圣庙碑》。
② 《钦定续文献通考》卷四十七。
③ 纪昀：《庙学典礼·提要》。
④ 《钦定续文献通考》卷四十七。

换言之，国子监从开始成立就落脚在元初（至元四年）所规划的位置上，这就是当今北京孔庙之西侧。鉴于此，北京国子监最早建立的时间应该提前到公元 1287 年（至元二十四年）。

三　元大德十年营建国子监是对原国子监的扩建改造

著名的史学著作《钦定日下旧闻考》卷六十七引述了元代吴澄《贾侯修庙学颂》对国子监修建的详细记载："学在庙西地，孙于庙者十之二中，国子监东西六馆自堂徂门环列鳞比，通教养之区为间百六十有七"，"肇谟于大德三年之春讫功于大德十年之秋，于时设官教国子已二十年矣，寄寓官舍不正其名，丞相以为未称兴文崇教之实也，乃营国学于庙之西。中之堂为监，前以公聚后以燕处。旁有东西夹，夹之东、西各一堂以居博士，东堂之东西堂之西有室，东室之东西室之西有库，库之前为六馆，东西向，以居弟子员。一馆七室助教居中以莅之，馆南而东而西为两塾，以属于门屋。四周通百间，逾年而成，不独圣师之宫巍然为天下之极，而首善之学亦伟然耸天下之"。

这里，特别要注意文中这样一句话"于时设官教国子已二十年矣，寄寓官舍，不正其名"，意思是说，这里设立教官教育国子已经二十年了，（这些弟子）依附于官舍蜗居在这里，实在是不符太学之"名"（规范标准）。为此，"出御史台钱五十万建国学"[①]，大兴国子监扩建工程，为的就是在新修的巍然孔庙之旁，使此时已经破旧的国子监实至名归，不至显得过分寒酸，以合"兴文重教"的意义。"不独圣师之宫巍然为天下之极，而首善之学亦伟然耸天下之"，道出了"营国学于庙之西"的本来意义。这里，有必要对援引的古文献中的"营"一词做些解释。"营"的词义很丰富，这里的本义是"营造"，其内涵可以是新建，可以是扩建，可以是续建，可以是翻建，不同于现代语言那样要做严格区分。具体是指什么样的建设过程，还需要对相关的具体历史环境加以分析，方能得出正确的结论。

显然，大德十年（1306）的"营"国子监之所以不是新建而是扩建的历史原因，与元贞元年（1295）成宗诏立孔庙有直接的关系。"元贞元年，诏立先圣庙，久未集。大德三年春，丞相臣哈喇哈斯达尔罕大惧，无以祗德，意乃身任之。饬五材、鸠众工，责成工部郎中臣贾驯。驯心计指授，晨夕匪懈，工师用劝，十年秋庙成。谋树。国子学御史台臣复以为请，制：'可'。至大元年冬，学成。"[②]

---

① 《雪楼集》卷八。
② 《钦定日下旧闻考》卷六十七。

　　元世祖之后的成宗本来对太学就没多大兴趣，充其量也就是在即位之年（1295），发布了一个修建"先圣庙"的诏令，但直到大德三年（1299）都没有任何动静。还是丞相哈喇哈斯达尔罕有点责任心，亲自挂帅点将，历经七年的工期，在成宗去世的前一年（1306）才算建成了"巍然为天下之极"的先圣庙（孔庙）。此时已经建成二十多年的国子监与相邻的新建孔庙相比，明显是过分破旧了，因此才有"未称兴文崇教之实"的说法，才有了"国子学御史台臣复以为请，制：'可'"① 的又一个建设进程，即开始扩建国子监。

　　从大德十年开始的国子监扩建实在是很不顺利，开工仅一年元成宗就去世了；新即位的元武宗好大喜功，刚当上皇帝就"殊恩泛赐"（滥封官，滥赐金），且文过饰非，死不认错。中书省臣言："请依原降诏敕，勿超越授官，泛滥赐赍。"帝曰："卿等言是，朕累有旨止之，又复蒙蔽以请。自今纵有旨，卿等其覆奏罪之。"② 元武宗的一意孤行导致了"帑藏空竭，豫卖盐引"③ 的窘境，哪里还顾得上扩建国子监的工程?! 以致御史台臣颇有微言，"成宗朝建国子监学迄今未成"，这才御准毛遂自荐的皇太子最后完成这个扩建工程。④ 竣工之时，已是至大元年（1308）。

　　扩建之后的国子监在功能布局上分两个部分：监署设立在处于国子监中心位置的"堂"中，这是管理教育职能的衙署；堂的两侧分别是博士的办公居处，堂之前方两侧的"六馆"是教学区。每馆七间，中一间为助教的办公区。堂之后是"燕处"（休息、生活）之地。显然，此时对学习和居住功能有了明确合理的划分，不再是原来东西各十五间房舍"以居胄子"了。国子监扩建之初，元成宗生前曾为此底气十足，"（大德）十年冬闰十月，国子学定蒙古、色目、汉人生员二百人，三年各贡二人"⑤，进国子监学习。可惜，他没有看到国子监扩大规模后的新貌。

　　以为至大元年时才建成了北京国子监，极有可能是对这段历史文字的误读，那就是把国子监扩建工程竣工时间，误认为是国子监的建成时间。其实古文献也明确澄清这一点："考诸记序，大德十年之所营，殆即至元二十五年所修之地而改葺之也。"⑥

　　综合考察至元二十四年间设立的北京国子监，尽管初建时有种种的先天

① 《钦定日下旧闻考》卷六十七。
② 《元史》卷二十二。
③ 同上。
④ 同上。
⑤ 《元史》卷八十一。
⑥ 《钦定续文献通考》卷四十七。

不足，但"麻雀虽小，五脏俱全"。国子监成立之初就明确了由元廷中书省的集贤院管理的中央管理隶属关系；国子监行政首长祭酒由元廷任命，并配备副职和其他官员；有经翰林院遴选、中书省准用的专职教官博士、助教；有"外道学校生员成才者申太学"的生源；① 监学内有完备的教育内容、教学和考核管理程序；国子监（太学）有具体的校址和相对完备的官舍、学舍；在国子监学习的生员有良好的生活待遇；更重要的是随着设立国子监，元代还建立起一个自上而下的官学体系，它包括江南各道儒学提举司、各道儒学、② 国子监、太学、蒙古国子监（学）、"回回国子监（学）"③。这样完备的官学体系，都是在至大元年（1308）以前建成的，元以后各朝代除了在具体制度上的调整之外，一直沿袭了这个体系。逐步完善的元代国子监体制更为明清两代所沿用。简言之，元代至元二十四年（1287）到至大元年（1308）之间，北京国子监已经完整地存在。

在北京国子监历史地位的影响日益彰显的今天，实在有必要澄清历史的真实，纠正以讹传讹，摒弃那些没有任何历史根据的讹传，明确"北京国子监建成于至元二十四年（1287）"这一基本事实。

综上所述，我们可以骄傲宣告：

历史悠久的北京国子监迄今已经建成 726 年。

李永康，孔庙和国子监博物馆馆员

---

① 《元史》卷三，《庙学典礼》卷二。

② 参见《元史》卷三《庙学典礼》卷二；《钦定续文献通考》卷四十七，《元史纪事本末》卷二："设江南各路儒学提举司，时江南诸县各置教谕二人。"

③ 《元史》卷三："（元世祖六年七月）壬戌，西京大雨雹，己巳立诸路蒙古字学，癸酉立国子学。"《元史纪事本末》卷二："二十六年秋八月，始置回回国子学。"

◇景泰五年进士题名碑考略

◎ 王庆武　李瑞振

[摘　要] 景泰五年进士题名碑现存于北京孔庙和国子监博物馆，相对于其他进士题名碑而言，景泰五年进士题名碑并未竖立于进士题名碑碑林之中，其碑身也出现了断裂。笔者尝试从此碑的产生、相关文献记载中的问题、碑存现状以及恢复整理三个方面进行讨论，充分展现景泰五年进士题名碑产生的时代背景、文献记载中的讹误、整理该碑过程中面临的问题及其相关解决方案这些个性化特色以及其与诸进士题名碑之间存在的共性。借此提供一个进士题名碑个案研究的参照，希望能起到抛砖引玉之功，推动进士题名碑研究的深入，为以后进士题名碑相关研究的开展打下基础。

[关键词] 景泰五年　进士题名碑　文献　整理

一　景泰五年进士题名碑的产生

进士题名作为一种古代读书人至为荣耀之事，不可不公诸海内，传之久远。遂有题名录和题名碑的出现。

> 题名录一榜进士出，翰林衙门例刻《题名录》，此盖本唐时进士《登科记》之例也……又元、明以来进士例刻碑于国子监，尽列一榜姓名，此亦仿唐慈恩题名之例。①

唐代出现进士题名之例，宋人仍之。至明代，进士题名碑开始立于国子监。

明代进士题名碑立石国子监中之例，据《明史》记载，是从明太祖洪武二十一年（1388）开始出现的：

> 历科进士多出太学，而戊辰任亨泰廷对第一，太祖召访褒赏，撰题

---

① （清）赵翼：《陔余丛考》，商务印书馆 1957 年版，第 606 页。

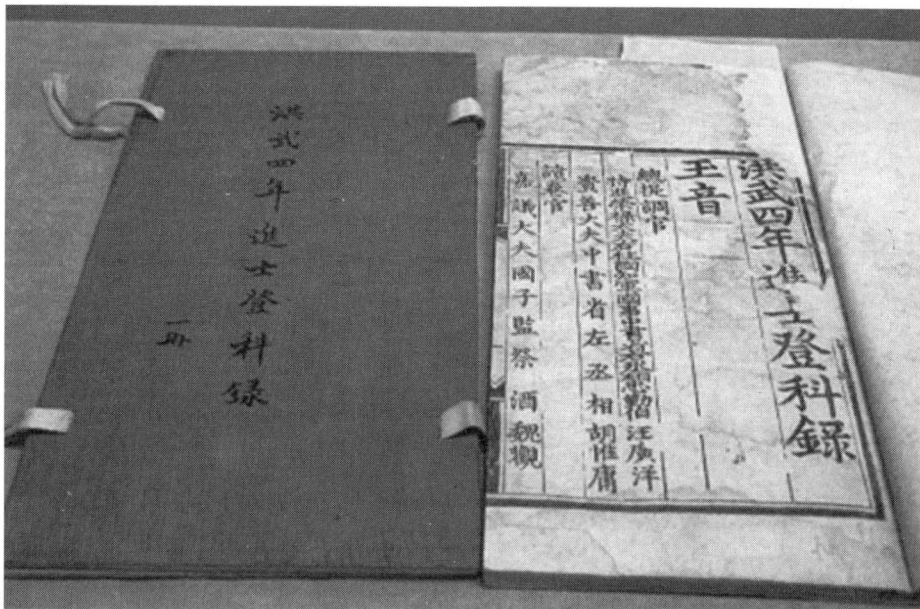

图1 洪武四年进士登科录

图2 明洪武戊辰科状元任亨泰

名记，立石监门。辛未许观亦如之。进士题名碑由此相继不绝，此又可想前明新进士拜国子监之由。而监中立进士题名碑，亦以进士多由监中中式者，故创此制，其后遂沿为成例，凡新进士每科须立碑监中也……①

太学生人才济济，中进士者不可胜数。洪武二十一年（1388）的殿试中，太学生任亨泰更是一举夺魁，成为洪武戊辰科状元。太祖朱元璋为此特地诏谕当时的翰林学士、国子监祭酒宋讷，褒赏此事，诏令立碑太学，并撰碑记。此为进士题名碑立于太学的开始。

这种立进士题名碑于太学的行为是对进士的褒赏，更是对太学教育的一种肯定。此后，洪武二十四年（1391）辛未科的许观考中状元，此人亦为太学生，朝廷继续立进士碑于太学。至此，立进士题名碑于太学遂成定例，这也是进士题名碑立于国子监的由来。"其后遂沿为成例，凡新进士每科须立碑监中也。"

永乐年间，明成祖朱棣迁都，其最高教育机构也相应地随之变迁，遂有北京国子监的出现。

　　　永乐元年始设北京国子监。十八年迁都，乃以京师国子监为南京国子监，而太学生有南北监之分矣。②

金大定二十八年，燕京建女真太学；至元二十四年，迁北城，立国子学于城之东，即现国子监位置所在；洪武时，改元国子学为北平郡学；永乐迁都，改北平郡学为国子学，后复更为国子监。

永乐十三年（1415）乙未科进士题名碑是明朝迁都北京以后产生的第一通进士题名碑，此碑现存放于孔庙进士碑林东南，最南排西起第一通，编号为22。其后，明朝政府迁都北京以后，至景泰五年之前，在北京竖立了13 通进士题名碑，即永乐4 通、宣德3 通、正统5 通以及景泰二年的1 通。

景泰五年进士题名碑是明朝政府迁都北京后在北京国子监竖立的第14通进士题名碑。

据《景泰五年进士登科录·恩荣次第》载：

　　　景泰五年三月初一日早，诸贡士赴内府殿试，上御奉天殿亲赐策问。
　　　三月初三日早，文武百官朝服侍班，是日，锦衣卫设卤簿于丹陛丹墀内，上御奉天殿，鸿胪寺官传制唱名，礼部官捧黄榜，鼓乐导引出长

---

① （清）张廷玉：《明史》卷六十九，《选举志一》。
② 同上。

安左门外，张挂毕，顺天府官用伞盖仪从送状元归第。

三月初四日，赐宴于礼部，宴毕，赴鸿胪寺习仪。

三月初五日，赐状元朝服冠带及进士宝钞。

三月初六日，状元率进士上表谢恩。

三月初七日，状元率进士诣先师孔子庙行释菜礼，礼部奏请命工部于国子监立石题名。

至此，经过了明代科举的这一系列程序以后，景泰五年的进士题名碑产生。

关于景泰五年进士题名碑具体的立碑时间，陈长文先生在其《明朝历科进士题名碑立石年代考》一文中考证为景泰五年三月殿试至景泰七年五月之前，① 这个时间段实际上还可以再推进一步。

作为景泰五年进士题名碑记的撰写者，陈循撰写景泰五年进士题名碑记的时间是在景泰五年八月以后。据《芳洲先生年谱》载：

> 是年（景泰五年）三月，廷试礼部所上贡士，公为读卷官……八月，公（陈循）受命释奠先师孔子……继而公奉敕撰《太学进士题名记》。②

故可以结论：景泰五年进士题名碑立碑时间在景泰五年八月至景泰七年五月之间。

二 文献记载中的景泰五年进士题名碑

对景泰五年进士题名碑的记载，主要集中在两个版本的《钦定国子监志》中。

乾隆本《钦定国子监志》准确而简明地记载了景泰五年进士题名碑的基本情况：

> （景泰）五年甲戌科：赐孙贤等三百四十九名及第出身题名碑。大学士陈循撰文；吏部侍郎董璂书。③

乾隆本《钦定国子监志》记载景泰五年进士题名碑取士人数为349人，与碑实际所刻人数相符。

---

① 陈长文：《明朝历科进士题名碑立石年代考》，《中国历史文物》2007 年第 5 期，第 52 页。

② （明）王翔：《芳洲先生年谱》，明正德二年本，《北京图书馆藏珍本年谱丛刊》第 38 册，第 434 页。

③ （清）梁国治等：《钦定国子监志》卷四十八，《文渊阁四库全书》第 600 册，台湾商务印书馆。

　　道光本《钦定国子监志》对景泰五年进士题名碑的记载相较乾隆版《钦定国子监志》而言，要详尽一些：

　　　　景泰五年甲戌科：赐孙贤等三百四十五名及第出身题名碑。荣禄大夫、少保兼太子太傅、户部尚书、文渊阁大学士、同知经筵事陈循撰记；奉议大夫、吏部考功司郎中董璵书。无立碑年月。在大成门外之西，南向。①

　　在这里，需要注意的有两点：

　　其一，此碑的取士人数。道光本《钦定国子监志》载为 345 人，与乾隆本《钦定国子监志》的 349 人相差 4 人。《明贡举考》卷之四载云："时廷对之士三百四十九人。"据进士题名碑实际所刻统计，该科一甲 3 名，二甲 129 名，三甲 217 名，合计 349 名。故道光本《钦定国子监志》记载有误，究其错误之缘由，盖因其对清初李周望《国朝历科题名碑录初集》多所蹈袭，与李周望本同误。

　　其二，景泰五年进士题名碑的具体立碑位置。据道光本《钦定国子监志》之记载，明代进士题名碑的竖立自正统四年（1439）壬戌科起，至弘治六年（1493）癸丑科终，共有 19 通进士题名碑。这 19 通进士题名碑的立碑位置呈现一种规律化排列。次序为奇数的碑，在大成门外东北侧的最北排第 5 通碑位置起，自西向东，按照年份顺序排列：即（1）正统四年己未科，（3）正统十年乙丑科，（5）景泰二年辛未科，（7）天顺元年丁丑科，（9）天顺八年甲辰科，（11）成化五年己丑科，（13）成化十一年乙未科，（15）成化十七年辛丑科，（17）成化二十三年丁未科，（19）弘治六年癸丑科。次序为偶数的碑，在大成门外西北侧的最北排第 6 通碑位置起，自东向西，按照年份顺序排列：即（2）正统七年壬戌科，（4）正统十三年戊辰科，（6）景泰五年甲戌科，（8）天顺四年庚辰科，（10）成化二年丙戌科，（12）成化八年壬辰科，（14）成化十四年戊戌科，（16）成化二十年甲辰科，（18）弘治三年庚戌科。也就是说，按照历史的排列规律来看，景泰五年进士题名碑应该处于大成门外西北侧的最北排自东起第 8 通碑的位置。

　　这个结论在一定意义上可以与乾隆本《钦定国子监志》中的记载相印证：

　　　　自正统戊戌至此，计十七碑。正统、壬戌、戊辰、景泰、甲戌、天顺、庚辰、成化、丙戌、壬辰、戊戌、甲辰、弘治、庚戌九碑俱在大成

---

　　① （清）文庆、李宗昉等纂修，郭亚南等点校：《钦定国子监志》，北京古籍出版社 2000 年版，第 1113 页。

门外之西，南向。正统、乙丑、景泰、辛未、天顺、丁丑、成化、甲申、己丑、乙未、辛丑、丁未八碑俱在大成门外之东，南向。①

所以，景泰五年进士题名碑原立于大成门外西北侧的最北排自东起第8通碑位置的结论应属无疑。

但是由于历史原因，景泰五年的进士题名碑发生断裂，并离开了原立碑位置。据1932年第2期《国立北平研究院院务汇报》之《北平寺庙碑目》记载："明景泰五年进士题名碑，额题赐进士太学题名记，陈循撰，董璇并篆，碑阴试官题名。在国子监。"② 通过《北平寺庙碑目》中的相关记载来看，至20世纪30年代，景泰五年进士题名碑尚处于其原来位置。

又据研究部高彦老师提供的文献，1974年10月，真武庙碑迁移至大成门西最北排东起第8通碑的位置。也就是说，最晚至20世纪70年代，景泰五年进士题名碑就已经离开了它最初所在的位置。2011年10月，真武庙碑从原景泰五年进士题名碑立碑处移走，置于国子监西井亭旁，景泰五年进士题名碑立碑处位置遂空缺，见图3。

图3　景泰五年进士题名碑空缺处

---

① （清）梁国治等：《钦定国子监志》卷四十八，《文渊阁四库全书》第600册，台湾商务印书馆。

② 《国立北平研究院院务汇报·调查》1932年第2期，第8页。

故，可以暂时推论，景泰五年进士题名碑在 20 世纪 30 年代至 70 年代之间，出现了断裂并离开其原立碑位置的情况。

三　景泰五年进士题名碑的现状和整理

北京孔庙和国子监藏明代进士题名碑从永乐十三年始，至崇祯十六年终，共 77 通，含景泰五年进士题名碑。但目前碑林中竖立者仅 76 通，断为两截的景泰五年进士题名碑现存放于北京孔庙东夹道内（见图 4），碑座亦已下落不明。

图 4　景泰五年残碑

此碑文字因断裂及风化故，残损严重，主要集中在碑首及碑身两个部分。

首先，碑额部分残，奉议大夫、吏部考功司郎中董璉所书"赐进士太学题名记"八个篆字仅存"太"、"记"二字，额题八篆字之左右所饰祥云图案亦随之残缺。

其次，此碑自碑上部三分之一处断裂，断裂残损部分主要涉及进士题名碑碑记文字。断碑拓片如图5。

景泰五年进士题名碑碑阴部分尚有试官题名，因碑躺卧，翻转不便，故未得影像，但有相关拓片可资参照。

图5　景泰五年残碑拓片

此次，景泰五年进士题名碑的整理任务有三：

其一是进士题名碑碑记的恢复和补正，就碑的实际情况而言，这一部分难度最大；其二是进士题名的整理，为整理工作的主体部分；其三是试官题名的整理，这一部分虽有部分文字风化，但因所涉内容多为职官专称、重臣名姓，故恢复难度不大。

（一）景泰五年进士题名碑碑记的整理和恢复

进士题名碑碑记是明代进士题名碑中最富有特色的部分，是明代进士题名碑在内容上明显区别于其他时代进士题名碑的一个重要标志。虽然清代进士题名碑部分也有碑记，但其内容相对客观，仅述开科时间、取士人数等基本内容。而明代进士题名碑碑记内容则相对较为丰富，多为申明朝廷重视科举、教育的主旨，殿试的流程，参与人员以及开科取士的背景和意图等，是当时科举考试的一个微缩版的科举制度论文。

关于明代进士题名碑碑记的起源，据《日下旧闻考》转述《宪章录》之记载，明代进士题名碑碑记始于永乐二年："永乐二年三月，命工部建进士题名碑于国子监，命侍读学士王达撰记。题名碑有记始此。"①《明实录》之《太宗文皇帝实录二十九》："命工部建进士题名碑于国子监，命翰林院侍读学士王达撰记。"清人李调元在其《制义科琐记》一书中也谈到这个问题："永乐二年，上特命工部建进士题名碑于国子监，命侍读学士王达记，遂为例。"②

永乐二年进士题名碑当在南雍，现未知所在，拓片亦无。

据道光版《钦定国子监志》，明代进士题名碑有碑记者凡 60 通。就北京国子监而言，自永乐十三年至景泰五年，计 13 通碑，均有碑记。碑记作者几乎全部出自翰林院学士、当朝重臣，如杨荣、杨士奇、王直等。景泰五年进士题名碑碑记作者是陈循。

景泰五年进士题名碑碑记署："荣禄大夫少保兼太子太傅户部尚书文渊阁大学士同知经筵事臣陈循奉敕撰。"

陈循（1385—1464），字德遵，江西泰和人。永乐十三年（1415）进士一甲第一名，授翰林修撰，后成为明代"三杨"之后的内阁首辅重臣。历户部右侍郎兼翰林院学士、户部尚书、少保太子太傅兼文渊阁大学士进华盖殿大学士。著有《芳洲集》十卷、《东行百韵集句》九卷、《芳洲年谱》一卷，合撰《寰宇通志》一百一十九卷。图 6 为《芳洲先生年谱》中陈循画像。

陈循身为当时的朝廷重臣，撰写了多通进士题名碑碑记，成为继"三杨"和王直之后进士题名碑碑记的主要撰写者，其所作包括正统七年进士题名碑碑记、景泰二年进士题名碑碑记和景泰五年进士题名碑碑记。

陈循所撰景泰五年进士题名碑碑记全文共计 1011 字，其中风化、不可辨识者 216 字，通过相关文献补全 215 字，尚未补全者 1 字。

查《续修四库全书》之《集部·别集类》，收陈循所著《芳洲文集》和《芳洲文集续编》，其中，《芳洲文集》卷之六收记文 30 篇，《芳洲文集续编》卷之三收记文 15 篇，合计收记文 45 篇，均无景泰五年进士题名碑碑

① （清）于敏中等：《日下旧闻考》，北京古籍出版社 1985 年版，第 1107 页。
② （清）李调元：《制义科琐记》，丛书集成初编本，第 22 页。

图 6　陈循画像

记。北京图书馆编《北京图书馆藏珍本年谱丛刊》第 38 册收《芳洲先生年谱》，其在"辛未"、"甲戌"条下分别载：

是年三月，廷试礼部所上贡士，公为读卷官……八月，公受命释奠先师孔子，奉敕撰《太学进士题名记》。①

是年三月，廷试礼部所上贡士，公为读卷官……八月，公受命释奠先师孔子……继而公奉敕撰《太学进士题名记》。②

这两次分别是陈循奉旨撰写景泰二年和景泰五年进士题名碑碑记时候的情况，但是《年谱》并未缀附碑记相关文字。

我们经过认真比对，参照其他相关文献，暂时核定景泰五年进士题名碑碑记内容如下：

①　(明)王翔：《芳洲先生年谱》，明正德二年本，载《北京图书馆藏珍本年谱丛刊》第 38 册，第 419 页。

②　同上书，第 434 页。

赐进士太学题名记

荣禄大夫、少保兼太子太傅、户部尚书、文渊阁大学士、同知经筵事臣陈循奉敕撰。

奉议大夫、吏部考功清吏司郎中臣董璘奉敕书并撰。

景泰五年春三月朔，礼部掌部事、少傅兼太子太师、本部尚书臣胡濙等进：是岁会试所取天下贡士三百四十九人于廷，以俟皇上临轩亲策，即而蒙赐清问凡十二事，皆国家制治保邦大经大法。于是少傅兼太子太师、吏部尚书臣王直，少保兼太子太傅、户部尚书文渊阁大学士臣陈循，少保、太子太傅、工部尚书、东阁大学士臣高穀，少保兼太子太傅、兵部尚书臣于谦，太子太保兼吏部尚书、翰林院学士臣王文，太子太保兼吏部尚书臣王翱，太子太保兼兵部尚书臣仪铭，太子太保兼刑部尚书臣俞士悦，太子太保兼都察院左都御史臣杨善，太子少师兼户部右侍郎、翰林院学士臣萧镃，户部右侍郎臣李贤，工部左侍郎臣赵荣，都察院左副都御史刘广衡，通政使司通政使臣栾恽，大理寺卿臣薛瑄，右春坊大学士兼翰林院侍讲臣刘俨，翰林院侍讲学士兼左春坊左中允臣倪谦谨奉诏读卷。又明日，上亲擢孙贤为第一甲第一人，徐溥、徐镛为第二、第三人，皆赐进士及第，其第二甲则丘濬等一百二十九人皆赐进士出身，第三甲则崔忠等二百一十七人皆赐同进士出身。自余恩荣次第悉遵太祖圣神文武钦明启运俊德成功统天大孝高皇帝制，复诏臣循撰赐进士题名之记。

臣循谨再拜稽首而言曰：自古天下未尝无贤，惟在人君举而用之，则足以臻至治，是以尧有天下，举八元、八凯而庶绩为之咸熙；舜有天下，举二十二人而万邦为之咸宁。八元、八凯、二十二人之见举者，夫岂声名、□貌、言语、文字所可致哉？道义、忠信、廉耻、名节，皆同德相益，而同心相济，无所施不可也。或谓八元、八凯、二十二人与夫伊、傅、周、召、萧、曹、丙、魏、房、杜、姚、宋、韩、范、富、欧诸贤弼见举于后世之君，虽其功业深浅不侔，而同心同德，由是道则一皆未闻。有所谓题名何也？曰恶得无题名耶！古之君子，虽无所激于前，自能有所成于后。今之君子，欲有所成于后，不能无所激于前，是以今之君子，书其捷以激于当时，若进士题名之碑是也。古之君子，书其名以垂于后世，若当代传信之史是也。夫书其捷以激于当时，而使其名不垂于后世，君子有所歉焉。然则八元八凯二十二人以下诸贤弼所以见举于当时与垂名于后世之实，吾徒岂可不勉，俾得专其美于前耶？

洪惟圣朝自洪武乙丑岁至今，士之登进士第，得预题名于太学者二十四榜，何下数千余人，安知垂名信史无如元凯以下诸贤弼？其圣天子兴贤之盛心，其可负诸，其可负诸！

图7为王庆武老师整理景泰五年进士题名碑题名记部分之草稿。

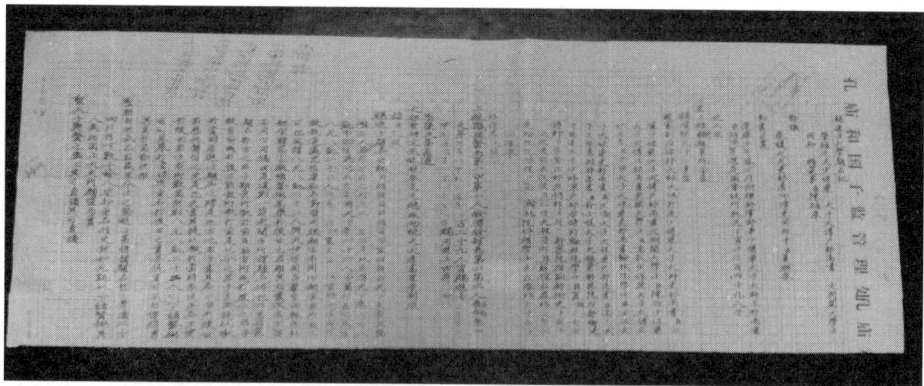

图7　孔庙国子监王庆武整理的景泰五年进士题名碑题名记部分草稿

（二）进士题名的整理

景泰五年甲戌科，共取士 349 人。这里面一个显著的现象就是"以貌取士"。明代科举存在"以貌取士"的现象，即在进士考试中，既要才华出众，又要仪表堂堂。

景泰五年的进士尹直在其《謇斋琐缀录》中言到当时朝廷取人，兼及容貌仪表之状：

> 朝廷用人，多取仪表。天顺间，韩都宪雍巡抚大同，因议事至京，留补少司马。英庙谕李文达曰："大同巡抚，须得似韩雍人品方称。"文达以山东廉使王越对。及越至，陛见后，复谕文达曰："王越是爽利武职打扮。"越初廷试，手中卷子忽被大风吹起，回翔云汉，莫知所止。时胡宗伯即具题知，且于内阁取纸折成卷子付之。后越至封威宁伯，盖飞腾之兆见于廷试，丰伟之仪见于进用，固不偶然，而卒以启边衅削爵，惜夫！

尹直在其书中言到，即便是中了进士之后，朝廷在选拔官员之时，也会考量仪表等外在条件：

　　天顺初，德、秀等王当出阁，英庙谕李文达公慎选讲读官。文达以
亲王四位，用官八员，翰林几去半矣。乃覆对翰林官少，请于新进士内
选人物俊伟，语音正当，学问优长者，授以检讨之职，分任讲读。时得
雷霖、刘诚等充选。

　　如果单单是才华出众，而相貌平平或者相貌不佳的话，即便是状元，也
无法被皇帝接受。景泰五年进士题名碑中的二甲第一名丘濬本为状元，但因
其貌不扬，被置于二甲第一名。

　　清人李调元《制义科琐记》卷二"貌寝"条下："景泰五年甲戌殿试，
丘文庄公浚（濬）本拟状元，以貌寝，置二甲一名。"

　　除了"貌寝"之外，还因丘濬直言无隐、颇触时弊，故从状元移置二
甲一名。然而正是这个"貌寝"的丘濬，在成化十三年（1477），担任国子
监祭酒，成为后来明代著名政治家、理学家、史学家、经济学家和文学家。
他也是纂修《宪宗实录》的总裁官，后又奉命编修《英宗实录》。《明史》
有其传。图 8 为清刊本《丘文庄公集》卷前丘濬像。

图 8　丘濬画像

丘濬学问渊博、勤学不辍，研究领域涉政治、经济、文学、医学等，著述甚丰，同海瑞合称为"海南双璧"。《明语林》曰："世称丘文庄不可及者三：自少及老，手不释卷，好学一也；诗文满天下，不为中官搦管，介慎二也；历官四十载，仅得张淮一园，邸第始终不易，廉静三也。"①丘濬年七十六卒于任上。赠太傅，谥"文庄"。海南岛海口市秀英区水头村北有其墓，1996 年被列为全国重点文物保护单位。

作为当年以容貌胜过丘濬的状元孙贤，与一甲的第二名和第三名一起成为人们的一段趣谈：

> 三月，策进士彭华等三百五十人，赐孙贤、徐溥、徐镐等及第、出身有差。贤貌黑，溥白，镐黄，一时称"铁状元"、"银榜眼"、"金探花"云。②

就对当时和后世影响力而言，丘濬力压同榜其他诸进士，可谓实至名归，这是对当时"以貌取士"法则的有力嘲讽。从另一层面，进士以后，丘濬逐步成为内阁重臣，当时的统治者也很快认可了其卓越才华。

其实，这种因相貌受影响的情况并非鲜见，李调元在其《制义科琐记》卷一"貌不扬"条下云：

> 建文二年，策试礼部中式举人，赐胡广、王艮及第、出身有差。廷试策，艮最优，以貌不扬，易广第一。后艮死难，故曰："以貌取人，失之子羽"。

建文二年庚辰科，王艮本为一甲第一名状元，但因为"貌不扬"，置为一甲第二名，本来的一甲第二名胡广被置为一甲第一。胡广本名胡靖，后来燕王朱棣叛乱，挥师入南京，王艮死难，而胡靖则易名胡广，降燕。

本科的这 349 名进士之中，有三个考生身份较为特殊。

第一个是考生吴祯，他是以译字官身份参与考试的。尹直在其《謇斋琐缀录》中言到："永乐间，尝选举人、监生习四夷译书，恐其妨旷本业，乃命会试卷尾识译书数十字，三场毕，送出翰林定去取，仍送入场填榜，盖优典也。然既登第，仍官馆中习译书，如许道中先生是也。至景泰初，吴祯以民人充译字官，始援此例中乡试。及登第，又以与修寰宇通志成，从众庶吉士出授御史。"

---

① （清）吴肃公：《明语林》卷六，黄山书社 1996 年版，第 227 页。
② （清）查继佐：《明书》，齐鲁书社 2000 年版，第 885 页。

其实以译字官身份中进士者，吴祯并非个案，明人黄佐在其《翰林记》卷十四这样记载道：

> 而景泰、天顺间，译字官多有取进士者，甲申庶吉士刘淳、景泰庶吉士吴祯，皆自译字官发身云。①

另外的两个考生之所以特殊，是因为他们是来自越南的国际考生。他们是三甲的第五十二名进士黎庸和三甲的第八十名进士阮勤。

黎庸为交阯（越南）人，中进士后，先后在湖南、湖北二省。

阮勤亦为越南人，《明史》卷一七八有其传：

> 阮勤，本交阯（越南）人，其父内徙，占籍长子。勤举景泰五年进士。历台州知府。清慎有惠政，赐诰旌异。以右副都御史巡抚陕西。筑墩台十四所，治垣堑三十余里。岁饥，奏免七府租四十余万石。入为侍郎，调南京刑部。蛮邦人著声中国者，勤为最。②

阮勤随其父阮河内迁，居山西长子县，后以其父荫补京庠生，景泰癸巳举人，景泰甲戌科进士，史称其为政有民望，是古代越南人在中国的重要代表人物。

据统计，明代进士题名碑中，越南进士计有 6 人，而景泰五年进士题名碑一科就占了 2 人，一定程度上反映了明朝的科举在当时的世界影响力。

图 9 为王庆武老师整理的进士题名。

（三）试官题名的整理

自宋至元，进士考试制度逐步完善。明代承袭了元代的基本制度，其参与考试的相应官员也是专职其事，人数亦是增益很多。

关于读卷官，"协助皇帝阅卷者称为读卷官……读卷官的任务是把试卷分成三等，而最重要的是挑选出一甲的三份卷子"③。"明代殿试官承元制，设有读卷官，以内阁官及六部、都察院、通政司、大理寺正官，詹事府、翰林院堂上官充任"④，景泰五年甲戌科的读卷官主要为王直和陈循。

景泰五年进士题名碑碑记部分这样记述："于是少傅兼太子太师、吏部

① （明）黄佐：《翰林记》，辽宁教育出版社 2003 年版，第 177 页。
② （清）张廷玉：《明史》卷一七八，《列传》第六十六。
③ 杨学为：《中国考试史文献集成（明）》，高等教育出版社 2003 年版，卷首语第 8 页。
④ 唐冰开、戚欣：《教育考试法制化问题研究》，吉林大学出版社 2010 年版，第 65 页。

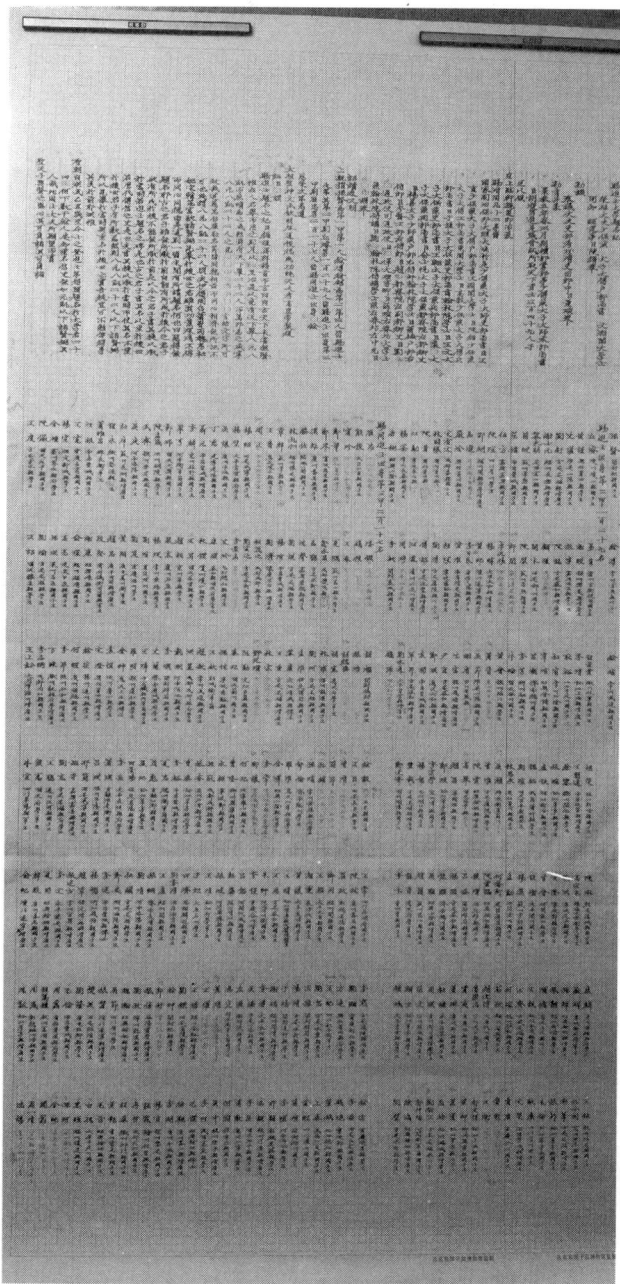

图 9　王庆武整理的进士题名

尚书臣王直，少保兼太子太傅、户部尚书文渊阁大学士臣陈循，少保、太子太傅、工部尚书、东阁大学士臣高毂，少保兼太子太傅、兵部尚书臣于谦，太子太保兼吏部尚书、翰林院学士臣王文，太子太保兼吏部尚书臣王翱，太子太保兼兵部尚书臣仪铭，太子太保兼刑部尚书臣俞士悦，太子太保兼都察院左都御史臣杨善，太子少师兼户部右侍郎、翰林院学士臣萧镃，户部右侍郎臣李贤，工部左侍郎臣赵荣，都察院左副都御史刘广衡，通政使司通政使臣栾恽，大理寺卿臣薛瑄，右春坊大学士兼翰林院侍讲臣刘俨，翰林院侍讲学士兼左春坊左中允臣倪谦谨奉诏读卷。"

读卷人员共 15 人，其中，10 人来自六部，为各部主要官员；2 人来自都察院；1 人来自通政使司；1 人来自大理寺；1 人来自翰林院。也许是在碑记中已经提到，所以景泰五年进士题名碑的试官题名部分没有读卷官，只有提调官、监试官、受卷官、弥封官、掌卷官、巡绰官、印卷官、供给官八个执事及相应人员。

试官题名部分文字合计 452 字，其中风化不可辨识者 32 字，风化部分占试官题名全文的 7%，经过我们的校勘和补正，风化文字部分全部复原。

1. 提调官

总体负责阅卷处和考场的相关考试事务。

"……又以礼部尚书、侍郎为提调官"①，景泰五年进士题名碑首先署名的就是提调官：

> 提调官：光禄大夫少傅兼太子太师礼部尚书胡濙，庚辰进士；通议大夫礼部右侍郎姚夔（"姚夔"二字拓片风化不可辨，据《明代科举与文学编年》补），壬戌进士。

2. 监试官

"以监察御史二员为监试官"，② 景泰五年进士题名碑试官题名第二部分为监试官题名，共 2 人，均为监察史身份：

> 监试官：文林郎山西道监察御史丁泰（"泰"字风化不可辨识，据《明代科举与文学编年》补）亨，己酉贡士；文林郎峡西道监察御史崔璘，乙丑进士。

3. 受卷官

受卷官的职责是收取考生的答卷，交给弥封官。

景泰五年进士题名碑试官题名第三部分为受卷官题名：

> 受卷官：中宪大夫太常寺少卿王谦，监生（"谦"、"监生"三字风

---

① 唐冰开、戚欣：《教育考试法制化问题研究》，吉林大学出版社 2010 年版，第 65 页。
② 同上。

化，据《明代科举与文学编年》补）；承务郎左春坊左赞善兼翰林院编修周洪谟，乙丑进士（"洪谟"、"乙丑"四字风化，据《明代科举与文学编年》补）；礼科都给事中张轼，监生；吏科左给事中李赞，戊辰进士。

4. 弥封官

负责试卷糊名、编号等事务。弥封官从受卷官手中接收考生答卷后加盖"弥封官关防"印信后交给掌卷官。图10为"弥封官关防"木印。

图10　弥封官关防

景泰五年进士题名碑试官题名第四部分为弥封官题名：

弥封官：亚中大夫光禄寺卿蔚能（"能"字风化，据《明代科举与文学编年》补）；奉训大夫鸿胪寺少卿张翔，壬子贡士；承务郎左春坊左赞善兼翰林院编修刘俊，乙丑进（"进"字风化，据《明代科举与文学编年》补）士；户科都给事中刘炜，己未进士；兵科都给事中苏霖（"霖"字风化，据《明代科举与文学编年》补），监生。

5. 掌卷官

掌卷官从弥封官处接收考生答卷后交至东阁读卷官处。

景泰五年进士题名碑试官题名第五部分为掌卷官题名：

> 掌卷官：左春坊司直郎兼翰林院编修李泰，戊（"泰"、"戊"二字风化，据《明代科举与文学编年》补）辰进士；承事郎翰林院编修吴汇，辛未（"汇"、"辛未"三字风化，据《明代科举与文学编年》补）进士；刑科都给事中王镇，乙丑进士；工科都给事中国盛，戊辰进士。

6. 巡绰官

巡绰官，负责巡查、警戒的官员，主要监察考场作弊之行为，一般由兵部派员出任。

景泰五年进士题名碑试官题名第六部分为巡绰官题名：

> 巡绰官：怀远将军锦衣卫指挥同知毕旺；怀远将军锦衣（"锦衣"二字风化，据《明代科举与文学编年》补）卫指挥同知曹敬；明威将军锦衣卫（"锦衣卫"三字风化，据《明代科举与文学编年》补）指挥佥事刘（"刘"字风化，据《明代科举与文学编年》补）敬，明威将军锦衣（"锦衣"二字风化，据《明代科举与文学编年》补）卫指挥佥事林福；明威将军金吾前卫指挥佥事吕敬；昭勇将军金吾后卫指挥使陈政。

7. 印卷官

在考试前、后于考生试卷之上署名、钤记，统一考生答题用卷规格和防止作弊的职官。

景泰五年进士题名碑试官题名第七部分为印卷官题名：

> 印卷官：奉政大夫礼部仪制清吏司郎中章纶（"纶"字风化，据《明代科举与文学编年》补），己未进士（"进士"二字风化，据《明代科举与文学编年》补）；礼部仪制清吏司主事俞钦，辛未进士。

8. 供给官

负责料理考试人员相关膳食、柴炭等生活相关问题。

景泰五年进士题名碑试官题名第八部分为供给官题名：

供给官：奉议大夫光禄寺少卿陈诚，监生；奉议大夫光禄寺少卿李春，戊午贡士；礼部司务何懷（"懷"字风化，据《明代科举与文学编年》补），儒士；奉议大夫礼部精膳清吏司郎中周濂（"濂"字风化，据《明代科举与文学编年》补），儒士；奉议大夫礼部精膳清吏司员外郎曾序，丁未（"丁未"二字风化，据《明代科举与文学编年》补）进士。

图 11 为王庆武老师整理景泰五年进士题名碑试官题名草稿。

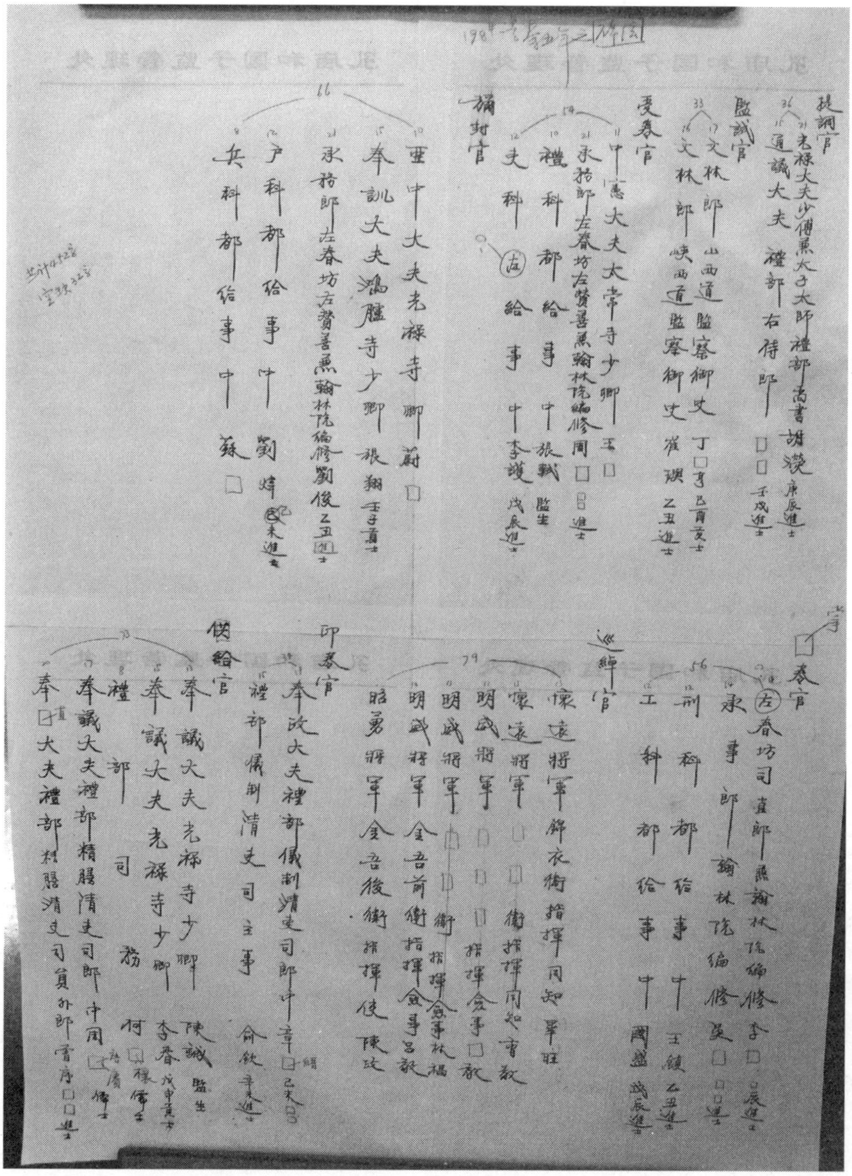

图 11　王庆武整理的景泰五年进士题名碑试官题名草稿

结　语

　　限于篇幅，景泰五年进士题名碑的考察和讨论暂止于此，然而其相关问题的横向和纵向讨论亦待深入和展开。

　　景泰五年进士题名碑作为北京孔庙和国子监博物馆藏明清进士题名碑的其中之一，本身有其个性化的一面，就此而言，每一通进士题名碑都具有极强的个性化特色，都是一个值得我们特别关注的科研对象。但另一方面，就研究方法和研究对象而言，进士题名碑作为一个群体有其共同之处，其相应的研究方法是具有共通性的。只有不断加强对进士题名碑共性的系统研究，才能真正使进士题名碑的个性化研究显得更加适得其所；反之，进士题名碑个性的研究，同样有助于其共性研究的丰富。

　　北京孔庙和国子监博物馆所藏进士题名碑就目前的研究现状来说，虽然相关学科的研究已经开展得各放异彩，但就题名碑本身的研究而言，尚属起步阶段。因此，只要我们逐步将进士题名碑的规律性研究和个性化研究相结合，把进士题名碑本身的研究与科举制度、器物学、金石学、书法学等相关学科结合起来，增强进士题名碑研究的复合型和原创性，我们的进士题名碑研究必能真正广泛开展起来并且逐步深入下去。

王庆武，孔庙和国子监博物馆馆员

李瑞振，孔庙和国子监博物馆助理馆员

◇清代台湾文进士官职变化考察

◎ 李晓颀

孔庙国子监论丛（2013年）

[摘 要] "科举考试"是清代选拔官吏的重要手段，清廷选出才能出众者为进士并授予官职。清代文进士共 28649 名，① 这其中包括台湾的文进士。本文将重点讨论台湾文进士入仕初期及后期官职的变化，对相关历史文献、地方志等资料进行整理，总结分析台湾文进士官职变化的特点。

[关键词] 台湾 文进士 科举 官职 清代

自康熙二十六年（公元 1687 年）台湾首次开科取士，至光绪三十一年（公元 1905 年）科举制度废止，在台湾两百多年的科举历史中，共产生 33 名文进士。在这些文进士中，名次最高者为陈梦球，名次最低者是江昶荣。由于殿试名次的不同，其所授官职以及其后的官职迁转也有所不同。笔者在前人的研究上将台湾文进士的进仕之路分为两个阶段，即入仕初期和入仕后期来进行考察。

一 清代台湾文进士入仕初期职位考察

入仕初期职位，指台湾文进士在殿试及朝考后，所授予的官职或是进士入仕初期的学习阶段。

1. 入仕初期清朝文进士授官制度

清朝的"科举制度"大体沿袭明朝。还未参加过科举的士子，无论年龄大小统称童生。童生经过县试、府试、院试三级考试后，才学优异者被举为秀才。秀才需去本省的省城参加乡试，乡试通过之后成为"举人"，中举之后赴京城，参加会试及殿试。进士按照考试成绩分为三等：一甲进士三名，为状元、榜眼、探花，赐"进士及第"称号；二甲进士若干名，赐"进士出身"称号；三甲进士若干名，赐"同进士出身"称号。考中一甲进

---

① 毛晓阳、金甦：《清代文进士总数考订》，《清史研究》2005 年第 4 期。

士的三人通常可直接入翰林院，授予官职。状元授翰林院修撰，为从六品官员，榜眼和探花授翰林院编修，为七品官员，主要负责协助翰林院掌院学士，"撰拟册文、册封、祭文、修实录、编史志，提调新科庶吉士"①。

二甲、三甲进士需再次参加朝考，"雍正五年，殿试后，集诸进士保和殿考试，考试用论、诏、奏议、诗四题。是为朝考之始"②。朝考后会依据二、三甲进士的成绩、年龄、品行等方面的优劣授予其官职。"高宗谕……令大臣察其仪止、年岁，分为三等，钦加简选。"③ 因二、三甲进士初仕职位的授予历代均有不同，大体"以康熙朝中叶为界分两个阶段，前期进士大都得以即用，后期不仅推后了实授官职年限，而且有诸多限制"④。而台湾文进士又多在康熙中叶以后得中进士，故此处制度研究仅为康熙中期以后授官制度研究。

授官情况大致分为以下几种：（1）成绩优异者选为翰林院庶吉士。"选新进士之优于文学书法者，入翰林院庶常馆学习，每月考查其学业，三年期满，再分配官职。"⑤ 庶吉士，也称为"庶常"，是翰林院的短期官职。庶吉士的选拔没有固定的名额限制，才学优异者可成为庶吉士，称为"馆选"。由经验丰富的官吏教导庶吉士学习各司事物。"凡用庶吉士曰馆选。…庶吉士之选无定额……康熙九年专设翰林院……三十三年，命选讲、读以下官资深学优者数人，分司训课，曰小教习……"⑥ （2）成绩稍次者被分配至各部学习。雍正二年颁旨："进士未正式授职，朕批内用者，用为六部额外主事，学习办事如好，即著实授。如学习懈怠，仍归伊等原班铨用。"⑦ 清朝在六部及各司设主事，新进士入六部学习并以主事备用。（3）成绩再次者，分配"知县即用"，即分发到各省，为候补知县。雍正元年规定："朕看诸人皆有年纪，人尚可用，著以知县即用。"⑧ 即用知县，指可优先升任知县，"官吏论俸序迁曰推升，不俟俸满迁秩曰即升"⑨。（4）再者还可授内阁中书之职。乾隆五十五年规定："新进士引见后，除已经录用庶吉士、部署、即用知县外，其余归班进士……候朕记名二三十人，以中书录

① （清）赵尔巽等：《清史稿》卷一一五，职官二，中华书局 1976 年版。
② （清）赵尔巽等：《清史稿》卷一一五，选举三，中华书局 1976 年版。
③ 同上。
④ 参见李润强《清代进士职官迁转研究》，《西北师大学报》2006 年 42 卷第 3 期。
⑤ 邱树森：《中国历代取官大辞典》，江西教育出版社 1991 年版。
⑥ （清）赵尔巽等：《清史稿》卷一一五，选举三，中华书局 1976 年版。
⑦ 《清会典》卷七十二，吏部卷五十六，除授一，中华书局影印版 1991 年版。
⑧ 同上。
⑨ （清）赵尔巽等：《清史稿》卷一一七，选举五，中华书局 1976 年版。

用。"① 内阁中书为从七品官员，主要在内阁中处理"选拟、纪载、翻译、缮写"② 等工作。（5）二、三甲进士还可授教职，如太常寺博士、鸿胪寺行人、国子监学政、学录等，但由于台湾文进士中并没有涉及教职，就不一一赘述这类官职。

2. 台湾文进士的入仕初期情况考察

在三十三名台湾文进士中，被选为翰林院庶吉士的有四人。康熙三十三年二甲第三十一名进士陈梦球是第一位台湾进士，也是第一位台湾翰林。"正白旗汉军陈梦球，康熙甲戌进士，未与馆选。上特召试《圣人之本论》一篇，称旨，补选庶吉士。"③《熙朝新语》虽为野史类书籍，但可证实陈梦球为翰林院庶吉士。还有曾维桢、李清琦、黄彦鸿三位翰林在《清实录》中都有所记载。《宣宗皇帝实录中》记有："道光六年二甲第六十八名进士曾维桢，著改为翰林院庶吉士。"《德宗景皇帝实录》则载有光绪二十年二甲第一百零五名进士李清琦与光绪二十四年二甲第八十五名进士黄彦鸿"著改翰林院庶吉士"的史料。

在《清实录》中所记载分配六部学习的有十人④：道光九年二甲第七十二名进士黄骧云，同治十三年三甲第六十九名进士施炳修，光绪三年二甲九十三名进士黄裳华，光绪六年三甲第六十名进士叶题雁，光绪十二年二甲第一百零一名进士林启东，光绪十二年三甲第二名进士徐德钦，光绪十二年三甲第六十四名进士蔡寿星，光绪十五年三甲第九十六名进士丘逢甲，光绪十六年三甲第六十一名进士许南英，光绪二十年二甲第八十三名进士施之东。

授以内阁中书官职的有两人：同治十三年三甲第六十九名进士陈望曾与光绪二年三甲第二名进士施士洁。《清季申报台湾纪事辑录》记："陈望曾，著以内阁中书用……"《清实录·光绪朝实录》则载有："施士浩……著以内阁中书用。"此处"施士浩"为笔误，应为"施士洁"。

根据清代各朝《实录》所载可得，以"知县即用"的台湾进士有十六人：乾隆二十二年三甲第四十三名进士王克捷，乾隆三十一年三甲第七十一名进士庄文进，道光三年三甲第一百零九名进士郑用锡，道光十五年三甲第七十一名进士郭望安，道光二十五年二甲第六十一名进士蔡廷兰"分发江西，以知县即用"⑤，道光二十五年三甲第八十四名进士施琼芳。同治七年

① 《清会典》卷七十二，吏部卷五十六，除授一，中华书局影印版1991年版。
② 邱树森：《中国历代职官大辞典》，江西教育出版社1991年版，第100页。
③ （清）徐锡麟、钱泳：《熙朝新语》卷七，上海书店出版社2009年版。
④ 因在历朝《清实录》中均可找到对台湾进士"著分布学习"的记载，就不一一进行标注。
⑤ 张子文、郭启傅、林伟洲：《台湾历史人物小传——明清暨日据时期》，台北"国家"图书馆2006年版。

三甲第一百一十八名进士杨士芳，"同治七年，浙江即用知县"①。同治十年二甲第一百一十八名进士张维垣。同治十三年三甲第七十九名进士蔡德芳，光绪三年三甲第三十三名进士黄登瀛，"钦点山西即用知县"。② 光绪六年三甲第一百零八名进士张觐光。光绪六年三甲第四十八名进士丁寿泉，"授广东即用知县"③。光绪九年三甲第一百三十名进士江昶荣，五月吏部奉派"四川即用知县"④。光绪十八年三甲第五十名进士陈登元。光绪二十年三甲第六十名进士萧逢源，"临安县即用知县"⑤。最后一名台湾进士光绪二十九年三甲第一百二十名进士汪春源。另有光绪二十四年三甲第一百八十四名进士陈浚芝未找到初仕任职的史料，不能确定其职位。

二 台湾文进士入仕后期职位考察

入仕后期职位，指台湾文进士从初仕职位起所迁转变化的职位，也包括台湾文进士在学习期满后分配的职位。

1. 庶吉士的官职变化情况

庶吉士在翰林院学习三年期满，会参加"散馆考试"以分配不同的官职。"三年考试散馆，优者留翰林为编修、检讨，次者改给事中、御史、主事、中书、推官、知县、教官，其例先后不一……凡留馆者，迁调异他官。"⑥ 庶吉士的授官可分两种，一种为"留馆"，一种为"未留馆"。"庶吉士散馆每科新进士，三年有成，量材授职。若遇恩科，则不待三年即行授职，盖又有新科之吉士入馆矣。授职之例，入选者，二甲进士授编修，三甲进士授检讨；不入选者，内用主事、中书，外用知县（主事、中书皆序资于原科之前，知县遇缺即选）。"⑦ "留馆"，即表现优异者可留任翰林院，授以翰林院编修、检讨等官职。"未留馆"则可分为内、外两条途径。乾隆四年奏准："庶吉士散馆以主事用者，令其掣签，先分发六部，在额外主事上行走。其中如有实心办事、熟练部务者，遇本部主事员缺，该堂官保奏引见补授。"⑧ 庶吉士内迁可任六部主事、内阁中书等官，外迁则为外补知县，

---

① 邱正略等：《重修台湾省通志》卷九人物志，南投县，台湾省文献委员会，1998 年。

② 周仪扬：《黄登瀛进士第》[EB/OL]. http://mnwhstq.cn/was40/detail？record = 4010&&channelid = 29719。

③ 邱正略等：《重修台湾省通志》卷九人物志，南投县，台湾省文献委员会，1998 年。

④ 该资料来源于台湾中部的东势文昌庙内，"耀辉南天"的匾额上刻有"癸未科进士五品衔四川即用知县江昶荣敬献"。

⑤ 《大清政绩实录》卷五，台北新文丰出版公司影印本 1978 年版。

⑥ （清）赵尔巽等：《清史稿》卷一〇八，选举三，中华书局 1976 年版。

⑦ （清）福格：《听雨丛谈》卷六，中华书局 1983 年版。

⑧ 《清会典》卷七十二，吏部卷五十六，除授一，中华书局 1991 年影印版。

同时规定，"以知县即用者，不论单双月即用；以知县归班用者，仍归进士原班候选"①。

依照这种授官制度，四名台湾庶吉士中有两人"留馆"两人"未留馆"。陈梦球与黄彦鸿属留馆者，"康熙三十六年，庶吉士陈梦球照例授翰林院编修检讨"②，"康熙三十九年，陈梦球督学山西，而卒于任上"③。陈梦球最终职位应为翰林院编修。另一留馆者黄彦鸿先授"编修"职，后期应任职于国史馆，协助修撰史书。《德宗景皇帝实录》中记，"二甲庶吉士黄彦鸿授为编修"。该书中还在编纂人员名录中记有"协修官黄彦鸿"五处，"纂修官黄彦鸿"一处。曾维桢散馆为知县，"以翰林院庶吉士散馆改任湖南沣州石门县知县"④。李清琦散馆初内迁为刑部主事，"刑部衙门，额外司员，甲午科，主事，李清琦，福建晋江人"⑤。后外迁为知县，"李清琦既而闻君改部，换知县而失期"⑥。

2. 六部主事及内阁中书的官职变化

进士到六部学习会依据表现授官。乾隆元年议准："学习进士三年期满，该堂官分别引见。其以主事用者，照甲第名次，归于月份选用……未经补授之先，仍令在部办事。如有熟练部务者，遇本部主事员缺，亦准该堂官保奏引见补授。"⑦ 在六部学习期满后，表现优异者可题补主事。主事，也叫主政，"正六品官职，以主要掌管文牍杂物，亦分掌郎中、员外郎之职，握有实权"⑧。题补主事的先后顺序有严格的规定。乾隆四十四年准议："学习进士期满，奏留本部以主事用者，仍照报满日期先后，及行走年份深浅，依次挨补。同时报满行走并无间断者，按其科分甲第名次题补。以免搀越。倘有报满之后，不知奋勉，行走怠惰之人，各该堂官随时察覆，甄别办理。"⑨ 品行端正者在补授主事后，才可递升员外郎、郎中。

叶题雁的官职变化符合此制度，入户部学习后先授主事后升员外郎、郎中，官至监察御史。"叶题雁，以主事签掣户部，光绪二十三年二月补云南司主事，二十七年二月题补贵州司员外郎，十二月题补陕西司郎中，二十八

---

① 《清会典》卷七十二，吏部卷五十六，除授一，中华书局1991年影印版。
② 《清实录圣祖仁皇帝实录》，中华书局2008年版。
③ （清）刘良璧：《福建省台湾府志》，南投县，台湾省台湾文献委员会，1961年。
④ （清）周玺：《彰化县志》卷八，人物志，台湾银行，1962年。
⑤ 荣禄堂：《爵秩全览》，台北文海出版社1967年版。
⑥ （清）洪弃生：《寄鹤斋选集》，台湾银行，1972年。
⑦ 《清会典》卷七十二，吏部卷五十六，除授一，中华书局1991年影印版。
⑧ 邱树森：《中国历代职官大辞典》，江西教育出版社1991年版，第605页。
⑨ 《清会典》卷七十二，吏部卷五十六，除授一，中华书局1991年影印版。

年七月补授陕西道监察御史。"①

　　黄骧云及施炳修做到员外郎一职。据《台湾资料清宣宗实录选辑》记，光绪十七年，黄骧云因张炳之乱受牵连，此时奏折上已称其为"在籍主事"。后《台湾通史》中又记载：黄骧云，"补都水司主事，洊升营缮司员外郎"。可见其官职迁转是由主事升为员外郎。施炳修在入部学习后，先授"兵部主事"② 升员外郎，后又外调任知州，"先授兵部员外郎，后调宁都州任知州"③。

　　其余在部学习的进士中，能确定授"主事"一职的有七人，但未查到有关他们职位变动的其他史料，故笔者在此认为职位无变化。黄裳华为"户部衙门，额外司员，主事"④。林启东在成为主事后，"工部屯田司主事"⑤。蔡寿星为"户部主事"⑥。施之东授"兵部主事"⑦。另有三人情况特殊，徐德钦授职同年回乡，"授职主事，签分工部屯田司，十月回籍，因兴在籍办学校，钦加五品衔，赏戴花翎"⑧。丘逢甲与许南英在授职后均未赴任便返乡。丘逢甲授"钦点工部虞衡司主事"⑨，不久辞官返乡。许南英授"兵部主事"⑩，同年冬请假返乡，后因日本占台而返回内地任职。"回国后，历属广东徐闻、阳春、阳江知县、阳江同知、三水知县等，辛亥光复后，回漳。"⑪

　　初仕官职为内阁中书的陈望曾，应是三十三名台湾文进士中官职最高者。"先后属广东雷州、韶州府知府。光绪二十五年任广东府知府，继而奉委提调广东海防兼善后总局。三十四年任广东劝业道。嗣调署按察使，赏加头品顶戴……"⑫

3. 即用知县官职变化情况

　　由于"即用知县"的分配时间不定，雍正元年规定："进士归班候选知

---

①　秦国经：《清代官员履历档案全编》卷六，华东师范大学出版社 1997 年版。
②　施性开：《晋江施姓源流》，［EB/OL］. http：//www. shenhuwan. net/XingShiYuanLiu/2012 - 04/60. htm，2012 年 4 月 13 日。
③　《台湾通志》，台北，台湾银行，1962 年。
④　荣禄堂：《爵秩全览》，台北文海出版社 1967 年版。
⑤　张子文、郭启傅、林伟洲：《台湾历史人物小传——明清暨日据时期》，台北"国家"图书馆，2006 年。
⑥　同上。
⑦　施性开：《晋江施姓源流》，［EB/OL］. http：//www. shenhuwan. net/XingShiYuanLiu/2012 - 04/60. htm，2012 年 4 月 13 日。
⑧　（清）倪赞元：《云林县采访册》，台北大通书局 1984 年版。
⑨　郑喜夫：《民国丘仓海先生逢甲年谱》，台北台湾商务印书馆 1981 年版。
⑩　（清）陈衍：《台湾通纪》卷十九，台湾银行，1961 年。
⑪　郑喜夫：《民国丘仓海先生逢甲年谱》，台北台湾商务印书馆 1981 年版。
⑫　张子文、郭启傅、林伟洲：《台湾历史人物小传——明清暨日据时期》，台北"国家"图书馆，2006 年。

县，均令回籍，俟投供候选进士，将此用完，具题截取。赴部投供，照依甲第名次挨选。"① 故笔者在这里将有明确"知县"职位算作一次职位变化。

在十六名"以知县即用"的进士中，郑用锡可能是仕途最优者。"用锡……六年……叙同知衔，嗣改京秩。十四年，入都洪职，签分兵部武选司。翌年，授礼部铸印局员外郎兼仪制司。每逢祭时，恪恭从事。十七年春，归里……奉旨偕进士施琼芳等办团练劝捐，兼以倡运津米，给二品封典。"② 郑用锡，道光三年派以候选即用并返乡，道光六年，授同知衔；道光十四年，入京担任签分兵部武选司行走；道光十五年，改任礼部"铸印局"员外郎兼仪制司事务；道光十七年，因乞养还乡；咸丰三年，又因协助练团而授二品"封典"的荣誉称号。

由"知县即用"升做"同知"一职的进士有两人。"乾隆三十五年，王克捷，签掣直隶保定府博野知县缺。乾隆五十年，任直隶正定府行唐县知县，乾隆四十九年签升江宁府同知缺。"③ 王克捷乾隆三十五年任知县，后升做同知。进士蔡廷兰两任峡江县知县后保升同知，"曾两任峡江县事，并委署丰城县……巡抚耆龄保升赣州同知"④。另有杨士芳、丁寿泉、江昶荣三人授"即用知县"时已加授"同知"衔。

据现有资料所得，为"知县"一职共有七人。庄文进补"乾隆四十三年签掣浙江严州府建德县知县缺"⑤。又载，咸丰三年，郭望安任湖北巴东县知县，签掣湖南郴州永兴县知县。在《凤山县采访手册》中有记，张维垣任浙江遂昌知县。蔡德芳任"广东新兴县知县"⑥。陈登元为"山东知县"⑦，后因为报刘铭传之恩返乡。汪春源为"江西知县"。⑧

张觐光和施琼芳均先任即用知县后又任主事，再任知县。张觐光"签分吏部主事后，又任浙江乌程县知县"⑨。施琼芳补江苏知县但未就任。"铨选主事，久置京漕。嗣补江苏知县……"⑩ 后据《台湾南部碑文集成》中所载，咸丰五年，为建造敬圣亭碑记作序时，施琼芳也自称为赐同进士出身、候选六部主事。

---

① 《清会典》卷七十二，吏部卷五十六，除授一，中华书局影印版，1991年。
② （清）连横《台湾通史》卷三十四，商务印书馆2010年版。
③ 秦国经：《清代官员履历档案全编》卷十九，华东师范大学出版社1997年版。
④ 张子文、郭启传、林伟洲：《台湾历史人物小传——明清暨日据时期》，台北，"国家"图书馆，2006年。
⑤ 秦国经：《清代官员履历档案全编》卷六，华东师范大学出版社1997年版。
⑥ 邱正略等：《重修台湾省通志》卷九人物志，南投县，台湾省文献委员会，1998年版。
⑦ 王诗琅、王国藩：《台北市志》，台北，成文出版社1983年版。
⑧ 福建省南安县地方志编纂委员会编：《南安县志》，江西出版社1993年版。
⑨ 赖子清等：《嘉义县志》，台北，成文出版社1983年版。
⑩ 邱正略等：《重修台湾省通志》，卷九人物志，南投县，台湾省文献委员会，1998年。

另有进士陈浚芝在光绪二十七年"以捐资补授知县"①。

三　清代台湾文进士官职变化特点

1. 台湾文进士官职变化概括

台湾文进士官职变化表

姓名	名次	入仕初期职位	入仕后期职位	备注
陈梦球	二甲第三十一名	翰林院庶吉士	编修	
黄彦鸿	二甲第八十五名	翰林院庶吉士	编修、协修官、纂修管	
曾维桢	二甲第六十八名	翰林院庶吉士	湖南石门知县	
李清琦	二甲第一百零五名	翰林院庶吉士	主事、知县	未赴任
施之东	二甲第八十三名	分配兵部学习	兵部主事	
黄裳华	二甲第九十三名	分配户部学习	户部主事	
蔡寿星	三甲第六十四名	分配户部学习	户部主事	
林启东	二甲第一百零一名	分配工部学习	工部屯田司主事	赏五品衔
徐德钦	三甲第二名	分配工部学习	工部屯田司主事	赏五品衔，带花翎。同年回乡
丘逢甲	三甲第九十六名	分配工部学习	工部虞衡司主事	未赴任
黄襄云	二甲第七十二名	分配工部学习	都水司主事、营缮司员外郎	
施炳修	三甲第六十九名	分配兵部学习	兵部主事、兵部员外郎、宁都州知州	
叶题雁	三甲第六十名	分配户部学习	云南司主事、贵州司员外郎、陕西司郎中、陕西道监察御史	
许南英	三甲第六十一名	分配兵部学习	兵部主事、广东徐闻知县、阳春知县、阳江知县、阳江同知、三水知县等	受兵部主事后同年回乡，后期才回内地任职

---

① 张子文、郭启传、林伟洲：《台湾历史人物小传——明清暨日据时期》，台北"国家"图书馆，2006 年。

姓名	名次	入仕初期职位	入仕后期职位	备注
施士洁	三甲第二名	内阁中书		未赴任
陈望曾	三甲第六十九名	内阁中书	广东雷州、韶州知府、广东知府、广东劝业道、按察使	赏头品顶戴花翎
黄登瀛	三甲第三十三名	以山西知县即用		未赴任
丁寿泉	三甲第四十八名	以广东知县即用		授同知衔，未赴任
萧逢源	三甲第六十名	以临安县知县即用		
江昶荣	三甲第一百三十名	以四川知县即用		授同知衔
杨士芳	三甲第一百一十八名	以浙江知县即用		授同知衔，未赴任
蔡廷兰	二甲第六十一名	以江西知县即用	峡江县知县、赣州同知	
王克捷	三甲第四十三名	以知县即用	保定博野知县、正定行唐县知县、江宁府同知	
张维垣	二甲第一百一十八名	以知县即用	浙江遂昌知县	
陈登元	三甲第五十名	以知县即用	山东知县	中途返乡
庄文进	三甲第七十一名	以知县即用	浙江府建德县知县	
郭望安	三甲第七十一名	以知县即用	湖北巴东县知县、湖南郴州县知县	
蔡德芳	三甲第七十九名	以知县即用	广东新兴县知县	
汪春源	三甲第一百二十名	以知县即用	江西知县	
施琼芳	三甲第八十四名	以知县即用	主事、江苏知县	未赴任
张觐光	三甲第一百零八名	以知县即用	吏部主事、浙江乌程县知县	

姓名	名次	入仕初期职位	入仕后期职位	备注
郑用锡	三甲第一百零九名	以知县即用	礼部铸印局员外郎兼仪制司	在乡因建城授同知衔，其所任职位为后期纳捐而得。又因在乡协助团练而授二品封典
陈浚芝	三甲一百八十名		知县	捐纳而得

注：现依据邱树森主编的《中国历代职官辞典》解释表中一些官职：协修官与纂修官，属翰林院国史馆，掌监修清史。员外郎，简称外郎或员外，秩多为六品或七品，协助郎中分掌各司之事。郎中，置于六部、理藩院、内务府等各司，为各司主管，正五品官职。监察御史，从五品，掌"分察百僚，巡按郡县，纠视刑狱，肃整超仪"之事。知州，掌一州之事物，直隶州知州为正五品，散州知州为从五品。知府，又称"太守"、"太岁"，秩正四品，为一府行政长官，掌教化百姓、劝课农桑、受理狱讼、安抚流亡、考察属官、赈灾救荒、征收田赋等事。按察使，正三品，掌一省司法。知县，一县的行政长官，秩从七品，可升同知、知州、知府等官职。同知，地方府、州设同知，协助知府、知州。府同知正五品，州同知从六品。

从上表可以看出，台湾文进士的仕途依据其初仕职位不同而不同，大体可分三条：即进士先为翰林院庶吉士，经散馆后内授编修，外授知县；进士先分配六部学习后，题补主事后升任员外郎、郎中；进士初为知县即用，任知县升同知、知州、知府。但也有职位互相转化的情况，如施炳修、施琼芳、张觐光等。由于文进士初仕职位为内阁中书的只有两人，且其中一人还未赴任，不足以代表台湾文进士的仕途，故不将其算在内。但值得一提的是，内阁中书陈望曾是台湾文进士中所走仕途最远者，官至正三品按察使；也是所授官衔最高者，赏戴头品顶戴花翎。另外在台湾文进士中担任司、部主事的有 13 人，由主事升任员外郎一职的有四人，升郎中一职的只有一人。郑用锡虽也任员外郎，但是其捐资而得，故不算入其中。另有施炳修在任员外郎后调任知州，许南英则是在相隔数年后才由台回内地任知县、知州等职。分发各省担任知县的也有 13 人，升同知的只有三人。虽丁寿泉、杨士芳、江昶荣三人也是同知，但初仕职位即授"同知"故不算入职位变迁中。陈浚芝的知县为捐纳而得，也没有算入知县人数中。

2. 台湾文进士官职变化的特点

台湾文进士的官职变化有以下两个特点：

首先，台湾文进士除入仕初期在京城各部学习外，很少为京官。据现有资料可知，三十三位文进士中，有三人曾任职于京城。一位是黄彦鸿，任协修官、纂修管，在翰林院国史管协修国史。一位是黄骧云先补都水司主事，后任营缮司员外郎。另一位是郑用锡，曾担任签分兵部武选司行走，后改任礼部"铸印局"员外郎兼仪。但郑用锡的官职并不是由正途升迁，而是捐资所得。庶吉士曾维桢在京城学习三年，散馆后外迁知县。《石门县志》中记，道光十年，任石门知县。《重修台湾省通志》记：光绪十二年，调衡阳。《湖南省志》载：光绪十三年，任巴陵知县。后又调任湖北孝感做知县，终卒于任上。施炳修、叶题雁、许南英三人以"主事"在京城任职，后期均分发到各省任知州、知县等职。内阁中书陈望曾虽官至按察使，但一直在广东地区做官，不曾入京。入仕初期职位已为"知县即用"的文进士，除郑用锡外，没有一人升任京官。以汪春源为例，"汪春源进士到达江西后……历任宜春、建昌、安义和安仁等县知县"①。

其次，台湾进士的职官迁转中，各等级进士均有"未赴任"的情况出现。庶吉士李清琦，因耽误日期未就任。"李清琦……换知县而失期。"② 主事丘逢甲厌烦官场回乡未就任，"……到署未几，以百政紊乱，厌之，乃按例亲老告归"③。据汪毅夫先生的考证，内阁中书施士洁授官同年也辞官回台。补江苏知县施琼芳因孝未就任，"未就职，乞养回籍"④。山西即用知县黄登瀛为父丁忧未就任，"然因父亲去逝较早，老母又体弱多病，例以'母老乞假回籍，侍养，借乎未之官而卒'"。浙江即用知县杨士芳因父丧未就任，"……为父丁忧，未能上任"⑤。广东即用知县丁寿泉因家事未就任，"唯以家事所累，未克赴粤"⑥。徐德钦与许南英在授职同年就请假回乡。陈登元则在做官途中，因报刘铭传之恩而回乡，后辞官。回乡后台湾文进士也有很大的发展。郑用锡因修城赏"同知衔"、徐德钦因兴建学校赏"顶戴、五品衔"⑦、林启东因剿匪有功赏"五品衔"⑧。在自身发展的同时，台湾文进士对台湾的教育文化，也有很大推动作用。如"徐德钦曾任玉峰书院讲

①　汪一凡：《进士汪春源的历史踪迹》，《厦门晚报》2009 年 6 月 14 日。
②　（清）洪弃生：《寄鹤斋选集》，台北，台湾银行，1972 年。
③　郑喜夫：《民国丘仓海先生逢甲年谱》，台北台湾商务印书馆 1981 年版。
④　邱正略等：《重修台湾省通志》卷九人物志，南投县，台湾省文献委员会，1998 年。
⑤　张子文、郭启傅、林伟洲：《台湾历史人物小传——明清暨日据时期》，台北"国家"图书馆，2006 年。
⑥　邱正略等：《重修台湾省通志》卷九人物志，南投县，台湾省文献委员会，1998 年。
⑦　（清）刘铭传：《刘壮肃公奏议》，台北，台湾银行，1958 年。
⑧　（清）朱寿明：《光绪朝东华续录选辑》，台北，台湾银行，1969 年。

席，丘逢甲主讲台中宏文书院，林启东掌教台南崇文书院”① 等。

台湾文进士作为一个特殊的文人群体，有自己的独特性，纵观其官职变化，也有独特的地方。这与台湾科举起步较晚，发展基础较薄弱有很大的关系。同时台湾与北京相隔甚远，台湾文进士“思乡难耐，故土难离”的情怀也是产生这些特点的重要原因之一。

李晓顿，中央民族大学 2012 级文物与博物馆专业硕士

---

① 张子文、郭启传、林伟洲：《台湾历史人物小传——明清暨日据时期》，台北“国家”图书馆，2006 年。

◇《后汉书·党锢传》太学生"三万余人"考辨

◎ 王勇

[摘 要] 《后汉书·党锢传》有太学生三万余人之语,有学者认为"《儒林传序》的'至三万余生'当理解为'前后至三万余生',指东汉初至桓帝时太学生总数。《党锢传》'三万余人'当是后人据《儒林传序》误改"。这一观点实不成立。通过从人员构成、制度、政策等方面进行分析,东汉末年桓帝时期确实存在过三万余人的太学生规模。

[关键词] 《后汉书·党锢传》 太学生 人数

祝总斌先生在《中华文史论丛》2010年第1期发表《〈后汉书·党锢传〉太学生"三万余人"质疑》一文,认为其记载可疑,"在当时种种落后的社会物质条件下,对这一庞大人数,太学是绝对无法容纳、管理和进行经学传授的。特别是太学经过考试每年至多百人得以出仕,'三万余人'之出仕,希望极其渺茫,这也大大限制了受'劝以官禄'制度支配而入学者的人数"。祝先生从而得出自己的结论:"《儒林传序》的'至三万余生'当理解为'前后至三万余生',指东汉初至桓帝时太学生总数。《党锢传》'三万余人'当是后人据《儒林传序》误改的。"笔者不同意该看法,在此提出自己的浅见,谨向祝先生和其他学者请教。

祝先生认为"《儒林传序》的'至三万余生'当理解为'前后至三万余生'",是"东汉初年到桓帝时太学生累加之总数",这个不难辩解。《后汉书·儒林传》中记载的儒者教授学生数量平时通常都在数百人,前后教授的学生总量都以"著录"二字提及。今统计如下:

> 张兴字君上,颍川鄢陵人也。习《梁丘易》以教授……既而声称

着闻，弟子自远至者，著录且万人，为梁丘家宗。①

牟长字君高，乐安临济人也。长自为博士及在河内，诸生讲学者常有千余人，著录前后万人。②

魏应字君伯，任城人也……应经明行修，弟子自远方至，著录数千人。③

丁恭字子然，山阳东缗人也。习《公羊严氏春秋》……诸生自远方至者，著录数千人，当世称为大儒。④

楼望字次子，陈留雍丘人也。少习《严氏春秋》……教授不倦，世称儒宗，诸生著录九千余人。⑤

张玄字君夏，河内河阳人也。少习《颜氏春秋》，兼通数家法……著录千余人。⑥

蔡玄字叔陵，汝南南顿人也。学通《五经》，门徒常千人，其著录者万六千人。⑦

可见，穷其一生（有的仅是某一段时间），一人教学至少也要"千余人"，而大多数都是数千上万，以为常。东汉太学有十四家博士，都是经明学修的博学硕儒，其影响力及教学水平自然也代表当时官方最高水平。岂有十四家博士传授约一百四十年〔从光武建武元年（23 年）到桓帝永康末（167 年）〕，在太学生学习时间短暂的情况下（见下文公孙弘奏疏），只教授学生三万多人，反不如三四人教几十年，此皆不符合情理之处。

祝先生一个疑问是太学能否容纳、管理的问题。三万余人诚然不是一个小数目，但东汉都城洛阳的学校建筑恐怕也并不在少数。祝先生所引用的材料，是自安帝即位之后，"薄于艺文，博士倚席不讲，朋徒相视怠散，学舍颓敝，鞠为园蔬，牧儿荛竖，至于薪刈其下。顺帝感翟酺之言，乃更修黉宇，凡所结构二百四十房，千八百五十室。试明经下第

---

① （南朝宋）范晔：《后汉书·儒林传上》卷七十九上，中华书局 1965 年版，第 2552—2553 页。

② 同上书，第 2557 页。

③ （南朝宋）范晔：《后汉书·儒林传下》卷七十九下，中华书局 1965 年版，第 2571 页。

④ 同上书，第 2578 页。

⑤ 同上书，第 2580—2581 页。

⑥ 同上书，第 2581 页。

⑦ 同上书，第 2588 页。

补弟子，增甲乙之科员各十人，除郡国者儒皆补郎、舍人"①。但据翟酺本传却称"更开拓房室"②，可知，这所"结构"的"二百四十房，千八百五十室"应属扩建的房舍，而不是太学房舍总数，之前所建尚有不少校舍。故祝先生据以为太学生都住在这"二百四十房，千八百五十室"，亦不准确。

又翟酺上言："光武初兴，愍其荒废，起太学博士舍、内外讲堂，诸生横巷，为海内所集。明帝时辟雍始成，欲毁太学，太尉赵憙以为太学、辟雍皆宜兼存，故并传至今。"③ 明帝时打算毁太学，并不是要废除太学这一教育机关，恐怕明帝修建辟雍的初衷乃是要以之代替太学，因为辟雍在周代便为天子的大学，而据史书记载，东汉的礼制主要是在明帝时期制定的，废太学而兴辟雍，大概是出于礼制的考虑。辟雍既建，两个机构存在重合现象，故打算毁掉太学。由此可知，用作学校是辟雍修建的用途之一，知此，则肯定也有部分房舍，否则若明帝果如愿毁掉太学，众多太学生安置住宿便成为首要的问题。因此，笔者推想，有一部分太学生可能会住到辟雍或在附近。我们虽不知道辟雍有多少房舍，但是其容纳人群的规模之宏大却可以从文献中了解到。《后汉书·儒林传》所载，明帝行辟雍之礼时，"飨射礼毕，帝正坐自讲，诸儒执经问难于前，冠带缙绅之人，圜桥门而观听者盖亿万计"④。"亿万计"即十万计，规模之大，令人咋舌。而十万之中，太学生自然应该是主力。即便考虑到史书有夸大成分，其实际数字亦必很可观，必是作者基于当时的学生数量而下的判断。

笔者分析，东汉末年太学生人数增加大略有以下几点原因：

第一，顺帝朝政府的推动作用，是东汉太学生增长的重要因素。

顺帝之前，自光武帝历明帝、章帝、和帝到安帝前期（邓太后听政时期），太学发展都比较顺利。安帝亲政，宦官李闰、江京等掌控禁省，对外与典掌兵权的帝舅大将军耿宝、皇后兄大鸿胪阎显相勾结，从此形成外戚、宦官共同把持朝政的局面，在任人方面破坏了以前的制度，使得知识分子"荣路"闭塞，已经无法通过学业取得出仕机会，从而造成了太学的衰落。

---

① （南朝宋）范晔：《后汉书·儒林传上》卷七十九上，中华书局1965年版，第2547页。

② （南朝宋）范晔：《后汉书·杨李翟应霍爰徐列传》卷四十八，中华书局1965年版，第1606页。

③ 同上。

④ （南朝宋）范晔：《后汉书·儒林传上》卷七十九上，中华书局1965年版，第2545—2546页。

前引"自安帝览政，薄于艺文，博士倚席不讲，朋徒相视怠散，学舍颓敝，鞠为园蔬，牧儿荛竖，至于薪刈其下"，即是证明。

顺帝施政伊始，即出台了数项政策，这都有助于太学的恢复与壮大。

首先，尚书令左雄建议，修缮太学。"阳嘉元年，太学新成，诏试明经者补弟子，增甲乙之科，员各十人。除京师及郡国耆儒年六十以上为郎、舍人、诸王国郎者百三十八人。"①不仅扩建了校舍，而且增加了博士弟子来源，即"试明经者"，如果考试不合格，可以就太学受业。同时还增加了录取的名额，这都会对学子产生一定吸引力。汉代社会上有一股强大的私学传授力量。"除京师及郡国耆儒年六十以上为郎、舍人、诸王国郎者百三十八人"，一定程度上削减了私学的规模，导致许多学子失去求学私学的对象。在这种复杂因素交互影响下，更多学子便会涌入京师太学。

紧接着，左雄"又奏征海内名儒为博士，使公卿子弟为诸生。有志操者，加其俸禄。及汝南谢廉，河南赵建，年始十二，各能通经，雄并奏拜童子郎。于是负书来学，云集京师"②。通过"奏征海内名儒为博士"，使得优秀教师资源集中在京师，通过公卿子弟入学，增加了博士弟子的名额。③通过对"有志操者"，进行奖励，这三点共同促成了"负书来学，云集京师"的局面，这是求学昌盛的场面。通过这一系列举措，令太学得到恢复、发展。

最后，左雄推动孝廉制度改革。详见下文。

第二，梁太后的诏令是促使太学生人数激增的一个直接原因。

质帝本初元年（146 年），梁太后发布诏书："大将军下至六百石，悉遣子就学，每岁辄于乡射月一飨会之，以此为常"，史称"自是游学增盛，至三万余生"。④可见，梁太后的这一诏令对太学生数量的激增起了关键作用。需要指出，此处"大将军下至六百石"，乃就全国而言，非仅谓京师。这一制度实质上沿用了西汉末期之制。《汉书·儒林传》："平帝时王莽秉政，增元士之子得受业如弟子，勿以为员，岁课甲科四十人为郎中，乙科二十人为太子舍人，丙科四十人补文学掌故云。"⑤而据《汉书·王莽传》，"六百石曰元士"。六百石官员即可令弟子受业如弟子，则六百石以上可知。如此来看，梁太后之诏令与之如出一辙。六百石以上官

---

① （南朝宋）范晔：《后汉书·左周黄列传》卷六十一，中华书局 1965 年版，第 2019—2020 页。

② 同上书，第 2020—2021 页。

③ 笔者按：考虑到公卿人数有限，其子弟应该不会太多，此制亦非常制。

④ （南朝宋）范晔：《后汉书·儒林传上》卷七十九上，中华书局 1965 年版，第 2547 页。

⑤ （汉）班固：《汉书·儒林传》卷八十八，中华书局 1965 年版，第 3596 页。

员这个数字相当庞大。既包括庞大的中央官署，其中有很多官职无员，如侍中、议郎等。又包括众多的地方官员。如刺史、郡守、郡尉、郡丞，县令等，都是六百石或以上。其中诸侯王、公主、列侯等的官署中也有不少六百石或以上者。粗略来算，无虑数千人乃至上万。比较西汉，平帝时增加元士之子得受业之后，太学已经是"弟子万八百人"①，这业已较平帝时的博士弟子千人的员额多了近万人，其中官员子弟占相当比例可知。仅以王莽时为例，这个数字就要远大于祝先生所认为的"桓帝时太学生和西汉一样三千人"的观点。普通太学生每次考试大概还可以采取裁汰机制，如自汉武帝时一直延续的"一岁皆辄课……其不事学若下材，及不能通一艺，辄罢之"，但权贵官员子弟，断不致被裁汰，又因为梁太后推出的这项政策要"以此为常"，则他们只会如滚雪球一般愈来愈多，导致太学生总量愈来愈大。这是太学生人数增长的一个重要乃至主要原因。这些生员中，京官子弟自可自住家中，不必常住太学，这在某种程度上类似于今天的走读生。且诏书中明言"每岁辄于乡射月一飨会之"，亦说明他们非时刻在太学，只有在"乡射月"聚会一次，管理上亦较为宽松。这也一定程度上缓解了太学的住房压力。

第三，太学生数量之所以庞大，也与其人员构成有关。

郡国县道选送的"受业如弟子"者是太学生的一个重要来源。博士弟子制度设置伊始，便创立了此项制度。早在汉武帝时，当时的丞相公孙弘请曰：

> 为博士官置弟子五十人，复其身。太常择民年十八以上、仪状端正者，补博士弟子。郡国县官有好文学、敬长上、肃政教、顺乡里、出入不悖，所闻，令、相、长、丞上属所二千石。二千石谨察可者，常与计偕，诣太常，得受业如弟子。一岁皆辄课，能通一艺以上，补文学掌故缺；其高第可以为郎中，太常籍奏。即有秀才异等，辄以名闻。其不事学若下材，及不能通一艺，辄罢之，而请诸能称者。②

可见，从一开始，便规定太学包括两类人，一类是博士弟子，由太常从全国选取；一类是郡国县道选送的"受业如弟子"者。这一制度到三国魏

---

① （宋）李昉等：《太平御览》卷五三四引《黄图》："五博士领弟子员三百六十六；经三十博士，弟子万八百人。"中华书局 1960 年影印，第 2424 下—2425 页上。

② （汉）班固：《汉书·儒林传》卷八十八，中华书局 1962 年版，第 3594 页。

时犹在沿用①。稍有不同的是，《汉纪》"如弟子"作"补弟子"②。我们知道，《汉纪》是荀悦在汉献帝授意下所作③，则在当时官方眼中，"如弟子"与博士弟子的学生身份并无二致，但待遇上或有些微区别。有的学者认为，博士弟子作为正式弟子都有学俸，享有免除徭役的权利，而后者则需要费用自给，这有一定道理。④ 用今天的话来讲，大约就是公费生跟自费生的区别。上述平帝时"增元士之子得受业如弟子，勿以为员"，在这里也是"如弟子"，则他们与郡国选送者的身份是相同的。前者"勿以为员"，不受到名额限制，公孙弘奏疏中也没有提到郡国选送生的名额限制，则郡国选送不受名额限制亦可想而知。这类生源只是不占用博士弟子员额，即不享受公费待遇而已。但他们都仍可平等地参加朝廷的选拔考试，即"一岁皆辄课，能通一艺以上，补文学掌故缺；其高第可以为郎中，太常籍奏"。这部分生员数目不在少数。由《后汉书·郡国五》"至于孝顺，凡郡、国百五，县、邑、道、侯国千一百八十"来计算，每个县道基层政府，略出几个受业太学者，人数便有数千。在东汉学风昌盛的情况下，这个数字必然会更加庞大。我们以西汉宣帝时为例，就很能窥见郡国选送生的规模。后汉顺帝时，翟酺上言："孝文皇帝始置一经博士，武帝大合天下之书，而孝宣论《六经》于石渠，学者滋盛，弟子万数。"⑤ 文献记载，至宣帝末博士弟子员额才增至二百人⑥，当时也没有平帝时"增元士之子得受业如弟子，勿以为员"的制度，则其称"弟子万数"者，很可能主要人员为郡国选送的生员，则这一群体数目之众多可知。

　　第四，东汉以来孝廉制度的影响。

　　孝廉制度作为东汉非常重要的出仕途径，对学子具有强大吸引力毋庸置疑。这种优势是西汉所不能比拟的。西汉时期，虽然也有孝廉选举，但彼时尚未成为常科，所能选拔的人才有限。自东汉以来，举孝廉成为岁举常科：

---

　　① 裴松之引《魏略》："至黄初元年之后，新主乃复始扫除太学之灰炭，补旧石碑之缺坏，备博士之员录，依汉甲乙以考课。申告州郡，有欲学者，皆遣诣太学。太学始开，有弟子数百人。"（晋）陈寿撰，（南朝宋）裴松之注：《三国志·魏志·钟繇华歆王朗传》卷一三，中华书局 1982 年版，第 420 页。

　　② 《两汉纪》上《汉纪》卷十，中华书局 2002 年版，第 163—164 页。

　　③ 其本传称"帝好典籍，常以班固《汉书》文繁难省，乃令悦依《左氏传》体以为《汉纪》三十篇，诏尚书给笔札。辞约事详，论辨多美"。（南朝宋）范晔：《后汉书·荀韩钟陈列传》卷六十二，中华书局 1965 年版，第 2062 页。

　　④ 陈蔚松：《汉代太学考选制度》，《华中师范大学学报》（哲社版）1988 年第 4 期。

　　⑤ （南朝宋）范晔：《后汉书·杨李翟应霍爰徐列传》卷四十八，中华书局 1965 年版，第 1606 页。

　　⑥ 西汉昭帝时"举贤良文学，增博士弟子员满百人，宣帝末增倍之"。（汉）班固：《汉书·儒林传》卷八十八，中华书局 1962 年版，第 3596 页。

举孝廉，拜三署郎官，随后出为县令长或其他职位，成为学子一条重要的入仕途径。而东汉的孝廉很大一部分都是选举经生、儒士。因此通经便成了每位欲出仕的学子的当务之急。摆在这些人面前无非几条路：或入太学受业，或入郡县之官学，或从私家教授研学。顺帝时，经过左雄改革孝廉选举制度，入太学受业的地位凸显出来。

顺帝之前的孝廉选举，自由度比较高，无须考试。光武以来，重视经学家法的做法也渐次空疏。和帝末期，家法不修，已经成为一大社会问题。[1]凡此情况，皆不可避免会导致徇私舞弊、任人唯亲而不以贤等情况。顺帝阳嘉时，左雄改革孝廉选举制度，郡国举孝廉之后，文吏还需要考试家法的复试。[2] 这就大大降低了前期选举的弊端，激发了学子出仕的热情，使得更多的学子能够参与到国家政治的机会增加，史称"自左雄任事，限年试才，虽颇有不密，固亦因识时宜……故雄在尚书，天下不敢妄选，十余年间，称为得人"[3]。政府对经学家法的重视、对考试的重视，必然使得更多的学子以官方经学为正统，必然会导致更多人涌往太学求学。桓帝时的太学生明显增多与该项政策当有一定关联。

附带一说，前述顺帝时左雄"征海内名儒为博士"，使得私家教授的资源减少。而地方官学的教育资源自然不能与中央对等，使得学子更倾向于教育资源丰富的太学，这也是导致桓帝时太学生数量增加的一个不可忽视的原因。

第五，桓帝时太学新政客观上也促使了太学生人数的增加。

永寿二年甲午，诏复课试诸生，补郎、舍人。其后复制："学生满二岁，试通二经者，补文学掌故；其不能通二经者，须后试复随辈试，试通二经者，亦得为文学掌故。其已为文学掌故者，满二岁，试能通三经者，擢其

---

①　和帝末司空徐防上疏："伏见太学试博士弟子，皆以意说，不修家法，私相容隐，开生奸路。每有策试，辄兴诤讼，论议纷错，互相是非。孔子称'述而不作'，又曰'吾犹及史之阙文'，疾史有所不知而不肯阙也。今不依章句，妄生穿凿，以遵师为非义，意说为得理，轻侮道术，浸以成俗，诚非诏书实选本意。改薄从忠，三代常道，专精务本，儒学所先。臣以为博士及甲乙策试，宜从其家章句，开五十难以试之。解释多者为上第，引文明者为高说；若不依先师，义有相伐，皆正以为非。《五经》各取上第六人，《论语》不宜谢策。虽所失或久，差可矫革。"最后是"诏书下公卿，皆从防言"。（南朝宋）范晔：《后汉书·邓张徐张胡列传》卷四十四，中华书局 1965 年版，第 1500—1501 页。

②　东汉左雄上言："郡国孝廉，古之贡士，出则宰民，宣协风教。若其面墙，则无所施用。孔子曰'四十不惑'，《礼》称'强仕'。请自今孝廉年不满四十，不得察举，皆先诣公府，诸生试家法，文吏课笺奏，副之端门，练其虚实，以观异能，以美风俗。有不承科令者，正其罪法。若有茂才异行，自可不拘年齿。""帝从之，于是班下郡国。"（南朝宋）范晔：《后汉书·左周黄列传》卷六十一，中华书局 1965 年版，第 2020 页。

③　（南朝宋）范晔：《后汉书·左周黄列传》卷六十一，中华书局 1965 年版，第 2042 页。

高第，为太子舍人；其不得第者，后试复随辈试，第复高者，亦得为太子舍人。已为太子舍人，满二岁，试能通四经者，擢其高第，为郎中；其不得第者，后试复随辈试，第复高者，亦得为郎中。已为郎中，满二岁，试能通五经者，擢其高第，补吏，随才而用；其不得第者，后试复随辈试，第复高，亦得补吏。"①

永寿二年的诏令，不仅规定考试期限由武帝时的一年变为两年，还规定考试不合格者可继续留校"复读"再考，且未限制时间与次数。多次的考试会增加命中的机率，这自然会导致大量学生的滞留。献帝曾在诏书中说"结童入学，白首空归"，注引民谣形容这种情形："头白皓然，食不充粮。裹衣褰裳，当还故乡。圣主愍念，悉用补郎。"②

祝先生第二个问题，即太学生出仕问题。官员子弟，或由任子为郎，或公卿辟举，或郡国选举，或进行多次考试，总之，他们的出仕途径和机会本来就较普通学子为多。郡国选送入学者，可以屡次参加考试，直到考中谋个一官半职。但从《后汉书》来看，这些选送生在学成后，就业途径多样，很多都返回到家乡，或乡仕州郡，或被选举孝廉、茂才，或私家教授，等等。如：

> 李合字孟节，汉中南郑人也。父颉，以儒学称，官至博士。合袭父业，游太学，通《五经》。善《河》、《洛》风星，外质朴，人莫之识。县召署幕门候吏。③

> 王充字仲任，会稽上虞人也，其先自魏郡元城徙焉。充少孤，乡里称孝。后到京师，受业太学，师事扶风班彪……遂博通众流百家之言。后归乡里，屏居教授。仕郡为功曹，以数谏争不合去。④

> 陈寔字仲弓，颍川许人也……少作县吏，常给事厮役，后为都亭

---

① 此条诏令在《通典》中重出，《选举一》谓桓帝时事，《礼十三》谓魏文帝黄初五年。王国维《汉魏博士考》以《北堂书钞》与《艺文类聚》中所引挚虞《决疑要注》中有类似文字。而挚虞谓为魏时事，遂以为《选举一》系于桓帝时误。按：魏文帝立太子事在黄初七年，黄初五年尚未立太子。东宫未建，亦不太可能有东宫官太子舍人。《三国志》中黄初七年之前亦未见有为太子舍人者。《后汉书·献帝纪》初平四年诏书："今耆儒年逾六十，去离本土，营求粮资，不得专业。结童入学，白首空归，长委农野，永绝荣望，朕甚愍焉。其依科罢者，听为太子舍人。"从童子到白首，能一直待在太学，这与桓帝永寿二年诏令符合。且从桓帝永寿二年（157 年）到献帝初平四年（193 年），近四十年，正是一个人从童子到白首的时间跨度。故笔者认为，该材料定为桓帝时是可信的。魏文帝时太学在战乱后初建，应该是直接沿用的东汉制度。
② （南朝宋）范晔：《后汉书·献帝纪》卷九，中华书局 1965 年版，第 374—375 页。
③ （南朝宋）范晔：《后汉书·方术列传上》卷八十二上，中华书局 1965 年版，第 2717 页。
④ （南朝宋）范晔：《后汉书·王充王符仲长统列传》卷四十九，中华书局 1965 年版，第 1629 页。

佐。而有志好学，坐立诵读。县令邓邵试与语，奇之，听受业太学。后令复召为吏，乃避隐阳城山中。①

以上略举数人，其例甚多，在此不赘。可见他们就业选择面还是比较宽广。从这方面考虑，他们不需要政府如祝先生认为的那样提供足够多的职位，毕竟学成之后，他们就业途径甚多。甚至，东汉出现了一批纯学者。他们入太学只为增进学问，累辟不应，志不在仕途，对于这一部分人，当然就更无所谓是否出仕。

综上所述，祝先生认为"《儒林传序》的'至三万余生'当理解为'前后至三万余生'，指东汉初至桓帝时太学生总数。《党锢传》'三万余人'当是后人据《儒林传序》误改的"，这一观点恐怕难以成立，经过我们从人员构成、制度、政策等方面进行分析，东汉末年桓帝时期确实存在过三万余人的太学生规模。

王勇，北京大学中文系中国古典文献学 2010 级博士

① （南朝宋）范晔：《后汉书·荀韩钟陈列传》卷六十二，中华书局 1965 年版，第 2065 页。

◇孔庙、国子监民国时期
状况综述

[摘　要] 1905 年随着学部成立和科举制度被废除，国子监作为中央最高学府、教育管理机构的历史宣告终结。国子监旧址曾作为国立历史博物馆筹备处，孔庙作为民国时期的"官祭孔子演礼"活动场所使用。孔庙、国子监中原有的部分文物成为国立历史博物馆藏品；建筑物由于年久失修，有的出现了露天或面临倒塌的状况。本文将这些资料分类、汇编，供人们了解民国初期孔庙、国子监的情况。

[关键词] 古建　文物　博物馆

1905 年，随着学部成立，科举制度废除，国子监结束了清朝中央最高学府、教育管理机构的历史。1912 年 7 月国立历史博物馆筹备处在国子监成立。历史博物馆筹备处将国子监、孔庙故有文物作为馆藏文物。袁世凯执政以后，极力提倡尊孔读经，并于 1913 年 6 月、1914 年 9 月先后发布《尊孔令》、《祭孔令》，还颁布了《通令尊崇孔圣文》，规定孔子生日为"圣节"推行祭孔活动。1913 年 9 月 28 日，教育部安排"祭孔"礼仪，"官祭孔子活动"又在孔庙恢复。从 1905 年至 1924 年近十九年间，孔庙、国子监自元代就已经形成的社会功能、地上的建筑物使用功能及其附属文物陈设都发生了一些变化。

一　历史博物馆筹备处选址在国子监

中国自 1840 年鸦片战争战败后的 60 余年间里，先后经过了第二次鸦片战争、中法战争、甲午战争、八国联军侵华，一直笼罩在列强侵华战争的硝烟中。清政府卑躬屈膝，先后与 22 个国家签订了 745 个不平等条约，不仅割地，还要支付战争赔款。面对社会现状，中国的有识之士们强烈呼吁社会变革，特别是戊戌变法以后，西方先进思想迅速传入中国，这种社会变革呼声逐渐转变成了实际行动。例如，为了开启民智，不少有识之士提出仿效外

国开办博物馆的主张。光绪三十一年（1905 年），时任翰林院修撰、曾为甲午年（1894 年）状元的张謇奏请皇太后、皇上"在京师设立帝室博物馆"，但未被采纳。于是他在自己的家乡南通建立"南通博物苑"，成为了我国最早建立的现代意义的公共博物馆。也就在这年，清政府成立了学部，废除国子监和科举考试制度，新式学校纷纷成立，开启了中国的近代教育。从此，国子监作为国家最高教育机构的使命也告完成。

辛亥革命推翻了清朝统治。1912 年 3 月，袁世凯在北京宣誓就职，成为了中华民国大总统。6 月，时任教育总长的蔡元培提出筹建国立历史博物馆的主张。7 月 9 日历史博物馆筹备处在国子监成立。至此，中国有了第一座国立博物馆。民国六年（1917 年），教育部提议，将端门迄午门房屋作为国立历史博物馆馆址。民国七年（1918 年）七月，奉部令迁入，民国十五年（1926 年）十月十日正式开馆。

历史博物馆筹备处成立于国子监的原因，可以从时任教育部总长蔡元培先生 1914 年 6 月 28 日呈给大总统的关于"请拨国子监筹设历史博物馆呈大总统批"中提到："查文庙及国子监两处，自民国元年经本部接管，当以国子监一处所有辟雍等建筑，在前清时迭经儒臣考订，宏此规模，关系于历史学术者甚巨，于历史博物馆性质甚为合宜，是以前经国务会议议定改国子监为历史博物馆，并由本部先就地设立筹备处办案。历史博物一项，能领愚者智开，嚚者气静，既为文明各国所重，尤为社会教育所资，本部现正设法进行，一俟筹备完毕，自应正式开放。至文庙为尊师重地，现令筹办处暂行敬谨兼管，将来应否开放，应俟历史博物馆正式成立后再行酌量办理。所有呈明旧国子监业经改办历史博物馆并兼管文庙情形，谨乞大总统钧鉴，训示施行。"[1] 不难看出，孔庙和国子监厚重的历史文化内涵，吸引了当时负责社会教育任务的教育部的决策者们，决定将孔庙、国子监作为能"领愚者智开，嚚者气静"的未来博物馆馆址使用。

国立历史博物馆筹备处当时设立在国子监中院彝伦堂内，由当时教育部社会教育司第一科负责。鲁迅作为社会教育科第一科科长直接参与了历史博物馆筹备处的选址、征集文物等主要工作。当时担任历史博物馆筹备处主任一职的是胡玉缙。[2] 从 1912 年 7 月至 1918 年历史博物馆筹备处搬到午门及端门期间，鲁迅经常亲临孔庙和国子监检查工作进展情况。最初，馆内藏品只有来源于国子监的一些文物，鲁迅等人认为光靠这些是不足的，必须多方

① 中国第二历史档案馆编：《中华民国档案史资料汇编　北洋政府文化》，江苏古籍出版社 1991 年版。收录于《国子监 孔庙资料汇编》（第三册），第 118 页。

② 傅振伦：《北京国立博物馆史略》，载《国子监 孔庙资料汇编》（第三册），第 151 页。

搜集历史文物。从 1912 年起直到 1925 年，鲁迅曾不断为筹建历史博物馆而进行多方面的努力，并且多次把自己所买到一些文物赠送给历史博物馆，以期丰富藏品。《鲁迅日记》1921 年 3 月 23 日："又为历史博物馆购买瓦当二个，三元。"① 1923 年 7 月 23 日："上午以大镜一枚，赠历史博物馆"，等等。②

1917 年教育部认为国子监地理位置偏僻，馆舍狭隘等原因，上呈将历史博物馆筹备处迁移到午门前面的左右朝房，1918 年被获准迁移到午门。历史博物馆筹备处从 1912 年 7 月在国子监成立以后，到 1918 年迁到午门的近六年期间，并不是一帆风顺，曾经过了两次中断。第一次是 1915 年袁世凯恢复帝制时，筹备工作被迫中断；第二次就是 1917 年张勋复辟，筹备工作再次中断。1926 年 10 月 10 日，历史博物馆经过长时间的筹备后在午门正式对外开馆，直到新中国成立以后的 1959 年才迁移到现在的国家博物馆所在位置。

二 历史博物馆筹备处部分藏品来源于孔庙、国子监

历史博物馆筹备处当时设在了彝伦堂。起初，孔庙、国子监固有文物成为历史博物馆的主要藏品。这些文物大体被分为周代彝器、国学旧存石刻、清代御用器物、碑刻拓片、书版、国子监旧存大成殿七楹、九楹模型等七大类别。这些文物被历史博物馆筹备处收为藏品的理由，可以从 1914 年 6 月 23 日教育部再次呈文就国子监筹设历史博物馆文中解读。文中说道："以国子监一处所有辟雍等建筑……于历史博物馆性质甚为合宜，是以经国务会议议决改国子监为历史博物馆，并由本部先就该地设立筹备处在案。历史博物馆的藏品，以旧国子监一部分物品为本位，逐渐推进，调查发掘，及征集所得。历史博物馆一项……即为文明各国所重，尤为社会教育所资，本部现在设法进行，一俟筹办完毕，自应正式开放……"③

被历史博物馆收藏的孔庙、国子监原有文物，可从 1928 年由国立历史博物馆出版的《国立历史博物馆陈列室物品目录》中看到。目录中涉及的这些文物，至少说明在 1928 年前仍然被历史博物馆完好保存，并且在历史博物馆正式对外开放时展出。孔庙、国子监文物被作为国立历史博物馆对外展出的藏品目录见下表：④

---

① 《鲁迅日记》一，人民文学出版社 2006 年版，第 426 页。
② 同上书，第 475 页。
③ 记事：学事一束：历史博物馆之筹备进行《教育杂志》（商务）1914 年 6 月第 5 号。收录于《国子监 孔庙资料汇编》（第三册），第 128 页。
④ 《国立历史博物馆陈列室物品目录》，第 13—34 页。

国立历史博物馆展出的孔庙国子监文物

文物序号	文物名称	朝代	件数	备注
189	老彭观井图（刻石）	宋	1	第三陈列室刻石（原国子监文物）
190	古文孝经（刻石）	明	2	同上
191	争座位贴（刻石）		2	同上
192	石鼓文（盛氏）（刻石）		10	同上
193	丁香花诗（并序）（刻石）		1	同上
194	兰亭序（赵孟頫临）（刻石）		1	同上
195	乐毅论（金特赫临）（刻石）		1	同上（此刻石背面为"乐毅论"）
196	清仁宗喜雨山房（刻石）		2	同上
320	国子监全图	清	1	第五陈列室
321	御座	清	1	同上
322	御案	清	1	同上
323	辟雍诗围屏	清	1	同上
324	鸳翎扇	清	2	同上
325	脚凳	清	1	同上
326	地毯	清	1	同上
327	熏殿灯	清	4	同上
328	铜鼎	清	4	同上
329	砖刻彝器图		7	同上
330	珐琅鼎（连座）	清	4	同上
331	珐琅鹿	清	2	同上
332	庙儿灯	清	4	同上
333	辟雍炕屏	清	1	同上
334	大成殿七楹模型	清	1	同上
335	大成殿九楹模型	清	1	同上
336	铜香炉	清	1	同上
337	镀金镇纸	清	1	同上
338	珐琅水丞	清	1	同上
339	珐琅砚匙	清	1	同上
340	珐琅笔架	清	1	同上

续表

文物序号	文物名称	朝代	件数	备注
341	珐琅香炉	清	1	同上
342	珐琅香盒	清	1	同上
343	珐琅香瓶	清	1	同上
344	珐琅香铲	清	1	同上
345	铜香箸	清	2	同上
346	兰亭砚	清	1	同上
347	朱墨	清	1	同上
348	御笔	清	2	同上
349	御墨	清	1	同上
350	表彰经学之宝	清	1	同上（玺）
351	御制辟雍碑记	清	2	同上（玉册）
352	御制十三经序文		10	同上
353	青金石十三经序文		12	同上
354	至圣先师礼成述事		2	同上
355	辟雍圜水功成记		2	同上
356	毛血盘	清	30	同上（原孔庙祭器）
357	蓝花磁盘	清	1	同上
358	镏金铜爵	清	1	同上
359	镏金银爵	清	1	同上
360	锡香盒	清	2	同上
361	铜爵	清	4	同上
362	玉爵		3	同上
363	磁爵		3	同上
364	银勺	清	1	同上
365	铜铡		4	同上
366	锡勺		4	同上
367	锡执壶		4	同上
368	铜簠		4	同上
369	铜豆		4	同上
370	铜簋		4	同上
371	铜登		4	同上

文物序号	文物名称	朝代	件数	备注
372	竹笾		10	同上
373	大成殿对联（木）		4	同上
374	金花漆茶几		2	同上
375	召仲簠（周古铜彝器）		1	午门模型内贮
376	康侯鼎（仝）		1	同上
377	内言卣（仝）		1	同上
378	素洗（仝）		1	同上
379	雷纹壶（仝）		1	同上
380	牺首罍（仝）		1	同上
381	子爵（仝）		1	同上
382	盟簋（仝）		1	同上
383	牺尊（仝）		1	同上
384	雷纹觚（仝）		1	同上
385	经版		4	（原国子监文物）
386	殿板		5	同上
387	北齐书		4	同上
388	南齐书		6	同上
457	国子监印		1	同上
459	国子监典簿印		1	同上

　　文物目录备注中所提到的在展览中以木制的午门建筑模型的展览形式展出的"召仲簠、康侯鼎、内言卣、素洗、雷纹觚、牺首、子爵、盟簋、牺尊、雷纹壶"十件周代彝器，原为清宫旧藏，乾隆三十四年（1769 年）颁设国子监，陈设于大成殿，四十四年复颁十种彝器图册。另外，光绪二十八年（1902 年），国子监司业管廷鹗曾仿图册软识，摹刻于木。民国九年（1920 年）移归本馆。每年春秋丁祭，仍送孔庙陈列，祭毕运还。①

　　国学旧存石刻移归历史博物馆保管的有《老彭观井图》（宋陈靖铭，明万历五年刻石）、《兰亭序》（赵孟頫临定武本）、《乐毅论》（赵孟頫临本刻在兰亭石背）、《争座位帖》（赵孟頫临本）、《古文孝经》（明蔡毅中集注）、

---

　　① "国立历史博物馆丛刊"第一册《馆藏周代彝器记》，国立历史博物馆丛刊社民国十五年十月出版，第 1 页。

《丁香花诗并序》（康熙五十七年谢履忠集《圣教序》兴福寺二碑字刻石）、清仁宗御制《喜雨山房记》（铁保书）、《乐毅论》（金特赫临），石鼓文（光绪十二年长白盛氏据阮氏旧藏宋本重刻石）等十种，共计刻石二十一方。后来，部分拓本被历史博物馆做成出版物出版，包括：老彭观井图（宋 靖铭 明万历五年刻石，旧在国子监东厢后堂壁间）、丁香花诗并序（康熙五十七年谢履忠集《圣教序》与兴福寺二碑字刻石，旧在国子监御书楼下）、清仁宗御制《喜雨山房记》（嘉庆十八年铁保奉敕书，旧在国子监）、乐毅论（嘉庆十八年金特赫临刻石旧在国子监）、石鼓文（光绪十二年 重摹阮氏覆宋本旧在国子监韩又公祠壁间）、砖刻彝器图、木刻彝器图、彝器铭、唐支氏小娘子墓志（陈书撰大中十年五月，旧在国子监 ）、宋郭文庆妻刘氏墓志（刻石嘉祐八年十月，旧在国子监）；兰亭序（赵孟頫定武本旧在国子监御书楼下后失在光绪中期于敬一亭下土中掘出）；乐毅论（赵孟頫临本，刻在兰亭石背 ）；争座位帖（赵孟頫临本，旧在国子监御书楼下）；古文孝经（明蔡毅中集注天启三年刻石，旧在国子监西厢正堂壁间）。[①]

除以上文物外，前代颁于孔庙、国子监的御用品，包括清乾隆时代临雍讲学所用各物也全部拨归历史博物馆。有"御座、御案、围屏、炉鼎、笔墨、表章经学之宝以及祀孔所用玉铜、锡竹各项礼器，国子监图等，共计一百七十一件"[②]。

国子监大成殿七楹、九楹木制模型及仿制周代乘车等模型、匾联等。民国八年（1919 年），教育部又将旧存科举时代的殿试试策一万五千余件文物遗存到该处。[③] 还有乾隆玉刻十三经序文及表章经学之宝等件（此项器物民国三年德国来布其城万国文字印刷术展览会曾借去陈列。这也是御书案陈列之物）。除历史博物馆拿走的文物外，孔庙尚存有大量文物，这些文物在民国二十年（1931）前后都被内政部北平坛庙管理所编成册记录在案。这些文物包括铜香炉、烛台、供桌、编钟、编磬、琴、瑟等。

三　祭孔活动

1913 年 6 月 22 日和次年 9 月 25 日，袁世凯先后编发了《通令尊崇孔圣文》和《祭孔令》，要求恢复前清的祀孔礼仪。在祭孔的告令中提到："中国千年来立国根本在于道德，凡国家政治、家庭伦理、社会风俗无疑非

---

①　《北平学术机关指南》，北平图书馆协会 1933 年 2 月第 1 版，第 117—120 页。
②　《国立中央研究院历史博物馆筹备处十八年度报告》，载欧阳哲生主编《傅斯年全集》第六卷，湖南教育出版社 2003 年版，第 98 页。
③　《中华民国国立历史博物馆概略》（1925 年），载《国子监 孔庙资料汇编》（第三册），第 120 页。

先圣学说发扬流行。是以国有治乱，运有隆替，惟此孔子之道亘古常新，与天无极。"并规定每年旧历仲秋中央地方一律举行"祀孔典礼"。从此，孔庙开始恢复了春、秋"丁祭"仪式。这时在北京孔庙的祭孔仪式由当时的教育部负责，教育部职员充当祭孔活动中的陪祀、执事等。为了实现按照古礼祭孔，教育部提前对人员培训，鲁迅日记中写道：

　　1915 年 2 月 3 日"会议学礼"，3 月 20 日"赴孔庙演礼"。

　　鲁迅从 1913 年 9 月恢复在孔庙祭孔后直到 1924 年 9 月在崇圣祠充当执事达 24 次之多。具体祭孔情况将在另外的文章中详述。

四　国子监、孔庙建筑及文物状况

　　1912 年至 1918 年，国子监曾被作为历史博物馆筹备处使用；1913 年孔庙恢复了官方祭孔演礼活动。这里的状况被亲临者们以日记、回忆录等形式记述下来，使我们得以了解当年这里的一些情况。

1. 建筑保存状况

　　国子监的建筑物当时衙署是"二百十间。署东北隅附住房三百零四间半。是时所有物品。半系国学故物"①。

　　鲁迅在《而已集》中"谈所谓'大内档案'"中记录："民国元年我到北京的时候，它们已经被装为八千麻袋，塞在孔庙之中的敬一亭里了，的确满满地埋满了大半亭子。其实孔庙里设了一个历史博物馆筹备处，处长是胡玉缙先生。'筹备处'云者，即里面并无'历史博物'的意思。"这里有殿试卷、宋版书（破烂不堪）、清初的黄榜、实录的稿子，奏章、小刑名案子居多……后搬到午门去整理了。②从这段描述中可以看出，国子监在作为历史博物馆筹备处时，故宫的许多被称为"大内档案"被堆放在了敬一亭。

　　1934 年《大公报》8 月 28 日第四版刊登了题为"故都孔庙巡礼"的文章，记述孔庙国子监"入民国后，二十余年未闻修缮。记者于昨日恭与祀典，瞻谒之余，历览各室，不尽有大厦将倾之感，而国子监各室尤甚，其中大部分厅房，均已正在倒塌，日光穿瓦而入，庭皆茂草没人，再不亟修，一年以后将成瓦砾场矣。国子监各室破损严重，博士厅屋顶已经倒塌，只有门没有损（坏），其他各室阳光由瓦砾照于室内，顶部草高数尺，雨水寻根流

---

①　《国立历史博物馆馆刊》"本馆开馆纪事" 1926 年第 2 册。收录"国子监 孔庙资料汇编第三册"，第 133 页。

②　鲁迅：《而已集》，"谈所谓'大内档案'"，北新书局 1933 年版，第 188、189 页。

入屋内，庭院野草尤其多，高可没人，不堪涉足，昔日本以名胜售票任人参观，年来败坏太甚，任荆棘丛生，狐鼠入主矣"①。建筑物破损严重，院落杂草丛生。

2. 文物状况

1912 年 6 月 25 日，当时教育部拟在此设历史博物馆，鲁迅前往视察，这是鲁迅首次到国子监、孔庙。鲁迅到孔庙后"见古铜器十事及石鼓，文多剥落，其一曾剜以为臼。中国人之于古物，大率尔尔"②。鲁迅看到的石鼓应该是在孔庙已经保存了 600 余年的周（秦）石鼓原件，已经是损毁严重，发出了国人不爱惜古物的痛切感慨。

1932 年由内政部北平坛庙管理所编印的《孔庙国子监纪略》中所载的孔庙部分文物被移走的情况：一是"民国五年，前教育总长范源濂将清联匾全行取下，归历史博物馆存贮，改悬黎元洪书道洽大同额于殿中"③。清联匾在民国五年（1916 年）被取下，但是黎元洪书写的"道洽大同"匾额是在民国六年（1917 年）后才被悬挂。因为黎元洪写牌匾落款的时间在民国六年（1917 年）。二是清乾隆三十四年颁的十种"器皆范铜，古色盎然，祭时陈列于案"④ 的周器（上表曾提到的在午门建筑模型中陈列的文物），于民国五年（1916 年）被教育部从孔庙移走，作为历史博物馆藏品。

孔庙、国子监自元朝在此地创建后，作为国家官办学府，经历了明、清两朝代的发展，为国家培养大批文官作出了巨大贡献。但是，随着清朝的解体，孔庙、国子监两座昔日的国家最高文化教育建筑群，随着民国不同发展阶段的变化而经历了不同的使用功能和风貌。笔者将在"续修国子监志"整理民国期间的孔庙和国子监资料的累积，汇编成文以供分享。如有不妥之处，请批评指正。

董艳梅，孔庙和国子监博物馆馆员

---

① 《大公报》1934 年 8 月 28 日第四版"故都孔庙巡礼"收录"国子监 孔庙资料汇编第一册"第 39 页

② 《鲁迅日记》一，人民文学出版社 2006 年版，第 7 页。

③ 内政部北平坛庙管理所编：《孔庙国子监纪略》，1933 年，第 23 页。

④ 同上书，第 19 页。

◇民国期间孔庙国子监的对外开放与管理使用

◎ 邹鑫

[摘 要] 1905 年 12 月 6 日，清政府设立学部，国子监裁废，其教育行政功能并入学部。1928 年，孔庙国子监正式对外开放，接待参观者。本文试图揭示孔庙国子监在民国期间的对外开放情况和管理使用情况，基于新闻报道、政府函文等资料，主要采取表格的形式梳理民国期间孔庙国子监的管理机构、人员、使用状况、对外开放等情况。

[关键词] 孔庙 国子监 民国 开放 管理

孔庙国子监论丛（2013年）

科举退出历史舞台，学堂兴起，民智渐开，革命如火，清王朝覆灭。风云际会中的孔庙国子监失去了它的正统地位，但从未失去它的使用价值和文化价值。笔者在续修《国子监志》工作的进行中，接触到了有关孔庙国子监民国期间开放和管理的史料，遴选整理，遂成此文。

一 时代背景

清代的教育行政事务归属礼部和国子监。学校的管理和科举等事务归属礼部仪制清吏司，其职责是"掌朝廷府署乡国之礼，稽天下之学校，凡科举，掌其政令"①。国子监是全国最高学府，其兼管学校教育的职能范围仅限于国学和乡学，对科举无权过问，地位在礼部之下。1905 年 10 月，山西学政宝熙、翰林院编修尹铭受、顺天学政陆宝忠、江苏学政唐景崇，先后奏请仿日本文部省成规，在京师六部之外，另设学部或文部，以利发展教育。宝熙在奏折中指出："科举既停，礼部、国子监两衙门愈形清简，似宜统行裁撤，归并学部，以节经费，兼免分歧。"② 12 月 6 日，政务处、学务大臣议复宝熙奏请设立学部折云："现在停止科举，专重学堂。整理一切学务，

---

① 梅汝莉主编：《中国教育管理史》，海潮出版社 1995 年版，第 234 页。
② 朱寿朋编，张静庐等校点：《光绪朝东华录》（5），中华书局 1958 年版，第 5409 页。

不可无总汇之区，自应特设学部，以资管辖。"[1] 同意裁撤国子监，归并学部。学部的设立，是中国教育制度史上的一件大事，它是中国近代最早设立的独立的中央教育行政专门管理机关。它的设立"结束了以往中央和地方教育行政各不相干、各自为政，国子监在礼部下实行纯属于名义上管理全国教育、实则不相闻问的历史，是中国教育行政近代化的起步标志"[2]。

　　1912 年 1 月 9 日，南京临时政府教育部正式成立。教育部设一厅三司，即承政厅、普通教育司、专门教育司和社会教育司。社会教育司下设三个科。第一科负责宗教、礼俗，第二科负责科学、博物院、动植物园、图书馆、美术馆演艺会等，第三科负责通俗教育、演讲会、通俗图书馆等。曾供职于社会教育司的鲁迅先生在日记中多次提及赴孔庙国子监筹备祭孔事宜，最后一次是在 1924 年 9 月 4 日。这一时期的孔庙国子监作为教育部管辖的礼仪场所，直至 1928 年归属内政部坛庙管理处，并正式对外开放。

二　对外开放

　　根据掌握的民国年间的报刊、《北平市政府公函》、《内政部北平坛庙管理所复函》等史料文件整理如下：

　　（一）相关新闻报道

　　《晨报》1928 年 1 月 10 日第 7 版《孔庙国子监又将开放》："内务部所管之孔庙国子监及前清太庙，于新年开放三天，任人观览。闻阴历新年，亦照此办法。"

　　《顺天时报》1928 年 1 月 16 日第 7 版《孔庙国子监已全部开放》："京师孔庙国子监现已全部开放，并缮具中英文字，分别说明。无论中外官绅，均可临时购票，入内瞻览。学生制服瞻览，并予优待云。"

　　（二）开放政策

　　1. 民国十七年（1928），内政部规定：内政部坛庙管理所所属天坛、孔庙等坛庙遇本市学校等社会团体参观，票价减半，以示优待；

　　2. 本市或外省市来参观的学校、团体持北平市政府公函均可免票；

　　3. 民国二十年（1931）九月三十日北平市政府规定北平坛庙双十节半价；

　　4. 国子监随同孔庙开放，不另售票，票价大洋四角，半价券每张售大洋二角。售票时间为每日自午前九时至午后五时止。

---

　　① 朱寿朋编，张静庐等校点：《光绪朝东华录》（5），中华书局 1958 年版，第 5444 页。
　　② 李国钧、王炳照总主编：《中国教育制度通史》第六卷，山东教育出版社 2000 年版，第 363 页。

（三）参观情况统计

社会团体及个人参观情况

时间	团体或个人	人数	事由	备注
民国十七年（1928）10月11日	北平基督教青年会		参观学习	
民国十七年（1928）10月12日和14日	贝满女校学生	40人	参观学习	
民国十七年（1928）10月29日	税务专门学校	约30人	参观学习	
民国十八年（1929）4月7日	天津南开学校	约30余人	参观考察	春假旅行，游故都名胜
民国二十年（1931）	东北大学		参观学习	教育学院博物、国文专修科学生
民国二十年（1931）1月	周永治夫人	1人	绘画写真	为期1年写真北平古迹
民国二十年（1931）1月29日	河北省女子蚕桑师范讲习所	第五班全体毕业学生	文化参观	
民国二十年（1931）4月3日	中法大学温泉中学校	40余人	参观学习	
民国二十年（1931）4月5日	国立北平师范大学	243人	游览	
民国二十年（1931）4月7日	国立清华大学	40余人	参观学习	历史学系学生
民国二十年（1931）4月8日	河北省立第一中学校	42	参观考察	
民国二十年（1931）4月19日	北平市私立育英中学校	20人	参观学习	
民国二十年（1931）5月中旬	国立北京大学	约60人	参观学习	史学系学生
民国二十年（1931）6月3日	北平华文学校	约80人	参观学习	

时间	团体或个人	人数	事由	备注
民国二十年（1931）6 月 8 日	华侨代表商业考察团	团长陈丙丁等 17 人	考察	实业部 2 人陪同
民国二十年（1931）6 月 11 日	上海基督教青年会	30 人	参观学习	
民国二十年（1931）7 月	云南省立东陆大学		考察	云南省政府资助的学生考察团
民国二十年（1931）7 月 21 日	北平华文学校	30 人	参观学习	新生
民国二十年（1931）8 月 10 日	山东齐鲁大学	16 人	参观	
民国二十年（1931）8 月 15 日	张副司令	随员、女眷等 30 余人	参观	具体人物不详
民国二十年（1931）11 月 6 日	北平华文学校	约 50 人	参观学习	新生
民国二十二年（1933）3 月 21 日	北平市私立育英中学校	20 余人	参观学习	
民国二十二年（1933）4 月 2 日	国立北平师范大学	20 余人	参观学习	国文系
民国二十二年（1933）5 月 10 日	国立北平师范大学	约 40 人	考察	社会学系
民国二十二年（1933）7 月 18 日	北平华文学校	40 余人	参观学习	新生
民国二十二年（1933）9 月 1 日	中华图书馆协会	120 余人	参观	第二次年会
民国二十二年（1933）10 月 14 日	北平私立慕贞女子中学校		参观	

国际组织及外宾参观情况

时间	国别	人数	事由	备注
民国十七年（1928）10 月 8 日	日本	河上哲太等 15 人	参观	日本众议院议员
民国二十年（1931）5 月 11 日	国际调查贩卖妇孺团	该团委员长张森等 9 人	参观	外交部 2 人陪同
民国二十年（1931）8 月	美国乌伯唐旅行团	80 余人	参观	
民国二十二年（1933）7 月 29 日	美国远东观光团	克鲁斯教授等 12 人	参观	
民国二十二年（1933）9 月 5 日	瑞典	卡尔亲王	参观	
民国二十二年（1933）10 月 22 日	波兰	驻华公使渭澄涛夫妇	参观	外交部 1 人陪同

目前收集到的史料只有 1928 至 1933 年间的参观情况，这期间以来自北京、河北、天津、山东、东北、上海、云南的各类学校的师生为主体，是"研读课业"或"研学旅行"的重要目的地。外宾主要是有政府背景的考察团、学者或官员。孔庙国子监凭其悠久的历史和丰富的古物，对内是古典文明的教育基地，对外成为中华文化的展示窗口。

另有民国三十一年（1942）一月至民国三十二年（1943）十二月的"北京特别市公署管理坛庙事务所"关于报送《天坛、孔庙等四处游人数目、门券进款统计表》的公函资料。"送达机关：市公署观光股"，"附件：统计表四份"。统计表中分列了天坛内外坛、天坛内坛、天坛外坛、孔庙、先农坛、五塔寺的游览券票数、钱数（银元）、普通平价券、优待券、团体收费、汽车券、人力车券、各项总计、游览人国籍的详细项目。每张统计表均有所长、总务股长、保管股长、票务员的签章。遗憾的是表中的统计数字已经完全辨识不清了且统计表遗失不全。虽无法详知当时的参观人数和参观状况，但从中可以看出当时孔庙建立了严谨的开放统计、汇总、上报制度。

三　管理使用

民国期间，孔庙、国子监两个院落并没有荒废，而是由专门的机构和人员管理。孔庙在民国期间仍旧承担着官方祭孔的职责；国子监则曾作为国立历史博物馆筹备处的办公场所。两个院落作为古代文明遗迹自 1928 年始对外开放，接待学生、学者、社会团体、外宾的参观访问。国子监南学旧址作为京师图书馆的馆址开放。由于时局动荡，这期间孔庙国子监并没有得到完善的保护，宽阔的院落时被学校借用成操场，时又作为难民收容所，甚至一度被官兵占用，遭到一定程度的毁损。针对这些情况，国民政府制定了相关的法规政策，对古迹加以保护。

（一）相关新闻报道

《教育杂志·大事记》1915年7卷8号《教育部筹设京师图书馆》："六月十九日，教育部筹设直辖京师图书馆，现经酌定即在前国子监南学先行筹设。"

《群强报》1915年6月21日《教育部设立图书馆》："北京现有之图书馆规模狭小，教育部拟就安定门内国子监南学地址另设一图书馆，已派该部社会司长夏会佑为馆长。"

《晨钟报》1917年2月2日第五版《图书馆已开幕矣》："京师图书馆已于日前开幕，地址在安定门大街方家胡同。其中所藏有文津阁四库全书六千一百十四函。敦煌石室唐人写经八千卷。"

（二）相关史料

民国元年（1912），教育部以行政命令的形式规定：学校不准读经，不许祀孔。广东、江苏、四川、湖南等地的学校停止了祀孔典礼，废除了尊孔读经，改孔庙为学校或习艺所。但社会的传统力量、康有为等复古主义者的坚守，袁世凯之流标榜正统巩固统治的需要等复杂的社会因素使祭孔之风并没有彻底偃息。民国二年（1913）十一月，陈焕章联络有关人士在上海发起成立了孔教会，刊行《孔教会杂志》。民国三年（1914）六月，袁世凯发布《通令尊崇孔圣文》，宣称以孔子之道正人心、立民极。在1913年9月28日的《鲁迅日记》中记录："星期休息。又云是孔子生日也。昨汪总长令部员往国子监，且须跪拜，众已哗然。晨七时往视之，则至者仅三四十人，或跪或立，或旁立而笑。钱念敏又从旁大声而骂，顷刻间便草率了事，真一笑话。"[1] 鲁迅任职教育部，参加了教育部主持的祭孔活动，并在其日记中多次提及。民国三年（1914），袁世凯正式发布《祭孔令》，恢复祭孔制度，并亲自参祭。此后，孔庙的祭孔活动因时局的变化时断时续，也随时代发展不断演变，直至1948年举办了最后一次祭孔仪式。

民国元年（1912）年六月，在民国临时政府教育总长蔡元培的倡议下，"国立历史博物馆筹备处"成立。时任社会教育司第二科科长的鲁迅，负责

---

① 鲁迅：《鲁迅日记》第一册，人民文学出版社2006年版，第80页。

历史博物馆的选址工作。经过实地考察，他相中了曾是国家最高学府的国子监。当年 7 月 9 日，国立历史博物馆筹备处在国子监成立。

民国八年（1919）二月，内务部训令第 96 号："令京师警察总监吴炳湘为令行事，据孔子庙等处看守员呈报国子监大门外右边牌坊南北夹杆石上铁箍二个，于本月八日夜间被窃，又方泽坛广厚街牌坊南边夹杆石铁箍二道、北边夹杆石铁箍一道于本月六日夜间被窃，又夕月坛北栅栏内牌坊夹杆石西边两座之铁箍三道于本月十一日夜间被窃。各等因合行令知该总监转饬该管地方官警严行访查窃犯，务获究办，以儆将来。此令。民国八年二月二十八日（署名）内务总长钱能训。"

民国十九年（1930）五月二十九日，孔庙事务员徐之钧、帮办孔庙事务赵厉师呈报"北平特别市市立第五中学校事务主任王伯敏君持函来称请在国子监门前空地练习体育希借用等语，理合呈请"。答复拟办"查国子监门前空地前经四所中学校借作球场，如时间不相冲突可暂借"。

同年十一月，孔庙事务员呈报学生在太学门前抛球，"有将球踢至房上之时，长此以往，檐瓦树木必被损伤，并恐稍一不慎，致触参观之人，拟请函致各该学校另觅抛球地点，以免有害墙垣瓦片"。答复拟办"拟分函各该校将抛球地点设法迁移"。

民国二十一年（1932）七月二十七日北平坛庙管理所制定了《内政部租借坛庙办法》，发函各租借单位："令各区署：准北平坛庙管理所函送《内政部租借坛庙办法》，仰知照由。案准内政部北平坛庙管理所函开案奉内政部礼字第五三号训令，内开为令尊事案查改所经营之北平各坛庙为君主时代所建立用以祭祀天地日月山川社稷之用……古迹之价值较之普通庙宇自属特别贵重。本部负有监督保管之责，不容稍有忽视……兹将制定各机关各学校租借北平坛庙办法……知照此令。"（选自《北平市政府公报》1932 年第 59 期）

民国二十二年（1933）十一月，康星桥承租大成门和国子监门洞下地点设置"美丽照相馆"露天营业。租价定位每年 60 元整。"承租期限定为一年，自二十二年十一月三日起之二十三年十一月三日止，期满后如拟继续承租，届时再另议。"

民国二十三年（1934）五月十七日，《北平市坛庙调查报告》（孔庙及国子监）："有坛庙管理所办事员二人，售票员一人，负责保管并办理售票事务。票价四角，可参观孔庙及国子监两处，每月收入自二十元至百元不等。"

民国二十四年（1935）二月二日，《北平市管理坛庙事务所办事细则》

颁布，细化了各个部门的职责，并制定了《坛庙参观细则》、《坛庙售票规则》。

民国二十四年（1935）三月，奉蒋介石令，"所有各省市之孔庙一律严禁军队驻扎，其已驻有军队者即责令即日迁出，如庙内规模业有损毁，各省市县各级政府尤应设法修葺，务须恢复旧观"（市政府政字第 847 号训令）。北平孔庙特派驻警四名。

民国二十五年（1936）六月六日，北平市政府颁布《关于孔庙财产保管规则》。这是对民国十八年（1929）执行的《孔庙财产保管办法》的修正补充。

民国三十七年（1948）五月，国子监作为难民招待所收留了从东北地区避战流离的难民，难民 5 人一组，共 38 组，每组有一名保人，均画押切结（保证书）。

民国三十七年（1948）六月八日，北平市社会局管理坛庙事务所报发放大米业已完毕，附"收发大米一览表"一份，内载国子监难民招待所发放大米大袋 92 袋，小袋 97 袋，共计 28117 市斤。国子监还置办 30 架纺毛机，招收难民工作，每日 35 人。

一份民国三十七年（1948）七月二十日承办的《北平警备总部呈文》显示：孔庙留宿东北大学先修班学生 180 人、东北女子文理学院学生 69 人、辽宁省立师范专科学校 55 人；国子监留宿辽东学院学生 200 人，合计 504 人。这些学生是从东北战区流亡而来，分宿在城区的古迹院落中，并常有强占民房的事情发生，在北平市警察局备案。

（三）历任管理机构和人员

1928 年 1 月，孔庙国子监正式售票开放。其管理机构和人员从目前掌握的材料汇表如下：

民国十七年至民国三十七年孔庙历任管理机构和人员

时期	机构	人员
民国元年（1912）至民国十七年（1928）	教育部社会教育司	
民国十七年（1928）	内政部北平坛庙管理处	孔庙事务员徐之钧、辛为桢
民国十八年（1929）	内务部坛庙管理处	股长何泽龢、股员高贵荫；孔庙事务员徐之钧、帮办孔庙事务杨正冠

时期	机构	人员
民国十九年（1930）	内政部坛庙管理所	孔庙事务员徐之钧、帮办孔庙事务赵厉师
民国二十年（1931）	内政部坛庙管理所	股长高贵荫、股员温利时、办事员王德津；国子监兼孔庙事务员赵法参、赵厉师、朱玉钟；孔庙办事员徐秀斌、售票员韩炳武、于成鳌
民国二十一年（1932）	内政部北平坛庙管理所	孔庙办事员张清远
民国二十二年（1933）	内政部北平坛庙管理所	主任付□□、股长王廷治、股员王德津、涂世治、办事员田守礼；孔庙办事员张清远、售票员蓝凤占、温多云
民国二十三年（1934）	内政部北平坛庙管理所	孔庙办事员张清远
民国二十六年（1937）	北京特别市公署管理坛庙事务所（日伪政权）	所长车庆麟、总务股股长王某、保管股股长贺某、总务股股员王□□、保管股股员徐海山，票务兼统计员李鸣鹤、稽查员李玉生；天坛管理员董玉玑；孔庙管理员王振纲、张清远，孔庙售票员姜逢瑞
民国二十九年（1940）	北京特别市公署管理坛庙事务所（日伪政权）	所长车庆麟、保管股股员徐海山、庶务助理员孙耀东、孔庙管理员谢亚安、孔庙售票员姜逢瑞 孔庙户役：高辑五、李鸿贵、刘长禄、田万春、吴静学、袁福、黄荣、高瀛、刘志、刘瑞。本所调孔庙夫役：侯川柏、张照俊、邵庆义、范贻恒、张春荣、张宝钧
民国三十年（1941）	北京特别市公署管理坛庙事务所（日伪政权）	所长车庆麟、股员徐海山；孔庙管理员王振纲、董玉玑、售票员姜逢瑞

续表

时期	机构	人员
民国三十二年（1943）	北京特别市公署管理坛庙事务所（日伪政权）	
民国三十七年（1948）	北平市社会局管理坛庙事务所	所长梁秉锁，孔庙管理员王郁如

制表说明：此表根据当时的公函、批文等文件信息摘录汇集而成，限于资料有限，年代并不连贯。

此文旨在复原民国期间孔庙国子监对外开放和管理使用的情况，是续修《国子监志》的一部分，史料为主，不妄评论。只是其间经历了北洋政府、国民政府、日伪政权的统治时期，孔庙国子监都得到了基本的保护管理，正常运行，两座院落辉煌的古建筑才得以完好地保存至今。

邹鑫，孔庙和国子监博物馆研究部副主任，馆员

◇明世宗修订释奠礼及其影响

◎ 王蕊

[摘　要] 明嘉靖九年的修订释奠礼是自中央政府祭祀孔子以来的一个重大事件，该事件由明世宗授意，张璁负责实施。虽然当时的朝臣极力抗争，但最终还是明世宗取得完全的胜利：将孔子"大成至圣文宣王"的称号改作"至圣先师"，取消了孔子的"王（天王）"位、"文宣"谥号和"大成"尊号；祭祀改为十笾豆和六佾舞，将祭祀孔子的天子之礼降为诸侯等级；取消文庙奉祀人物塑像，一律改作木主；另建启圣祠，奉祀四配等圣贤之父；罢黜传经之儒，增祀传道之儒。此次释奠礼的修订突出了理学在儒学中的重要地位，强化了纲常礼教，但更重要的一面则是凸显出皇权政治的扩张需求。

[关键词] 释奠礼　修订　皇权

　　嘉靖帝，后世称明世宗，本名朱厚熜，1521—1566 年在位。明世宗 16 岁登基，60 岁驾崩，在位 45 年未曾更换年号，他是明代在位时间第二长的皇帝，也是实际掌权时间最长的皇帝。明世宗并非是明武宗的儿子，明武宗是明孝宗的独子，他在位期间荒淫无度，以致 31 岁就去世了。由于明武宗并未留下皇子也没有兄弟，经过朝臣们的商议，朱厚熜作为明武宗的堂弟被推选为皇位的继承人。朱厚熜是明宪宗之孙，明孝宗之侄，兴献王朱佑杬之子，一个本没有继承皇权身份的藩王之后在历史机缘之下达到了权力的最高峰，他的出身成为了他执政初期的一个重大障碍，在经历了一系列的历史事件后，明世宗最终取得了对于皇权的绝对控制，同时有效地压制了士大夫阶层。释奠礼的修订就是明世宗在巩固皇权过程中使用的一个有效手段。

明世宗修订释奠礼的起因

　　明武宗正德十六年（1521 年）三月，朱厚熜被朝臣们推举为皇位的继承人，拉开了他政治生涯的帷幕。在明世宗掌权的初期，最为值得关注的政治事件就是"大礼仪"之争。

明武宗正德十四年（1519 年），兴献王去世，朱厚熜作为世子接管了父亲的职务，明武宗正德十六年（1521 年）三月，尚未除服的他被明武宗下令袭封，但五天后，明武宗就死于豹房，此时他并未获得朝廷的正式受封。《明史》卷一九〇记载，内阁首辅杨廷和举皇明祖训示之曰："兄终弟及，谁能渎焉。兴献王长子，宪宗之孙，孝宗之从子，大行皇帝之从弟，序当立"，经过皇太后的认可后，朱厚熜成为正式的皇位继承人。明武宗正德十六年（1521 年）四月初一，朱厚熜祭拜了父亲的陵墓，次日拜别母亲后奔赴北京。

然而，20 天后，当朱厚熜抵达北京后驻扎在郊外，就以什么礼仪迎接自己入城的问题和明武宗的旧臣们发生了争执。《明史》卷一九〇中记载杨廷和在武宗遗诏里用了"嗣皇帝位"的语句，就是这个"嗣皇帝位"让朱厚熜以自己并非是皇子的身份拒绝了礼部安排的由东华门入城，暂居文华殿，择日登基的提议。最后还是皇太后出面，令群臣上笺劝进，朱厚熜在郊外受笺，当天中午，从大明门入，随即在奉天殿即位，定年号为嘉靖，未采纳群臣拟定的"绍治"年号。四月廿七，朱厚熜下令群臣议定武宗的谥号及生父的主祀及封号。以内阁首辅杨廷和为首的朝中大臣援引汉朝定陶王（汉哀帝）和宋朝濮王（宋英宗）先例，认为世宗既然是由小宗入继大宗，就应该尊奉正统，要以明孝宗为皇考，兴献王改称"皇叔考兴献大王"，母妃蒋氏为"皇叔母兴国大妃"，祭祀时对其亲生父母自称"侄皇帝"。另以益王次子崇仁王朱厚炫为兴献王之嗣，主奉兴王之祀。继承皇位却要把亲生父亲变成叔叔，这是明世宗主观上无法接受的，但此时朝臣们却空前团结，大量的奏章让明世宗感到左右为难，双方一度陷入僵持之中。

是年七月，新科进士张璁上疏支持明世宗，他认为朱厚熜根据明武宗遗诏即位是继承皇统，而非继承皇嗣，即所谓"继统不继嗣"，皇统不一定非得父子相继，而且汉定陶王、宋濮王都是预先立为太子，养在宫中，实际上已经是过继给汉成帝和宋仁宗。张璁建议朱厚熜仍以生父为考，在北京别立兴献王庙。朱厚熜见此奏章后大喜，但张璁人单势孤，在朝廷中并无号召力，明世宗唯有对杨廷和先行妥协。但在奉迎生母蒋妃入京的礼仪上，朱厚熜坚持用迎皇太后之礼。在遭到杨廷和反对后他痛哭流涕，表示愿意辞位，侍奉母亲返回藩地，杨廷和在无奈之下只得让步。十月，朱厚熜以皇太后礼迎母亲入宫。

朱厚熜的地位稳固后，试图为父母封号加"皇"字。这时已被贬至南京刑部主事的张璁与同僚桂萼等揣测帝意，便纷纷上书重提旧事。两人得以被明世宗召回京城，委为翰林学士，专门负责礼仪事项。以张璁和桂萼为中心，在朝廷中形成了支持、奉迎皇帝的"议礼派"，湖广总督席书曾草拟奏疏，附和张璁、霍韬的意见，称兴献帝宜定号皇考兴献帝，吏部员外郎方献夫也上疏，提出"继统不继嗣"之论。但两封奏疏都没能上呈。嘉靖三年（1524 年）正月，世宗将二人的奏疏交付群臣再次集议，杨廷和见世宗有意变更前议，上疏请求辞职回家。本来这是一步以退为进的举措，但此时的朱厚熜已不是 3 年前初来乍到的毛头小子了，他顺水推舟，将平时早就看不惯的杨廷和致仕归里。此时，颇感群龙无首的礼部尚书汪俊酝酿再一次集体谏诤。适逢主事侯廷训据宗法作《大礼辨》，吏部尚书乔宇等人遂据此率群臣近 250 人一同进言，反对朱厚熜以兴献王为皇考。朱厚熜不悦，下令更多的官员参与到议论中来。于是，给事中张翀等 32 人，御史郑本公等 31 人，以及邹守益等也都上书表示反对。朱厚熜恼羞成怒，此次进言之人均被斥责、罚俸甚至罢黜。最后，汪俊等只好妥协，在兴献帝、兴国太后前面各加一"皇"字。三月，朱厚熜勉强同意称父亲为"本生皇考恭穆献皇帝"，母亲为"本生圣母章圣皇太后"。尊封祖母邵氏（明宪宗贵妃）为寿安皇太后，明孝宗皇后张氏为昭圣慈寿皇太后，明武宗皇后夏氏为庄肃皇后。

明世宗嘉靖三年（1524 年）七月十二日，朱厚熜诏谕礼部，十四日为父母上册文、祭告天地、宗庙、社稷，群臣哗然。正逢早朝刚结束，吏部左侍郎何孟春倡导众人劝谏皇帝，翰林院修撰杨慎甚至愿意为坚守节操大义而死。随后编修王元正、给事中张翀等在金水桥南拦阻挽留群臣，何孟春、金献民、徐文华等又号召群臣 200 多人在左顺门跪请明世宗改变旨意。明世宗在文华殿听到宫门外哭声震天，命太监传谕大臣们退朝，但群臣直到中午仍伏地不起，企图迫使明世宗屈服。杨慎等人拍门大哭，彻底激怒了明世宗，他下令锦衣卫逮捕为首的 8 人，下诏狱。此举令其他人更为激动，冲至左顺门前擂门大哭，明世宗再下令将五品以下官员 134 人下狱拷讯，四品以上官员 86 人停职待罪。七月十六日，朱厚熜为母亲上尊号"章圣慈仁皇太后"。七月二十日，锦衣卫请示如何处理逮捕的大臣，朱厚熜下令四品以上官员停俸，五品以下官员当廷杖责。因廷杖而死的共 16 人。

左顺门廷杖后，反对议礼的官员纷纷缄口，为时三年的"大礼议"以明世宗获胜告终。九月，明世宗更定大礼，改称明孝宗为皇伯考，生父为皇考，并编纂《大礼集议》和《明伦大典》。明世宗嘉靖十七年（1538 年），朱厚熜给明太宗上尊号为"成祖启天弘道高明肇运圣武神功纯仁至孝文皇帝"，父亲为"睿宗知天守道洪德渊仁宽穆纯圣恭简敬文献皇帝"，并将兴献帝神主升祔太庙，"大礼议"事件至此尘埃落定。

经过这次"大礼议"之争，明世宗意识到了士大夫阶层基于儒学思想所展现出的威力已经明显威胁到了他的皇权政治，虽然这次他以强硬的手段获得了胜利，但是在思想教化方面已经落人口实。为了扭转这种不利的局面，在嘉靖九年（1530 年），明世宗决定以修订释奠礼为借口为自己重新粉饰。

明世宗修订释奠礼的过程及内容

明世宗嘉靖九年（1530 年）修订释奠礼的过程其实是一出双簧戏，大学士张璁在台前，明世宗藏身幕后。《明史》卷五十中说"璁缘帝意"指的就是张璁根据明世宗的旨意上疏，请求修订释奠礼。

张璁上疏首先论证孔子封王的不合理：

> 夫子圣人，生不得位，没而以南面尊之，似矣。然王，君号也，夫子人臣也，生非王爵，死而谥之，可乎哉？盖名者实之著也，无其实有其名，谓之淫名。夫子生不获有尺寸之土，今而以有天下之号归之，曾谓无实之称，足以荣圣人乎哉？《书》"天降下民，作之君，作之师"，古者治教之职不分，君即师也。二帝三王，尽君师之责也。若夫子则不得君而师者也。师也者，君之所不得而臣者也，故曰虽诏于天子，无北面，所以尊师也。彼以王爵之贵为隆于称师者，习俗之见也。且历代帝王所以尊孔子者，尊其道也。道之所在，师之所在也。故以天子而尊匹夫，不嫌于屈，使孔子无其道，虽王天下岂足当万代之祀。称帝称王，岂若称先圣先师之合礼乎？

然后论证了谥号的谬误：

> 有若曰："自生民以来未有盛于孔子者也"，岂一言一行之善而可以节惠立谥文之为言？《谥法》有所谓"经天纬地"者，孔子亦曰"文王既没，文不在兹乎？"以谥固亦几矣。若夫"宣"之为言，《谥法》美者不过"圣善周闻"而已，岂足以尽圣人之大德哉！

接着又论述了给孔子塑像的种种不是：

> 朱熹曰："先圣本不当设像，春秋祭时，只设主可也"；邱濬曰："塑像之设，中国无之，自佛教入中国始有也"；姚燧有言："《北史》'敢有造泥铜人者，门诛'"；则泥人固非中土为主以祀圣人法也。后世

莫觉其非，亦化其道而为之。郡异县殊，不一其状，长短丰瘠，老少美恶，惟其工之巧拙是随。就使尽善，亦岂其生时盛德之容，甚非神而明之、无声无臭之道也。

随之又指责了给附享人物塑像的错误：

夫国学庙貌，非但师生瞻仰之所，天子视学，实于是乎致礼焉。圣人百世之师，坐而不起，犹之可也，若夫从祀诸儒，皆前代搢绅，或当代臣子，君拜于下，臣坐于上，窃恐圣贤在天之灵亦有所不安也。

接着再议论了祭祀孔子使用天子礼乐的谬误：

八佾十二笾豆，天子之礼。所以用于郊庙者也。古之诸侯，惟杞、宋得用先代礼乐，他虽周公有大功于鲁，用天子礼乐孔子亦不欲观，以其僭也。况今各府、州、县可僭天子礼乐乎？推孔子敬天之心，肯安然享之而同于天乎？①

因此张璁建议：取消孔子和附享人物的封号；废除孔子等人的塑像改为木主；降低祭祀孔子八佾十二笾豆的祭祀级别；另设启圣祠附享四配之父；罢黜十三位传经之儒及荀子、吴澄；增加后苍、王通、胡瑗、蔡元定、欧阳修从祀。

明世宗接到张璁的奏疏随即转交礼部会同翰林诸臣商议，但却遭到群臣的反对。其中尤以翰林院编修张衮、徐阶和都给事中王汝梅的措辞最为激烈。礼科都给事中王汝梅说：

陛下万几之余，留神典礼，甚盛举也。但恐生事之臣望风纷起，今日献一议谓某制当革，明日进一说谓某制当复，国家自此多事矣。况祖宗成法守之百六十余年，纵使少不如古，循而行之，亦为未过，何必纷纷更易乎？

明世宗读过奏文后只斥责他们违旨，并没有处罚。② 但徐阶的上疏陈述

---

① （清）孔继汾：《阙里文献考》卷十四 "祀典一"，山东友谊书社 1989 年版，第 303 页。
② 《明史》卷二〇八，《二十五史》第 10 册，黎贯本传，上海古籍出版社、上海书店 1986 年版，第 8358 页。

不能改易孔子封号的理由则是对他直接的批评：

> 陛下自即位以来，动以太祖高皇帝为法，太祖之在御，尝厘岳渎诸神之号，而独于孔子仍其王封，盖有不轻变之心焉。抑亦神岳渎而人孔子其义固有辩也。

明世宗修订释奠礼是志在必得，他亲自上阵，撰写了《正孔子祀典说》和《正孔子祀典申记》，张璁也配合明世宗撰写了《孔子庙祀典或问》上奏，明世宗将它们全部交与礼部令其速议更正。明世宗先把徐阶贬为延平府推官以示警诫，但此举并没有吓倒群臣，御史黎贯带领同官联名上疏说：

> 周公成文武之德，追王太王、王季，圣祖登极，追崇德、懿、熙、仁四祖皆为皇帝，是亦周人推本之意，不以位论也，且初正祀典，天下岳渎诸神皆去其号，惟先师孔子如故，良有深意。陛下疑孔子之祀上拟祀天之礼，夫子之不可及也，犹天之不可阶而升也，虽拟诸天亦不为过。①
>
> 今必欲去其王号，以极尊崇之实，减笾豆乐舞以别郊祀之礼。夫有王号而后享王祀，居王居。若云先师则如高堂生、毛公、伏生之流，非惟八佾十二笾豆为僭，六佾十笾豆亦为僭矣，非惟像当毁，复屋重檐亦当毁矣。
>
> 莫尊于天地，莫尊于父师。陛下敬天尊亲，不应独疑孔子王号为僭。②

明确反对取消孔子的封号和谥号，降低文庙祭祀的等级。明世宗读出了影射他追尊生父为皇帝的意味，勃然大怒：

> 贯等谓朕已尊皇考为皇帝，孔子岂反不可称王，奸逆甚矣，其悉下法司按治。

幸亏都御史汪铉施以援手，建议只处理倡议一人，而明世宗不久前因追封生父为皇帝与朝臣进行了大礼议之争，而且此次削去孔子王号也理不正，

---

① 《明史》卷五十，《二十五史》第 10 册，"礼四·吉礼四"，上海古籍出版社、上海书店 1986 年版，第 7914 页。

② （清）孔继汾：《阙里文献考》卷十四"祀典一"，山东友谊书社 1989 年版，第 303 页。

所以只将黎贯削职为民，其他御史幸免于难。①

有了明世宗嘉靖三年（1524 年）大礼议之争的教训，朝臣们不愿再领受廷杖的滋味，所以这次修订释奠礼并没有经过太多的波折就以明世宗的全面胜利而告终。

明世宗修订释奠礼的具体内容有：取消孔子等所有奉祀人物封号，废除孔子等人的塑像，将孔子由原来的"大成至圣文宣王"改称"至圣先师"；大成殿改称先师庙，大成门改称庙门；四配分别改称复圣颜子、宗圣曾子、述圣子思子、亚圣孟子，十哲和及门弟子改称先贤，后世儒家人物改称先儒；国学祭祀改用十笾豆，地方学校改用八笾豆，一律改用六佾舞；另立启圣祠主祭孔子父亲启圣公叔梁纥，以四配之父配享，二程之父程珦、朱熹之父朱松、蔡沉之父蔡元定从祀，分别称作先贤、先儒；罢去申党、公伯寮、秦冉、颜何、蘧瑗、林放、荀况、戴圣、刘向、贾逵、马融、何休、王肃、王弼、杜预、吴澄、郑众、卢植、郑玄、服虔、范宁等 21 人的从祀地位，增加后苍、王通、欧阳修、胡瑗四人从祀。

明世宗修订释奠礼的影响

明世宗修订释奠礼，罢黜传经之儒，增祀传道之儒，在一定程度上适应了当时思想学术的变化，突出了理学在儒学传承中的地位；增设启圣祠，解决了子处父上、弟处师上这种有违礼教的现象。此次释奠礼的修订，表面上是顺应了历史潮流，但实质上还是一次皇权政治对士大夫阶层的压制。

传道之儒进入孔子庙附享始于宋代。宋神宗元丰七年（1084 年）晋州教授陆长愈奏请以孟子配享孔子，太常寺讨论后认为孟子不是孔子的及门弟子不予同意。礼部侍郎林希建言说："唐贞观二十一年以伏胜、高堂生之徒与颜子俱配享，至今从祀，岂必同时？孟子于孔门，当在颜子之列，又荀况、扬雄、韩愈发明先圣之道，有益学者，久未配食，诚为缺典"，请求以孟子配享，位设颜子之次，以荀况、扬雄、韩愈从祀，设位二十一贤之间。朝廷采纳了林希的建议，命以孟子配享，荀况、扬雄、韩愈从祀，开创了传道之儒附享的先河。② 明代是传道之儒附享的重要发展期，宋儒胡安国、蔡沉、真德秀和元儒吴澄于明英宗正统二年（1437 年）和正统八年（1443）附享，宋儒杨时于明孝宗弘治九年（1496 年）附享，明世宗新增 4 人附享，也展现了他对于理学的重视。

---

① 《明史》卷二〇八，《二十五史》第 10 册，黎贯本传，上海古籍出版社、上海书店 1986 年版，第 8360 页。

② 孔喆：《孔子庙附享的历史演变》，《孔子研究》2011 年第 4 期。

　　然而，新增传道之儒附享并不能掩盖此次释奠礼的修订其实是对士大夫阶层所代表的思想教化领域的一次压制。

　　儒家认为，在远古时代，思想教化和政治统治是统一的。"天佑下民，作之君，作之师"①，君王既是天下百姓的治理者也是教化者，以教化作为治理的主要手段，所以君王既有位，也有德，"虽有其位，苟无其德，不敢作礼乐焉；虽有其德，苟无其位，亦不敢作礼乐焉"②，既有位又有德才能制定礼乐制度，才能实现天下有道的社会。《论语》第一次提出了尧、舜、禹、成汤的继承观念：

　　　　尧曰："咨！尔舜！天之历数在尔躬，允执其中！四海困穷，天禄永终。"舜亦以命禹。曰："予小子履，敢用玄牡，敢昭告于皇皇后帝：有罪不敢赦，帝臣不蔽，简在帝心！朕躬有罪，无以万方；万方有罪，罪在朕躬。"③

唐代韩愈则提出了相对完整的儒家传道系统：

　　　　尧以是传之舜，舜以是传之禹，禹以是传之汤，汤以是传之文、武、周公，文、武、周公传之孔子，孔子传之孟轲，轲之死不得其传也。④

　　在韩愈看来，周公和孔子、孟轲也是这一思想的正统继承者。到了春秋时期，政治统治和思想教化开始分离，以孔子为代表的思想教化的承担者根据形势对于统治者实行了和则附、不和则离的态度，这也就是孔子所说的"以道事君，不可则止"⑤。汉武帝时期，董仲舒判断形势后把儒学提升到另一个高度，吕陶（1029—1105）称赞董仲舒"转导世主，推明治统"⑥。宋明理学的发展让士大夫阶层在参政议政上得到了更多的空间，同时，也使得他们和皇权的冲突越发的激烈。

　　明太祖朱元璋本身是一个十分专制的皇帝，但士大夫们仍然以护卫道统自任，敢于劝谏朱元璋甚至与朱元璋公开争执。明朝立国之初，为节省开支，洪武元年，朱元璋改正文庙祀典，命国学祭祀牲以太牢，乐六奏，文舞

---

① 《尚书·泰誓》。
② 《礼记·中庸》。
③ 杨伯峻：《论语译注》"尧曰"，中华书局 1980 年版，第 207 页。
④ 《昌黎集·原道》。
⑤ 《论语·先进》。
⑥ 吕陶：《净德集·应制举上诸公书》。

六佾，司、府、州、县、卫学以少牢，乐不能备则罢，京府及附府县举行释菜礼，降低了祭祀等级，但是为了显示对文庙祭祀的重视，祭祀前一天，他服皮弁，御奉天殿，传制命宰相代他主祭。

明太祖洪武二年（1369 年）诏令春秋释奠只行于曲阜，不必天下通祀。这一举动马上遭到大臣们的反对，刑部尚书钱唐伏阙上疏说：

> 孔子垂教万世，天下共尊其教，故天下得通祀孔子，报本之礼不可废。

刑部侍郎徐程也上疏说：

> 古今祀典，独社稷、三皇与孔子通祀天下。民非社稷、三皇无以生，非孔子之道则无以立。尧舜禹汤文武周公皆圣人也，然发挥三纲五常之道，载之于经，仪范百王，师表万世，使世愈降而人极不坠者，孔子之力也。

将孔子置于尧舜禹汤等道统人之上，其实也是将道统思想教化置于皇权统治之上。明太祖当时没有采纳他们的建议，但两年后就将八笾豆改为十笾豆，明太祖洪武十五年（1382 年）又恢复了孔子的天下通祀，并颁布释奠仪注，以后还颁布了大成乐，全国各地文庙祭祀孔子时都可以使用音乐和舞蹈，这是历史上的首创。

明太祖洪武五年（1372 年），朱元璋翻读《孟子》，读到"君之视臣如手足，则臣视君如腹心；君之视臣如犬马，则臣视君如国人；君之视臣如土芥，则臣视君如寇雠"[1]，认为非人臣所宜言，于是下诏罢去孟子的文庙配享。朱元璋知道这会引起群臣的反对，同时下诏说"有谏者以大不敬论，且命金吾射之"，刑部尚书钱唐"抗疏入谏，舆榇自随，祖胸受箭，且曰：'臣得为孟子死，死有余荣'"，弄得朱元璋好不尴尬，只好在第二年下诏赞扬"孟子辨异端，辟邪说，以发明孔子之道"，[2] 恢复孟子的配享。

开国皇帝、专制如朱元璋犹受到士大夫阶层如此的压制，而由藩王入嗣大统的明世宗自不必多说。在"大礼议"之争受辱后，明世宗选择释奠礼作为目标来检验自己皇权的成色也就不令人意外了。其实，在削去孔子封号和谥号、降低孔子祭祀级别前三个月，他就采取了两个加强皇权的行动，一

---

① 《孟子·离娄下》。
② 孔喆：《孔子庙附享的历史演变》，《孔子研究》2011 年第 4 期。

是重建历代帝王庙，一是新设圣师祭坛。

明太祖洪武三年（1370 年），朱元璋遣使访求历代帝王陵寝，将 36 处帝王陵寝列入祀典，洪武六年（1373 年），朱元璋认为"五帝三王及汉唐宋创业之君俱宜于京师立庙致祭，遂建历代帝王庙于钦天山之阳"。自明成祖迁都北京后一百余年都没有在北京建造新的历代帝王庙，恰恰就在此次修订释奠礼前的七月，明世宗下令在西城新建历代帝王庙。新庙尚未建成，明世宗嘉靖十年（1531 年）二月，他就迫不及待地在文华殿亲自祭祀历代帝王。

圣师祭坛为明世宗始创，《明史》卷五十中记载圣师祭坛设于文华殿东室，以伏羲氏、神农氏、轩辕氏为皇师，陶唐氏、有虞氏为帝师，夏禹王、商汤王、周文王、周武王为王师，九圣南向，以周公为先圣、孔子为先师，东西相对。伏羲、神农、黄帝、尧、舜、禹、汤、文王、武王、周公、孔子虽然同为儒家所认可的正统，但明世宗把周公和孔子置于配享的位置以和前面那些实际的政权掌握者所区别开，这本身就体现了他决意加强皇权的意图。

明世宗修订释奠礼是他所属的政治集团深思熟虑后的行动。执政之初的"大礼议"之争让明世宗从一个与世无争的藩王变成了皇权和思想教化之间互相倾轧的参与者，为了巩固自己的统治，他选择了通过加强皇权来压制士大夫阶层的方式。虽然在短期内皇权获得了更大的能量，但从历史角度来看，士大夫阶层受到压制和皇权缺乏监督或多或少成为明朝走向衰亡的一个原因。

王蕊，孔庙和国子监博物馆助理馆员

◇《御制平定两金川告成太学碑》碑文史证

◎ 黄茜茜

[摘　要]《御制平定两金川告成太学碑》是清代乾隆四十一年（1776年）四月二十八日高宗皇帝行受俘礼后，命勒石于大成殿阼阶前的巨型碑刻。文中叙述了两征金川的原因、经过与战争的艰苦，以及对皇上本人功过的评价，是研究大小金川战役的重要史料。本文内容还包括立此碑于孔庙的原因及战争所造成的影响和后果等方面。乾隆平定大、小金川是乾隆年间耗时最长、耗银最多的战争，也是清政府由盛转衰的重要原因之一。但在一定程度上保持了金川地区的稳定与统一，并促进了民族交流与生产力发展，对整个西南地区的政治、经济、文化产生了巨大影响。

[关键词]　金川战役　土司　清政府　影响

岁月的变迁淡化了许多历史往事，而前人留下来的碑刻便成了一种载体，留在人间充当着历史的见证。

乾隆皇帝在位期间为维护国家的统一作出了重大贡献，奠定了中国的版图。他曾经多次用兵并将他经手的战争和取得的胜利，归纳为"十大武功"，并亲笔写成《十全记》手卷。正如在《十全记》中所说："平准噶尔为二，定回部为一，扫金川为二，靖台湾为一，降缅甸、安南各一，即今二次受廓尔喀降合为十。"① 据《清史稿·食货志》所载，"十大武功"中耗军费最多的就是这两次金川之役，约耗银近一亿万两，其中第一次两千余万两，第二次七千余万两。而其他八大"武功"总耗军费 6152 万余两，可见金川之役堪列十大武功之首。

《御制平定两金川告成太学碑》，乾隆四十一年（1776年）四月二十八日乾隆帝行受俘礼后，命勒石大成殿阼阶前。碑文叙述了两征金川的原因、

---

① 庄吉发：《清高宗十全武功研究》，中华书局 1987 年版，第 1 页。

在大小金川征战的经过及战争的艰苦情况以及对皇上本人功过的评述，与《平定朔漠告成太学碑》和《御制平定青海告成太学碑》、《御制平定准噶尔告成太学碑》，合称清代四大平定御碑，是研究大小金川之役的重要资料。碑文书法遒劲飘逸，用洗练的语言将波涛暗涌逶迤曲折的战事讲述得惊心动魄。碑文涉及反对分裂、维护国家统一，具有深厚的历史底蕴和丰厚的文化内涵，同时也具有很高的艺术价值。

北京孔庙御制平定两金川告成太学碑

一　告成太学碑刻缘何立于国子监孔庙

根据《礼记·王制》："天子将出征，类乎上帝，宜乎社，造乎祢，祃于所征之地。受命于祖。受成于学。出征，执有罪反，释奠于学，以讯馘告。"

孙希旦《礼记集解》：

> 郑氏曰：师祭也，为兵祷，其礼亦亡。受成于学。定兵谋也。愚谓祃，《周礼·肆师》作"貉"，郑注云："祭造军法者。其神盖蚩尤，或曰黄帝。"受命于祖，告于大祖之庙而卜之也。受成于学，在大学之中定其谋也。卜吉然后定谋，谋定然后行类、宜、造之祭，而奉社主与迁庙主以行也。

> 《释文》：训，本又作"谇"，音信。馘，首获反。郑注：馘，或为"国"。释奠，设荐馔而酌奠，不迎尸也。训，所生获当问讯者。馘，杀之而割取其左耳者。出师之时，受成于学，故有功而反，则释奠于先圣

先师而告之以克敌之事也。凡告祭轻者释币，重者释奠。①

　　古代天子将要出征的时候，要以此事告上帝，需要祭天，同时还要告自己的祖先，师祭于所征之地。因为受命于祖，兵谋成于太学。出征俘虏有罪之人，返回来要释奠于太学，以征伐所生获断耳者告祭先圣先师。而根据孙希旦的注解，我们更可以看到，这种礼仪的顺序应该是先在太祖之庙占卜吉凶，然后再去太学之中定兵谋，谋定之后行类天、宜社、造祢之礼，而奉社主与迁庙主以行。正所谓"礼有三本：天地者，生之本也；先祖者，类之本也；君师者，治之本也。无天地，恶生？无先祖，恶出？无君师，恶治？三者偏亡，焉无安人。故礼，上事天，下事地，尊先祖，而隆君师。是礼之三本也"（《荀子·礼论》）。因为出师之时，兵谋成于太学，所以有功而返，则释奠于先圣先师而告之以克敌之事。一般告祭，地位轻微者释币，重要的则用释奠。通过孙希旦注解，我们还可以看到大夫释奠与天子诸侯释奠之差别：大夫释奠，需要荐脯醢、陈筲酒，席于阼阶，荐脯醢，三献。天子诸侯释奠，则有牲牢，有乐舞。《曾子问》曰："凡告用牲币，反亦如之。"

　　由此看出：立碑一方面固然有对士子宣谕圣功、夸示勋德之目的，但无疑从根本上是秉承《礼记·王制》上所载的这一套释奠礼仪。

　　孔颖达《礼记正义》："凡释奠者，必有合也。国无先圣先师，则所释奠者当与邻国合也。有国故则否。若唐虞有夔、伯夷，周有周公，鲁有孔子，则各自奠之，不合也。凡大合乐，必遂养老。大合乐，谓春入学舍菜合舞，秋颁学合声。于是时也，天子则视学焉。"由此可知，释奠仪这一仪式早在周朝已经产生了。"释奠者，设荐馔酌奠之，不迎尸也。"也就是说，所谓释奠，是指向先师之位陈设祭奠的饭食、酒品等。释奠之所以没有尸主，是因为主要是为了向先师行礼，而非报答其功德。凡是天子使诸侯国立学的，一定要先释奠于先圣先师。等到行礼之时，一定要以奠币。这就是天子命诸侯兴教化、立学官。所祭奠的先圣，如周公与孔子。此外，凡是释奠，一定会有所合，也就是说一定会有与邻国所祭之人相合的。国家没有先圣先师的，所释奠者应当与邻国相合。国有先师先圣的则非如此。譬如唐虞有夔龙、伯夷，周有周公，鲁有孔子，是国故有此人，则不与邻国合祭也。后来，由于孔子生前非常重视教育，在教育事业上成就很高，影响深远，所以释奠的对象逐渐以孔子为主。而孔庙又是皇帝祭祀孔子的地方，综上所述，

---

① （清）孙希旦：《礼记集解》（上），中华书局1989年版，第333页。

告成太学碑刻因此立于国子监孔庙。①

二　《御制平定两金川告成太学碑》所述历史考

大、小金川位于今四川西北阿坝藏族羌族自治州境内，是大渡河上游的两个支流，因沿河有金矿而得名，且大、小金川近接成都，远连卫藏，为内地通往西藏、青海、甘肃的桥梁和咽喉。大金川，藏语称"促浸"，因"促浸水出松潘徼外西藏地，经党坝而入土司境"②。小金川，藏语称"赞拉"（纳），因距赞纳水源较近而得名。③ 康熙以前的金川土司主要是指小金川。康熙六十一年（1722 年），清政府以金川土司嘉尔利泰之庶子莎罗奔（色勒奔）随岳钟琪征西藏羊峒番有功于清，赐副长官衔。雍正元年（1723 年）三月，奏授安抚司，于是自称金川，"以分金川土司之势"，④ 大、小金川土司的分设从此开始。莎罗奔于乾隆七年（1742 年）病亡，其嫡亲胞弟色勒奔细承袭土司之职。然而因大、小金川长期蚕食邻封，使边境不得安宁，为了"永靖边圉"，乾隆时期先后两次对大、小金川进行征剿。

第一次是在乾隆十一年（1746 年），大金川土司色勒奔细（色勒奔之弟）以联姻之计，因禁小金川土司泽旺，夺其印信。十二年（1747 年），又攻打其西南部的革布什咱及其南部的明正土司（今四川甘孜州康定县）。四川巡抚纪山一面奏闻请旨，一面派兵弹压，遭到大金川土司的伏击而宣告失败。川陕总督庆复奏请"以番治番"之法，欲令小金川、革布什咱、巴旺等与大金川相邻的土司发兵协助对大金川进行围攻，并令杂谷、梭磨等土司扰其后路，却屡试无效。乾隆唯恐土司势力日益强盛，难以驾驭，于是决计惩创大金川。并于十二年二月十三日下发川陕总督庆复、四川巡抚纪山上谕旨："大金川土司色勒奔细有侵占革布什咱土司地方，彼此仇杀，又诱夺伊侄小金川土司泽旺印信，并把守甲垅地方，扬言欲攻打革什咱…… 倘果有拒抗侵轶，不得不宣布皇威，以全国体。"⑤ 同年三月十一日，调云贵总督张广泗补授川陕总督，谕令："大金川之事……不得不劳师动众……用之于一举，毁穴焚剿，芟除荡涤之为愈也。"⑥ 张广泗以治苗之法治金川，调集三万余众，从西、南两路，兵分十路进攻大金川。第一次金川之役开始了。乾隆皇帝于十三年九月二十

---

①　参见常会营《北京孔庙祭孔释奠及其文化意蕴》，《中国孔庙保护协会第十四届年会论文集》，第 130—132 页。

②　（清）魏源：《圣武记》（下）卷七，中华书局 1984 年版。

③　同上。

④　彭陟焱：《试论乾隆平定金川之影响》，《西藏研究》2003 年第 1 期。

⑤　《清实录·高宗纯皇帝实录》卷 291，中华书局影印 1985 年版，第 807 页。

⑥　同上。

八日，又命协办大学士傅恒署理川陕总督，前往金川军营，会同班第、傅尔丹、岳钟琪办理一切事务，务期犁庭扫穴，迅奏肤功。① 自乾隆十二年（1747年）三月至十四年（1749年）正月，历时近三年，清政府先后调集东三省、京、川、陕、甘、云、贵、两湖等省兵力，共计八万多人，耗银两千余万两，最后以色勒奔细、郎卡带领喇嘛、头目多人来到傅恒的军营投降而和平解决。从此金川初定，乾隆闻讯大喜，于十四年（1749年）三月傅恒班师返京时，命皇长子和裕亲王到郊外迎接，又在大殿摆宴为傅恒庆功，并下令建宗祠，祭祀傅恒的曾祖父、祖父、父亲，还在东安门内赐住宅一所。现存于北京石刻博物馆的傅恒宗祠碑记载了这段史实。

第一次金川战争后，大、小金川土司以联姻的方式结缔联盟，对邻近的鄂克什、明正土司不断侵扰。乾隆三十六年（1771年）六月，大金川土司索诺木勾结革布什咱土司的头人，袭杀革布什咱土司，占领革布什咱。索诺木还向清政府提出将革布什咱之百姓为其当差，企图使其侵占革地合法化。继而，小金川土司僧格桑再次进攻鄂克什、明正两土司，清政府派兵往护鄂克什，僧格桑遂与清兵战。第二次金川战争开始。乾隆三十六年（1771年）六月十五日，清政府以大、小金川土司袭扰邻近土司和联盟反清为罪名，再度更大规模地出兵讨伐。直到乾隆四十一年（1776年），清政府攻下大金川土司的最后一个堡垒——勒乌围而结束了此次战役。清政府先后调集了23个省的兵力，加上后勤运输人员等，总计达40万人参加此次战役，耗银约七千万两。这次战役规模之大，耗资之巨，战斗之激烈，在清朝历史上都是十分罕见的。

乾隆四十一年四月二十七日，乾隆帝龙袍衮服御驾午门，受献俘礼，又在瀛台亲鞫索诺木等人，将索诺木、冈达克等12人凌迟处死；索诺木之母阿仓等19人处斩；其余的或永远监禁，或发配为奴，或解往各地喇嘛寺役使。同日，乾隆帝御制碑文，命勒碑于太学及金川两地方。②

三 乾隆两次出兵金川的原因

大、小金川土司及其邻近土司之间相互侵扰，扩大各自的战果，使土司间的势力走向均衡。乾隆开始是利用了土司间的相互制约来实现"以番治番"的统治。然而随着大、小金川土司相互勾结，势力的日益强大，维持金川地区的均势逐渐被打破，不仅造成边疆的不宁，同时也影响了乾隆

---

① 彭陟焱：《乾隆初定金川战争钩沉》，《西藏民族学院学报》（哲学社会科学版）2003年第4期。

② 彭陟焱：《乾隆再定两金川战争钩沉》，《西藏民族学院学报》（哲学社会科学版）第25卷，2004年3月。

"以番治番"政策的执行。① 正如乾隆在上谕中所云："小金川与大金川与革布什杂相仇，敢于效尤滋事，其情甚为可恶。即两处情形而论，亦判然不同，朕意总宜先办小金川，擒其凶渠，治以重罪，则金川自然闻风畏惧，敛迹归剿，斯为一举两利……"② 本可以由地方官出面调解的边界纠纷，乾隆选择了发兵进讨。"一打金川"，因家族内部为边界而产生纠纷，清廷则借口大金川土司蓄谋造反而发兵；"二打金川"更是先以小金川土司与沃日土司因争边界而发生冲突为借口，对小金川土司进行全面征伐，接着又以大金川土司与亲家革布什咱土司的家族纠葛为导火线，借口大金川蓄意反清，对大金川进行讨伐。其目的在《高宗实录》中详有记述，阿桂在对土司互相争斗的情形调查后，上奏云："现在金酋等不过自行蜗斗，并无获罪天朝之事。"③ 而乾隆谕令则云："……看来以番攻番，自是乘机善策。九土司等果能齐心协剿，其势实有可图。但各土司未经明白传谕，未免尚存观望迟疑之见。著传谕阿桂……不必云奉谕旨，但称钦差、总督之意，明谕九土司：'郎卡反复狡诈，为众土司之害。彼虽藉词欺诳番属，自以为不见弃于天朝，然天朝岂肯以众人之蠹，再事曲为覆庇！是以从前请颁印信……不准给发。尔土司等集众往攻，原为自除己害起见。钦差及总督控制边隅，不惟不为禁制，且有应行奖励之处，亦决不为之靳惜，尔土司等能殄灭此酋，所有金川之地，就各番寨所近即令分析，画界管理'。如此开导，土司等既可剪灭仇雠，又得增开疆土，自必倍加踊跃，其事尤属易成……镇靖边番之道，亦深有裨益……"④

四　乾隆平定金川后所采取的措施

清政府在平定金川后，于乾隆四十一年（1776 年）在大金川设阿尔古厅，在小金川设美诺厅；又于四十四年（1779 年）将二厅合并为懋功厅，下隶美诺、抚边、章谷、崇化、绥靖五屯。从根本上取缔了大、小金川土司制度，对其邻近土司也起到了军事威慑作用。对所俘获的丁口及其家属，除对罪行重大者格杀勿论外，其余都加以疏散或发配边关充塞；或迁至异地土司管束，兵民杂处，置金川藏民于官兵长期监督之下。还有的金川藏民被遣

---

①　彭陟焱：《试论乾隆平定金川之影响》，《西藏研究》2003 年第 1 期。

②　《中国第一历史档案馆藏军机处汉文档簿（金川档）》，乾隆三十六年，寄信上谕，第一本，第 5 页。

③　西藏民族学院历史系编：《清实录藏族历史资料汇编》（一），1981 年，第 458 页（713 卷，第 15、16 页）、第 459 页（716 卷，第 17、18 页）。

④　西藏民族学院历史系编：《清实录藏族历史资料汇编》（一），1981 年，第 458 页（713 卷，第 15、16 页）、第 459 页（716 卷，第 17、18 页）。

往内地赐予王公贵族为奴，被强制汉化。① "……达失温布策旺、沙布租普、阿布穆木里撒里……等六犯相应请旨并即行正法，其各家口均酌拨伊黎、索伦等处为奴……"② 由此，清政府完成了对金川地区的改土归流。

清政府的这些措施在客观上促进了这一地区的封建化进程。战后，乾隆谕令，修复抚边和大金川城陛庙；同时调派绿营兵六千人前往金川，大、小金川各分驻三千名。乾隆通过大学士舒赫德下发谕旨："据明亮奏请将金川屯防兵六千名分作三班更换等语，所办尚未允协。两金川屯改初开，必得勤妥，兵丁留驻垦耕，以期久远之利……"③ 在两金川的要塞关隘处也设有驻军，每年开支军费近八万两银，由四川总督在正项内动支。随着改土设屯的深入开展，各地的屯兵来到了金川，与金川藏族相互通婚，和睦相处。

农业上，大、小金川人民主动学习汉族屯兵们带来的先进的农耕技术、畜牧和加工技术，引进外地的优良品种。变刀耕火种为精耕细作；变二牛抬杠为单牛犁地；变木制锄、铧为铁制耕作工具，使农业生产水平迅速提高。河北、山东的屯兵们带来的鸭梨，同当地的山梨嫁接，培育出至今闻名全国的金川雪梨。④

文化上，主要在宗教信仰方面，战前，大、小金川藏族一直崇信的是藏族原始宗教——苯教。乾隆视苯教为"本布尔邪教"。故而下令取缔，"所有该处喇嘛寺，俱令兵丁等分驻，最为自便。且各喇嘛寺经官兵攻打，残破已多，就其所存者，作为兵房，无须添盖。若令喇嘛居住，又须复事茸修，另烦工作……两金川既已驻兵，久之可将该处崇尚喇嘛之事，渐次化改。若复留驻喇嘛，非但该处番人不能改其旧俗，并恐各土司闻风而至，信奉者多。虽非若本布尔之邪术惑人，亦不免日久滋事"。乾隆下旨："两金川喇嘛系邪教，不便仍留其地。但番人习奉佛教，该处独无喇嘛，似非从俗从宜之道，应于噶喇依、美诺两处酌建庙宇，即于京城喇嘛内，派往住持。所有应派人数著理藩院议奏……"⑤ 同时，"将雍中喇嘛寺铜瓦及装饰华美什件拆运京师"。

乾隆拆雍中寺后，又择地照式建盖寺庙，"在金川建造广法寺，装塑佛

① 曾唯一：《乾隆平定金川后的善后事宜》，《四川师范大学学报》（社会科学版）1986 年第 6 期。

② 《中国第一历史档案馆藏军机处上谕档》，乾隆四十一年四月二十九日。

③ 西藏民族学院历史系编：《清实录藏族历史资料汇编》（一），1981 年，第 1077 页（1019 卷，第 14—15 页）。

④ 西藏民族学院历史系编：《清实录藏族历史资料汇编》（一），1981 年，第 1066 页（1004 卷，第 14—20 页）。

⑤ 西藏民族学院历史系编：《清实录藏族历史资料汇编》（一），1981 年，第 1076—1077 页（1017 卷，第 18 页）。

像，派班第达堪布喇嘛桑载鄂特咱尔前往住持，以振兴黄教……番众相率瞻
仰，邻近各土司均差头目来寺熬茶礼拜。乾隆又命特成额在番地选派通习经
典诚谨喇嘛为小金川美诺喇嘛寺住持，量招徒众，仍归广法寺堪布喇嘛管
辖"①。乾隆还亲书御匾"政教恒宣"四大字，悬于广法寺大雄宝殿前。广
法寺于乾隆四十三年（1778 年）七月十三日开光，其堪布为二品顶戴，行
使对十八土司地区的行政、司法、朝贡、朝圣等权力，且寺院的一切开支均
由朝廷纳入国家财政开支。清政府从此利用广法寺的地位和影响，统治了该
地区。②

五　乾隆平定金川之影响

战争不但给大、小金川地区带来了巨大的灾难，且对于清政府来说，损
失也是惨重的。仅就"二打金川"一役而言，清政府先后调集 23 省兵力，
加上后勤运输人员等，总计投放此战的人数达四十余万之多，耗银七千余万
两；官员折损人数虽然在史籍中没有具体记载，其官员（千总、把总以上
至大将军）死亡人数为三百二十多名；而木里木之役，官兵伤亡达一万有
余。乾隆谕阿桂等有云："于剿平大金川时，所有抗拒番民兵丁，必当尽杀
无赦，即十六岁以上男番均当丢弃河中淹毙，是官兵前后所诛番兵番民实不
下二万人。"③ 连乾隆自己也承认这是一次"功半而事倍"的战役。清政府
在金川用兵的开支，超过了乾隆进行的各次战争开支的总和，这对于被后人
称为"康乾盛世"的国家财政状况产生了深刻的影响，直接导致了阶级矛
盾的激化并动摇了清政府的封建专制统治。

但是，乾隆帝战后在大、小金川地区实行的改土归流等政策，促进了政
治、经济、文化的发展，并且对于维护多民族国家的统一，保持边疆地区的
稳定和发展，促进民族融合和共同进步都具有重要的历史意义。同时也为当
地人民提供了较为安定的生产生活环境。④

六　金川之战胜利原因

除了平叛战争是维护和巩固多民族国家统一的正义之战之外，金川之战
胜利之原因主要还在于战略指导的正确及根据战事随时调整战术。

在二次金川之战中，土司凭借陡峭的地势和坚固碉楼，据险扼守，多次

---

① 庄吉发：《清高宗十全武功研究》，中华书局 1987 年版，第 168 页。
② 彭陟焱：《试论乾隆平定金川之影响》，《西藏研究》2003 年第 1 期。
③ 庄吉发：《清高宗十全武功研究》，中华书局 1987 年版，第 172 页。
④ 徐怀宝：《清代金川改土为屯》，《首都师范大学学报》（社会科学版）总第 106 期。

击退清军的进攻。"碉楼如小城，下大巅细。有高至三四十丈者，中有数十层。每层四面，各有方孔，可施枪炮。家各有之，特高低不一耳。"① 面对这险峻的地形和易守难攻的碉楼，讷亲和张广泗却一味强攻，"以卡逼卡，以碉逼碉"。傅恒不赞成这种做法，在给乾隆帝的奏折中说："臣查攻碉最为下策，枪炮惟及坚壁，于贼无伤。而贼不过数人，从暗击明，枪不虚发。是我惟攻石，而贼实攻人。且于碉外开濠，兵不能越，而贼得伏其中，自下击上……客主劳佚，形势悬殊，攻一碉难于克一城。即臣所驻卡撒左右山顶即有三百余碉，计半月旬日得一碉，非数年不能尽。且得一碉辄伤数十百人，较唐人之攻石锋堡，尤为得不偿失。如此旷日持久，劳师糜饷之策，而讷亲、张广泗尚以为得计，臣不解其何心也。"② 并在奏折中对当地情形进行了分析："我兵虽众，枪炮所及，惟抵坚壁，于贼无伤。贼不过数人，从暗击明，枪不虚发。是我惟攻石，而贼实攻人。我无障蔽，而贼有藏匿，且多掘土坑，急则开壕，人不能越。战碉锐立，高于中土之塔，建造甚巧，不逾数日而成，其余随缺随补，顷刻立就。且人心坚固，至死不移。碉尽碎而不去，炮方过而人起。客主形殊，劳逸势异。攻一碉难于克一城。"③ 傅恒决定采取新的进攻策略，"近日贼闻臣至，每日各处增碉，犹以为官兵狃于旧习，彼得恃其所长，不知臣决计深入不与争碉。惟俟大兵齐集，四面布置，出其不意，直捣巢穴，取其渠魁，定于四月间必有捷报"④。乾隆十四年（1749 年），第一次金川战争以色勒奔细带领多人来到傅恒的军营投降而告终。

　　第二次金川战争之所以取得胜利，主要是由于清廷吸取了第一次金川战争的经验教训，采取了有别于上次战争的战略、战术。战略上，清朝中央采取恩威兼施的政策，在采取军事打击的同时，对于在战争中投降的两金川民众实行怀柔安抚政策。阿桂特檄谕金川邻近的各土司，告知他们一旦金川土司逃窜到各土司领地，寻求援助时，要"立即捉拿缚送……若敢容留隐匿，或纵其逃往他处，则本将军等必带征剿偿拉、促浸得胜之各省步兵、三杂谷土兵直捣尔等之巢穴，令满洲、索伦及青海额鲁特等项马兵，从西宁前进，会攻尔等……逃到何处，即追至何处"⑤。各土司纷纷表示："无分昼夜送到将军跟前去，别说男人，就是一个妇女逃来，也必拿了送去。"⑥ 另一方面

---

① （清）李心衡：《金川琐记》卷二，嘉庆刻本。
② 魏源：《圣武记》卷七《乾隆初定金川土司记》。
③ 《平定金川方略》卷二二，乾隆十五年正月丙寅。
④ 魏源：《圣武记》卷七《乾隆初定金川土司记》。
⑤ 中国第一历史档案馆藏《军机处录副奏折》（民族类），乾隆四十年六月三日，阿桂奏折。
⑥ 中国第一历史档案馆藏《军机处录副奏折》（民族类），乾隆四十年七月二十日，永平、李本奏折。

则利用武力镇压反抗的土司并在战术上采用坚壁清野的政策，围困抵抗清军的金川土民，从内部瓦解人心。同时，调遣训练有素，能征善战的健锐云梯营，① 专门攻打碉楼，并以火炮为主战武器，最终攻破了高险坚固的碉楼，取得了战争的胜利。

七　结束语

战争是一种政治延续的手段，而战争的两面性在这次战役中也得到了完整的诠释。两次金川之役，历时三十余年，是乾隆帝十大武功中历时最久，耗资最大的战争。就连乾隆皇帝自己也不无遗憾地说："予赖天恩，平伊犁，定回部，拓疆二万余里，然费帑不及三千万，成功不过五年。兹两金川小寇，地不逾五百里，人不满三万众，而费帑至七千万，成功亦迟至五年。"②

解决政治矛盾可以通过多种方式。我们应努力寻求和平解决矛盾的途径，否则轻率使用武力将付出巨大代价，即使获得了胜利也是得不偿失的。而进行战争的目的也不应是为了疆域的扩大或子民的增多，而是使人民从此能够告别战火纷飞、颠沛流离的生活。虽然战争给大、小金川地区人民带来了灾难，但是战后，乾隆皇帝在金川实行了一系列积极的经营措施，对金川地区，乃至藏族地区的政治、经济、文化的发展起到了促进作用，有利于民族融合与发展，促进了这一地区的封建化进程。

下面是《御制平定两金川告成太学碑》碑文，附录于此以飨读者。

太上立德，其次立功，又其次为立言。而德与功，皆赖言以传。言之无文，行而不远，文之时义大矣哉！然传德之辞，直而寡；传功之辞，费而多。直而寡者，不因文而德自见，二典三谟，经世立教是也；费而多者，必因文而功乃明，周诰殷盘，佶屈聱牙是也。吾尝读韩昌黎平淮西碑，益悉此言之不爽。何则？彼其藩镇，乃家奴之类。怂恿因循，以致宛成敌国。削而平之，是宜引以为愧，而不可炫以为功。赖昌黎之文，几与江汉常武。同称著定，然有识者，固知其辞费而多饰，而未知宪宗之愧与弗愧耳。今之平定两金川之文，不有类于斯乎？解之者

---

① 张广泗第一次征剿失败后，为练兵计，乾隆帝于北京香山静宜园脚下也建起了一座碉楼，选拔身手矫健的士兵练习登攀。不到一个月，"得精其技者二千人"，"合成功之旅，立为健锐云梯营"。此后，在平定准噶尔回部叛乱和第二次平定大小金川战役中，这支特种部队发挥了重要的作用。

② 《清高宗实录》卷一〇七，第19页。

曰：逆酋羁縻徼外，非若淮蔡之居中土，元济之为世臣也。吾则以为既已受职为土司，则是我臣。而其地近接成都，远连卫藏，则是我土。我土我臣，而横生逆志，蚕食邻封。将欲大有所为，弗剿而灭之，则西川将不能安枕。兹虽藏事，与平定淮蔡、擒吴元济何以异？故宜引以为愧，而不可炫以为功者以此。金川之始，见于己巳告功之文，兹不复记。记其复叛而复征，则其阴谋负恩，已自戊寅年始。盖戊辰之师，实缘其跳梁不靖，而师既临境，彼即穷蹙乞降，遂以赦罪颁师。甫十年，而其酋郎卡即与革布什咱构衅，又四年，遂与绰斯甲布及三杂谷为敌。而逆子索诺木凶悖益甚，自恃地广人众力强，与各土司构兵，迄无宁岁。故各土司皆畏之如虎，而以势分力散，又莫能如之何。余以为业已受其降，不宜复加兵，且蚁斗蛮触，不足以劳王师，因命地方文武大吏，随宜弹压，令弗越内地界。亦足以安民而示度耳。不虞地方大吏，欲息事而每示宽，逆酋转以为无足惧而日益逞。其小金川逆酋僧格桑者，始则与索诺木水火相仇，继乃狼狈为奸。于是索诺木计杀革布什咱土司色楞敦多布，取其印敕以归，而僧格桑亦侵占鄂克什地界，且发兵围其土司色达拉之官寨，期于必取。总督阿尔泰、提督董天弼知事不可掩，乃有发兵之请。是役也，或咎阿尔泰依韦误事之过，而余则以为，阿尔泰之过，皆余之过。盖金川因其地险众悍，久蓄异志，是以有杀至维州桥之谣，则其不忘内地，情率可知。戊辰之役，我师采入屡胜，即不宜赦其罪而受其降，此一误也。甫十年，而郎卡俏恩作乱，以及逆子踵其迹，皆不即发兵问罪，惟令地方大吏随宜处置，又屡误也。

以至尾大不掉，终于兴师。故予不咎人之议为穷兵黩武，而转咎己之类于姑息养奸。盖中国之制外域，张挞伐则彼畏而敛迹，主和好则彼轻而生心。汉唐宋明之覆辙，率可鉴也。若谓予穷兵黩武，则予赖天恩，平伊犁，定回部，拓疆二万余里，岂其尚不知止足，而欲灭蕞尔之金川，以为扬赫濯、纪勋烈之图哉？虽然，平伊犁，定回部，其事大矣，然费帑不及三千万，成功不过五年。兹两金川小寇，在不逾五百里，人不满三万众，而费帑至七千万，成功亦迟至五年。则以跬步皆险，番奴效命死守，故得延至今日。而我将军阿桂，立志坚定，决机明敏；两副将军及参赞领队诸臣，同心合力；各军士敌忾奋勇，凡经大小数百余战，而后成功。视平伊犁，定回部，费力转不啻倍蓰，设非天恩助顺，众志成城，则金川未易言灭，而国威或致少损矣，是不可以不记。

观斯文者，尚谅予怀惭悔过之不暇，知非称功诩德而为言，其庶几乎？系之以辞，用志始末云尔：小金首祸，曰僧格桑，兵救鄂什，竟抗颜行。督臣提臣，每事迁就，知弗胜任，将军别授。攻破巴朗，直取达围，进抵资哩，数月克之。两路夹击，遂得美诺，鼠窜狼奔，金川助恶。既平儹拉，遂讨促浸，雪多境险，奏功以沈。奏功以沈，贼更遮郤，绿营怯懦，遇战辟易。兵既无能，将复失算，岂如南路，全师而返。重调劲旅，吉林索伦，健锐火器，其心忠纯。仍分两路，堂堂正正，不旬日间，美诺重定。谷噶既入，马尼并克，豢养旗兵，允得其力。酾三路进，一租宜喜，及彼绒布，遇险而止。阿桂西路，则屡建功，罗博溯普，逮逊克宗。喇穆山梁，日则了口，举默格尔，以扰其后。明亮宜喜，亦据岭梁，而复难进，徒然望洋。逮昨乙未，略康萨尔，木思工噶，贼碉并毁。明亮河西，亦有所据，日旁以前，五十里路。夹河两军，声息可通，并清后路，逊克尔宗。畜则大海，昆色拉枯，层层破要，步步披岖。遂克勒围，红旗飞递，而何四月，大捷未至。既克西里，乃若建瓴，科布索隆，不日而倾。雍中舍齐，易如拉朽，密围噶依，贼其奚走。是时河西，明亮亦入，富德马邦，传檄芥拾，设非西路，围噶喇依，则其两路，亦无进期。诸军既合，火攻周遭，虽据三穴，讫其奚逃。然犹死守，四十余日，计穷力竭，乞命而出。金川之功，阿桂居首，特恩异数，加之宜厚。能出能入，有权有经，运长击短，后实先声。金川之功，允资群力，寸步层峰，冰滑石仄。将军指挥，无不奋勇，以此破敌，鹿埵陇种。金川之功，非予所期，事弗可已，久而得之。斗犹兽困，舍惩鸡肋，念我众劳，至今心恻。金川之功，允赖上苍，靖彼蕃徼，我武惟扬。勒碑太学，用遵成例，静言思之，文以志愧。

黄茜茜，孔庙和国子监博物馆讲解员

参考文献：

[1] 刘源：《从清代档案看清政府对金川土司的政策》，《中国藏学》1993 年第 4 期。

[2] 齐德舜：《论乾隆朝金川战役对清政府的影响》，《四川民族学院学报》第 19 卷第 5 期，2010 年 10 月。

[3] 齐德舜：《金川之役与金川地区的社会变迁》，《西藏民族学院学报》2008 年第 3 期。

[4]（清）魏源：《圣武记》（下），卷七，中华书局 1984 年版。

[5] 彭陟焱：《乾隆再定两金川战争钩沉》，《西藏民族学院学报》（哲学社会科学

版），第 25 卷，2004 年 3 月。

　　［6］庄吉发：《清高宗十全武功研究》，中华书局 1987 年版。

　　［7］《清实录·世宗宪皇帝实录》卷五，中华书局影印 1985 年版。

　　［8］徐法言：《乾隆朝金川战役研究评述》，《清史研究》2011 年第 4 期。

　　［9］徐法言：《走出"佛苯之争"的迷思——论第二次金川战役前金川地区苯教与藏传佛教格鲁派的关系》，《社会科学研究》2012 年第 3 期。

◇浅议石刻文物破坏中的人为因素

◎ 王勇   李瑞振

[摘　要]　石刻文物由于其本身的材质特性，其保存具有时限性，尽可能延长石刻文物的自然生命是石刻文物保护工作的重要课题。除去自然因素之外，石刻文物存在人为破坏性因素，主要包含有意识的磨刻、由于无知而导致的破坏、传拓因素、由于政治因素而导致的破坏四个方面，笔者拟从石刻文物破坏的这四因素角度出发，结合孔庙和国子监博物馆馆藏实际，对这些人为因素进行分类梳理和总结，从而更好地避免这些破坏因素的发生和出现。

[关键词]　石刻　破坏　人为

北京孔庙和国子监博物馆作为元明清三代重要的教育机关和最高学府，拥有诸多极富特色的藏品。现藏文物之中，石刻类文物占有相当的比重。

这些石刻类文物主要包括碑刻、石鼓和建筑石刻三种。这其中，碑刻类石刻文物是孔庙国子监藏石质文物的主要组成部分，从碑刻内容上大体可分为纪功类石刻、经籍类石刻、建筑类石刻、题名类石刻和其他杂刻。

这其中，纪功类石刻主要指平定大、小金川纪功碑等；经籍类石刻主要指乾隆时期的 189 通十三经刻石；建筑类石刻主要是指重修孔庙、国子监及其附属建筑类的石刻；题名类碑刻的主体部分就是 198 通进士题名碑；其他碑刻包括清代皇帝御书刻石、记载国子监学生学业成绩的奉旨积分碑等杂刻。

这些石刻文物之中，绝大部分现在是处于非露天状态下。就孔庙和国子监博物馆现藏的两大石刻系列而言，清代乾隆年间的江苏贡生蒋衡历时 12 年手书的十三经刻石经过整修，拆除现有较简陋的罩棚，采用新材料和新技术，建成了具备较先进保护条件的封闭展示环境，可排水、通风，实现了恒湿恒温；经过 2011 年的改造工程，198 通进士题名碑也更换了新顶棚，使得防雨棚增加了防火功能，地面铺设了防水砖，增加了照明。此外，其他规格较高的御制、圣旨类官方石刻原本就有相应的阁楼建筑遮蔽，一直受到很好的保护，可以说，这类建有专门建筑进行遮蔽的石刻类文物是目前保存状态最好的。此外，还有一批建筑附属石刻文物，由于客观原因一直暴露在露天环境下，如国子监辟雍环水两侧的汉白玉栏杆，由于常年暴露于风霜雨雪的户外，没有相应的遮蔽物，因此风化速度较快，很多栏杆表面逐步风化为颗粒状石粉。

石刻文物保存至今，形成目前的保存现状。很多石刻文物由于各种因素造成了不同程度的破坏，而对于这些破坏因素的分析和总结，有利于我们更好地避免这些文物遭受类似的损害。

对石刻文物的破坏因素可以分为人为因素和自然因素两个方面。就自然破坏因素角度的分析，现已有不少论者从物理、化学、地理、生物等多学科多角度进行了深入、系统的探讨，而对于人为因素对石刻文物造成破坏的分析，则显得相对不足。2011年12月，中共中央政治局委员、国务委员、国务院第三次全国文物普查领导小组组长刘延东在第三次全国文物普查工作电视电话会议上强调，要坚决制止各种人为因素造成的文物损毁和破坏。因此，笔者拟从人为破坏这一角度，结合孔庙国子监博物馆的馆藏文物实际对石刻文物的破坏因素作一探讨，俟就教于学界方家。

一　有意识的磨刻

石刻文物在流传的过程中，常常遭遇到被洗磨重刻的命运，有的石刻被部分磨刻，有的被全部磨刻，有的石刻甚至不止一次被重新刻制。

这些磨去重刻的石刻中，有一部分是因为避讳"乱臣贼子"而将碑文部分内容磨刻，如北京法源寺（位于西城区菜市口教子胡同南段）悯忠台的《无垢净光宝塔颂》碑。此碑高120厘米，宽73厘米。为唐代至德二年（757）刻石，系当时范阳府功曹参军兼节度掌书记张不矜撰文、著名书法家苏灵芝书。

据《钦定日下旧闻考》之记载："此碑盖建于思明初归附之时。按《旧唐书·肃宗纪》，至德二载十二月，贼将伪范阳节度使史思明以其兵众八万与伪河东节度使高秀岩并表送降。三载正月，上皇御宣政殿，册皇帝尊号曰光天文武大圣孝感皇帝。二月，大赦天下，改至德三载为乾元元年。今此碑建于二载十一月，而已称尊号，又以大圣字移在文武之上，与史不合。后至燕谛观此碑，前行'大唐光天大圣文武孝感皇帝'及中间'唐'字'史思明'字类磨去重刻者，石皆凹；而首行'悯忠寺'上原只二字，今改'范阳郡'三字。盖思明复叛之后磨去之。及思明诛，此地归唐，后人重刻者也。此碑书丹于石，故以左为前。"①

由上述辨析可知，由于此碑落款为唐至德二年（757），而碑文内容中所涉及的年号则已使用了至德三年（758）才开始册用的皇帝尊号，所以，为后来改刻无疑。主要是因为涉及叛臣问题而被后人磨刻，就内容而言，改刻者将本来赞颂叛臣安禄山、史思明的内容改作了唐肃宗。

除了这种对叛臣的避讳之外，还有的是因为政治原因的改朝换代之故。新朝建立，碑刻为旧朝之物，于礼制而言，当舍弃旧制。

清人叶昌炽在其《语石·南宋二则》之卷一言道："南渡以后，神州疆索，沦入金源。长淮大河以北，无赵家片石。秦陇与蜀接壤处，为两国犬牙，故阶成之间及城固、襄城两邑，尚有宋刻。其时国步虽艰，士大夫雅好文章，游宦登临，往往濡毫以志岁月。名山洞壑，不乏留题。"靖康元年（1126）十一月，金军破北宋都城汴梁（今河南开封），北宋亡。次年五月，金军俘虏宋徽宗及其子宋钦宗，徽钦二帝被俘，宋钦宗的弟弟赵构逃往南方，迁都于临安，史称南宋。这样，江淮以北，皆为金土，这种情况下的赵宋石刻遭受了灭顶之灾，达到了"无赵家片石"的程度，只有在当时的国境接壤处，尚存宋刻。即便是旧朝的旧碑仆倒再立，在古人看来，也是于礼不合的。如明人叶盛云："此前代所立，若建学时因而不改，可也。今国子监建自我朝，已有御制碑矣，一旦遽立前代诏旨，未宜。若具奏重立，恐亦未当。况加封诸制已有史传，圣道重轻，初不系此，须更商量。"② 因此，据统计，从现在存世的墓志来看，宋代墓志在数量上约有唐代的十分之一左右，其原因即在于此。

具体到孔庙和国子监博物馆而言，馆藏进士题名碑中的很多就是以旧朝旧碑为基，洗磨刻就。

明代叶盛在其《水东日记》中记载道："宣府《庙学记》、《弥陀寺碑》二文，皆出东里杨公。《庙学碑》尤伟，螭刻颇工。盖二石皆古墓旧石，其旧文莫能记也。因访姚文公所铭浙西廉访副使宣德府人潘泽民而知之。古诗云'后人重取书年月'，又云'知作谁家柱下石'，又云'留与田家夜捣衣'，观是碑，咏是诗，不自知其感叹之至矣。当闻统安督工建太学时，悉取前元进士碑，磨去刻字，置之隙地。今三年一立石，皆此物也。若新建庙学之碑，则即程钜夫《国子学先圣庙碑》石，而又属之钜夫裔孙南云书之，当时亦以为非偶然之故也。"③

---

① （清）英廉等编：《钦定日下旧闻考》卷六十，文渊阁四库全书本。
② （明）叶盛：《水东日记》，卷二十八，文渊阁四库全书本。
③ 同上。

从叶盛的记载中可见，"二石皆古墓旧石，其旧文莫能记也"即属于磨刻范畴。阮安是明代来自越南的一个宦官，擅长营建宫室城垣，是一位建筑学家和水利学家，曾参与了东直门、德胜门、正阳门等京城九门城楼的建设。《明史》有其传。在阮安督工建造太学时，就曾取元代进士题名碑，磨去刻字。元代进士题名碑存世者稀，其原因也与此息息相关。

再如，十三经碑林中有一碑为"祭酒司业题名碑"，此碑碑阳为明代祭酒司业题名内容，碑阴为元代进士题名碑之试官题名内容，当属磨刻之例。关于这一点，首都博物馆的邢鹏先生在其《北京国子监重新发现一方元代进士题名刻石》一文中有详细论述。①

二　由于无知而导致的破坏

这种无知导致的破坏常常表现为以新的无意义和无价值的刻制替代原刻或是以钝器铲除石刻，这种破坏对石刻文物造成的破坏与磨刻不同，由于破坏者的知识和文字水准有限，从而无法产生磨刻之后那样的新价值，其破坏后果往往比较恶劣。

明代叶盛就曾经在其《水东日记》一书中对这种由于无知破坏古代石刻的行为进行过谴责。叶盛在"孟氏祖庭图记"条目下云："世有可鄙庸人俗子，变雅为俗，易正为邪，宜行妄作，强名解事，或从而妄自矜诩，而不知遭其不幸者多矣。如所谓劈琴煮鹤，花上晒裤之类是已。孔承文上舍尝惠予孔林数碑，内一通题曰《孟氏祖庭图记》，卷第一皆界为格子，曰'断机'，则有一妪一男；曰'傅食诸侯'，则车骑两两；曰'思孟传受'，则两人对坐；曰'问利'、曰'问治国'，则为王者、儒生坐立之状，且引堂下一牛，既甚可鄙。其字画标目、书手、刻工尤为庸俗之甚。细观之，则其中隐隐有磨去字痕矣，安知其非汉、唐时碑刻耶？此岂孟氏不才后人所为，或庸俗上官使然耶？政亦可惜，吾恐天地间似此者尚多，又奚伤乎是碑也。"②

据叶盛之记载，当时他收到别人赠予的孔林碑刻拓片，其中的《孟氏祖庭图记》被明显改刻过，改刻后的字画鄙俗不堪，而原来的文字与时代更是无法探知。叶氏不由感慨："吾恐天地间似此者尚多，又奚伤乎是碑也"，在叶盛看来，这种由于无知而导致的石刻被毁的行为无异于焚琴煮鹤、花上晒裤。

除了这种无意义的磨刻之外，以钝器铲除石刻文字内容也是一种由于无

---

① 邢鹏：《北京国子监重新发现一方元代进士题名刻石》，《北京文博》2010 年第 1 期，第 45—51 页。

② （明）叶盛：《水东日记》，中华书局 1980 年版，第 231 页。

知导致石刻被破坏的情形。

具体到孔庙和国子监博物馆藏品，十三经碑林中有一通"学制"碑，该碑为明洪武八年（1375 年）六月所立，原存于顺天府学（今府学胡同），后移至国子监。此碑高 276 厘米、宽 93 厘米、厚 26 厘米，螭首。内容为明太祖朱元璋下旨钦定北平等处儒学教育的教学和管理制度，对研究明代教育制度和明代的儒学发展历史都有非常重要的意义。

此碑上半部分碑文斑驳，但是尚有部分碑文可以依稀辨识，刻洪武二年（1369）十月二十五日一圣旨；碑身正面的下半部分刻"学校格式"即学制条文，末署："将仕郎知北平府大兴县事罗谦亨、县丞邹雍、主簿杨文渊、典史桑伟、训导王观，庐陵困学严同寅书刻。"由于此碑下半部分被人以钝器划刻，造成了非常大的破坏，致使下半部分文字几乎漫漶殆尽，从而使得此碑的文物和文献价值遭受了极大的破坏和影响（见图 1）。

图 1　明代"学制"碑

再如，周秦石鼓中的第六枚被凿以为臼也是一个由于无知而导致的石刻文物的例子。

周石鼓来到北京孔庙大成门内之前，经历了非常曲折的过程。"旧在陈仓野中，韩昌黎为博士时，请于祭酒欲舆之太学，不从。郑余庆迁之凤翔孔子庙，经五代之乱，遂至散失。宋司马池知凤翔，复荤至府学庑，已失其一。皇佑四年，向傅师搜足。大观二年，归于汴京。诏以金填其文，初致之辟雍，后移至宝和殿。金人破汴，荤至于燕，置王宣抚家，复移大兴府学。元皇庆，移至文庙戟门内。"①

上述引文中所言宋司马池知凤翔时所丢失、后被向傅师搜回的那枚石鼓为第六鼓，因经五代之乱，流落民间，被凿以为臼（见图2）。至乾隆庚戌

图 2　周石鼓"第六鼓"

---

①　（清）孙承泽撰，王剑英点校：《春明梦余录》，北京古籍出版社 1992 年版，第 1282 页。

（1790）年春，乾隆皇帝曾在此鼓石臼周围平面上题刻诗跋。其辞曰：

> 石鼓歌掘白科，弗知其意所云何。兹因考古十之质，爰命图真一有窠，慨叹曾充春杵用，伤形已阅岁年多。言行国学历珍弄，重道崇文功不磨。命图十鼓形以来，漫漶缺裂，固数千百年物之常。其第十鼓平面，则凿为大孔，圆径一尺三寸，深一尺二寸。因恍悟即昌黎之所谓"白科"也。科者坎，坎者陷，非俗所谓"白窠"乎？则昌黎之语，乃举其实，而其为白窠，自唐时已然矣。呜呼！为此者实庸愚小人，不足罪。兹虽珍重护惜以永厥年，安知数千百年之后，不复遭剥蚀割凿之灾乎？而重用其文以成十鼓之全，又非拘于形而泥于古乎？其幸在兹矣，慎亦在兹矣。乾隆庚戌春御题。（末钤刻"≡"（乾）、"八征耄念"二印。）

如果此枚石鼓在民间被凿以为臼是一种无知状态下的有意破坏的话，那么，乾隆皇帝的这种重刻在一定意义上来说也是一种继续的改变，虽然这种改变未必可以说是破坏，也谈不上是有意识的磨刻，但是，却是在客观上使得文物离它本来的面目愈来愈远。

三　由于传拓导致的破坏

拓片作为石刻文献的纸质承载方式，具有清晰再现石刻文物内容、易于保存等特点，因此受到书法、收藏等各个方面人士的青睐。清代著名的人收藏家、金石学家陈介祺在其《十钟山房印举事记》中就曾云："古人文字，不可不公海内大雅之学，藏而不传，与未藏同，与靳古遗古同。"这也是历代金石学者重视传拓的主要原因。然而，正是这种"拓与刻之功与藏器并"的思想，成为传拓活动长盛不衰、历代石刻文物不断遭受损害的一个重要原因。

以周秦石鼓为例，周秦石鼓在元代以后至 20 世纪 30 年代以前曾长期保存于孔庙和国子监博物馆。此套石鼓自从唐太宗贞观时被发现之后，由于其在考古学、文字学、文学和书法学等诸多方面的价值而受到广泛的关注。由于古人对石鼓的重视，因此相关的传拓历来络绎不绝。

一方面因为频繁的传拓活动使石鼓拓本得以广泛流传，在一定程度上起到了传古之功；另一方面使得周石鼓本身却在出土之后遭遇了巨大的损坏。相反，在其出土之前，由于没有遭受各种损折，出土之时"完美如初"。曾就学于国子监的明代著名藏书家赵琦美认为，这种坚顽的石质之所以会逐代蚀损，除去自然风化之外，人为因素是周石鼓日益漫漶的主要原因，其在《赵氏铁网珊瑚》一书中感慨道："夫石刻之易漫者，以其摹拓者多故也。

今石鼓委置草莱泥土之中，兀然不动。至唐始出，以故完美如初。况其石之质顽性坚，若世为碓硙者哉！"①

可见，周石鼓文字日益漫漶之由，一方面是受年长日久、风吹日蚀等自然因素之影响，此外，较为频繁的人为传拓活动，成为元代以后周石鼓文字进一步脱落的直接原因。对此，明人王袆在其《跋石鼓临本》一文中更加明确地指出了石鼓拓本流传带来的两个方面的影响：

> 岐阳石鼓，三代石刻之仅存于今者也……国朝既取中原，乃辇至京师，置国学庙门下，于是拓本日以广，而字画益漫漶不可辨矣。②

从周石鼓被发现时的存字七百余，至乾隆五十五年的存字三百一十，这一千一百多年之中，周石鼓损字过半，达到了四百字之多。而这其中，从元代到乾隆时，由于人为传拓等因素而导致周石鼓文字损落者竟达近百字。

正是鉴于传拓活动对石刻文物本身的巨大影响，所以，国家文物局早在1989年就曾发布专文《拓印古代石刻的暂行规定》，在规定中，宋元以上的相当一部分石刻都是禁止以原刻进行传拓的，由此规范传拓相关活动，从而有效保护古代石刻文物。

四　因政治因素而导致的破坏

历史上政治的动荡与否往往关乎文化的荣衰，历次政治和军事变革均或多或少地伴随着对文物特别是石刻文物的破坏。

隋文帝时期的秘书监牛弘曾提出毁坏图书的"五厄"之说：一为秦始皇之焚书，二为西汉末赤眉入关，三为董卓移都，四为刘石乱华，五为南朝梁末魏师入郢，梁元帝下令焚书14万卷。后来明代的胡应麟又提出续"五厄"的说法，即隋末混战为一，安史之乱为二，黄巢入长安为三，靖康之变为四，南宋末伯颜军入临安为五。被后人称之为毁坏图书的"十厄"，纵观这"十厄"之中，无一不是因为政治因素而引起。历代石刻文物的命运又何尝不是如此呢？

历代石刻在流传的历史中也遭遇到因为各种政治因素而引起的困厄之境，历史上的很多政治事件都对文物造成了不可估量的巨大损失。石刻文物由于其质地易碎和普遍不易挪动的这种特殊性，相比较金属器物和其他材质的文物来说，更容易在政治历史事件中遭到被破坏的结局。

---

① （明）赵琦美：《赵氏铁网珊瑚》卷一，文渊阁四库全书本。
② （明）王袆：《王忠文集》卷十七，文渊阁四库全书本。

　　具体到孔庙和国子监博物馆的馆藏藏品而言，"御制新建太学之碑"就是一个这样的例子。

　　在北京孔庙大成门外东南碑亭内有一通明代碑刻，为"御制新建太学之碑"。此碑为明代正统九年（1444）三月初一所立，属于古代规格最高的御制碑，碑亭为绿色琉璃瓦。此碑原立于大成殿前东北，乾隆时移至现在的位置，是北京孔庙现存唯一的明代碑亭，具有很好的文物价值。

　　由于在"文革"中的破坏，在此碑碑身的四面，被以墨汁涂抹近五十字，内容多为"东方红"、"革命大联合"等"文革"内容。其中，尤以碑阴为甚（见图3）。

图 3　御制新建太学之碑

　　其实，在"文革"等政治活动中被破坏的石刻文物可以说是不计其数，其损失也是难以估量，"御制新建太学之碑"只是其中一个小小的缩影。可以说政治因素所导致的破坏，是石刻文物破坏人为因素中的主要方面，其对石刻文物造成的破坏数量之多，破坏性之大，可称石刻文物历史上的浩劫。

　　"鉴往可以知来，鉴古可以知今。"唐太宗李世民亦曾云："以铜为镜，可以正衣冠；以古为镜，可以知兴衰；以人为镜，可以明得失。"我们回顾和总结历史上这些石刻文物被破坏过程中的人为因素，就是为了能够更好地避免这些不良人为因素的产生，从而更好地做好石刻文物的保护工作，使我们的石刻文物能够做到"异代赏音，金石永存"！

王勇，北京大学中文系中国古典文献学 2010 级博士

李瑞振，孔庙和国子监博物馆助理馆员

儒家思想研究

◇孔子生平思想述略

◎ 吴志友

[摘　要] 孔子的贵族血统、苦难童年、勤奋好学、成长环境、周游列国、耕耘著述、思想传承等七大因素把孔子炼成了圣人，孔圣人成为中华传统文化的奠基者。孔子创立的以"仁、义、礼、智、信"为基础的儒家思想重视人的道德修养，讲气节，重道义，关心别人，提倡宽忍平和、豁达乐观；关注国家、人民的整体利益，讲求修齐治平，这对于提高人们的道德修养，保持和谐的社会关系，稳定社会等具有重要的意义。许多朝代的有道国君都遵循孔子的思想治国平天下，孔子的思想精髓成为后世中国传统文化的主体。

[关键词] 孔子　生平　儒家　思想

对于孔子，世界上很多人耳熟能详，他是中国古代著名的思想家、教育家、哲学家。孔子是春秋时代的鲁国（今山东曲阜）人，名丘，字仲尼。生于公元前 551 年 9 月 28 日（周灵王二十一年，鲁襄公二十二年，夏历八月二十七日），卒于公元前 479 年 3 月 4 日（周敬王四十一年，鲁哀公十六年，夏历二月十一日），享年七十三岁。作为儒家学派的开山鼻祖，他祖述尧舜，宪章文武，开创私学，删《诗》、《书》，定《礼》、《乐》，赞《周易》，修《春秋》，古人说"天不生仲尼，万古如长夜"，充分肯定了孔子和儒家思想的卓越历史功绩。本文将详细探讨孔子生平、儒学思想精髓及时代价值。

一　孔子的血统与出身——孔子的先祖是商

孔子的先祖是商代的王室。其先祖微子是商纣王的哥哥，周灭商，周成王封微子于宋。宋国和鲁国毗邻。宋穆公在位时，任命孔子六代先祖孔父嘉做大司马，孔父是其字，嘉是其名，后裔用其字作姓氏，即姓孔。孔父嘉在宋国的宫廷政变中被杀了，于是其子木金父避难奔鲁，从此定居鲁国陬

（邹）邑。孔子父亲叫叔梁纥。叔梁纥武力绝伦，在当时以勇著称。他曾经立了两次战功，其中一次就是使他一战成名的偪阳之战。叔梁纥在鲁襄公十七年胜利归来时被鲁襄公封为陬邑大夫，年已 63 岁。他先娶施氏，生女九人，没有儿子。后纳妾生了一个儿子，叫伯尼（又名孟皮），是个有足病的跛子。在当时的社会里，重男轻女，只有儿子才能继承父业。叔梁纥官至大夫，觉得跛足儿子有失体面，就向居住尼山附近的颜家求婚。叔梁纥大约在 66 岁和不满 20 岁的颜家女儿——颜徵在结了婚。并于鲁襄公二十二年（前 551 年）夏历八月二十七日生孔子。司马迁在《史记·孔子世家》中说："祷于尼丘得孔子。"孔子所以名丘，字仲尼，就是因为祈祷于尼丘山而生的缘故。

中国古代夏商周的教育是有条件的，只有贵族子弟才有进学校接受教育的权利，而且是讲究从小抓起的。夏商周时期已有所谓大学，是上层统治者对贵族子弟进行教育的场所。孔子有贵族血统又是士大夫的儿子，具备了接受教育的条件，为他日后精通"六艺"、开办私学、成为圣人奠定了基础。

二　孔子的童年与苦难

孔子 3 岁丧父，17 岁丧母，19 岁结婚，20 岁生子。孔子父亲去世后，母亲迫于家族压力，带着他迁居到鲁国国都曲阜城内的阙里去了，孤儿寡母，过着清贫的生活。孔子 17 岁时母亲去世，这对孔子来说当然是一个很大的打击。由于孔子自幼受到严格母教，因而"十有五而志于学"（《论语·为政》），十六七岁时已懂得一些"礼"和为人处世的道理。所以在含悲处理母亲丧事时，不慌乱，比较沉着。既然他的父亲叔梁纥生前是陬邑大夫，在治理母亲丧事时，当然更要合于一定礼仪。孔子将父母合葬于防（今曲阜东防山）。从此以后，年仅 17 岁的孤儿孔子，就在当时等级森严的社会中独自谋生、学习和奋斗了。

苏联文学家高尔基曾说：苦难是一笔宝贵的人生财富。少年时期的孔子正是将自己的苦难经历化作宝贵的人生财富，执着地追求自己的人生理想，最终取得了学业上和道德上的双重丰收。正是："穷且益坚，不坠青云之志。"

三　孔子的勤奋与好学

鲁昭公九年孔子 19 岁，娶宋国女子亓（齐）官氏为妻。第二年儿子孔鲤出生，字伯鱼。娶妻生子之后的孔子并没有因此安于天伦之乐，而是依然保持着谦逊好学、孜孜不倦的一贯作风和态度。在这之后，他曾经向郯子学习古代少昊氏时代的职官制度、入太庙参加国家祭祀活动每事必问、到周天子的首都雒（luò）邑向老子问周礼和学习古典文献、向师襄学琴等，努力学习和演练古代贵族子弟所学的六艺（礼乐射御书数），从而获得了丰富的礼乐文化知识，在各项技能方面都具备了极其精深的造诣。据说，孔子向师襄学琴，学了十来天，还是老学同一个曲子。师襄对他说："此曲你已学会了，可以学新曲了。"孔子说："曲调学过，奏曲的技巧尚未学好；技巧学好了，还没有领会此曲子的志趣神韵呢；领会志趣神韵了，还没有体察到此曲作者为谁并想象到其为人风貌呢。"

孔子在母亲去世后为了生计，曾做过委吏和乘田等下等职事，委吏是主管仓库委积之事，相当于现在的仓库保管员，乘田是主管牛羊放牧繁殖之事。同时他更加勤奋学习，积极进取。孔子刻苦努力，勤学好问，谦恭知礼，处世深沉，在鲁都曲阜社会包括贵族中间留下了良好印象。孔子自己后来自我评价道："十室之邑，必有忠信如丘者焉，不如丘之好学也。"《论语·公冶长》

四　孔子的天资与成长环境

孔子丧父，母亲带着他迁居到鲁国国都曲阜城内的阙里，虽然过着清贫的生活，但居住的环境十分有利孔子的学习和成长。因为，鲁国是西周初年周公（姬旦）的封地，其长子伯禽赴鲁就国时，带去很多典章文物。到了春秋末年，人们认为周朝的典章文物都保存在鲁国。孔子母子俩住在这样一个富有古老文化传统的环境里，对孔子的教养和成长，有很大影响。孔子天资聪慧与众不同。根据《史记·孔子世家》："孔子为儿嬉戏，常陈俎豆，设礼容。"孔子小时候经常与其他孩子们一起陈俎豆，设礼容，作为游戏。从小就以古礼作为游戏来学习，等到他长大成人，自觉地接受和学习礼乐文化。中国古代的贵族教育其实是讲究从小抓起的，认为：小孩十岁便应出外就读，学习书法算数。十三，学《乐》，诵《诗》，舞《勺》。十五成童，舞《象》。另据《礼记·王制》："春秋教以《礼》、《乐》，冬夏教以《诗》、《书》。"也就是说古人学习《诗》《书》《礼》《乐》既是有先后顺序的，而且这些内容又都是按照季节的不同特点来学习的。可见，孔子从小就立下了为学的理想和志向，这对孔子以后人生的成长和进步是影响深远的。孔子在总结他的人生时说："吾十有五而志于学，三十而立，四十而不惑，五十而知天命，六十而耳顺，七十而从心所欲，不逾矩。"（《论语·为政》）

五　孔子的弟子与周游列国

鲁昭公二十年孔子年 30 岁，在家授徒设教，成为中国历史上第一个以教导为人之道为职业的教育家。后世尊称"大成至圣文宣王"，又称"至圣先师"。孔子弟子三千贤者七十二，其中著名者有：曾点、颜回、冉求、有若、子路、公西赤等人。中国古代自孔子开始创立私学，授徒设教，而且学费也极其低廉，"自行束脩以上，吾未尝无诲焉"（《论语·述而》）。即：弟子只要拿十条干肉就可以登门受教，从而极大地降低了入学门槛；同时，孔子主张"有教无类"（《论语·卫灵公》），也就是说人人我都教育，没有贫富、贵贱、地域等的区别或者歧视。这在很大程度上扩大了教育受众的范围，真正实现了"学术下移"，提高了社会大众的知识文化水平。孔子 54 岁辞去鲁国大司寇的官职（51 岁起先后做过鲁国的县令、司空、司寇），开始周游列国长达 14 年。期间他一边收徒授课，一边向诸侯列国的国君讲述他的仁政德治的主张。他说："为政以德，譬如北辰，居其所而众星共之。"（《论语·为政》）孔子 14 年的周游列国，是人类文化史上的一次伟大长征和伟大的文化实践活动。周游列国途中孔子与他的弟子的对话，闪耀出孔子思想与智慧的火花，这些思想火花后来被孔子弟子收录整理而形成了《论语》——这部人类文化史上最经典的著作之一，从而影响了整个人类社会，所以，中国有"半部《论语》治天下"的说法。

六　孔子的回归故里与著述

　　孔子 68 岁时被鲁国国君请回故里曲阜城。进入晚年的孔子曾说："我的道不能够在天下推行，我又有何面目为后人所见呢？"一番感慨之后，孔子就根据历史（主要是鲁国历史）记载写作《春秋》，上至鲁隐公，下到鲁哀公十四年，共历十二代国君。整理古代典籍，删定礼、乐、诗、书等经典文献，为具有 5000 年历史的中华文化的传承作出了承前启后的重大贡献。孔子活了 73 岁，于公元前 479 年去世。鲁哀公为孔子写悼词说："苍天不善啊，不给我留下孔子这一老，使得我自己一个人在位。呜乎哀哉！"孔子葬在鲁国城北泗水之上，弟子都为他服丧三年。三年后，互相诀别而去，都哭得不成样子，一个个都哀伤不已，有人又留下来待了好多天。只有子贡在孔子的坟冢旁建了一所茅屋，在此一共守丧六年，然后才离去。弟子以及鲁国人跟着前往孔子坟冢前安家的有一百多户，因此又称作孔里。鲁国世世代代相传，根据岁时在孔子坟冢供奉祭祀。汉初高皇帝刘邦经过鲁国，用太牢（猪牛羊俱全）祭祀孔子。各个诸侯卿相到这里，经常先拜谒然后再去从政。太史公司马迁说："我读孔子的书籍，可以想象他的为人。到鲁国，看仲尼的庙堂车服和礼器，各儒生根据时令在那里演习礼仪。我低头徘徊久久不愿离去。天下君王到达贤人的很多啊，活着的时候是很荣光，死了以后便湮没无闻了。孔子作为一介布衣，流传十多世，学者们倍加推崇。自天子王侯，中国称说'六艺'（礼、乐、射、御、书、数）的人无不折服于孔子，孔子可谓至圣啊！"孔子去世后，被尊为先师、圣人、文宣王、至圣文宣王、大成至圣文宣王、至圣先师、万世师表等，皇帝天子都要祭拜孔子。孔子对于中华民族的教育事业和文化传承作出了巨大历史贡献，而他的一系列政治思想和主张也为后代所吸收和借鉴，对国家统一、经济繁荣和社会稳定起到了积极推动作用。孔子所开创的儒家思想，为他的弟子如颜回、曾子等继承和发扬，后来又经过子思以及孟子、荀子的继承和发展。在西汉，汉武帝采纳儒生董仲舒的建议，罢黜百家，独尊儒术，设立五经博士，儒家思想一跃为国家的统治思想。传统儒学是一个很大的历史概念和价值文化系统。它包含了孔子、孟子、荀子为代表的先秦儒学、董仲舒为代表的汉代儒学和以韩愈为代表的隋唐儒学、朱熹为代表的宋明儒学，还包括以黄宗羲、顾炎武、戴震等为代表的清代儒学。两千多年来，儒学作为封建国家统治思想，在政治、经济、文化、道德、伦理、价值观等诸多方面都发挥了重大的历史作用，它塑造了中国人的民族精神、民族性格和民族气质。

七　孔子的思想精髓与《论语》

《论语》是儒家学派的经典著作之一，由孔子的弟子及其再传弟子编撰而成。它以语录体和对话文体为主，记录了孔子及其弟子言行，集中体现了孔子的政治主张、伦理思想、道德观念及教育原则等，与《大学》《中庸》《孟子》并称"四书"。通行本《论语》共二十篇，它从教育与学习、人格与修养、行为与礼节、个人道德与社会伦理、日常行为与人生哲理，直至谈古与论今、为政与治国，有关人类社会的方方面面孔子都有极为精妙的论述，都有光耀古今的思想。每一个热爱儒学的人，反复研读、精细体味，会从中学到许多孔子的智慧和儒学的真谛。笔者主要从五个方面阐述孔子思想精髓，让我们一起体味他的智慧。

（一）孔子的"仁"学思想。孔子通过对商周时期文化典籍的学习与整理，创立了儒家以仁为核心的伦理道德思想体系。孔子提出仁的重要内涵是"仁者爱人"，仁的基本原则是"己所不欲，勿施于人"、"己欲立而立人，己欲达而达人"。

1. 关于"仁"

《论语》里提到"仁"字有 109 次之多，但并没有给"仁"下完整定义。因为"仁"的内涵太丰富了，孔子对于"仁"的认识与阐述，也是一个逐步发展与完善的过程。

关于"仁"，《说文解字》是这样解释的："仁，亲也，从二人。"意思是：仁，就是亲密的关系，指两个人的关系。

2. 孔子讲的"仁"之内涵、重要原则及体现

孔子"仁"的内涵包含三个方面。一是把"仁"定位在人与人的关系上。二是认定"仁"就是"爱人"，首先是要有爱，内向修为自己，以产生爱心；向外实践仁德，把这种爱心奉献给别人。三是在"仁"的概念中，视别人为人，而不是奴隶，是平等的人，值得爱的人。

《论语》里"仁"的内涵及基本原则：

其一，"夫仁者，己欲立而立人，己欲达而达人。能近取譬，可谓仁之方也已"（《论语·雍也》）。即："说到所谓的仁者，就是自己要立身也要使别人立身，自己想通达也要让别人通达。能就近拿自身为例子作比方，可以说是实行仁的方法了。"这里孔子告诉我们"推己及人"是践行仁之内涵的重要原则。

其二，子曰："知者乐水，仁者乐山；知者动，仁者静；知者乐，仁者寿。"（《雍也》）意思是，孔子说："有智慧的人喜爱水，仁德的人喜爱山；聪明的人好动，仁德的人好静；聪明的人快乐，仁德的人长寿。"这里孔子用仁者与知者对比的方式告诉我们"乐山"、"静"、"寿"是仁者的重要体现。

其三，仲弓问仁。子曰："出门如见大宾，使民如承大祭。己所不欲，勿施于人；在邦无怨，在家无怨。"（《论语·颜渊》）意思是，孔子的学生仲弓问什么是仁。孔子说："走出家门要像见贵宾那样讲礼仪，役使老百姓要像参加重大祭祀一样心怀敬畏。自己不想干的事，不要强加给别人去干。在诸侯之邦任职没有人怨恨他，在大夫以上的官员之家任职，也没有人怨恨他。"这里孔子对将来可能从政的学生仲弓讲述践行"仁"的重要原则是：讲礼仪、心怀敬畏、"己所不欲，勿施于人"，无论在哪儿任职都不使人怨恨。其中，"己所不欲，勿施于人"已悬挂于联合国总部，成为全世界认同的具有普世价值的美德。

其四，子曰："刚毅木讷，近仁。"（《论语·子路》）意思是，孔子说："刚直无欲、果敢坚忍、敦厚质朴、言语谨慎，做到这四条，就接近仁德的人了。"这里孔子告诉我们"仁"的重要体现是：刚、毅、木、讷，四种美德。

其五，子曰："志士仁人，无求生以害仁，有杀身以成仁。"（《论语·卫灵公》）意思是，孔子说："有高尚志向、节操与道德的人，没有为苟且偷生而抛弃操守损害仁德的，反而有牺牲生命而成全正义与仁德的。"这里

孔子告诉我们"仁"的重要体现是志士仁人视仁德重于生命的美德。

其六，子张问仁。孔子曰："能行五者于天下，为仁矣。"请问之。曰："恭、宽、信、敏、惠。恭则不侮，宽则得众，信则人任焉，敏则有功，惠则足以使人。"（《论语·阳货》）意思是，孔子说："能在天下实行五种美德的，就可以叫作仁了。"子张请问是哪五种美德。孔子说："恭敬、宽容、诚信、勤敏、慈惠。能以恭敬之心修己待人，就不会招致侮慢；能宽厚而包容地对待别人，就会获得众人爱戴拥护；能诚实守信地处世为人，就能得到人们的信赖与依仗；能勤快敏捷地办事，工作就会很有效率；能有了利益广施泽惠、分润大家，就可以在任使别人的时候，别人出力相助。"这里孔子告诉我们"仁"的内涵有五种美德：恭、宽、信、敏、惠。

3. 孔子认为实现"仁"的主要途径

（1）子曰："里仁为美。择不处仁，焉得知？"（《论语·里仁》）意思是，孔子说："乡间街里具有仁德习俗，才是美好的居住地方。选择住所，却不居住在具有仁德习俗的乡里，那称得上明智吗？"可见，要实现"仁"，选择居住生活环境是十分重要的。所以后来就有了"孟母择邻"、"近朱者赤，近墨者黑"之说。

（2）子曰："苟志于仁矣，无恶也。"（《论语·里仁》）意思是，孔子说："倘若立志向仁，就不会作出恶事了。"这里孔子告诉我们：要实现"仁"，立志向仁才能成为有仁德的人。

（3）樊迟问仁。曰："仁者，先难而后获，可谓仁矣。"（《论语·雍也》）意思是，孔子的学生樊迟问什么是仁。孔子说："仁德的人，要先付出努力，经受困难的磨炼，而后才能有收获成果。这样可以说是仁人了。"这里孔子告诉我们：要实现"仁"，要成为有仁德的人，就必须先经受一番吃苦的磨炼，才能不断进步，有所收获。

（4）子曰："仁远乎哉？我欲仁，斯仁至矣！"（《论语·述而》）意思是，孔子说："仁德离我们很远吗？只要我尽力向内心去求仁德，那么仁德就会到来了。"这里孔子告诉我们，"仁"并不是遥不可及的人格品德，要实现"仁"，必须是发自内心地追求。

（5）颜渊问仁。子曰："克己复礼为仁"、"为仁由己"，这里孔子告诉我们，要实现"仁"，就要做到三条：一是"克己"，克服自己的私欲；二是"复礼"，让自己的言行都要回复到"礼"的节制中，可见"礼"是实现"仁"的重要标准和手段；三是实现仁德只能靠自己的努力与自觉。

4. 孔子批评的"不仁"是什么？

（1）子曰："巧言令色，鲜矣仁！"（《论语·学而》）意思是，虚伪浮华的言词，谄媚做作的面孔，这种人缺少仁德。孔子批评"巧言令色"的人，会耍嘴皮子，能献媚于人，就是不仁，缺少仁德。

（2）子曰："人而不仁，如礼何？人而不仁，如乐何？"（《论语·八佾》）意思是，一个没有爱人的心，还谈什么讲究礼仪呢？一个人没有爱人的心，还谈什么讲究音乐呢？这里孔子针对他生活的礼崩乐坏的春秋社会，严厉批评不仁的人还奢谈什么礼仪和音乐，告诉我们：懂得礼和乐都是仁德的重要内容。

（3）子曰："不仁者不可以久处约，不可以长处乐。仁者安仁，知者利仁。"（《论语·里仁》）意思是，没有仁德的人不能长久地处于贫贱贫困的环境中，也不能长久地处于富贵安乐的环境中。仁德的人安心行仁道，有智慧的人知道仁对己有利而行仁。这里孔子批评"不仁"的人，在贫贱和在富贵中不会安分守己：贫则会不择手段地谋富；富则沉溺享受而胡作非为。

（二）孔子的教育思想

1. 对学习的态度。主张："知之为知之，不知为不知，是知也"，"学而时习之，不亦说乎"，"学而不思则罔，思而不学则殆"，"敏而好学，不耻下问"等。孔子一生，"学而不厌，诲人不倦"，在教学中积累了丰富的经验。

2. "教"与"学"的思想是他思想学说中的重要组成部分。孔子学无常师，一生虚心好学。称"三人行，必有我师焉。择其善者而从之，其不善者而改之"。他在总结自己的学习经验时说："吾尝终日不食，终夜不寝，以思，无益，不如学也。"（《论语·卫灵公》）他提倡奋发学习，讲求学习方法。

3. 在知识的形成积累上，强调学与求的重要性，称自己是"我非生而知之者，好古，敏以求之者也"（《论语·述而》）。要求弟子"发奋忘食"，"学而时习之"，"温故而知新"。他说："多闻，择其善者而从之；多见而识之；知之次也。"（《论语·述而》）又说："学而不思则罔，思而不学则殆。"（《论语·为政》）一方面要求把思考分析建立在学习探求的基础上，另一方面又要求把学到、听到和见到的东西加以分析研究，变成自己的知识，丰富提高自己。

4. 他还强调学与行结合。他说："君子欲讷于言而敏于行。"认为只说不做是可耻的。孔子的教育实践与经验，为中国传统教育理论的形成奠定了基础。

5. 倡导学诗习礼、乐，认为：学诗可以兴发人的情感，可以提高观察力，可以锻炼合群性，可以学得讽刺的方法。孔子非常重视礼乐文化的学习，尽管古人讲究易子而教，可能是因为怕过于严厉影响父子感情，但他依然对儿子的学习非常关心，让他主动学习诗、礼。孔子曾说："兴于诗，立于礼，成于乐。"（《论语·泰伯》）可见他对诗、礼、乐的重视程度。

（三）把"礼"作为社会行为规范

孔子最为崇奉的是周礼。"礼"是从天子到庶人，人人必须遵守的行为规范。行为上恪守自己的名分就是守"礼"，越出自己的名分就是违礼。提倡"君君、臣臣、父父、子子"。"礼乐征伐自天子出"，不能"自诸侯出"更不允许"陪臣执国命"。在家庭方面"父为子隐，子为父隐"。而仁的外在体现是礼，所以孔子回答颜渊问仁时说"克己复礼为仁，一日克己复礼，天下归仁焉"（《论语·颜渊》）。仁与礼是一体两面、不可分割的。跟西方基督教圣父、圣子、生灵三位一体相似，在孔子那里，仁与礼是二位一体的。仁是其精神内核，而礼是其外在体现，而仁的精神又时刻体现在外在的礼仪、礼制中。他认为，"仁"既是每个人必备的修养，又是治国平天下必须遵循的原则。对于为政施治，他倡导立足于对人的关心爱护，以教化的方式来达到治国安邦的目地。提出："为政以德，譬如北辰，居其所而众星共之。"（《论语·为政》）其所谓"德"，就是"仁"的精神体现。

（四）提出了"中庸"思想

其要点有二：第一是"中"，第二是"和"。孔子所谓"中"，不是折中与调和，而是指在认识和处理客观事物时，要做到"适度"、"恰如其分"，而"适度"和"恰如其分"的基础就是从实际出发。孔子弟子有若因之还提出了"和为贵"的观点。"礼"本来是用来显示不同等级之间人们身份差别的，强调"和为贵"，就是强调差别之间、不同等级之间关系的协调与和谐。对于这种"中"与"和"的思想，孔子主张不仅要作为一种认识和处理事物的方法来看待，而且还应该通过修养和锻炼，把它融入自己的性情和品质中，成为人的美德。

（五）把"天下为公""大同世界"作为社会理想

他在倡导"仁"、"德"的基础上，提出了一种"大同"的社会理想，即："大道之行也，天下为公，选贤与能，讲信修睦，故人不独亲其亲，不独子其子，使老有所终，壮有所用，幼有所长，鳏寡孤独废疾者皆有所养……是故谋闭而不兴，盗窃乱贼而不作，故外户而不闭，是谓大同。"（《礼记·礼运》）这种"大同"的社会，实际上就是"仁"的精神得到充分而全面体现的社会。

结　论

孔子的贵族血统、苦难童年、勤奋好学、成长环境、周游列国、耕耘著述、思想传承等七大因素把孔子炼成了圣人，孔圣人成为中华传统文化的奠基者。孔子创立的以"仁、义、礼、智、信"为基础的儒家思想重视人的道德修养，讲气节，重道义，关心别人，提倡宽忍平和、豁达乐观；关注国家、人民的整体利益，讲求修齐治平，这对于提高人们的道德修养，保持和谐的社会关系，稳定社会等具有重要的意义。因此许多朝代的有道国君都遵循孔子的思想治国平天下，孔子的思想精髓成为后世中国传统文化的主体。中国汉代史学家司马迁的评价是：孔子是至高无上的圣人。"像高山一般令人瞻仰，像大道一般让人遵循。"自古以来，天下的君王直到贤人也够多的了，活着的时候都显贵荣耀，可是死了就什么也没有了。孔子是一个平民，但读书的人都尊他为宗师。从天子王侯到谈六艺的人，都把孔子的学说作为最高准则。

近现代历史上，孔子的儒家思想在推动东、南亚诸国如新加坡、韩国、日本等的政治、经济、文化发展方面产生了不可估量的影响。瑞士神学家孔汉思起草的 1993 年芝加哥世界宗教会议《世界伦理宣言》中记载："经历数千年，'己所不欲，勿施于人'这应该是通行于人类生活的所有领域——家庭与社区、种族、国家与宗教的不可取消的、无条件的规范。"知中华者必知孔子，不知孔子就不能真正地了解中华传统文化。孔子提出的"仁者爱人"的哲学命题，对人类社会的和谐、稳定和发展起到了积极的推动作用，历来为国内外学者所推崇。一位诺贝尔获奖者曾在他的获奖感言中说：人类要想在 21 世纪继续生存下去，就必须回到 2500 多年前去汲取孔子的智慧。孔子——我们的圣人，他高尚的道德、闪光的智慧和思想，是我们全人类的骄傲！

吴志友，孔庙和国子监博物馆馆长

◇纪念孔子，漫谈教育

◎ 周桂钿

[摘　要] 孔子是圣人，是中国最早的民间教师，也是世界最杰出的教师之一，孔子跟教育联系紧密。本文从教育、师范、师德、尊师、谢师宴、教师节等方面，论述了为什么要纪念孔子，并提出移风易俗莫善于发展教育。

[关键词] 孔子　教师节　教育

孔子是圣人，职业是教师。号称"天下文官祖，历代帝王师"。清朝康熙皇帝称他为"万世师表"。孔子是中国最早的民间教师，也是世界最杰出的教师之一。因此孔子就跟教育紧密联系在一起。

一　教育

《礼记·学记》："治国君民，以教化为大务。"董仲舒告诉汉武帝："南面而治天下，莫不以教化为大务。"（《对贤良策》）历代统治者没有不重视教育的，为什么？因为教育才能培养贤才，有一大批贤才，才能治理好天下。

教育是社会文明的基础，教师是教育界的主力军，教育发展的程度决定社会文明的程度。教育是任何文明社会都极端重视的事业。因此，文明社会都应该尊师重教。不重视教育，不尊重教师，就不可能是文明社会，必定是野蛮社会。

二　师范

教育水平的提高，有许多方面的工作要做，最重要的是要提高教师的素质。教师素质主要有两个方面：一是学问，二是品行。北京师范大学的校训是"学为人师，行为世范"。过去的说法是："学高为师，身正为范。"身正就是指教师的行为、品行。大意基本一致。师范大学是培养教师的机构，培养的目标就是学高（智）、身正（德）。

三　师德

德与智两者是紧密相连的。在儒家那里，智也是一种德，而且是很重要的德。孔子讲智仁勇，被后人称为三达德。孟子将仁义礼智称为四善端，董仲舒讲五常（仁义礼智信）其中也有智。在古代，智不仅是知识，更重要的是智慧，智慧的重要内涵是掌握全面知识，融会贯通，思辨能力强，能辨别是非对错。如果没有智，不知道应该爱谁，也不知道如何爱。爱得不当，适足以害之。学知识虽然很多，不会用于实践，对于自己立身没有指导意义。或者只是死背教条，不能正确运用于实践。其身不正，说明没有真正学好。如果扎实学习，领会精神，能将知识变成自己的智慧，指导自己的行为，其身自然也就正了。其身不正，学知识也学不好，学了不能用，用得不恰当，或者用于做坏事。其身不正，其学也不会高。说明学高与身正二者是相互作用的。学而不厌，才能达到学高。诲人不倦，是身正的表现。

学高身正是教师的基本条件，没有学问或者学问水平不高，用什么教学生呢？口头上可以说一套，而自己的行为不是那样的，学生能相信吗？

四　尊师

教师面对的是学生，因此，师生关系是教师特别要注意的问题，也是教育中的关键。这里包含的，主要有两个问题：一是爱生，二是尊师。

教师爱学生，不仅关爱他们的身体，更重要的是关爱他们的精神，关心他们的思想，因此人们称教师是灵魂工程师，也是社会文明的专业工作者。有教无类，不论出身成分、贫富贵贱、长相如何、智力高低，都要认真教育。爱学生不是要培养每一个学生都能上大学，而是要因材施教，要传道、授业、解惑，要根据每个学生的实际情况，进行有针对性的教育，使他们增加知识，提高智力，加强修养，成为最好的自己。爱学生是教师的职责。但是，如何爱，也是有讲究的。不能错爱，也不能溺爱。有错误要批评，有进步要表扬。这些都需要言传身教。

关于尊师，爱生是基础，不爱生而希望尊师，是奢望。过去，我上过小学、中学和大学，老师都是非常敬业的，品德也是高尚的。近年来，出现一些不可理解的现象，从大学校长、教授到幼儿园教师，都有学不高（抄袭论文）、身不正（性侵）以及不爱学生（虐待学生）的报道，这怎么能让学生尊敬，让社会尊敬呢？这虽是极少数，影响极坏。许多教师都是敬业的，学高身正，令人钦佩。但是，现在有些学生仰慕钱多位高的人，认为那才是成功人士。许多升官发财的人是成功人士，但不全是，有的则是通过不正当的途径发财，违法乱纪，发的是不义之财。有的升官也不是走正道，通过歪门邪道，上到高位，贪污受贿，腐败犯罪。他们一时显赫，不算成功。最后要受到惩罚的。学生瞧不起老师，有社会的问题，有老师的问题，也有学生本身的问题。社会风气不好，急功近利，诱惑太多，影响学生的思想。老师对学生的教育不够，也有学生自己的问题，学生不肯下苦功夫，又贪图享受，重利轻义，不知报恩，这是应该受到批评的。但是，一旦有人报恩，又有人说是"不正之风"，让人不知如何是好。

五　谢师宴

有的学生家长，当子女考上大学时，要表示对老师的感谢，宴请老师。有的说这是不正之风，与贪官受贿相提并论。学生读书十多年，才宴请这一次，就受到批评，这与公款消费能一样吗？也许有人会说，学生家长宴请会导致攀比之风，会使贫困学生的家长增加经济负担，或者增加精神压力。我以为这种顾虑是多余的，不适当的。首先，教师知道自己教的学生考上大学，十分高兴，不会因是否宴请而有情绪上的变化。其次，让家长攀比，形成社会尊师重教的优良风气，没有什么不好。第三，受到宴请的教师受到鼓励，会更加努力，提高学术水平，珍惜荣誉感。其他教师也会向他们看齐，倡导社会一种好的传统。这是学生的报恩行为，也是群众对好教师的表彰。将家长宴请教师与社会上行贿相提并论，是很不恰当的。行贿是用金钱购买公权力，做违法乱纪的事。这是犯罪行为。教师没有公权力，宴请是在考上大学之后，是正当的，也没违法乱纪的问题。感谢老师，可以有多种形式，办谢师宴，只是一种，还可以用献敬师茶、讲感恩话等形式，可以个体办，也可以集体办。如果在考试之前，宴请一下教师，就能走后门上大学，那就是不正之风。有一次，我给一所大医院的大外科讲医德，有听众提出如何看待医生收红包。我的看法是要区别对待，如果一名患者到处求医没有治好病，到这里治好了，患者家属为了表示感谢，根据自己经济情况适当给个红包，我认为不是不正之风。但是，在动手术之前，患者家属给医生红包，是对医生的不信任，怕不给红包，医生动手术不认真。感谢医生与感谢教师有相似之处。

不论天下是什么状况，教师要守着道德底线。要扎实研究学问，学而不厌，做到学高；一心向善，努力教学，诲人不倦，实现身正。对于过去，心中无悔；当下做事，问心无愧；对未来无忧。学高身正，心中三无，就是合格的教师，名副其实的良师。

六　教师节

为了提倡尊师重教，树立良好的社会风气，设立了教师节。孔子是中国第一位伟大的民间教师，因此，以孔子的诞辰日为教师节，是很适当的。现在中国台湾、美国加州和新加坡等地区和国家都以孔子诞辰日为教师节的日子。二十多年前，刚从文化大革命的批儒批孔中过来，海峡两岸又处在政治对立中，所以将教师节定在 9 月 10 日。这是没有什么特殊意义的。现在大家对于文化大革命批儒批孔有了反思，海峡两岸正在走向缓和，对中华民族传统文化逐渐形成共识。现在应当将教师节改到孔子诞辰日上来。另外，美国有母亲节，中国人过美国的母亲节意义不大。中国古代有许多优秀的母亲，为什么不设立自己的母亲节呢？中国历史上最著名的母亲要算孟子的母亲。单亲家庭的独生子女是很难教育的。孟子母亲在这种条件下，能将小孟轲培养成"亚圣"，是教育成功的典范。因此，以前曾有人认为孟母是天下母亲的模范，即"母仪天下"。因此，大家都同意以孟母作为母亲的代表。我提议以孟子的诞辰日（农历四月初二）作为中国母亲节的日子，正是这一天，孟母才成为母亲的。这一说法得到许多学者的赞成。设立母亲节，作为孝的教育，也是孔孟儒学所积极提倡的。

七　不文明

现在中国人有钱了，出国旅游的人也多了。经常看到有关于中国游客不文明行为的报道。为什么不文明？是教师没有教好，所谓礼仪之邦，缺乏礼仪教育，成为徒有虚名的"礼仪之邦"。为什么教师没教好，原因是多方面的。首先是社会缺乏尊师重教的风气，教师社会地位低，人微言轻，不被重视。其次是那些"官二代""富二代"，富贵而骄，瞧不起老师。第三，有些学生追求富贵，忽视人文教育，不注意道德修养，对教师的道德说教不感兴趣。当然也有因为教师自己就不重视道德教育，自身不正，如何正人？教师与学生都有不重视道德教育的，因此，虽然强调道德教育，却收效甚微。为什么师生都不重视道德教育？这是社会造成的，因为社会上流行急功近利的风气。社会的现实影响比家庭教育与学校教育都大。

怎么办？移风易俗莫善于发展教育。重视教育，改变不重视教育的不良社会风气，这就需要良性循环，而过去都在恶性循环中。要改变世界上"不文明"的形象，必须靠中国人自己的努力，反身而诚，这才是正路。

周桂钿，北京师范大学哲学与社会学学院教授、博士生导师。现任中国政法大学国际儒学院副院长，中国哲学史学会副会长，中华孔子学会副会长，中华朱子学会副会长。

◇孟子性善的社会价值论研究①

◎ 安继民

[摘 要] 本文通过对善行在生活中表述困难的提示，认定"善"概念是一种社会价值的定位与导向。通过对孟子"四心"、"四端"和"四德"的逻辑分析，揭示出孟荀善恶守恒律的社会功能，把儒家关系人或人的关系性通过合作组成社会的道德形而上学本质，进行初步的展开。

[关键词] 善根 四心 四端 四德 孟荀善恶守恒律

一 人本主义善价值的逻辑分析

（一）善根：社会价值的定位与向度

善/恶二字是一对抽象的能指符号，若不具体化为可感的行为，它无所不指却又无所指，此即逻辑学上的空类。孟子的可欲之为善（《尽心下》）是日常生活的语义，而非他升华出的道德价值。孟子承认对人有用或希望得到的任何东西的世俗价值，这些东西显然不是一种而是很多种，是一个集合。孟子的善正像弗雷格的0，是个不包含自身的空概念。

试论之：自称其善意便很可能成为伪善，所以，善就是善，它不能说。一旦自指善意，善便被拖进了别人的逻辑判断：真话？善言指称了善意；假话？他想干什么？任何一个有效指称都不可能既真又假，于是，若善为真便因赘言被疑，若假即成为向对方的要求并成为对方判断的"恶"。若两可便是糊涂人说糊涂话。人之善不能描述，故善难说。让我们换个方式再说一遍，自称善事即圣事变俗事：称述为真，你想索取什么回报？若判称述为假则引起反感；真假两可则是自夸式糊涂。把善看作罗素的摹状词意味着，它是个有诸多内涵并且变化着的通名：大集合概念。摹状词否定了表层的一一对应逻辑，只承认其作为命题函项的虚位以待功能。善作为摹状词要求着语

① 本文为国家社科基金项目《秩序与自由：儒道功能互补的历史形态及其当代向度》（批准号：08BZX041）的阶段性成果，作者为河南省社会科学院中国哲学研究员。郑州轻工业学院哲学讲师张静参与科研活动。

孔庙国子监论丛（2013年）

用逻辑，这和名称对一个具体物的指示很是不同。从摹状词看善，即"一百个观众就有一百个'哈姆雷特'"，"人上一百，形形色色"，所以，欲对"善"这个超大集合的词下定义是愚蠢的。

善是人希望得到并实际得以满足需要的某种"东西"，"可欲"的价值来自生活常识，我们所要的东西一定是我们缺乏的东西，人的需要缘此与世界万物关联起来。从这个基本事实出发，当且仅当，在实现或保证了这种基本的价值"之后"，我们才谈得上去追求真的科学和美的艺术。或者，假如可能的话，我们并行不悖地同时追求这多种价值。这是生活实践的真理，如衣食足则知荣辱。然而在道德形上学的思考中，功利态度首先要排除出去，即所谓超越。这样，一个生活世界就演化为现实和理想、此岸和彼岸等一系列二元对立。不可否认的是，对形上需求的不可逃避性以及它的巨大力量，在中西文化中都存在，然而，理性主题的西方形而上学却将之做到了极致。拼音语言作为思想工具和文化的载体，呈现出二分的特征，此即我们所谓二元、他因、空间性西方哲学的一个生活特例。

善难说的根源在于善与恶这个基本的二元偶值的设定，它必须依赖于人们在特定情景中作出的某种选择，这是生活自身的丰富多样性给善的伦理学甚或神学提出的问题。只有在事实或可感的行为中才可以理解善，它绝不仅是二值判断，往往具有多种可能性。

善说不清楚并不表明它实现不了，在孟子那里它有一个性本善到性向善的转渡。孟子通过个人的心性修养对善自身进行了选择，并在一生的坚持中贯彻下去，所谓择善固执。孟子心性论是陆王心性学、程朱性理学的共同先声。讲到深处，心/理就会在一个交叉点上相遇，心/神的相遇往往使人因心神不定而求定，即止于至善。以阴阳或然律和结构功能性关系共在的思想方法，重新审视中国哲学，主体心性和客观天理是分裂的。"义命分立"，义使人"自觉主宰"（劳思光），证立这主宰性即孟子式内在（牟宗三）或横向（张世英）的超越，或曰不同于西方宗教道德的社会道德（李泽厚），此即道德的形而上学。

善恶守恒律是一个绝对预设，正像爱因斯坦需要预设绝对光速 C。绝对预设不仅是自然科学的需要，也是社会科学的需要。社会生活的持续需要善恶守恒的预设来进行结构性的调整并使之趋于平衡，社会生活需要寻求公度性，社会结构平衡的首善概念是公正。人性善不是说每个人都有绝对的本善、向善天性，而是说如果没有这一绝对预设，社会生活的有序和谐性追求就失去了依据。从人性向善或本善出发，把易→儒→道所支撑的泛神倾向放在逻辑第一位阶上进行思考，把神学和哲学的终极概念通约为对人开放的神圣之域，也就消解了一神教的悖论。人在终极意义上不能逃避神学问题。①
"大而化之之谓圣，圣而不可知之之谓神。"（《尽心下》）世界作为整体，
确实有不可言说性，人在它面前没有价值依托。中国思想传统化畏为敬，对
神圣之域开放的赋义方式，不存在上帝问题。所以，上帝死了（尼采）所
造成的虚无主义也就不会发生。

人是价值判断的主体。传统社会无分东西，一元价值导向是维护社会秩
序的核心要素。孟荀对人性善恶的不同分判，是一条社会价值的轴线；法家
的赏善惩恶是对这一价值标准的外王落实。无论社会怎样进步，一定的价值
引导必不可少。正义虽不必总能战胜邪恶，人则永远无法相信如果邪恶战胜
了正义，日子还有什么过头；人性虽不必总是善的，但若人性总是恶的，扑
面而来的交往合作和日常生活又该如何面对。

善恶价值轴线对人的功利诉求进行适时调控，在市场经济高度发达、网
络信息全球化日益形成的今天，君子喻于义，小人喻于利的善恶二分，仍可
引导价值，却难规范行为。在存在意义上，人人都一半君子一半小人，没有
至善的个人，只有日趋完善的个体。承认墨荀韩的功利观，引入道家自由选
择理念，中国轴心时代思想巨子各执一端的人性洞见，为我们迎接多元价
值问题的挑战，提供了充分的足够的思想资源。在应当—正当—失当三分价
值空间中，放大正当范围即可提高人的自由度，在保障公正的同时提高效
率。

（二）四心：社会价值的心灵根据

《孟子·公孙丑上》云：

> 所以谓人皆有不忍人之心者：今人乍见孺子将入于井，皆有怵惕恻
> 隐之心；非所以内交于孺子之父母也，非所以要誉于乡党朋友也，非恶
> 其声而然也。由是观之，无恻隐之心，非人也；无羞恶之心，非人也；
> 无辞让之心，非人也；无是非之心，非人也。

这就是孟子"四心"作为社会价值的心灵根据的经典性论证。但在当
下，我们必须对其进行分析，以便说明社会价值在什么情况下可以被自由平
等的个人所接受。

不忍人之心是孟子道德形上学的前提预设，他的论证开始于一种生活情
景的特殊选择：孺子将入于井。道德理想的确立还需要另一"非由外铄我

---

① 参见马克思《1844 年经济学—哲学手稿》（单行本），人民出版社 1985 年版，第 86—87
页。

也，我固有之也"（《告子上》）的关键步骤，固有即"天生德于予"（《述而》）的不虑而知不学而能的先天禀赋，它超越人的认识和经验，偶然的经验于此转化为必然的和普遍的。恻隐之心与天赋道德本性，在逻辑上的缺陷恰恰说明：主体当下性情感体验，不能刻意为之，只能自然流露。道德理想于此亲历亲在的生活背景中建构起来，至少在孟子指认的那个情景中，不忍人之心的确是内在于人性中的事实。超逻辑是信仰对知识理性的超越，既为人性本善提供经验的证明，也为体验内在善行提供知识性认识的可能，从而使自由的实现成为可能。

从经验上看，孟子的道德实践处处体现出权衡分辨之智，是非义利孰重孰轻，由己及人亲疏远近，并非一成不变；从先验上看，孟子认为天命是"莫之为而为者天也，莫之致而至者命也"（《万章上》）。天是自然理序，命是客观限制（劳思光）；心性内在超越之绝对性，是在心理事实旁边再立一逻辑必然性的坐标，以便构建人人需要的生活世界。趋近和顺从绝对、纯粹的道德理想，是知其不可而为之，人把对天命顺从的消极面转化为道德个体的积极自觉并不断完善，践履终身，在这种道德修养中获得强大的生命力量。

天命是不以人的意志为转移的，只能接受，如生死寿夭的自然规律。但是，他者优位的恻隐之心则得以在瞬间发现并把握它。这种对天命的认识，庄子是由直觉观照完成的，他通过对人与物、人与人、人与自身紧张关系的解除和消弭，获得心灵的逍遥性自由自在；孟子则是通过自己守死善道的行为选择，践履共在性的现实自由。自由在中华文化中既是对世界的重新审视，也是与人生实践息息相关的文化创造和意义生成过程。

（三）四端：道德形上学的逻辑起点

> 恻隐之心，仁之端也；羞恶之心，义之端也；辞让之心，礼之端也；是非之心，智之端也。人之有是四端也，犹其有四体也。有是四端而自谓不能者，自贼者也；谓其君不能者，贼其君者也。凡有四端于我者，知皆扩而充之矣。若火之始然，泉之始达。苟能充之，足以保四海；苟不充之，不足以事父母。（《公孙丑上》）

孟子在心理事实的"四心"旁立一逻辑预设即"四端"。恻隐、羞恶、辞让、是非四心是孟子道德形上学的心理学证明，尚未介入仁、义、礼、智具体内涵的四端，是孟子道德形上学的逻辑起点。孟子一开始就认定一种价值选择的标准，但对于尚未开始的"端"而言，"无善无恶心之体"（王阳明），它没有价值内容，只是逻辑起点。四端之不同于四心、四德，正如逻辑学之不同于心理学、价值论。对此的展开即孟子个人心性修养的工夫论。善端通过尽心工夫践履，强调真诚的由内而外的自生自发力量，"由仁义行，非行仁义也"（《离娄下》），浩然之气需要一个扩而充之的积累过程。孟子以此为逻辑出发点，建构了他在经济、教育、社会规范、政治制度的公正性价值基础。

工夫是一种道德实践，一种修养过程。修养的方法包括"直养"和"集义"两个方面。人只有用一生的磨砺、修养并择善固执地做下去，才能成就最终的道德理想。修养的扩而充之在社会政治上就是推而广之，其路径即宋儒反复强调的修身→齐家→治国→平天下。"儒家的仁爱，一方面是一个从内的自我（身心）向外的家庭、社会和宇宙展开和放大的过程，另一方面又是一个从外的宇宙、社会和家庭向内的自我凝聚和缩小的过程。"[①]这种既往且返的致思和行为模式，把主／客、内／外、天／人、应然／实然、理想／现实的对立关系关联起来，儒道两家于此圆融互补。手段和目的共在，工夫与本体互成。儒家的叩其两端得中道，道家入其环中得道枢，都是在强调自己的逻辑起点即端。

（四）四德：整合人心的社会策略

孟子的性善包括仁、义、礼、智四个德目即四德。面对人类生活场景以及文化世界的深度、广度和复杂性，难以对人性给出一个确切明晰的答案。人性有 n 种，x 是 n 中的一个。"性相近，习相远"（《阳货》）暗示了人性的存在，但孔子并没有说人性到底是什么，于是子贡长叹"夫子之言性与天道，不可得而闻也"（《公冶长》）。不知为不知，这是伟大的明智。历史的第一层含义是关于事实的即曾经发生过的事情，但历史这个故事必定消逝于时间的无情流逝中，只留下踪迹杳然的残砖断瓦供我们猜测它的零星片段；于是我们不得不进入历史的第二层含义：历史文献。文献的使用、校勘、整理、回忆、诠释在相互矛盾的事实面前经过理性的选择，在激烈冲突的价值中作出判断。这两层含义意味着人永远无法获得最后的终极实在，因为人只有一个世界：文化构造的世界不断重构这部人类文化的大书。时间由于历史产生了未来的向度，人只有在未来中才能理解和认识自身。面对那永远难以确知的未来，自由，人的自由，必须在历史中才能理解。由理念到现实的转化生成，就是做人的在世一生。人是目的在先的动物，人的劳动以及

---

① 王中江：《"身心合一"之"仁"与儒家德性伦理》，《中国哲学史》2006 年第 1 期。

与之相关的所有社会活动都是目的在先的。① 仁义是支配人心的道德力量，充扩它也就体验到了天。人心对自身仁义的发现和确立，使中华文化形态获得了一种关于人自身的坚实的信仰。

> 尽其心者，知其性也。知其性则知天矣。存其心，养其性，所以事天也。夭寿不二，修身以俟之，所以立命也。（《尽心上》）

成德理想和做人主义是儒家的基本纲领。因此，人不是"什么"，人就是他的共在性，他的道德实践活动的过程。孟子思想的价值在于他区分了人实际上是什么与人应该是什么，这使得中国伦理学呈现出做人主义的面貌。人生有一基础，人生有一目的，人生是一过程，当异己的力量被人的道德力量超越时，人的内心不再紧张不安，人的生命不再卑微渺小；在与人共在中通过横向超越的爱人，自由被安顿在秩序之中。

人性向善是一个自生自发的、秩序性自由的现实生活过程。以自生自发的自然为社会生活衡准，伦理秩序中安顿下来的现实自由是儒家做人主义的根本路径。居仁由义，择善固守既是普遍的天命又是每个人的心，反身而诚，乐莫大焉。

庄子云：有真人然后有真知。对作为孟子核心理念的善价值的逻辑分析，迫使我们在社会价值的意义上，沿着中华人本文化形态的理路，把另一位思想巨人——荀子——提前请过来（他在汉代比孟子的实际影响更大，却被宋明道学家排除出道统之正），看看荀子和孟子何以在人性论上持相反的立场。

二　孟荀善恶守恒律

任何一个社会生活共同体，都必得有善恶相报、毫厘不爽的价值信念。所以，孟子和荀子关于人性善恶的判断，作为社会价值轴线或社会这杆秤上的权度标准，仍然具有形上的守恒性，这就是中华人本生活世界的善恶守恒律。佛教来华之后，灵魂不朽观念的凸显，作为今世不报来世报的六道轮回

---

① 马克思说："蜘蛛的活动与织工的活动相似，蜜蜂建筑蜂房的本领使人间的许多建筑师感到惭愧。但是，最蹩脚的建筑师从一开始就比最灵巧的蜜蜂高明的地方，是他在用蜂蜡建筑蜂房以前，已经在自己的头脑中把它建成了。劳动过程结束时得到的结果，在这个过程开始时就已经在劳动者的表象中存在着，即已经观念地存在着。他不仅使自然物发生形式变化，同时他还在自然物中实现自己的目的，这个目的是他所知道的，是作为规律决定着他的活动的方式和方法的，他必须使他的意志服从这个目的。"（《资本论》第一卷，人民出版社1975年版，第202页。）人的目的在先性即是价值而非理性决定行为的人的希望品格。

信仰形态，使生活善恶守恒律扩张到生死性的终极领域，从而成为一个更加周延、更加丰满的，中华人本文化形态的社会核心价值，并构成一重化生活世界的价值基础。

孟子强调人性向善，荀子强调人性有恶，二者在中华文化语境中构成一种互补关系。这里的互补，可以逻辑化为极而言之的两可能，即排中律或然律意义上的两个逻辑常项。人们评价一个人的善或恶时，引用的一般是被自己内化了的社会标准，否则就是无效的。许多恶人并不自以为恶，所有善人都不会自吹自己的善。这说明只有在与他人、与社会的关系中才有善恶问题。善/恶是社会价值评价系统所必须运用的最简关系式，尽管承担实际责任的永远是某人。伦理法律规范只指向社会学意义的角色，就像法学上的不定第三人。所以，任何个体人都可以被中性地描述为一半君子一半小人，这样，他就无所谓善或恶；没有天生的善人或恶人，只有不同个性的人。只有当我们拿社会评价标准来衡量一个人的某一行为时，才有善恶问题。

如果把孔子之仁看作社会最简关系式，并构成中国文化的基元分析单位 P/Q，任何分配关系中的相对行为人均可代入最简关系式：P 方所得之量必全等于 Q 方所失之量，反之亦然。当代法哲学把权利/义务关系理解为结构上相关、功能上互补、价值上分主次和数量上等值的关系；善恶问题也一样，如果不具备结构相关的功能关系，也就无所谓善或恶。在限定的社会结构内部，善/恶和权利/义务虽然分属于伦理学和法学，却具有现实的同构关系，生活中谓之礼尚往来。权利和义务数量上等值，"一个社会的权利总量和义务总量是相等的。在一个社会，无论权利和义务怎样分配，不管每个社会成员具体享有的权利和承担的义务怎样不等，也不管规定权利与规定义务的法条是否相等，在数量关系上，权利与义务总是等值或等额的"。"如果既不享有权利也不履行义务可以表示为零的话，那么权利和义务的关系就可以表示为以零为起点向相反的两个方向延伸的数轴，权利是正数，义务是负数，正数每展长一个刻度，负数也一定展长一个刻度，而正数与负数的绝对值总是相等。"①

将法学的人际关系分析，借鉴运用到伦理—政治领域，并允许暂时忽略掉人的精神价值追求，这种绝对值总是相等的权利/义务关系就是社会善恶守恒律，尽管实际上的社会生活往往会让许多人怨声载道。中华人本主义的基点是人心，所谓得人心者得天下。人心若无善恶守恒律这一社会权度标

---

① 徐显明主编：《公民权利义务通论》，群众出版社 1991 年版，第 65 页。转引自张文显主编《法理学》第九章"权利和义务"，高等教育出版社、北京大学出版社 2007 年第三版，第 146 页。

准，便只是一抽象概念，无法具体把握。儒道两家都有自己的行为模式：儒家是《论语》提示的导/齐治理模式①；道家是《庄子》各篇提供的因/应行为方式。我们对此将另文详细展开。

安继民，河南省社会科学院哲学所研究员

---

① 子曰："道（导）之以政，齐之以刑，民免而无耻；道（导）之德，齐之以礼，有耻且格。"（《为政》）

◇项安世易学思想的具体特点与历史贡献

◎ 谭德贵

[摘　要]　项安世易学思想的主要特点是综合与补偏，而且这种补偏主要是针对着程氏易学，具体表现在"象辞一体"与"体用一源"、气本论与理本论的差异、以象补理、注解文本与内容的补偏、解易体例的补偏、义理解易的补偏六个方面。项安世继承了程颐的义理的基本思想，但由于气本论与理本论的差异，必然导致对天道理解上的根本差异。所以，项安世虽然抛弃了汉易的迷信部分，但继承了从卦象天道推人道的思想。项安世从细节上全面继承和发展了程子的义理思想。宋易中的义理派，由于重视王弼注易以明人事的传统，常以历史人物的事迹解释卦爻辞，《程氏易传》正是发扬这种传统。项安世继承了引史说经这一传统，并在此基础上加以发展，以史解易非常丰富多彩，是易学与史学的完美结合。

[关键词]　项安世　易学思想　具体特点　历史贡献

宋朝，是中国历史大的转折期，不仅在政治、经济、军事等方面发生了翻天覆地的变化，而且，思想领域的变化尤为引人注目，易学思想的转变更是发人深思。本文试图对比朱熹年长一岁的南宋著名易学家项安世的易学思想具体特点与历史贡献做一系统的探讨，从而使我们能更好地理解这一伟大历史时期的思想变化的脉络。

"项安世（1129—1208 年），南江江陵府（治今湖北江陵）人，祖籍处州松阳（旧治在今浙江丽水西）人，字平父，学者称平庵先生。淳熙二年（1175 年）进士。绍熙四年（1193 年），累官至秘书正字。次年，迁校书郎。宁宗初，入庆元党籍，罢官。嘉泰中，复官。开禧用兵，擢名鄂州。力赞北伐，遂除户部员外郎、湖广总领。招募兵士，组建部伍，名曰'项家军'，然无军纪，颇好掳掠。宣抚使吴猎曾诛其军为首劫掠者。替军救援德安府，击败金军，适京西湖北宣抚使，升太府卿。后因泄旧愤而擅斩吴猎幕

僚王度，坐罪免官而卒。长于易学，著有《周易玩辞》、《项氏家说》等。"（《宋史列传》）

"项安世，字平甫，江陵人，淳熙二年詹骙榜，同进士出身，治周礼，五年八月，除庆元元年五月，添差通判池州。"（《浙江通志》）

由北宋的半壁江山到南宋的偏安一隅，这一特殊时代成为中国历史之巨大转折点，政治、经济、军事、文化、宗教等各方面都发生了翻天覆地的变化。大唐帝国的阳刚之气至此基本丧失，南宋皇帝除了宋理宗还算励精图治之外，其他大多奴颜婢膝、苟且偷生、歌舞升平——"暖风熏得游人醉，直把杭州作汴州。"

偏安一隅的南宋王朝，阳刚之气昙花一现，但其中不乏慷慨悲壮之士，如辛弃疾之金戈铁马，陆游之"但悲不见九州同"。项安世非常关心政治，有丰富的从政经历，更为文武双全之人，"光宗时为湖广总领，兼宣抚使。薛叔似罢金围德安益急，诸将无所属，安世不俟朝命，径遣兵解围，高悦等与金力战，获将，安世第其功以闻"（《宋史列传》）。其军队号称项家军。

中国历史上文可安邦、武可定国的知识分子寥若晨星，多为言语之巨人、行动之侏儒，"平时袖手谈心性，临危一死报君恩"，空谈误国者比比皆是，知行合一、气吞山河如范仲淹、王阳明、曾国藩之流者鲜矣。项安世虽逊于上述伟人，但"兵端既开、边事告急"，而能"被命而起、独当一面、外御凭陵、内固根本、成就卓然"（《四库全书总目提要·项氏家说》）。其文能"贯通古今"、武可"沙场点兵"之精神，令人肃然起敬。

项安世委身于官场多年，先被斥为"伪党"，后又遭摈斥，最终弃官而退，潜心学问、杜门不出者十年，足迹不涉户限，起居不出一室，迎送宾友未尝逾园，耽思经史、专意著述，潜心学问，致力于中华文化文脉的承续与高扬，道贯古今、学达天人、遍通五经、见解独特、锦绣珠玑、著述颇丰，有《周易玩辞》、《项氏家说》、《平庵悔稿》流传于世。

《周易玩辞》是专门解易之作，《项氏家说》是对五经的部分解读，包括对汉朝纳甲筮法的研究，于五经皆有精辟见解，或考证、训诂，或批解异端，或独树一帜，虽未如朱子详注《四书》，但其思想已通体浸润在天道性命相贯通的思想范围中，显示了以现实为本、以《五经》开显心性之所以然与所然、本然与应然，整合"道问学"与"尊德性"的学术理念。此外，项安世还对《孝经》、《毛诗》等皆有新解，见解新颖、成就斐然。

项安世虽为纯儒，但绝非腐儒，其浩然正气与潇洒幽默的性格集于一身。虽然由于史料的缺乏，不知其细节，但《平庵悔稿》于其心境略有披露。

《平庵悔稿》是书信与诗词集，十五卷，后编六卷。此书初名《滑稽篇》，陈氏曰：

> 太府卿，松阳项安世平父撰悔稿者，以语言得罪悔，不复为也。自序当庆元丙辰后编，自丁巳至壬戌自序，项子题所为文稿曰《滑稽篇》。客曰，"是所谓文似相如，始类俳之意，非邪？"曰，"非也，世之人无贵贱，皆畏人笑，独滑稽者不畏人笑，非独不畏且甚欲之，凡其貌服言动皆欲得人之笑。人小笑之则小惬，大笑之则大惬，人不笑之则大愧。若予之为文亦若是耳。人之笑，予之药也，人小笑之则予亡其小病矣，人大笑之则予亡其大病矣，人不笑之则予之病其危哉，是与滑稽之技无以异也。"客闻其说，观其文，大笑，冠带尽脱。项子赧然汗下，矍然神醒曰，"予病瘳矣。"再拜谢客，书以为序。（《平庵悔稿》序）

由此可看出，项公是一位严谨与幽默、一丝不苟与粗狂放达、思想上批判与继承把握得较准确的学者，从性格上看，类似于程颢，与他所崇拜之思想先辈程颐完全不同。

从人生经历看，项安世生于公元 1129 年，享年八十，长朱子一岁，又比朱子晚去世 8 年，实与朱子同时，历经高宗、孝宗、光宗、宁宗四朝，又曾因庆元党案而受牵连，所以与朱熹的关系很好、交流也不少。当时则又有江西陆先生者，各以其学为教，又有聪明文学过人之士兴于永嘉。项公尝从而问辨咨决焉，其遗文犹有可征者。朱项往来之书至六七而不止，其要义，直以程子涵养须用敬，进学则在致知之说以告之。先生此书，不特有裨于程子七分之传，当时往复问学朱子之门，其于本义多所发明，惜书成于本义二十年之后，朱子未及见也。其思想的深度和广度虽不及朱子，但于《易经》方面则是各有千秋，曾与朱子有书信往来，交流思想。但朱子名满天下、光照千秋，项安世却默然于当时，《宋史》于项安世只有几句话，主要引用其上书皇帝要求节省，对科举制的看法与建议。《宋元学案》无记载，《浙江通志》记载简单，主因在于官方意识形态关注点的差异。

从学术传播的角度看，朱子桃李满天下，多年讲学于书院，思想得到广泛的传播，而项安世一生鹤立鸡群、独善其身，既无开讲于当时学坛，又无弟子传其衣钵，潜龙于世、夕惕一生，夫复何求！但后代注解《周易》者，几乎都不同程度上引用了项安世的有关论述，这也说明了其思想的深邃。

但是，古代对项安世的研究，有元代吴澄在《易纂言》、《易纂言辅翼》、《吴文正集》对项安世的部分思想进行了评价，并在其基础上加以发展。《四库全书》也有系统的评价，多为引述，没有专题研究之作，新中国成立后到今日，学术界无一人专门研究项安世，只有去年山东大学的一篇论文研究项安世与吴澄的思想渊源，其他再无任何研究成果问世。

项安世的《周易玩辞》应该属于解读《周易》的上乘之作，如果从文本角度看，《四库全书》的评价最为准确，而其综合成就绝不逊于程子与朱子，对后代易学家的影响也很深远。对于这样一位易学家，不精研其思想，应是易学研究的损失。

从版本看，项安世的著作目前尚无单行本出版，除了《四库全书》的辑录外，只有上海古籍出版社的影印本。

所以，本人不胜其力，首先对《周易玩辞》一书进行点校，然后从文本出发，以历史与逻辑相统一的方法，对项安世的易学思想做一全面剖析，以有助于易学思想史的研究。

项安世易学思想的主要特点是综合与补偏，而且这种补偏主要是针对着程氏易学，那么，其具体表现在哪些方面？

一　"象辞一体"与"体用一源"

虞集认为：

> 《周易玩辞》者，江陵项公安世平甫之所著也。其言以为大传曰，"君子居则观其象而玩其辞，动则观其变而玩其占。"其道虽四，而实则二：变乃象之进退，占乃辞之吉凶，圣人因象以措辞，后学因辞而测象。是故学易者舍辞何以哉！项公以其玩于辞而得之者笔于书，使后之学者因其言皆有以玩于前圣之辞而得焉，此项氏著书之意也。（《周易玩辞》序）

意思是，《易传》中提出的"四圣人之道"可以归结为"二道"，象与辞。

"圣人因象以措辞，后学因辞而测象"，有几层意思：

第一，"圣人因象以措辞"，承认辞来源于象，无象则无辞，辞虽然是圣人之所为，也是证明象为本，异于程子的最基本观点"体用一源，显微无间"。因为程子的意思是，理为体、象为用，至微之体决定至著之用，是典型的义理派的基本观点。

第二，"后学因辞而测象"，项安世的目的是"使后之学者因其言皆有以玩于前圣之辞而得焉"。对后学者来讲，辞是第一位的，只有通过对辞的学习，才能真正把握圣人之意。"得于辞，不达其意者有矣；未有不得于辞而能通其意者也。观会通以行其典礼，则辞无所不备。故善学者，求言必自近。易于近者，非知言者也。予所传者辞也，由辞以得其意，则在乎人焉。"（《程氏易传》）很明显，项安世这里是完全继承了程子的易学思想。

由于项安世的这种易学思想，是一种创新，往往很难在短时间之内让别人接受，所以，虽然项安世反复强调，"安世之所学，盖伊川程子之书也。程子平生所著，独《易传》为全书，安世受而读之三十年矣！今以其所得于《易传》者述为此书"，但是"其文无与《易传》合者，合则无用述此书矣"。意思是说，项安世的观点是对程氏易学的继承与发展，继承的是程子的合理义理思想，尤其是对象的重视。

不过，"世之友朋以《易传》之理观吾书，本末条贯，无一不本于《易传》者；以《易传》之文观吾书，则未免有使西河之民疑汝于夫子之怒。知我者此书也，罪我者此书也"（《周易玩辞》序）。为什么？因为象辞一体是对程氏易学的发展，是对象数易学与义理易学思想的融合，而不是站在程氏易学的立场上对象数易学进行否定，这必然招致程氏易学后人们的批评。

二　气本论与理本论的差异

在《易序》中，程子指出：

> 散之在理，则有万殊；统之在道，则无二致。所以易有太极，是生两仪。太极者，道也；两仪者，阴阳也。阴阳，一道也；太极，无极也。万物之生，负阴而抱阳，莫不有太极，莫不有两仪，氤氲交感，变化不穷。形一受其生，神一发其智，情伪出焉，万绪起焉……至哉易乎，其道至大而无所不包，其用至神而无不存。

这是鲜明地把理作为宇宙之本，朱熹后来就是在此基础上，创立了一个庞大的以理为中心的形而上学体系。

项安世则提出"一为本"的宇宙观：

> 易之全体具于乾卦，观易者观于乾足矣。乾者，纯阳之名；元者，阳德发生之始，在易象，则奇爻一画之始也。凡物以一该众曰统，万化皆始于元，故元之"一"字足以统天之全德。万变皆起于奇，故奇之一画足以统易之全象，此元之所以为大也。所谓善之长、仁之体者，如

此以天道释元字也。（《周易玩辞·乾》）

这里把"元"与"一"统一，用"奇之一画足以统易之全象"来说明易以"一"为本。这是继承了王弼的"该一统众"思想，但却是用气置换了无。

在解释"云行雨施，品物流形"时又说：

> 元象一动，则屯而为云，解而为雨，万有一千五百二十之形出焉；奇画一着，则偶而为夫妇，索而为父子，而万有一千五百二十之数出焉，元之无所不通如此，此亨之所自出也。云雨皆生于天一之水，故自元而亨者象之。（《周易玩辞·乾》）

从上述论述中可以看出，宇宙产生，万物生生不息，因为元为阳德之始。

> 始而亨者，乾之事业；利而贞者，乾之性情也，性情指本体言之。利者，散而为万；贞者，合而为一。已散而复合，已万而复一，言乾性纯一，其情不贰，故虽万有一千五百二十，而其所谓虚一者未尝动也。
> 刚健中正，以奇画言也；纯粹精，以六画言也。圣人以一奇立万化之本，其体刚健，至专至一，其用中正至当至平；复以六画备一奇之变，自始至终无时而不刚健，自进至退无往而不中正，此所谓纯粹精也。（《周易玩辞·乾》）

"一"不但为象之本，也为万物生成之本，具备明显的宇宙生成论思想。所以，在这里，项安世在使用概念时，在一定程度上，把"一"、"奇"、"元象"等同，都是指"本原"的意思。那么，"一"、"奇"、"元象"到底是什么内容？

> 象以气言，属阳；法以形言，属阴。

明确指出"气"为本，为"阳"，也就是"奇"、"一"。

> 阴阳者，气也；阴阳迭用者，道也；道之所生无不善者，元也，万物之所同出也。（《周易玩辞·乾》）

道不过是一种"气"，道生万物，实际上是气生万物。气本论思想，也是对张载、周敦颐及前辈们的气本论思想的继承，而与程子的思想完全不同。

三　以象补理

朱熹对程氏易学的不足的批判，上面已经探讨过，项安世有何不同？

首先，从立场上看，朱熹没有公开认定自己乃继承程子之学，虽然其理学思想主要是对程颐的继承与发展。因为朱熹本人的主要精力是放在《四书》的研究与注释上，最终目的是创立一种理学体系，对程子思想的继承部分较少。而项安世公开声明自己所学乃程子之学，而且《周易玩辞》是以《程氏易传》为思想基础。所以，项安世是一种补偏性的综合。

其次，除了理本与气本的差异之外，项安世主要是对汉朝易学象数思想进行了继承与发展，目的是为了补偏，使圣人之思想能够完整准确地被后人理解。所以，项安世既没有提出"易本卜筮之书"的观点，也没有要建立一种象数易学体系或者派别的想法，甘愿默默无闻，是一纯学者型人物。

再次，项安世的象数思想，是"未尝偏废，盖遍考诸家，断以己意，精而博矣"。"义理渊源伊洛，而于象变之际，演绎尤精，明畅正大无牵合附会之癖。"比朱熹的有关象数思想更加全面、准确。

客观地讲，王弼虽然"扫象"，并未弃象不用，他只是反对对象数的滥用。程子更没有抛弃象数，只是很少谈及，是一种"轻象"。因为《程氏易传》重点是要阐述一种义理思想，对象数的论述少得可怜，而项安世正是看到了这一不足，所以，《周易玩辞》中运用了大量篇幅专门来探讨象数。

四　注解文本与内容的补偏

《程氏易传》是程颐学术思想的代表作，朱伯崑先生认为："此书大概是仿王弼《周易注》，只注解《周易》经文和《彖》、《象》、《文言》，对《系辞》以下等传皆无注解。此外，他还有《易说·系辞》，乃讲解《系辞》文的讲稿，只到《系辞上》天地之数为止。程氏还有《答张闳中书》，对象数之学提出批评。其平时讲解易学的言论，大部分保存在其弟子和后学所编的《遗书》、《外书》和《粹言》中，其《易传》一书，在宋明易学史和哲学史上影响很大。朱熹评论说，以前解易，多只说象数，自程门以后，人方作道理说了。从易学史上看，流传下来的义理学派的代表作，可以说前有王弼《周易注》，后有《程氏易传》。"[1]

---

① 朱伯崑：《易学哲学史》第二卷，昆仑出版社 2005 年版，第 195 页。

四库馆臣认为，考杨时跋语，称"伊川先生著《易传》，未及成书，将启手足，以其书授门人张绎，未几绎卒，故其书散亡，学者所传无善本。"所以，四库馆臣认为程颐并非有意模仿王弼，只是"当以杨时草具未成之说为是"。不管是有意模仿，还是"草具未成"，《程氏易传》的基本结构与王弼相同，是历史事实。

朱熹的解易也很简略，他的《周易本义》虽不言义理，但并不是排斥义理。在解释写《本义》的目的时说，"某之易简略者，当时只是答记，兼文义伊川及诸儒皆已说了，某只就语派中略牵过这意思"。"看《易》先看《本义》，却看伊川解，以相参照。"《易学启蒙》大同小异，所以，包括后来所论述的易学思想，都只是从某些方面对《周易》作注。

而项安世的《周易玩辞》是较全面的一部《周易》注解之书。

而且，宋学与汉学的最大区别就是，汉学严格按照《经》的原文进行解析，宋学则或对《周易》流行本的篇章结构进行调整，或对孔子作《易传》怀疑，或武断地认为某字为脱简、错字、衍字等，因此在解易时，虽然通过所谓"微言大义"可以产生许多新思想，但也存在随意解经的问题。程颐虽然没有对《周易》流行本的结构进行调整，但从其只挑选其中部分注解，说明了他的一种倾向，这恐怕是后期宋学随意解易的先河。

项安世乃纯儒，基本上是按照原本结构进行解易，绝不随心所欲。

所以，"项公之学，上不过于高虚，下不陷于功利，而所趋所达端有定向，然后研精覃思作为此书。外有以采择诸家之博闻，内有以及乎象数之通变。奇而不凿，深而不迂，详而无余，约而无阙，庶几精微之道焉"（虞集《周易玩辞序》）。

用现代语言讲就是，《周易玩辞》是一部博采众长、兼顾百家的著作。一方面，此书非常全面，对《经》、《传》进行了全面详细的注解，弥补了《程氏易传》的不足；另一方面，又弥补了程子尽略象数的缺点，全面阐述了象数思想。最后，该书在继承的基础上，提出了许多新思想，是一部难得的解易著作。

五　解易体例的补偏

自易学逐渐兴起后，就慢慢形成了一些解易的具体方法，汉易象数易学解易体例主要集中在象与辞的对应方法上，比较拘泥；宋学义理易学，则相对随意解经，虽然也沿用汉易的一些体例，但各取所需，任意创造。

程颐是义理易学的代表人物，他对汉易的继承很少，主要以《传》解易，义理主要是从自己的思考中得来，朱熹所谓"虚说"即此意。因此，他对解易体例没有多少意见。

朱熹对汉易也进行了批评，主要继承与发展了卦变思想，在解易体例上也没有多少新意。项安世则不同，他"杜门不出者十年"，只完成了一部《周易玩辞》，可见其用功之深。所以后人认为："安世学有体用，同达治道，而说经不尚虚言，其订覆同异，考究是非，往往洞见本原，迥出同时诸家之上。"（《四库全书》）这种评价是非常客观准确的。

在笔者看来，从广义上看，解易体例似应包括：文字训诂，概念探讨，篇章结构，解卦方法。项安世在这几方面的贡献更为突出，文字功底扎实，概念探讨严谨，篇章分析合理，解卦方法更为科学。

六　义理解易的补偏

中国古代哲学乃至整个易学，都是本于天道而立人道。其方法是从人道推天道，从天道推人道。所谓以人道推天道是指用类比的方法，把人的属性赋予天；所谓以天道证人道，是把主观化的天道作为说明人道的根据。也就是说，中国古代的哲学家们，习惯于从人的存在的立场来理解和规范天的存在，以人道来理解和规范天道。反过来，又以天道来解释和证明人道，以天的存在作为人的存在的依据。《易传·文言》："元者，善之长也；亨者，嘉之会也；利者，义之和也；贞者，事之干也。"这四种德性就是天生的。所以，《易纬·乾凿度》认为："道兴于仁，立于礼，定于信，成于智。五者道德之分，天人之际也。"

人法天的思想，先秦已经流行，老子讲，"人法地，地法天，天法道，道法自然"，庄子指出，"去知与故，循天之理"。《易传》更是强调人法天的重要性，但是，《易传》把《周易》六十四卦符号视为自然的象征，卦爻象本于自然而作，其本身具有自然的属性，也就是自然的化身。"象也者，像此者也。""圣人有以见天下之赜，而拟诸其形容，象其物宜，是故谓之象。"《象传》对六十四卦的解释完全采取了人法天的形式，先把卦象视为自然之象，是人应该效法的天象，再从里面推演出人应该遵循的思维与行为规范。具体表现形式是，先分析内外卦所形成的自然之象，然后以"君子以"表示当如何行为，如，《乾象》"天行健，君子以自强不息"，《坤象》"地势坤，君子以厚德载物"等。

汉代的董仲舒杂糅百家，建立了一个天人感应的神学体系，实际上是把人法天这一思想推到了登峰造极的地步。他在"人副天数"、"天人感应"前提下，提出了"承天意"、"顺天命"、"观天道"、"察天道"、"法天行"等思想。《易纬·乾凿度》提出："圣人所以通天意，理人伦，而明至道也。"天气下施，万物皆宜，言王者之法天地，施政教。"《通卦验》："八风以时至，则阴阳变化道成，万物得以育生。"《白虎通》也讲法天地、法四时、法五行。从此，这种法象的思维与理论就成为中国古代统治阶级治理国家、维护统治的工具。

王弼扫象的一个很重要的目的就是对这种以谶纬之学为代表的迷信的抛弃，而代之以虚无思想。程颐反对象数易学的观点，必然从义理来论证统治的合理性问题，"理"概念的提出，正是这种目的的体现，这对于清除迷信，大有益处。

但是，纵观中外思想史，所有思想的出发点都是天人关系，天人合一也好，天人相分也好，都离不开天人之际。西方的天赋人权，理性与信仰的分界，最终还不是要归于天？中国的偏于天也好，偏于人也好，最终不也要归于天？差异只在于天性。上帝也好，理也好，自然也好，都是一种理论上的大前提，而这种前提永远不能够被证明。中国的谶纬之学虽然被抛弃，但历代统治者还是依靠"神道设教"来维护统治。西方的"天赋人权"不也是宗教名义下的民主？

项安世继承了程颐的义理的基本思想，但由于气本论与理本论的差异，必然导致对天道理解上的根本差异。所以，项安世虽然抛弃了汉易的迷信部分，但继承了从卦象天道推人道的思想，而且，其论述全面准确。因为程子本人对《周易》的注解不全面，所以，虽然提出了义理派的基本观点，但论述简略，没有真正展开，项安世既然自称是继承了程子的思想，其主要是表现在这方面。

不过，项安世并没有邯郸学步，而是从细节上全面继承和发展了程子的义理思想。

另外，朱伯崑先生指出："引史说经，汉易已开其端，借历史人物的遭遇说明卦爻辞的意义。但汉唐人解易，所引历史事件不多。宋易中的义理派，由于重视王弼注易以明人事的传统，常以历史人物的事迹解释卦爻辞，《程氏易传》正是发扬这种传统。"① 但是，《程氏易传》以史解易还比较粗糙。项安世继承了这一传统，并在此基础上加以发展，以史解易非常丰富多彩，是易学与史学的完美结合，只有杨万里堪与媲美。

谭德贵，中国社会科学院宗教所研究员

---

① 朱伯崑：《易学哲学史》第二卷，昆仑出版社 2005 年版，第 229 页。

◇儒服与"古言服"考

◎ 余治平

[摘　要] 根据《墨子·公孟》的记录，公孟子是一位穿着儒服、儒味十足的儒，他具有一定的儒家背景，或者他本人就是一个保守、地道的儒，至少他相信并引用过儒者的名言。《礼记·儒行》载，鲁哀公问于孔子曰："夫子之服，其儒服与？"而孔子则回答说："丘少居鲁，衣逢掖之长。长居宋，冠章甫之冠。丘闻之也：君子之学也博，其服也乡。丘不知儒服。"章甫，是殷商玄冠之名，属于一种由缁布做成的礼冠。如果儒服即是殷服，那么儒礼也就是曾经推广并盛行于有殷一代的古礼。孔子的祖上一度是殷商王朝的宋国贵族，上溯三代，也出过鲁国的武士。孔子的身上既有殷人的血统，也有周人的血统。周初时代，那些自觉保留了殷商文明的前朝遗民开始被称为儒。

[关键词] 儒服　孔子　殷商　儒

——

由于历史的久远与文献的阙如，儒的发生起源已经成为中国学术史、思想史上一个难以考证、众说纷纭的悬案。如果《周礼》果真出自汉人之手，那么，《论语》一书则可能是较早出现"儒"字的文献，当然，更早的记录则应该在甲骨文中发现。① 《雍也》篇中，孔子教导弟子子夏说："女为君子儒，无为小人儒！"可惜失之于单薄，而没有传达出任何更多有价值的思想信息。

诸子百家中，《墨子》一书较早对儒的情状、活动与主张进行了粗略记载和描述，尽管并不完全确信、可靠。《墨子·公孟》记，"公孟子曰：'君

---

① "儒"字在《周礼》一书中，凡二见，一处是《天官冢宰·大宰》所说的："儒，以道得民"；另一处则是《地官司徒·大司徒》所说的："联师儒"。见陈戍国点校《周礼》，岳麓书社1989年版，第6、29页。

子必古言服，然后仁。'"① 同样的文字还见于《墨子·非儒》，即"儒者曰：'君子必古言服，然后仁。'"② 于是，公孟子可能具有一定的儒家背景，或者，他本人就是一个保守、地道的儒，至少他相信并引用过儒者的这一句名言；儒者一般都具有君子的风范，或者，君子应该是儒者的人格标准，而不可能是那类卑鄙粗俗、肮脏龌龊的小人；尽管在墨子的眼里，这样的君子并不值得效法，因为他们往往显得迂腐、阔远而难经事用。仁是儒者的价值追求与精神归宿。

墨子说："昔者，商王纣、卿士费仲，为天下之暴人，箕子、微子为天下之圣人，此同言而或仁不仁也。周公旦为天下之圣人，关叔为天下之暴人，此同服或仁不仁。然则不在古服与古言矣！"③ 能不能按照仁的要求来做事，实际上并不在于说不说古人的话、穿不穿古人的服装，满口仁义道德、衣冠楚楚的人照样可以违背儒道，古时候的人都说古言、穿古服，但未必都能够切身践仁、行仁。

难道古时候大街上走的每一个人，都是真正的儒吗?! 然而，由此却可以衍生出不可绕过的相关问题：所谓"古"到底指哪一个朝代，或古到什么时候？古言、古服究竟指什么，具体内容有哪些？古言服者与仁之间是否存在着一种必然的关联，或者，古言服者是否构成了一个特殊的职业阶层？儒服与西周文明、孔子之间究竟存在什么样的联系？

二

墨子是春秋末期的鲁国人，孔子死后约十年，墨子才降生。④ 无论《墨子》最终成书于何时，书中所称都当以墨子的口气，而其所谓"古"，一般有两种可能：一种可能指较近的古，即春秋早期，本朝之内，由于时间久远，也可以称古。死了的祖先前辈，具有一定年代，未尝不可以叫作古人。但公孟子所说的"古言服"之所指，因为时间距离太近，所以不可能将孔门之儒包括在内。而从后文墨子对公孟子所说的一句话——"子法周，而未法夏也，子之古，非古也"⑤ 则可以说明，公孟子之古，可能并没有超出

---

① 《墨子·公孟》，见《百子全书》第三册，岳麓书社 1993 年版，第 2478 页。

② 《墨子·非儒》，见《百子全书》第三册，岳麓书社 1993 年版，第 2445 页。

③ 《墨子·公孟》，见《百子全书》第三册，岳麓书社 1993 年版，第 2478 页。

④ 根据钱穆的考证："墨子生年，当在周敬王之末年，或犹及孔子之未死也。""墨子幼年，正当孔子晚节，或竟不及与孔子并世。"又，"墨子之生，至迟在元王之世，不出孔子卒后十年。其卒当在安王十年左右，不出孟子生前十年"。见《先秦诸子系年》，中华书局 1985 年版，第 89、90 页。

⑤ 《墨子·公孟》，见《百子全书》第三册，岳麓书社 1993 年版，第 2478 页。

本朝的历史视野。而另一种可能则指较远的古，即不是本朝的周，无论是西周，还是东周，而指周之前朝，甚至更远的夏，最近也应该是殷商。于是，儒的产生与出现便可以上推得更早、更久远。在回答公孟子时，墨子所说古人、古服之所涉及的人物，既可以是商代的纣、费仲、箕子与微子，又可以是本朝的先人周公旦与关叔等。然而，这些都只具有猜想、推测的性质。

所谓"古言"，一般指前人所说的话，无论有没有落实于文字记载；当然也应该包括那些有权威、有力量的人所说出的那些有道理、有影响的话。在《墨子》的文本语境中，"古言"往往都托"君子"之口而说出。于是，自从产生儒以来，君子始终是儒的理想人格与道德追求，一直到孔子这里都没有改变过。《论语》中，《雍也》记："君子博学于文，约之以礼，亦可以弗畔矣！"《里仁》说："君子无终食之间违仁，造次必于是，颠沛必于是。"《学而》曰："君子食无求饱，居无求安，敏于事而慎于言，就有道而正焉。"君子之主体，无论是统治阶级，还是有才有德之人，实际上都是古代社会中具有一定影响力和号召力的人士，都属于位居上层的社会精英，只是发展到殷、周交替的时代，才逐渐演变为前朝文明的积极继承人，或殷商文化的总结者。所以，经由他们说出的话，往往仍能够对当朝百姓的日用生活发挥正面的导引作用。古言不可不信，因为古言之中凝练与反映了无数初民、先人的生活智慧。不听古人言，吃亏在眼前。违背前辈的教导，则不得不付出惨痛的代价。

至于古服，《墨子·公孟》说："公孟子戴章甫，搢忽，儒服，而以见子墨子。"① 由此看来，公孟子还是一位穿着儒服、儒味十足的儒。章甫，是殷商玄冠之名，属于一种由缁布做成的礼冠。上古时代，男子二十岁成年，必须举行加冠之礼，始戴缁布之帽。《论语·先进》中，公西华说："宗庙之事，如会同，端章甫，愿为小相焉。"根据《仪礼·士冠礼》所记："委貌，周道也。章甫，殷道也。毋追，夏后氏之道也。周弁，殷冔，夏收。三王共皮弁素积。"② 夏、殷、周三代的冠制分别为毋追、章甫、委貌，各不相同。斋戒、祭祀时所戴的冠也有区别，周代戴弁，殷朝戴冔，而夏时则戴收。但皮弁与腰间有皱纹的素裳则是一样的。及至后世则有"章服"一词，已指一种按照官阶等级而饰以不同花式的官服。嵇康的《与山巨源绝交书》说："而当裹以章服，揖拜上官。"③ 搢，原义指插，《淮南子·齐

① 《墨子·公孟》，见《百子全书》第三册，岳麓书社 1993 年版，第 2478 页。
② 陈戍国点校：《仪礼·士冠礼》，岳麓书社 1989 年版，第 139 页。
③ 嵇康：《与山巨源绝交书》，见戴明扬《嵇康集校注》，人民文学出版社 1962 年版，第 120 页。

俗训》说："越王勾践劗发文身，无皮弁、搢笏之服。"① 后世则有"搢绅"一词，则是高级官员服饰的统称。忽，即笏，或朝笏，又叫手板，上古礼器之一种，君臣在朝廷上相见时手中所持的手板，呈狭长状，一般用玉、象牙或文竹制作而成，用以比画或在上面记事。《春秋谷梁传·僖公三年》记："阳谷之会，桓公委端、搢笏而朝诸侯，诸侯皆谕乎桓公之志。"② 笏，很早就被广泛使用于政治生活中了，至少在春秋时代，也已相当流行。《礼记·玉藻》说："笏，天子以球玉，诸侯以象，大夫以鱼［颁］文竹，士竹本象可也。""凡有指画于君前，用笏；造受命于君前，则书于笏。""笏度：二尺有六寸，其中博三寸，其杀六分而去一。"③ 对笏的材料来源、实际用途及制作规格都做了一一交代。

而接下来的问题则是，根据《墨子·公孟》文本的直接描述，"公孟子戴章甫，搢忽"中的"章甫"，应该是"古言服"中的"古服"，但到此我们还不能断定古服一定就是所谓儒服。然而，非常有趣的是，紧接在"古服"的后面，又跟出"儒服"二字，而这在逻辑上便完全可以说明，至少在《墨子》作者、编撰者的眼里，公孟子所穿戴的古服直接就是儒服。于是，所谓"章甫"，所谓"古服"，所谓"儒服"，所指涉的内容实际上已经是相统一的了。

三

那么，由"章甫"又怎么会扯出一个孔子呢？或者，孔子与"章甫"之间究竟有什么直接的关联呢？

根据《礼记·儒行》所载："鲁哀公问于孔子曰：'夫子之服，其儒服与？'"而孔子则回答说："丘少居鲁，衣逢掖之长。长居宋，冠章甫之冠。丘闻之也：君子之学也博，其服也乡。丘不知儒服。"④ 这一段对话至少可以透露出这样的信息：第一，孔子是穿古服的，其与众不同，足以让人怀疑就是传说中的儒服。第二，孔子所穿的衣裳显然并不是当时人们的通常着装，至少已经不为鲁哀公所熟悉和了解了。第三，孔子的穿戴中，其衣有一个显著的特点就是"逢掖之长"。上古服装中，上身为衣，下身为裳。逢掖之长，意味着袖子特别宽大，这显然不是一般劳作之人的服饰。孔子所戴的帽子就是古时候的章甫。第四，孔子自己认同于鲁、宋。孔子少年时代住在鲁国，鲁

---

① 杨坚点校：《淮南子·齐俗训》，岳麓书社 1988 年版，第 122 页。
② 顾馨、徐明校点：《春秋谷梁传·僖公三年》，辽宁教育出版社 1997 年版，第 38 页。
③ 陈成国点校：《礼记·语藻》，岳麓书社 1989 年版，第 401 页。
④ 陈成国点校：《礼记·儒行》，岳麓书社 1989 年版，第 528 页。

国人的衣袖特别宽大。长大之后又旅居宋国，宋国人头上都喜欢戴章甫。孔子的服饰已经糅合、掺杂了各方面的因素，而不再反映任何一家一派的体统特征了。第五，孔子的穿着，历史沿袭非常久远，以至于连他自己都不知道具体来源究竟在哪里了，而只知道入乡随俗，只能姑且把它当作一种"乡服"。

孔子的祖上一度是殷商王朝宋国的贵族，上溯三代，也出过鲁国的武士。《春秋左传·昭公七年》中，鲁国贵族孟僖子明确称孔子为"圣人之后"，可能就是指孔子具有殷人的血统，祖先曾经具备非常美好的德行。孔子"其祖弗父何，以有宋而授厉公"①，弗父何原本应当做宋之国君的，但后来却主动让给了弟弟厉公。而宋国又是商纣王在平定武庚叛乱之后分给庶兄微子的一个封国，辖殷商旧都附近的地区。于是，孔子的祖先开始由王室世家变为诸侯之家。《孔子家语·本姓解》说："孔子之先，宋之后也。"② 据钱穆的《孔子传》说，弗父何的曾孙是"正考父"，曾辅佐过宋戴公、武公、宣公，三朝皆为上卿。这样，诸侯之家便又变成了公卿之家。正考父之为人非常恭敬、节俭，其鼎铭文记曰："一命而偻，再命而伛，三命而俯。循墙而走，亦莫余敢侮。饘于是，鬻于是，以糊余口。"③ 显示出极高的谦卑精神和德性修养。正考父生孔父嘉。宋穆公时，孔父嘉一度为大司马。④《春秋左传》桓公元年、二年所提及的"孔父"就是孔父嘉，其妻"美而艳"，后被华父督所垂涎，华父督借故杀了孔父，而霸占其妻。孔父嘉的曾孙是孔防叔。《史记·孔子世家》说，孔子"其先宋人也，曰孔防叔。防叔生伯夏，伯夏生叔梁纥。纥与颜氏女野合生孔子，祷于尼丘得孔子"⑤。而按照《孔子家语·本姓解》的谱系，则应该为"弗父何生宋父周，周生世子胜，胜生正考甫，考甫生孔父嘉。五世亲尽，别为公族，故后以孔氏焉。""孔父生子木金父，金父生睪夷，睪夷生防叔，避华氏之祸而奔鲁。防叔生伯夏，伯夏生叔梁纥。"⑥

---

① 顾馨、徐明校点：《春秋左传·昭公七年》，辽宁教育出版社1997年版，第277页。
② 《孔子家语·本姓解》，见《百子全书》第一册，岳麓书社1993年版，第86页。
③ 顾馨、徐明校点：《春秋左传·昭公七年》，辽宁教育出版社1997年版，第277页。
④ 钱穆：《孔子传》，生活·读书·新知三联书店2002年版，第1、2页。
⑤ 司马迁：《史记·孔子世家》，岳麓书社1993年版，第408页。关于"防叔生伯夏，伯夏生叔梁纥"之说，清人崔述指出："此文或有所本，未敢决其必不然。然《史记》之诬者十七八，而此又不见他经传，亦未敢决其必然。"见崔述《洙泗考信录·卷一》，中华书局1985年版，第2页。
⑥ 《孔子家语·本姓解》，见《百子全书》第一册，岳麓书社1993年版。然而，对《孔子家语》的这一段文字，崔述却予以了大胆怀疑与否定，理由主要有三条：首先，"鄹叔以前，见于《春秋传》者仅弗父何、正考父、孔父嘉三世。见于《史记·世家》者，仅防叔、伯夏二世。此外皆不见于传记。《史记》之言，余犹不敢尽信，况《史记》之所不言者乎！"其次，"且孔父嘉为华督所杀，其子避祸奔鲁，可也。防叔，其曾孙也，其世当在宋襄、成间。于时华氏稍衰，初无构乱之事。防叔安得避华氏之祸而奔鲁乎？"再次，"《家语》一书本后人所伪撰，其文皆采之于他书而增损改易以饰之"。见《洙泗考信录·卷一》，中华书局1985年版，第3页。

孔子以先祖的字为氏，而姓孔。① 叔梁纥是鲁国的陬邑宰，身高十尺，力气很大，《春秋左传·襄公十年》记载，偪阳之役中，他一人独自力托悬门。② 于是，孔子的先祖便又由公卿之家变成了士族之家。而孔子之母颜徵在出生并成长于曲阜的阙里，是一位地道的鲁国女子。宋国是殷人的后代，而鲁国则是周公后裔的封国，所以说，孔子的身上很可能既有殷人的血统，也有周人的血统。

《礼记·檀弓上》载，孔子临终前七天对弟子子贡交代了自己的后事。孔子说："夏后氏葬于东阶之上，则犹在阼也。殷人殡于两楹之间，则与宾主夹之也。周人殡于西阶之上，则犹宾之也。而丘也，殷人也。予畴昔之夜，梦坐奠于两楹之间。夫明王不兴，而天下其孰能宗予？予殆将死也。"③可见，孔子本人也始终以殷人自居，对商汤后裔是有血统认同的。根据古礼，夏后氏死了以后棺柩被停放在堂前的东阶上，那还是在主人的位置上。殷人的棺柩一般都位于堂屋的两立柱之内，如同夹在宾、主之间。而周人则把棺柩放在堂前的西阶上，那就好比宾客一样了。孔子自谓殷人，希望自己的棺柩停放在两楹之间供人祭奠。只可惜没有圣王明君的教化，所以人群中也便没有谁能够主动继承他的衣钵了。

四

近代的胡适根据"儒服即是殷服"的线索，大胆推导出这样的结论："周初的儒都是殷人，都是殷的遗民，他们穿戴殷的古衣冠，习行殷的古礼。"④ 显然，在这一结论里又蕴藏着下列不可否认的判断：第一，胡适已经为儒的产生设定了一个历史上限，即最早只能在殷代。按照他的观点，儒是一个文明符号。殷之前的夏代不应该有儒；商王治下的殷人也不能叫儒，因为那时大家都是殷商文明的创造者、参与者、直接载体与受众，于是便无

---

① 关于孔姓的来历，钱穆在《孔子传·孔子的先世》中曾经指出："孔父是其字，嘉是其名。因获赐族之典，其后代以其先人之字为氏，乃曰孔氏。孔父嘉为孔子之六代祖。"生活·读书·新知三联书店 2002 年版，第 2 页。

② 顾馨、徐明校点：《春秋左传·襄公十年》，辽宁教育出版社 1997 年版，第 187 页。

③ 陈成国点校：《礼记·檀弓上》，岳麓书社 1989 年版，第 303 页。

④ 胡适：《说儒》，见姜义华主编《胡适学术文集·中国哲学史》，中华书局 1991 年版，第 620 页。胡适关于殷服即古服、即儒服的结论首先被冯友兰所否定，冯在《原儒墨》一文中指出，因为春秋战国在经济、社会、政治、思想各方面都是一个大转变时期。"衣服方面也必常有新花样出来"，"新花样之衣服，在初行时为'奇装异服'；及行之既久，大家习为故然，原来非'奇装异服'之衣服，即成为'古服'了"。"'古服'之古，乃对当时新花样之'奇装异服'而言。儒家是拥护传统反对变革者，故其言服亦不随潮流变革。及随潮流者之新，已成故然，儒家之人之言服，遂成为古言服，然而实仍是周制。所以，墨子以为公孟子'法周而不法夏'，仍'非古也'。"实际上，冯友兰的主张并没有比胡适的结论获得更为可靠的文献支持与考古根据，在性质上仍是一种后人主观推断。引文见《二十世纪儒学研究大系·儒家学派研究》，中华书局 2002 年版，第 153 页。

所谓儒与非儒了；只有到了周初的时代，那些自觉保留了殷商文明的前朝遗民才能够称为儒。第二，既然儒服即是殷服，那么，儒礼也就是曾经推广并盛行于有殷一代的古礼。第三，殷礼最完整的保存者并不是那些已经被周武王征服、改造和同化了的殷都民众，而是那些商王在位的时候就已经迁居出来的宋人，如孔子的先祖。第四，迁居出来的宋人，具有顽强的自我保护能力，生活在鲁人圈子中却又始终没有被鲁人所完全同化，自觉保存了殷人的风俗传统。

按照胡适的意见，"镇抚殷民"始终是困扰周初统治者的一大棘手难题，这可以从《尚书》的《大诰》、《多士》、《多方》、《康诰》、《酒诰》、《费誓》等篇的文字里获得确证。"武庚四国叛乱之后，周室的领袖决心用武力东征，灭殷四国，建立了太公的齐国，周公的鲁国。"然而，"周室终不能不保留一个宋国，大概还是承认那个殷民问题的严重性，所以不能不在周室宗亲（卫与鲁）、外戚（齐）的包围监视之下保存一个殷民族文化的故国"。① 胡适非常坚信，周初时代里，无论在政治、文化上，还是在民族上，宋国的存在都具有一定的合法性与必要性。而且，"以文化论，那新起的周民族自然比不上那东方文化久远的殷民族，所以周室的领袖在那开国的时候也不能不尊重那殷商文化"②。迫于殷商的文明强势，也为了新生政权的安定与社会稳固，周人不得不采取直接继承殷族礼乐文化的统治策略。当然，随着自身实力的壮大，后来才逐步予以改造，清理一些、吸收一些，排除一些、消化一些都是可能的事情。所以，孔子也说过："周因于殷礼，所损益，可知也。"（《论语·为政》）

"殷周两民族的逐渐同化，其中自然有自觉的方式，也有不自觉的方式。不自觉的同化是两种民族文化长期接触的自然结果"，而"自觉的同化"则"与'儒'的一个阶级或职业很有重大的关系"③。商灭之时，殷民十三族，即条氏、徐氏、萧氏、索氏、长勺氏、尾勺氏，加上陶氏、施氏、

---

① 胡适：《说儒》，见姜义华主编《胡适学术文集·中国哲学史》，中华书局 1991 年版，第623 页。

② 据《史记·卫康叔世家》，周公领军东征平叛，杀死管叔与纣王之子武庚，放逐了蔡叔。而把先前由武庚统治的殷民封给康叔，立康叔为卫君，居于黄河与淇水之间的故殷地。康叔是武王、周公之少弟。考虑到康叔年轻，所以周公反复告诫，希望他能够遍寻殷人之君子与长者，请教前殷王朝兴盛与灭亡的原因。《尚书·周书》中的《康诰》、《酒诰》、《梓材》就是周公告诫康叔如何治理殷民的训辞。如《康诰》中，周公要求康叔："今民将在祗遹乃文考，绍闻衣德言。往敷求于殷先哲王用保父民。汝丕远惟商者成人，宅心知训。别求闻由古先哲王，用康保民。弘于天，若德裕乃身，不废在王命！""汝惟小子，乃服惟弘王应保殷民，亦惟助王宅天命，作新民。"见黄怀信《尚书注训》，岳麓书社 2002 年版，第 260、261 页。

③ 胡适：《说儒》，见姜义华主编《胡适学术文集·中国哲学史》，中华书局 1991 年版，第625 页。

繁氏、锜氏、樊氏、饥氏、终葵氏，被周人俘获，后又被分配给新朝的宗亲诸侯所管制，而其主要去向则在鲁、卫。商王掌控的所有土地无疑被一一瓜分了。太祝、宗人、太卜、太史一类的神职或公职人员连同商王用过的一切礼器服饰、典籍简册，都分给了鲁公。[①] 亡国之民，下场很凄凉，多数沦落为任人支配的俘虏和奴隶，他们必须无条件地遵守周王的法典度制，听从周天子的政事命令。只有极少数人仍可以在鲁国接受任职，但必须坚决效忠于周室，自觉接受新王的改造，宣传周公的德行，完成分派的任务。

　　而对于那些于心、于行仍不臣服于周的"顽民"，只有严厉地警告与训斥。《尚书·周书·多士》中，周公在洛邑告诫前殷管、蔡、商、奄四国的遗老遗少们："尔殷遗多士，弗吊旻天，大降丧于殷。我有周佑命，将天明威，致王罚，敕殷命，终于帝。肆尔多士！非我小国敢弋殷命，惟天不畀允罔固乱，弼我。我其敢求位？惟帝不畀，惟我下民秉为，惟天明畏。"周公首先做了意识形态的宣传与鼓动：上天有眼，降福泽于我周室，而灭了你们殷朝，并不是我们小国胆敢觊觎商王的政权，所以，你们现在怎么可以不畏惧上天的明威呢！如果你们继续执迷不悟，不识大局，不顾大体，那么我也就不客气了！"告尔殷多士，今予惟不尔杀，予惟时命有申。今朕作大邑于兹洛，予惟四方罔攸宾，亦惟尔多士攸服奔走臣我多逊。尔乃尚有尔土，尔用尚宁干止。尔克敬，天惟畀矜尔；尔不克敬，尔不啻不有尔土，予亦致天之罚于尔躬！今尔惟时宅尔邑，继尔居；尔厥有干有年于兹洛。尔小子乃兴，从尔迁。""时予，乃或言尔攸居。"[②] 周公的语气和措辞显然已经升了一级，几乎是在下一道最后通牒令：给你们土地，让你们有事可干，有年可享，有规律地劳作休息，但如果你们还不服从我周天子的统治，等待你们的便只有上天的惩罚了！

余治平，上海社会科学院哲学研究所研究员

---

① 《春秋左传·定公四年》记载了商亡之后，殷被分族的惨烈情景。祝佗说："分鲁公以大路、大旂、夏后氏之璜、封氏之繁弱，殷民六族：条氏、徐氏、萧氏、索氏、长勺氏、尾勺氏，使帅其宗氏，辑其分族，将其类丑，以法则周公，用即命于周。是使之职事于鲁，以昭周公之明德。分之土田倍敦，祝、宗、卜、史，备物、典策，官司、彝器。因商奄之民，命以《伯禽》，而封于少皞之虚。分康叔以大路、少帛、綪茷、旃旌、大吕，殷民七族：陶氏、施氏、繁氏、锜氏、樊氏、饥氏、终葵氏；封畛土略，自武父以南及圃田之北竟，取于有阎之土，以共王职。取于相土之东都，以会王之东蒐。聃季授土，陶叔授民，命以《康诰》，而封于殷虚。皆启以商政，疆以周索。"辽宁教育出版社1997年版，第343、344页。

② 《尚书·周书·多士》，见黄怀信《尚书注训》，岳麓书社1993年版，第303、307页。

◇君子之道费而隐

——《中庸》：从天道信仰到社会教化

◎ 杨汝清

[摘　要] 本文围绕四书之一的《中庸》篇，从儒家的天道信仰、自我修养和社会教化三个方面，进行了深入解读和义理阐发，例如何谓"天命之谓性"、"率性之谓道"和"修道之谓教"。"人之所以为人"是自我修养，"道之所以为道"是天道信仰，"圣人之所以为教"是社会教化。一部《中庸》，将这三个方面括尽无遗。

[关键词] 君子之道　中庸　天道信仰　社会教化

大凡对中国当代社会略有思考之人，都会看到如此众多的严重社会问题之主要症结在于信仰的缺失，道德的失范。进而便有以天下为己任之有识之士为救补时弊作出种种之努力，各种思想思潮、诸多信仰体系乃至"以德治国"、"和谐社会"等政治口号，皆为此种努力之表现。借此可见，无论这一判断周密与否，都体现了人们对道德的一个最为基本的诉求，即是——

在当代社会，如何实现最大可能的、最为有效的社会教化，使人心得以安定，信仰得以确立，福祉得以落实，确为迫在眉睫之要务。

时代的变迁使得我们能够有更多的渠道获知更多的信息，于是乎融汇古今、贯通中西成为一种时尚。不仅我们的生活因此而绚烂多彩，就连学术和思想也变得光怪陆离，令人目不暇接了。为了解决中国社会的问题，我们经历了一百多年的迷茫与探索，在中西之间抉择，在左右之间取舍，在物质与精神之间摇摆。尤其是进入改革开放的三十多年间，如何面对传统和现代、中学和西学，可谓观点林立，思潮迭起。

面对如此复杂的现实，我们何去何从？似乎很难作出了断，然而，无论中西，文明的发展莫不是在前人智慧的基础之上，进行与时代特色相适应的再阐释。也就是常言所谓回溯源头，返本开新。中国历史上无论汉代为适应大一统需要而提出的"天人感应"，还是宋代为了回应佛老而强调的"天理人欲"，还是近代为解决与民主科学之扞格而开创的"中体西用"，无不是首先回到经典，探寻其契合于时代之部分，再图经世致用。西方社会之发展理路大致亦然，尤其是文艺复兴时期从对苏格拉底、柏拉图等哲人经典著作的重新阐释而形成的人道主义思想、人文主义精神，成为近代西方最大的思想资源。

　　基于如此之思考，笔者以为解决当下复杂社会问题之方法依然包含在我们的经典之中，而在诸多经典中，欲求从个体到社会、从生活到信仰系统而整全的解决之道，《中庸》是一部决然不可忽视的著作。

　　《中庸》本为《礼记》中之一篇，朱子为何将其从中单独抽出而列为"四书"之一部，居于更为核心之经典的地位，绝非率意而为。我们从《中庸》开篇即可窥其端倪——

　　　　天命之谓性，率性之谓道，修道之谓教。

朱子在《四书章句集注》中解释——

　　　　命，犹令也。性，即理也。天以阴阳五行化生万物，气以成形，而理亦赋焉，犹命令也。于是人物之生，因各得其所赋之理，以为健顺五常之德，所谓性也。率，循也。道，犹路也。人物各循其性之自然，则其日用事物之间，莫不各有当行之路，是则所谓道也。修，品节之也。性道虽同，而气禀或异，故不能无过不及之差，圣人因人物之所当行者而品节之，以为法于天下，则谓之教，若礼、乐、刑、政之属是也。

　　这可以看作朱子对儒家思想的全面而概括的总结。首先谈天命和性的关系，这是从形上超越的层面对性的揭示。此处的性与"性相近也，习相远也"[1] 中所言的"性"还是有所区别的[2]。天以阴阳五行化生万物，以其生生之德赋予万物所当具之理，这是所谓的"天命之性"，依循此理，便可养成健顺五常之德。虽则因气禀所拘，人物气质之性各有不同，所谓龙生九子，人亦有智愚贤不肖之别，人和禽兽有知礼和不知礼之别。但天命所赋之性是上天生生之德的投射与映照，是人之所以为人、物之所以为物的根本，

---

[1] 《论语·阳货第十七》。
[2] 宋儒对此有"天命之性"与"气质之性"的分殊，可参见《朱子语类·卷四·性理一》。

这就是《易传》所谓"大哉乾元！万物资始。乾道变化，各正性命"①。

人和物各自依循着从上天那里得来的"性"之本然，在生长过程中各自都有当行当为的途径和方式，"率性"而为，这就是"道"。那么"道"怎样落实？需要"修"。于人而言，由于气质之性的禀赋不同，修道的方式也各有不同。对于圣人，修道即是通过自己对于"道"的体认，把它落实为具体的生命体悟，并通过自己的体悟为天下立法，并依修道当行之理对常人进行教化，这就是"教"。下面朱子又讲——

> 盖人之所以为人，道之所以为道，圣人之所以为教，原其所自，无一不本于天而备于我。学者知之，则其于学，知所用力而自不能已矣。故子思于此乎发明之，读者所宜深体而默识也。

在这里，朱子的思想有一个变化的过程。

《四书章句集注定本辨》② 中提到，这一句朱子最初的解释是——

> 盖人知己之有性，而不知其出于天；知事之有道，而不知其由于性；知圣人之有教，而不知其因我之所固有者裁之也。故子思于此首发明之，而董子所谓道之大原出于天，亦此意也。

从这里我们可以看到——人们都知道己之有性，而不知其性是出于天的；知道事之有道，而不知其道是由天命所赋的性生发出来的；知道圣人有教，而不知道圣人的教化是根据我们每个人身上所固有的天赋禀性所进行的最为恰切的引领。也就是说我们的性、道、教皆是出于天之所命的。

这是朱子早期的解释，后来修改为——

> 盖人之所以为人，道之所以为道，圣人之所以为教，原其所自，无一不本于天而备于我。

---

① 《易传·乾卦·彖辞》。
② 《四书章句集注定本辨》是《四书章句集注》一书的附录，是清代的吴英与他的儿子给《四书章句集注》做定本的时候，吴英写下的一篇"定本辨"，从中可以看到朱子著《四书章句》历尽一生心血，不断增删，直到他去世时才有定本，而在宋代刊行的一些版本是朱子生前还没有改好的版本，所以，我们看到的宋本的四书集注有很多还是朱子去世之前的看法，到了明代，刊行的版本有了朱子去世后真德秀所作的定本。我们现在看到的《四书集注》，最好的版本就是吴英父子所作的勘定本。

在这句话中，朱子明确指出了儒家所探求的天人关系，人世间的一切都"本于天"，这是儒家的终极价值所在。而且皆"备于我"，这些价值在我们的身上都已经具备了，这便是儒家所强调的修身。正因为"本于天"者皆"备于我"，所以教化才能得以落实。

朱子的话用浅显的语言解释就是说，在我们的人世生活之上，还有一个终极的超越性存在，不仅赋予我们生命，也赋予我们人生而为人之理——这就是"天命之谓性"；每个个体生命的道德修养是受其天命之性所影响和决定的，人之天性禀赋各有不同，因此所走的路，所成就的德行和事业也各有不同，依循并正视自己之天赋，为所当为——这就是"率性之谓道"；对家国天下而言，尊重每个个体生命之差异，因势利导，以礼乐教化为引领，刑政律令为禁止，构建良好的社会教化体系——这就是"修道之谓教"。

"人之所以为人"是自我修养，"道之所以为道"是天道信仰，"圣人之所以为教"是社会教化。一部《中庸》，将这三个方面括尽无遗。

儒家的天道信仰

天、天命、天道都是儒家的基本概念，在儒家经典中大量存在。仅《尚书》一书中，关于"天"的表述就有上百处之多，诸如"皇天眷命，奄有四海"①，"惟德动天，无远弗届"②，"天命有德，五服五章哉；天讨有罪，五刑五用哉"③，"今予惟恭行天之罚"④，"先王克谨天戒"⑤，"天命弗僭"⑥，等等。在《尚书》中所记载的天有生命，有思考，有意志，而且执掌了对人间善恶的评判和奖罚。

《尚书》中的材料是古老的，直接反映了儒家对天的基本认识，体现了儒家的天命观，可以看作是我们理解"天命之谓性"原初面貌的材料。

依据《尚书》等儒家经典所述，我们可以看到世俗政权的合法性来源于天，也可以说是天命。

在《尚书》中有这样一段话——

> 有夏桀，弗克若天，流毒下国，天乃佑命成汤，降黜夏命，惟受罪浮于桀，剥丧元良，贼虐谏辅。谓己有天命，谓敬不足行，谓祭无益，

① 《尚书·虞书·大禹谟》。
② 同上。
③ 《尚书·虞书·皋陶谟》。
④ 《尚书·夏书·甘誓》。
⑤ 《尚书·夏书·胤征》。
⑥ 《尚书·商书·汤诰》。

谓暴无伤，厥监惟不远。①

夏是受命于天的，但夏桀却不能履行天赋予他的责任，倚仗天命，不敬鬼神，祸国殃民，于是天就把天命降到商朝的开国者成汤身上，让成汤代天行事，将夏朝的天命褫夺掉。也就是说，之前天给了夏一个授权，现在天要收回这个授权，又另外选择了一个受权人成汤，让他从夏桀那里把这个授权收回来。这就是基于天道信仰的政权和朝代更替。

同样，周朝的政权合法性也是来源于上天的。在《尚书·武成》中有——

　　　我文考文王，克成厥勋。诞膺天命，以抚方夏。大邦畏其力，小邦怀其德。②

《武成》篇是赞美武王的，其中提到了武王的父亲文王，明确指出上天已经把天命降到文王身上，让他来治理中国。

而且，武王对自己的伐纣行为有这样的解释——

　　　天有显道，厥类惟彰，今商王受，狎侮五常，荒怠弗敬，自绝于天，结怨于民。斮朝涉之胫，剖贤人之心，作威杀戮，毒痡四海，崇信奸回，放黜师保，屏弃典刑，囚奴正士，郊社不修，宗庙不享，作奇技淫巧，以悦妇人。上帝弗顺，祝降时丧，尔其孜孜，奉予一人。恭行天罚。③

天道在人间是可以显现的，"天命玄鸟，降而生商"④，上天通过不同方式将其天道予以彰显，可是现在的商王帝辛（即纣）虽然承继了其祖从上天那里接受的天命，但却把伦常都破坏掉了，对上天失去了敬意，"自绝于天，结怨于民"。"斮朝涉之胫，剖贤人之心。"砍断清晨过河的父子的腿，去验看骨髓是不是满的；王子比干时称圣人，因谏阻商王无道，惨遭剜心⑤。商纣王如此残暴无道，荒淫无度，在天那里已经丧失了统治的合法性。于是，天给了周武王一个授权，说现在要让他代天行事，惩罚商纣王的

① 《尚书·周书·泰誓中》。
② 《尚书·周书·武成》。
③ 《尚书·周书·泰誓下》。
④ 《诗经·商颂·玄鸟》。
⑤ 事见《史记·殷本纪》及《括地志》。

失道行为。

通过以上文献可以看到，政权的合法性是来源于"天"的，没有上天的授权，政权是没有合法性的。而这种合法性的判断是与"德"密不可分的，也即不离于伦常的。儒家的"天"与基督教的上帝在超越的意义上有相似之处，他们都有独立的意志，并且通过自己的意志在主宰和关照着人类。但二者又有显著的区别，主要在于，上帝要求人类要有排他性的绝对的皈依，而儒家的天不要求人必须绝对皈依自己，而是要以自身之德去配天。由此可见，"天命"也不是一种绝对化的意志，而仍然有赖于道德从人内心深处的生发，这也就是朱子所说的"本于天而备于我"。

天既然授命于人，那么天通过什么方式来对执政者以及整个社会进行观察、判断，进而进行道德上的评判和奖罚呢？在《尚书》中有一段话——

　　禹曰："都！帝，慎乃在位。"帝曰："俞。"禹曰："安汝止？惟几惟康，其弼直。惟动丕应徯志，以昭受上帝，天其申命用休。"①

在禹与舜帝的这段对话中，禹通过叹美以及提醒的方式为我们清晰地揭示了天授命于舜，舜通过自己的德行修养来成为天下人的榜样和楷模，来承继上帝的德行，进而得到天的再度赞美。于此，我们可以看到，天命是通过天或上帝的具体授予行为降到人间的。

《尚书》中还有——

　　予畏上帝，不敢不正。②
　　予惟小子，不敢替上帝命。天休于宁王，兴我小邦周；宁王惟卜用，克绥受兹命。③

《诗经》中也有——

　　殷之未丧师，克配上帝。④
　　昭事上帝，聿怀多福。⑤

---

① 《尚书·虞书·益稷》。
② 《尚书·商书·汤誓》。
③ 《尚书·周书·大诰》。
④ 《诗经·大雅·文王》。
⑤ 《诗经·大雅·大明》。

皇矣上帝，临下有赫。监观四方，求民之莫。①

　　诸如此类的表述，不胜枚举。据此我们分析，上帝就是天命的具体执行者。而且，在上帝降命之初，并非仅有天子才有受命的资格，常人也可通过感格的方式接受上帝的启示，但常人由于德行不够，往往为昏为乱，诚信缺失，滥用权威，殃及无辜，严重扰乱了社会的正常秩序和天人间的正常沟通，于是舜命重、黎"绝地天通"，使上天的降谕无复为常人所感格，使得人间的社会教化秩序出现了改观。这一变化也记载在《尚书》之中——

　　民兴胥渐，泯泯棼棼，罔中于信，以覆诅盟。虐威庶戮，方告无辜于上。上帝监民，罔有馨香德，刑发闻惟腥，皇帝哀矜庶戮之不辜，报虐以威，遏绝苗民，无世在下。乃命重黎，绝地天通，罔有降格，群后之逮在下，明明棐常，鳏寡无盖。皇帝清问下民，鳏寡有辞于苗，德威惟畏，德明惟明。②

　　在这段话中还有一个细节，就是"上帝监民"，上帝对人间之事有监督临视的权力和职责。这应该是后世儒家著作中提到的天人感应、人神交感观念的依据和源头。
　　儒家的终极价值追求，即是建立在对这样一种天人关系的信仰之中。有此信仰，人类才会在道德上有一个更高的追求，才会在为人处世时有所敬畏，"战战兢兢，如临深渊，如履薄冰"③。

儒家的自我修养

在《礼记·孔子闲居》中有这样一段重要的对话——

　　子夏曰："三王之德，参于天地。敢问何如斯可谓参于天地矣？"孔子曰："奉'三无私'以劳天下。"子夏曰："敢问何谓'三无私'？"孔子曰："天无私覆，地无私载，日月无私照。奉斯三者以劳天下，此之谓'三无私'。其在《诗》曰：'帝命不违，至于汤齐。汤降不迟，

---

① 《诗经·大雅·皇矣》。
② 《尚书·周书·吕刑》。
③ 《诗经·小雅·小旻》。

圣敬日齐。昭假迟迟，上帝是祗，帝命式于九围。'① 是汤之德也。天有四时，春秋冬夏，风雨霜露，无非教也。地载神气，神气风霆，风霆流形，庶物露生，无非教也。清明在躬，气志如神。耆欲将至，有开必先。天降时雨，山川出云。其在《诗》曰'崧高维岳，峻极于天。维岳降神，生甫及申。维申及甫，维周之翰。四国于蕃，四方于宣。'② 此文武之德也。三代之王也，必先其令闻。《诗》云：'明明天子，令闻不已。'③ 三代之德也。'驰其文德，协此四国。'④ 大王之德也。"⑤

在子夏与孔子的这段对话中，我们可以看到，儒家所言的天地人三才中，人只有德配天地，才能够与天地参。同时，儒家道德的至高者——圣王只有奉"三无私"以劳课天下，才可以获得与天地参的资格。"三无私"即是超越于人世之上的超越性存在，也即是儒家的天道信仰的指向，简言之就是天命。天命是不可违的，因此孔子引《诗》"帝命不违，至于汤齐"，对此句，宋人苏氏⑥的解释是"至汤而王业成，与天命会也"⑦。

在《尚书》中也有一段话——

予惟时其迁居西尔，非我一人奉德不康宁，时惟天命，无违。⑧

此语为周公以成王的名义向殷商遗民发布的诰命，向他们陈述周的西迁是天命，而天命是不可以违逆的。这种对天、上帝、天命的态度和儒家对待父母的态度是一致的。

在《论语》中，当鲁国贵族、奉父命拜孔子为师的孟懿子问什么是孝时，孔子的回答也是"无违"⑨，这个回答很值得玩味。因为孔子在不同人问孝时的表述方式各不相同。当曾子问孝的时候，孔子给他的是一个定义式的表述："夫孝，天之经也，地之义也，民之行也。"⑩ 也就是说人们所行之"孝"是被上天所规定了的人之"德"，是人之所以能够与天地参而成为三

---

① 孔子此处引《诗经·商颂·长发》，"齐"《诗经》中作"跻"。
② 孔子此处引《诗经·大雅·崧高》，"峻"《诗经》中作"骏"。
③ 孔子此处引《诗经·大雅·江汉》。
④ 同上。《诗经》原文为"矢其文德，洽此四国"。
⑤ 《礼记·孔子闲居第二十九》。
⑥ 宋时苏氏有二，一为苏轼，二为其弟苏辙，此处未详为谁。
⑦ 语见朱熹《诗经集传》。
⑧ 《尚书·周书·多士》。
⑨ 《论语·为政第二》。
⑩ 《孝经·三才章第七》。

才之一所需之"德"，《中庸》中将这种"德"表述为"至诚"，并做了如下的描述——

> 唯天下至诚，为能尽其性；能尽其性，则能尽人之性；能尽人之性，则能尽物之性；能尽物之性，则可以赞天地之化育；可以赞天地之化育，则可以与天地参矣。①

毋庸置疑，这种境界就是圣人境界，只有圣人才可以尽其性、尽人之性、尽物之性，进而达到赞天地之化育，与天地参的境界。这种境界，可以直承天命，体悟天道。

但体悟了天道并不是全部，还要以天道为依归，在生命中进行践履，具体表现就是"以德配天"②。孟子说过——

> 尽其心者，知其性也。知其性，则知天矣。存其心，养其性，所以事天也。③

对此，朱子的解释是"尽心知性而知天，所以造其理也；存心养性以事天，所以履其事也。不知其理，固不能履其事；然徒造其理而不履其事，则亦无以有诸己矣。"④ 如何"履其事"？在内心中，要起敬起孝；在行动上，要依礼而行——

> 曾子曰："孝子之养老也，乐其心，不违其志。"⑤
> 意善不违身，耳目不违心，思虑不违亲；结诸心，形诸色，而术省之，孝子之志也。⑥

东汉荀悦《申鉴》中也有——

> 仁者内不伤性，外不伤物；上不违天，下不违人；处正居中，形神

---

① 《中庸》。
② 此思想显见于《尚书·周书·召诰》中之"肆惟王其疾敬德，王其德之用，祈天永命"句。
③ 《孟子·尽心上》。
④ 语见《四书章句集注》。
⑤ 《礼记·内则第十二》。
⑥ 《礼记·祭义第二十四》。

以和。故咎征不至而休嘉集之。①

不违于天，不违于亲，二者是互通而互参的。天道即是人道，天理即是伦理。欲明乎此，须明何谓"天命之性"。

在儒家思想的发展中，对于"性"的问题，孟子和荀子的思想有明显的分野——

《孟子》中有这样一段话——

> 滕文公为世子，将之楚，过宋而见孟子。孟子道性善，言必称尧舜。②

程子（程颐）对此解释——

> 性即理也。天下之理，原其所自，未有不善。喜、怒、哀、乐未发，何尝不善。发而中节，即无往而不善；发不中节，然后为不善。故凡言善恶，皆先善而后恶；言吉凶，皆先吉而后凶；言是非，皆先是而后非。③

"性"就是理，推及本源，没有不善的。善、吉、是，都是先天的，第一义的，而对应的恶、凶、非都是后起的，这是孟子思想的理路。而荀子思想的理路恰与其相反——

> 孟子曰："人之学者其性善。"曰："是不然，是不及知人之性，而不察乎人之性伪之分者也。凡性者，天之就也，不可学，不可事。礼义者，圣人之所生也，人之所学而能，所事而成者也。不可学不可事而在人者，谓之性；可学而能可事而成之在人者，谓之伪。是性伪之分也。"④

"不可学，不可事而在人者，谓之性"中的"在人"或认为是"在天"之误，这就成为"天命之谓性"的另一种表述。如果按照"在人"来理解，

---

① （东汉）荀悦：《申鉴·俗嫌第三》。
② 《孟子·滕文公上》。
③ 语见《四书章句集注》。
④ 《荀子·性恶篇第二十三》。

不可学，不可事，它本就在我们身上，这与朱子所解"本于天而备于我"是一个意思。所以这里无论理解为"在天"还是"在人"，都能清晰地看到荀子对"性"的来源的看法。尽管他反对孟子提倡的"性善"，主张"人之性恶，其善者伪也"①。强调善是后天"化性起伪"的结果，"居楚而楚，居越而越，居夏而夏，是非天性也，积靡使然也。故人知谨注错，慎习俗，大积靡，则为君子矣"②。但他也认为"凡性者，天之就也"，"性"就是"天命"，就是天所赋予的，存在于我们的心中。

在《中庸》中，有一段对"中和"的表述——

　　喜怒哀乐之未发，谓之中；发而皆中节，谓之和。中也者，天下之大本也；和也者，天下之达道也。

朱子对此的解释是——

　　喜怒哀乐，情也。其未发，则性也，无所偏倚，故谓之中。发皆中节，情之正也，无所乖戾，故谓之和。大本者，天命之情，天下之理皆由此出，道之体也。达道者，循性之谓，天下古今之所共由，道之用也。此言性情之德，以明道不可难之意。③

心统性情，性有"天命之性"，情亦有"天命之情"，"发而皆中节"的就是天命之情。情之"大本"是"天命之情"，"天下之理"都出于此，"道"即由此而生了。这与郭店楚简中《性自命出》篇的观点是一致的——

　　性自命出，命自天降。道始于情，情生于性。④

在《大学》中也提到——

　　好人之所恶，恶人之所好，是谓拂人之性，菑必逮夫身。

这里的"人之性"就是"天命之性"。好恶之心如果违背了"天命之

---

① 《荀子·性恶篇第二十三》。
② 《荀子·儒效篇第八》。
③ 语见《四书章句集注》。
④ 语见郭店楚简《性自命出》，学界一般认为是子思的思想，与《中庸》有着密切的联系。

性"，上天会降灾于其身。

在此，我们厘清了"天命之谓性"，接下来就是"率性之谓道"。在这一点上，朱子说得非常清楚——

> 率，循也。道，犹路也。人物各循其性之自然，则其日用事物之间，莫不各有当行之路，是则所谓道也。

"率，循也"，就是沿着它去走，就是"养"，"率性"也就是孟子所说的"养性"。在《孟子序说》中，宋人杨氏（即杨时）说——

> 《孟子》一书，只是要正人心，教人存心养性，收其放心。至论仁、义、礼、智，则以恻隐、羞恶、辞让、是非之心为之端。论邪说之害，则曰："生于其心，害于其政。"论事君，则曰："格君心之非"，"一正君而国定"。千变万化，只说从心上来。人能正心，则事无足为者矣。《大学》之修身、齐家、治国、平天下，其本只是正心、诚意而已。心得其正，然后知性之善。故孟子遇人便道性善。欧阳永叔却言"圣人之教人，性非所先"，可谓误矣。人性上不可添一物，尧舜所以为万世法，亦是率性而已。所谓率性，循天理是也。外边用计用数，假饶立得功业，只是人欲之私。与圣贤作处，天地悬隔。①

此言可谓一语中的，如何去修养我们的仁义礼智之性，要从恻隐、羞恶、辞让、是非这四端去落实。在人性上不需要添加任何东西了，因为"性"是上天所赋予的，是天命之性，尧舜的做法为什么可以成为万世效法之基础，就是因为他们是依循着天命之性而来的，是"率性"而为的，不是自己又添加了什么在其中。故此，德行的修养都是本之于天，只要率性而为就够了。"所谓率性，循天理是也。"这才是修养道德的正途，所行之事，必须要依循天理。由此我们也可看出荀子所说"化性起伪"的设论与《中庸》"率性之谓道"是有矛盾冲突的。荀子认为需要化性起伪，有所装饰和添加之后人才能变得有德性，才能够体悟天道。就像杨时对欧阳修的批评一样，荀子"人性恶"的主张已然偏离了孔孟所确立的儒家思想的

---

① 语见《四书章句集注》。

核心。① 沿着孟子基于"人性善"的理路，如果我们在其中添加了其他东西，即使有所成就，人人景仰，也只是人欲之私的成就，与圣贤境界就愈发渐行渐远了。

儒家的社会教化

"道"如何落实，就是要"率性"，沿着"天命之性"去落实，如何"率性"而为？

　　　　自诚明，谓之性；自明诚，谓之教。诚则明矣，明则诚矣。

朱子注释为——

　　　　圣人之德，所性而有者也，天道也。先明乎善而后能实其善者，贤人之学，由教而入者也，人道也。诚则无不明矣，明则可以至于诚矣。

"所性而有"的"天道"需要"由教而入"的"人道"来落实，贤人以下，须经由"学而知之"抑或"困而知之"才能悟道，因此，儒家极重学。

孔子在这方面对学生的要求可谓达到了极致，《论语》中有一章——

　　　　哀公问："弟子孰为好学？"孔子对曰："有颜回者好学，不迁怒，不贰过。不幸短命死矣！今也则亡，未闻好学者也。"②

程子对此有一个解释："学以至乎圣人之道也。"③ 生而知之者之外，只有通过学才能达至圣人境界，舍此别无他途。

　　　　"学之道奈何？"曰："天地储精，得五行之秀者为人。其本也真而

---

　　① 孔子并未明确提出"人性善"，但在《论语·阳货第十七》中有这样一段话——子曰："性相近也，习相远也。"朱子对此的解释是："此所谓性，兼气质而言者也。"他认为"性相近"中的"性"是兼有天命之性和气质之性的。由此，我们也可以清楚地看到由于天命之性是不掺杂任何外在的东西的，无有什么不同；而气质之性是受外在的影响的，每个人都呈现不同样态。由于掺杂了气质之性，所以不同，同时，由于兼有天命之性，所以孔子说"性相近"。这一思想与孟子的"性善"论在理路上是一致的，但与荀子"性恶"论则全然不类。
　　② 《论语·雍也第六》。
　　③ 语见《四书章句集注》。

静。其未发也五性具焉，曰仁、义、礼、智、信。形既生矣，外物触其形而动于中矣。其中动而七情出焉，曰喜、怒、哀、惧、爱、恶、欲。情既炽而益荡，其性凿矣。故学者约其情使合于中，正其心，养其性而已。然必先明诸心，知所往，然后力行以求至焉。"①

怎么去学？天生万物，禀赋不齐，为什么人能成为万物之灵长，就是因为人能够将天地间的精华聚集起来，得五行之秀，这是天命所赋。人之根本是真与静。人还未成形之时即已仁、义、礼、智、信五性具足，而且相辅相成。一旦成形，与外物发生感应，人就由静转为动，一动就表现为七情。情如果不加以节制，让它变得越来越炽烈，最后无法遏止时，其性就会发生改变。所以要学会节制自己，不要让自己的情太过泛滥，要正心养性。就像孟子所明确强调的——

学问之道无他，求其放心而已矣。②

这里所说的"心"与《中庸》中所说的"性"是相同的。把我们放逸掉的心找回来，即是要我们不要失掉本心之"善"。同时也正因为我们有善端善性，所以才能体悟并接受圣人的教化，就像朱子所言——

性道虽同，而气禀或异，故不能无过不及之差，圣人因人物之所当行者而品节之，以为法于天下，则谓之教，若礼、乐、刑、政之属是也。

这就是"修道之谓教"。

荀子虽也重视后天的学习和教育，却是建立在"人心恶"的立场上——

圣人化性而起伪，伪起而生礼义，礼义生而制法度③。

这同样也已偏离了孔孟所确立的儒家基本价值。构成了与孔孟思想最大的分野。故而在过往的历史中，荀子的思想有很大的积极的影响，但对于荀

---

① 语见《四书章句集注》。
② 《孟子·告子上》。
③ 《荀子·性恶篇第二十三》。

子是不是儒，千百年来聚讼纷纭、莫衷一是。

孔孟都相信在人世之上的天是超越的，对人间有道德评价，人必须听命于天——

天生德于予，桓魋其如予何？①

子曰："天何言哉？四时行焉，百物生焉，天何言哉？"②

万章曰："尧以天下与舜，有诸？"孟子曰："否。天子不能以天下与人。""然则舜有天下也，孰与之？"曰："天与之。"③

尽其心者，知其性也。知其性，则知天矣。存其心，养其性，所以事天也。夭寿不贰，修身以俟之，所以立命也。④

而荀子却站在相对的立场上声言——

天行有常，不为尧存，不为桀亡。⑤

大天而思之，孰与物蓄而制之；从天而颂之，孰与制天命而用之。⑥

荀子虽也相信有天的存在、天道运行，但在天对人世的道德评价甚至主宰方面，已经形成了对儒家思想严重的歧出。

《诗经》中的天，有着对人间的关爱和护佑——

天生烝民，有物有则。民之秉彝，好是懿德。⑦

上天的临视与护佑，是人间秩序的保障，也是圣人之所以为圣的保障。朱子在《大学章句序》中也有类似的观点——

盖自天降生民，则既莫不与之以仁义礼智之性矣。然其气质之禀或不能齐，是以不能皆有以知其性之所有而全之也。一有聪明睿智能尽其

---

① 《论语·述而第七》。
② 《论语·阳货第十七》。
③ 《孟子·万章上》。
④ 《孟子·尽心上》。
⑤ 《荀子·天论篇第十七》。
⑥ 同上。
⑦ 《诗经·大雅·烝民》。

性者出于其间，则天必命之以为亿兆之君师，使之治而教之，以复其性。①

也就是说，天命之性人皆有之，可是因为人的气质禀赋不同，并不是所有人都能够彰显出来，而一有聪明睿智之人出现，在他身上能够呈现天命之性时，上天必然命他为亿兆之君师，成为社会的引领者。这也是儒家思想的立论点之一，儒家强调人有上智下愚，强调有德者有其位，即是就此而言的。

"教"的关键在于"修道"，即修明君子之道。《中庸》中这样表述它——

君子之道，费而隐。夫妇之愚，可以与知焉，及其至也，虽圣人亦有所不知焉。夫妇之不肖，可以能行焉，及其至也，虽圣人亦有所不能焉。天地之大也，人犹有所憾。故君子语大，天下莫能载焉，语小，天下莫能破焉。

朱子的注释是——

君子之道，近自夫妇居室之间，远而至于天地之所不能尽，其大无外，其小无内，可谓费矣。然其理之所以然，则隐而莫之见也。盖可知可能者，道中之一事，及其至而圣人不知不能。则举全体而言，圣人固有所不能尽也。

要明乎此道，就要从人伦日用入手，在戒慎恐惧之中践履，在践履之中体悟。念兹在兹，须臾不离。诚身慎独，立身行道。

道也者，不可须臾离也，可离非道也。是故君子戒慎乎其所不睹，恐惧乎其所不闻。莫见乎隐，莫显乎微，故君子慎其独也。
君子之道四，丘未能一焉：所求乎子，以事父，未能也；所求乎臣，以事君，未能也；所求乎弟，以事兄，未能也；所求乎朋友，先施之，未能也。
君子之道，辟如行远必自迩，辟如登高必自卑。《诗》曰："妻子

---

① 语见《四书章句集注》。

好合，如鼓瑟琴；兄弟既翕，和乐且耽；宜尔室家，乐尔妻帑。"①

对此，《论语》中也提到——

　　子谓子产，"有君子之道四焉：其行己也恭，其事上也敬，其养民也惠，其使民也义。"②

　　兴于诗，立于礼，成于乐。（乐有五声十二律，更唱迭和，以为歌舞八音之节，可以养人之性情，而荡涤其邪秽，消融其渣滓。故学者之终，所以至于义精仁熟，而自和顺于道德者，必于此而得之，是学之成也。）③

　　子曰："善人教民七年，亦可以即戎矣。"（朱子注："教民者，教之孝悌忠信之行，务农讲武之法。"）④

　　子路问君子。子曰："修己以敬。"曰："如斯而已乎？"曰："修己以安人。"曰："如斯而已乎？"曰："修己以安百姓。修己以安百姓，尧舜其犹病诸！"⑤

　　子曰："君子义以为质，礼以行之，孙以出之，信以成之。君子哉！"⑥

在《孟子》中也有这样的记载——

　　谨庠序之教，申之以孝悌之义，颁白者不负戴于道路矣。⑦

　　饱食、暖衣、逸居而无教，则近于禽兽。圣人有忧之，使契为司徒，教以人伦：父子有亲，君臣有义，夫妇有别，长幼有序，朋友有信。⑧

由此我们可以看到，从自身入手，一切都落实在日用彝伦之中，由小到大，由内到外，由费到隐。正如朱子在《大学章句序》中所说的——

---

① 此处引《诗经·小雅·常棣》，"耽"《诗经》中作"湛"。
② 《论语·公冶长第五》。
③ 《论语·泰伯第八》。
④ 《论语·子路第十三》。
⑤ 《论语·宪问第十四》。
⑥ 《论语·卫灵公第十五》。
⑦ 《孟子·梁惠王上》。
⑧ 《孟子·滕文公上》。

而其所以为教，则又皆本之人君躬行心得之余，不待求之民生日用彝伦之外，是以当世之人无不学。①

这也是一种"推己"的思想。"成教"的方式实际上就是要落实以"孝弟"为首的"五伦"。把"五伦"落实下来，儒家的教化就成了。

故君子不出家而成教于国：孝者，所以事君也；弟者，所以事长也；慈者，所以使众也。②

一家仁，一国兴仁；一家让，一国兴让；一人贪戾，一国作乱；其机如此。此谓一言偾事，一人定国。③

尧舜帅天下以仁，而民从之；桀纣帅天下以暴，而民从之；其所令反其所好，而民不从。是故君子有诸己而后求诸人，无诸己而后非诸人。所藏乎身不恕，而能喻诸人者，未之有也。④

君子"成教"，不靠武力，不靠霸道；严以律己，推己及人；以柔克刚，以弱胜强。这也正是儒家强调的中庸之德⑤。

结　语

孟子说——

人之所以异于禽兽者几希，庶民去之，君子存之。⑥

"天之生物，必因其材而笃焉。"人和物"同得天地之理以为性，同得天地之气以为形"，所不同者在于"独人于其间得形气之正，而能有以全其性"，也即前文所提到的阴阳五行之精髓。

人和物就差这么一点点，如果不明白这个道理，把这一点点东西丢了，即使有人之名，其实和禽兽是没有什么区别的。君子明白这个道理，会把人和禽兽之间的这一点点差异无时无刻不战战兢兢如临深渊如履薄冰地存下来。存在心里，不让它放失。一旦放失，与禽兽就没有什么差异了。

---

① 语见《四书章句集注》。
② 《大学》。
③ 同上。
④ 同上。
⑤ 子曰："中庸之为德也，其至矣乎！民鲜久矣。"（语见《论语·雍也第六》）
⑥ 《孟子·离娄下》。

大哉圣人之道！洋洋乎！发育万物，峻极于天。优优大哉！礼仪三百，威仪三千。待其人而后行。故曰：苟不至德，至道不凝焉。故君子尊德性而道问学，致广大而尽精微，极高明而道中庸。

在如此伟大的思想面前，我们应该心存敬意。孔子云："君子有三畏：畏天命，畏大人，畏圣人之言。"①　"畏天命"，是我们对天道信仰的皈依；"畏大人"，是对良好的社会教化的信赖；"畏圣人之言"，是对道德自我成就的期许。知斯三者，即可以明乎"君子之道费而隐"。

　　　　杨汝清，儒家学者，虔诚的儒门守护者；苇杭书院山长。

---

① 《论语·季氏第十六》。

◇ "政教" 与 "本末"

—— "四书" 系统与 "五经" 系统之分际刍议

◎ 萧伟光

[摘　要] "务本" 是中国文化的根本特色之一。"六艺于治，一也。" 德位兼备，乃为君子之极则；孔门之教，意在以德取位。而宋儒则将 "政教" 之关系定位为 "本末"，多重视心性修养与民间教化，而对政治之地位客观上有所忽视，此乃五经系统转化为四书系统之关键转捩点。

[关键词]　政教　本末　孔子　朱子　五经　四书

　　由北京大学国学研究院与北京师范大学哲学与社会学学院中国哲学专业的五位博士生共同发起的复性读书会①，这学期在北京大学国学院院长办公室研读《尚书》②，以中国哲学博士生为主，亦有深谙现代法治的清华大学法学院教授参与，尚有非学术圈的朋友共学。每次品读，字字徵实③而又各抒心得，相互碰撞，酣畅淋漓。兹不揣谫陋，连缀平日读书研讨所思之一己浅见而成斯文，尚祈博雅君子，不吝指正。

一　"务本" 与 "赞治"

　　伪孔传注 "曰若稽古帝尧" 时云："若，顺。稽，考也。能顺考古道而

---

　　①　朱子《论语集注》注解首章 "学而时习之" 时如是说："学之为言效也。人性皆善，而觉有先后，后觉者必效先觉之所为，乃可以明善而复其初也。" 上溯至李习之之《复性书》，下探至马一浮先生之复性书院，并以马一浮先生所开《通治群经书目举要》为纲逐本研读，不贪功效而以沉潜勿用、日就月将为期，不泥考据而以观其大略、求其汇通为旨。本文作于 2013 年 5 月。

　　②　本文所引《尚书》文字，倘无特殊说明，皆源自上海古籍出版社之《尚书正义》，2007 年版。

　　③　章太炎先生《再与人论国学书》有云："学名国粹，当研精覃思，钩发沉伏，字字徵实，不蹈空言，语语心得，不因成说，斯乃形名相称。若徒撽虚语，或张大其说以自文，盈辞满幅，又何贵哉！" 见《章太炎全集·太炎文录初编·别录卷二·再与人论国学书》，上海人民出版社 1985 年版。

行之者帝尧。"① 孔冲远对此有一段颇为宏通之议论,其疏云:"言'顺考古道'者,古人之道非无得失,施之当时又有可否,考其事之是非,知其宜于今世,乃顺而行之。言其行可否,顺是不顺非也。"② 这句话其实也道出了我们学习古人的一个老实却不迂腐的态度,"顺是不顺非","义之与比"③,"惟道是从"④ ——"惟道是从"的"道"与"古人之道"的"道"不一样,前者为道德仁义的"道",是"大道"⑤,是"达道"⑥,是"常道"⑦,而后者只是"道路"的意思,如孟子引用孔子的话说:"道二,仁与不仁而已矣。"⑧ 既然"道"有得失,我们学习古人、研读经典就得拿出眼光,"考其事之是非",就现今的事上来考量是与非,合宜不合宜,食古不化的话,就会如王仲任所批评的"知古不知今,谓之陆沉"⑨,这就不是古人的问题,而是我们不善学了。孔冲远在下面举了两个食古不化的例子:"若宋襄慕义,师败身伤;徐偃行仁,国亡家灭,斯乃不考之失。"仁义本为很好的"道",可惜所学的人不得法,不懂得施行之法,最终导致国亡身伤。这就是所谓的"人能弘道,非道弘人"⑩。真正能弘道之人,必定是"温故而知新"⑪ 之人。

　　孔冲远接着又云:"'考古'者,自己之前,无远近之限,但事有可取,皆考而顺之",这里给"古"作了个说明,"自己之前"者皆为"古","无远近之限",并非越远的就越好,也非越近的就越不好,并非厚古薄今,更不是厚今薄古。《增广贤文》有云:"观今宜鉴古,无古不成今",同样也可以说,无今不成古,因为一切的"古"都曾是"今",今古古今,其实并没有那么大的分别,因为,它有个很实在的标准,"但事有可取,皆考而顺之",并非自立崖岸、菲薄古人,也非谈玄说妙、虚无缥缈。另外,这里的"远近"除了有时间上的"远近"之外,还可以理解为空间上的远近,只要"事有可取",无不可为我所用,这是一种极为开放、理性而实用的态度。

---

① 《尚书正义·虞书·尧典》,第 34 页。
② 同上书,第 35 页。
③ 朱熹:《四书章句集注·论语集注·里仁》,中华书局 1983 年版,第 71 页。
④ 朱谦之:《老子校释》,中华书局 1984 年版,第 87 页。孔子之道与老子之道或有小异,但更有大同之处,正如朱子与象山之学有小异更有大同一样,在孔冲远之《尚书正义》中,二者并无绝对界限。
⑤ 孙希旦:《礼记集解·礼运》,中华书局 1989 年版,第 581 页。
⑥ 朱熹:《四书章句集注·中庸章句》,中华书局 1983 年版,第 28 页。
⑦ 王先谦:《诸子集成·荀子集解·天论》,上海书店 1986 年版,第 208 页。
⑧ 朱熹:《四书章句集注·孟子集注·离娄上》,中华书局 1983 年版,第 277 页。
⑨ 王充:《论衡·谢短篇》,岳麓书社 1991 年版,第 197 页。
⑩ 朱熹:《四书章句集注·论语集注·卫灵公》,中华书局 1983 年版,第 167 页。
⑪ 朱熹:《四书章句集注·论语集注·为政》,中华书局 1983 年版,第 57 页。

以吃东西作比，鲁迅先生对此有很好的表述："无论从那里来的，只要是食物，壮健者大抵就无需思索，承认是吃的东西。惟有衰病的，却总常想到害胃，伤身，特有许多禁条，许多避忌；还有一大套比较利害而终于不得要领的理由，例如吃固无妨，而不吃尤稳，食之或当有益，然究以不吃为宜云云之类。"① 因为"壮健"，因为胃是健康的，所以敢尝试，所以营养丰富，所以就更"壮健"，这是良性循环；而虚弱的人、有胃病的人则与此相反，是恶性循环。中国文化目今之现状，是既需要养胃、养本，又需要丰富而良好的营养，而且，当以"养胃"为主，恢复元气之后才能有效地消化吸收各种养料。

孔冲远又云："今古既异时，政必殊古，事虽不得尽行，又不可顿除古法，故《说命》曰：'事不师古，以克永世，匪说攸闻。'是后世为治当师古法，虽则圣人，必须顺古。"虽然"古人之道非无得失"，虽然其事"不得尽行"，但是，"又不可顿除古法"，用王仲任的话说就是，"知今不知古，谓之盲瞽"②。"虽则圣人，必须顺古"，孔夫子自云"信而好古"③，亦是渊源有自。中国人重视历史，重视古训，重视"顺考古道而行之"，其实也是"大报本"理念的具体体现。《礼记》有云："万物本乎天，人本乎祖，此所以配上帝也。郊之祭也，大报本反始也。"④ 重本或者说"务本"，是中国文化的一大鲜明的特色：因为"务本"，所以要有孝道，孝顺父母以及列祖列宗；而人为万物中一物，虽然是比较有灵性的一物，其为天地所生则无二，所以不仅仅要"法祖"，还要"敬天"；而"天能生物，不能辨物也；地能载人，不能治人也；宇中万物生人之属，待圣人然后分也"⑤，人之所以能够与天地并列为三，正是因为"天地生君子，君子理天地"⑥，在臣民看来，"君，天也"⑦，所以还要尊君尊圣。荀子有云："礼有三本：天地者，生之本也；先祖者，类之本也；君师者，治之本也。无天地，恶生？无先祖，恶出？无君师，恶治？三者偏亡，焉无安人。故礼，上事天，下事地，尊先祖而隆君师，是礼之三本也。"⑧ 所谓的"天地君亲师"，都是华夏民族"务本"的体现，明乎此，则能明了《论语》为何在开篇第二章就说：

---

① 鲁迅：《鲁迅文集·坟·看镜有感》，黑龙江人民出版社 1995 年版，第 162 页。
② 王充：《论衡·谢短篇》，岳麓书社 1991 年版，第 197 页。
③ 朱熹：《四书章句集注·论语集注·述而》，中华书局 1983 年版，第 93 页。
④ 孙希旦：《礼记集解·郊特牲》，中华书局 1989 年版，第 694 页。
⑤ 王先谦：《诸子集成·荀子集解·礼论》，上海书店 1986 年版，第 243 页。
⑥ 王先谦：《诸子集成·荀子集解·王制》，上海书店 1986 年版，第 104 页。
⑦ 李学勤主编：《春秋左传正义·宣公四年》，北京大学出版社 1999 年版，第 610 页。
⑧ 王先谦：《诸子集成·荀子集解·礼论》，上海书店 1986 年版，第 233 页。

"君子务本,本立而道生"①;不"务本"而舍本逐末,则是与"道"背道相驰、南辕北辙的,明乎此,则能明了为何《大学》一上来就说"物有本末,事有终始,知所先后,则近道矣"②,还说"自天子以至于庶人,一是皆以修身为本,其本乱而末治者否矣"③。甚至可以说,"大报本"或"务本"正是中国文化的根本特色之一,是中国文化有别于世界其他文化的重要表征之一。弘扬中国文化,当深入领悟"君子务本,本立而道生"的深刻蕴涵,否则,若只是在枝枝节节的末梢用力,只会事倍功半。

另外,孔冲远所引的"事不师古,以克永世,匪说攸闻"来自《商书》中的《说命》,为历史名臣傅说所言。古之大臣向君王进谏,引用古训是最为常见也最为有力的方式,正如史学大家柳翼谋先生所云:"吾国圣哲典训,裁制君权,实不亚于他国之宪法"④,以历史上的兴衰成败——包括父辈和祖辈——来约束规谏皇帝,这是中国文化极其注重历史、历史记载极为发达的一个主要原因。柳先生又云:"《周官》释史曰:'史,掌官书以赞治。'此为吾史专有之义。由赞治而有官书,由官书而有国史。"⑤ 国史源于赞治,反过来又成为赞治的重要方式,"政"不离"史","史"不离"政",明乎此,则能理解章实斋何以在《文史通义》一书中开宗明义即云"六经皆史"⑥,因为"六经皆先王之政典也"⑦(此类话孔夫子早就讲过:"六艺于治,一也。"语见《史记·滑稽列传》),正是从"政"与"史"之间的密切关系来着眼论证的。"赞治"的"国史"和"官书"不仅仅是《尚书》,还包括六经或者说六艺中的其他五经与五艺,"六艺之形式不同,然其义理之关于政治则一,不知此义,不能知中国史学之根本,亦即不知中国一切学术之根本"⑧,柳先生此论滴水不漏、颠扑不破。其实,不仅仅是"经"或者"史","子"又何尝远离政治与人道而凿空立说?司马谈"论六家要指"时明确指出:"夫阴阳、儒、墨、名、法、道德,此务为治者也,直所从言之异路,有省不省耳。"⑨ 亦可谓一语中的。不明乎此,五经不可得其门而入也。

---

① 朱熹:《四书章句集注·论语集注·学而》,中华书局 1983 年版,第 48 页。
② 朱熹:《四书章句集注·大学章句》,中华书局 1983 年版,第 3 页。
③ 同上书,第 4 页。
④ 柳诒徵:《国史要义》,中国人民大学出版社 2007 年版,第 197 页。
⑤ 柳诒徵:《国史要义》,中国人民大学出版社 2007 年版,第 2 页。
⑥ 章学诚:《文史通义》,上海古籍出版社 2008 年版,第 1 页。
⑦ 同上。
⑧ 柳诒徵:《国史要义·史义》,中国人民大学出版社 2007 年版,第 181 页。
⑨ 司马迁:《史记·太史公自序》,中州古籍出版社 1997 年版,第 989 页。

二 "政教"与"本末"

皋陶曰："都！在知人，在安民。"禹曰："吁！咸若时，惟帝其难之。知人则哲，能官人。安民则惠，黎民怀之。"① 《书集传》注云："'知人'，智之事；'安民'，仁之事也。"② 将"知人"和"安民"分别对应到孔子最为注重的两个德目"智"和"仁"上，这是极为有意义的。《论语》有载：樊迟问仁。子曰："爱人。"问知。子曰："知人。"樊迟不达，子曰："举直错诸枉，能使枉者直。"樊迟退，见子夏曰："向也吾见于夫子而问知，子曰：举直错诸枉，能使枉者直。何谓也？"子夏曰："富哉言乎！舜有天下，选于众，举皋陶，不仁者远矣。汤有天下，选于众，举伊尹，不仁者远矣。"③ 朱子《论语集注》引曾氏曰："迟之意，盖以爱欲其周，而知有所择，故疑二者之相悖尔。"④ "爱欲其周，而知有所择"，"仁"和"智"看上去是相互冲突矛盾的，二者何以能够统一呢？孔子的回答颇富深意，朱子注云："'举直错枉'者，知也；'使枉者直'，则仁矣。如此，则二者不惟不相悖而反相为用矣。"⑤ "相悖"只是表面上的关系，"相为用"才是深层次的关系，以表象上的"相悖"达到实质内容上的"相为用"，这正是中国思想之深邃与难解之处，亦正是中国文化之高妙处。"仁里面有知，知里面有仁"⑥，"仁知合一"⑦ 在孔子这里表现得圆融无碍。

这种看似相反而实相成的表达并不少见，其见于《尚书》的至少还有"刑期于无刑"和"惟齐非齐"两处，我们以"刑期于无刑"来分析说明。"刑期于无刑"⑧ 为帝舜称赞皋陶之语，伪孔传注云："虽或行刑，以杀止杀，终无犯者。"⑨ "杀"的目的并非为"杀"本身，而是"以杀止杀"，是孟子所说的"以生道杀民"⑩，正如"刑"的目的并非为"刑"，而是"刑期于无刑"，最终目的是"民协于中"⑪，伪孔传注云："刑期于无所刑，民

① 《尚书正义》，第 145 页。
② 《书集传》，凤凰出版社 2010 年版，第 28 页。
③ 朱熹：《四书章句集注·论语集注·颜渊》，中华书局 1983 年版，第 139 页。
④ 同上。
⑤ 同上。
⑥ 《朱子语类》，中华书局 1986 年版，第 1095 页。
⑦ 同上。
⑧ 《尚书正义》，第 130 页。
⑨ 同上。
⑩ 朱熹：《四书章句集注·孟子集注·尽心上》，中华书局 1983 年版，第 352 页。
⑪ 《尚书正义》，第 130 页。

皆命于大中之道”①，使得民众合乎“大中之道”才是目的之所在。从这种意义上说，“刑”亦为一种“教”，一种教化的方式，一种针对激烈者比较激烈的教化方式。这种思想为孔孟以来的儒者所继承和发扬。子曰：“听讼，吾犹人也，必也使无讼乎。”② 这句话在《论语》和《大学》上都有出现。朱子在《论语集注》中引范氏之语曰：“听讼者，治其末，塞其流也；正其本，清其源，则无讼矣。”③ “听讼”是“末”、是“流”而非“本”、非“源”，那么何者为“本”、为“源”？朱子在注解“道之以政，齐之以刑，民免而无耻；道之以德，齐之以礼，有耻且格”④ 章时有云：“政者，为治之具；刑者，辅治之法；德礼则所以出治之本，而德又礼之本也。此其相为终始，虽不可以偏废，然政刑能使民远罪而已，德礼之效，则有以使民日迁善而不自知。故治民者不可徒恃其末，又当深探其本也。”⑤ 在这里，朱子指出“政”与“刑”为末，而“德”与“礼”为本。朱子在《中庸章句》中注解“修道之谓教”时有云：“性道虽同，而气禀或异，故不能无过不及之差，圣人因人物之所当行者而品节之，以为法于天下，则谓之教，若礼、乐、刑、政之属是也。”⑥ 在这里，朱子更加明确地指出，“礼、乐、刑、政之属”其实皆为圣人所设之教。至此，“刑期于无刑”的理论意义就豁然开朗了，用朱子的话来讲：“亿兆之君师”⑦ 的职责是“行其政教”⑧，三代之时政教合一、君师合一，“刑”与“政”可归结为“政”，“礼”与“乐”可归结为“教”，“政”之目的亦为“教”，教以人伦，使民众“知其性分之所固有，职分之所当为，而各俛焉以尽其力”⑨，于是“政”为“末”而“教”为“本”，“刑”为“末”而“无刑”为“本”。“本”、“末”和“源”、“流”虽差等不同，但皆为一树、一河之组成部分，无有无本之末，亦无无末之本，无有无源之流，亦无无流之源，“本”、“末”和“源”、“流”并非对立而是一体。

当然，我们也要意识到，这种区分，虽然也很有道理，但主要是宋代以后的观点，因为理学家的道统说中，孔子是先圣之集大成者，是“不得

① 《尚书正义》，第 130 页。

② 朱熹：《四书章句集注·大学章句》，中华书局 1983 年版，第 6 页。又，《四书章句集注·论语集注·颜渊》，第 137 页。

③ 朱熹：《四书章句集注·论语集注·颜渊》，中华书局 1983 年版，第 137 页。

④ 朱熹：《四书章句集注·论语集注·为政》，中华书局 1983 年版，第 54 页。

⑤ 同上。

⑥ 朱熹：《四书章句集注·中庸章句》，中华书局 1983 年版，第 17 页。

⑦ 朱熹：《四书章句集注·大学章句》，中华书局 1983 年版，第 1 页。

⑧ 同上书，第 2 页。

⑨ 朱熹：《四书章句集注·大学章句》，中华书局 1983 年版，第 1 页。

君师之位以行其政教，于是独取先王之法，诵而传之以诏后世"① 的，是
"其政虽不足以行于一时，而其教实被于万世"② 的，是有德无位的，这
和尧舜禹汤文武周公的圣人传承大为不同。在《尚书》中，君师是合一
的，为政是第一位的，教化亦是圣王之教化，这一点，正是"四书"系
统有别于"五经"系统的一个关键特点。章实斋有云："欲知道者，必先
知周孔之所以为周孔"③，即此之谓也。萧公权先生曾经敏锐地指出，"德
位兼备，乃为君子之极则，孔门之教，意在以德取位"④。孔子一生汲汲
以求的目的有两个：第一个目的就是教育那些没有资格读书的平民子弟学
习六艺，涵养德性，将既没有德行也没有官位的"小人"化为有德无位
的君子；第二个目的就是交给这些有德无位的君子为政的方法，使之成为
德位兼备的君子。⑤ 当然这两步并非完全分开进行的，但是一定是有重点
的，这就是孔子的因材施教。虽则孔门分为四科，所谓"德行"、"言
语"、"政事"和"文学"，但四科绝非并排之关系，实则以"德行"统
率其余三科，"大德必得其位"⑥、"惟仁者宜在高位"⑦ 是儒者的一个基
本信念，虽然"得之不得曰有命"⑧。"孔子欲为东周，孟子欲以齐王，皆
志在于用世，然其统一鹄的，实欲明明德于天下"⑨，"明明德于天下"可
谓孔孟以来儒者之终极关怀，只是各个时代、不同的人有不同的路径与侧
重点而已。"孔门讲学，根据六艺，以之从政，告冉有以富教、语子贡以
食兵、示颜渊以为邦、许仲由以治赋，未尝离家国天下而言学。唯其术，
本末始终，一贯相承，必自身心推暨事物，无所畸轻畸重。"⑩ 所以说，
"空言心性，偏尚事功，亦不可谓非儒术，特非其全耳"⑪，所谓的"政"
"教"，所谓的"心性""事功"，固有宋儒之所谓本末关系，我们固然不
能舍本逐末，但有体无用之学亦非孔门学问之实际与全体，此不得不知
也。

　　在朱子的思想体系中，政教为外王和内圣的关系，二者并不对立，但有

①　朱熹：《四书章句集注·大学章句》，中华书局 1983 年版，第 2 页。
②　《朱子全书·诗集传》，上海古籍出版社、安徽教育出版社 2002 年版，第 351 页。
③　章学诚：《文史通义·原道上》，上海古籍出版社 2008 年版，第 37 页。
④　萧公权：《中国政治思想史》第一编第二章第一节，中国文化大学出版部 1980 年版，第
53 页。
⑤　同上。
⑥　朱熹：《四书章句集注·中庸》，中华书局 1983 年版，第 25 页。
⑦　朱熹：《四书章句集注·孟子集注·离娄上》，中华书局 1983 年版，第 276 页。
⑧　朱熹：《四书章句集注·孟子集注·万章上》，中华书局 1983 年版，第 311 页。
⑨　柳诒徵：《国史要义·史术》，中国人民大学出版社 2007 年版，第 274 页。
⑩　同上。
⑪　柳诒徵：《国史要义·史术》，中国人民大学出版社 2007 年版，第 274 页。

本末之分，即朱子是以教统政，以内圣统外王。朱子明确说过："自秦汉以来，讲学不明。世之人君，固有因其才智做得功业，然无人知明德、新民之事。君道间有得其一二，而师道则绝无矣。"① 朱子所做的工作就是重振师道以兴治道，"天理"学说的展开正是在吸收佛老有机营养的基础上重建中华本土文化、重振吾道的具体体现。振兴"师道"并非终极目的，而是指向"君道"，指向治道，指向外王，指向平天下，"使世间识义理之人多，则何患政治之不举耶"②，这正是朱子的理路，是一个有德而无位的大儒自觉行走的自下而上的路线——如果说为政是"上行路线"的话，教化就是相对的"下行路线"，但实际上，"上行路线"中有"下行路线"的成分，"下行路线"中亦有"上行路线"的成分，正如阴中有阳，阳中有阴一样，二者并非决然分离的关系——即重新整理注解经典、兴建义仓、整理"小学"、创制"大学"、创办书院、整治家礼、弘传乡约等路径重建民间社会，"成就人才以传斯道而济斯民"③，最终影响朝廷治理理念，以此来实现其"治国平天下"的理想。明乎此，《四书》思想体系方可有所入处，朱子学之大门方可得其门而入。

三　谁"克己复礼"？

三年前在北京大学国学社《论语》读书会上研讨至"克己复礼"章时，笔者就对朱子所云"一日克己复礼，则天下之人皆与其仁，极言其效之甚速而至大也"④ 及"克己复礼，则事事皆仁，故曰天下归仁"⑤ 窃有疑焉，以为孔夫子不太可能说此种谈玄说妙、虚无缥缈的话，再结合《四书》中的诸多章节参照发明而思之，特别是"雍也，可使南面"⑥ 章、"颜渊问为邦"⑦ 章、"用之则行，舍之则藏"⑧ 章、"禹、稷、颜子易地则皆然"⑨ 章、"君子笃于亲，则民兴于仁"⑩ 章，更觉朱子所注虽不无道理，但倘说此即孔子本意，余心则颇为难安。

两个月前参加北京师范大学辅仁人文学会的《孟子》读书会，研讨至

① 《朱子语类》卷第十三，中华书局 1986 年版，第 230 页。
② 《朱子语类》卷第十三，中华书局 1986 年版，第 237 页。
③ 张栻：《张栻集·南轩先生文集卷第十·潭州重修岳麓书院记》，第 571、572 页。
④ 朱熹：《四书章句集注·论语集注·颜渊》，中华书局 1983 年版，第 132 页。
⑤ 同上。
⑥ 朱熹：《四书章句集注·论语集注·雍也》，中华书局 1983 年版，第 83 页。
⑦ 朱熹：《四书章句集注·论语集注·卫灵公》，中华书局 1983 年版，第 163—164 页。
⑧ 朱熹：《四书章句集注·论语集注·述而》，中华书局 1983 年版，第 95 页。
⑨ 朱熹：《四书章句集注·孟子集注·离娄下》，中华书局 1983 年版，第 299 页。
⑩ 朱熹：《四书章句集注·论语集注·泰伯》，中华书局 1983 年版，第 103 页。

《离娄》上之"爱人不亲，反其仁；治人不治，反其智；礼人不答，反其敬。行有不得者皆反求诸己，其身正而天下归之"① 章时，重新激发笔者三年前之思考，孔孟之论"天下"，一般地说，皆非后世宋明理学家所说的个人境界，而是实实在在的"天下"，是对为政者、在上位者的君子所说的。固然，孔子在讲完"一日克己复礼，天下归仁焉"之后立即说了一句"为仁由己，而由人乎哉"②，其为"仁远乎哉？我欲仁，斯仁至矣"③ 之意无疑，也表明孔子注重唤起每个人的道德主体意识、自觉为仁，所谓"礼云礼云，玉帛云乎哉"④，有礼无仁或者礼有余而仁不足，皆非孔子所赞赏。但是，同样重要的是，孔子注重"礼"，正如《论语集注》"十世可知也"章朱子引胡氏所云："夫自修身以至于为天下，不可一日而无礼"⑤，而且，"克己复礼为仁"，不符合礼很难说是仁，而这里的"礼"，似乎并非个人修身可用之"礼"——"礼"固然可以"制于外所以养其中"⑥、"制之于外，以安其内"⑦，当然可以将以下的"非礼勿视，非礼勿听，非礼勿言，非礼勿动"四者涵盖于其中；但显然"礼"之内容与意义绝非就仅限于此——而是"周礼"，是"礼仪三百，威仪三千"⑧ 的"礼"，是"为政先礼，礼，其政之本与"⑨ 的"礼"，是"道德仁义，非礼不成"⑩ 的"礼"。孔子发明"仁"，本欲以此来行"礼"，后人却言仁忽礼、言"修身"而略"治国平天下"、言"内圣"而轻"外王"，固然有其至理之所在，然其所偏则不可讳言也。

　　三周前复性读书会读《尚书》，清华大学法学院程洁副教授主讲《商书》中的《汤誓》至《咸有一德》的部分，在研讨至"民罔常怀，怀于有仁"⑪（伪孔传："民所归无常，以仁政为常。"⑫）及"非商求于下民，惟民归于一德"⑬，笔者更是认为，汉唐儒者与宋明儒者对"克己复礼"章的认识角度可谓大相径庭，由此亦可窥一斑而知全豹，尝一脔而知

① 朱熹：《四书章句集注·孟子集注·离娄上》，中华书局 1983 年版，第 278 页。
② 朱熹：《四书章句集注·论语集注·颜渊》，中华书局 1983 年版，第 132 页。
③ 朱熹：《四书章句集注·论语集注·述而》，中华书局 1983 年版，第 100 页。
④ 朱熹：《四书章句集注·论语集注·阳货》，中华书局 1983 年版，第 178 页。
⑤ 朱熹：《四书章句集注·论语集注·为政》，中华书局 1983 年版，第 60 页。
⑥ 朱熹：《四书章句集注·论语集注·颜渊》，中华书局 1983 年版，第 132 页。
⑦ 同上。
⑧ 朱熹：《四书章句集注·中庸章句》，中华书局 1983 年版，第 35 页。
⑨ 孙希旦：《礼记集解·哀公问》，中华书局 1989 年版，第 1262 页。
⑩ 孙希旦：《礼记集解·曲礼》，中华书局 1989 年版，第 8 页。
⑪ 《尚书正义》，第 317 页。
⑫ 同上。
⑬ 《尚书正义》，第 322 页。

鼎昧，更加明晰"四书"系统有别于"五经"系统的关键特点之所在。限于篇幅，此处就不再展开论述了，笔者将另有专文探讨"克己复礼"章的源流本末。

萧伟光，北京大学哲学系中国哲学专业博士研究生

◇孔子的教育观和文化观

◎ 姚秉正

[摘　要] 本文叙述了孔子教育观和文化观的定义、内涵，分析孔子教育文化思想在古代哲学中的重大意义和不足。孔子是一个伟大的教育家和思想家，为我国古代教育文化立下座座丰碑。

[关键词] 孔子　教育　文化

公元前 551 年，孔子生于鲁国陬邑昌平乡，这个地方靠近尼丘山，离今山东曲阜五十多华里，他的生日是夏历八月二十七日。孔子比佛教创始人释迦牟尼（生于公元前 566 年）晚生 15 年，比古希腊著名哲学家苏格拉底（生于公元前 469 年）早生 82 年，比耶稣基督早生 551 年（生于公元元年）。他们被后世誉为环球四大圣人，而孔子被誉为环球四大圣人之首。

孔子的一生主要从事教育活动，特别是在周游列国返回鲁国之后，更是专心教学。他开创了私学，总结了许多有益的教育理论和教育方法，在整理古代文献方面作出了巨大贡献。

一　孔子的教育观

孔子的教育观主要是"有教无类"① 的思想。"有教无类"，顾名思义，是不分贵贱，不分老幼，不分地域，都有受教育的权力。"有教无类"是从"有教有类"的社会现实中提出来的。"无类"二字打破了"学在官府"的旧框框，放宽了受教育者的范围，提高了私人讲学的社会地位，提高了老百姓的素质，为后来的"百家争鸣"在人才培养上准备了条件。这一光辉论点是由"学在官府"到"学移民间"的标志，是有其划时代的伟大意义的。"有教无类"是"泛爱众，而亲仁"② 的具体化。只要你献束脩即十条干肉做见面礼，就可以随孔子读书，做孔子的学生。当时孔子收的学生非常广

① 《论语·季氏》。
② 《论语·学而》。

泛，从地域上说，有鲁国的颜渊、冉求，齐国的公冶长，陈国的颛孙师，卫国的子贡、子夏，宋国的司马耕，吴国的子游，楚国的公孙龙。从出身上说，有贵族出身的孟懿子和南宫适，有"一箪食，一瓢饮"的颜渊，有一贫如洗的原宪，有"无置锥之地"的冉雍，有"卞之野人"的子路，有絮衣破烂的曾参，有以芦花当棉絮用的闵子骞，有"家累千金"的大商人子贡。从年龄上说，有少孔子四岁的秦商，至少少孔了53岁的公孙龙。还有父子先后同学的，如颜繇与颜渊父子，曾点与曾参父子。也有兄弟同时受业的，如孟懿子和南宫适。孔子的"有教无类"为广大人群打开了学校的大门，为广大的人群提供了上学的机会。"学而优则仕"① 就是"举贤才"，这和所谓"周道亲亲"，举自己亲属做官的奴隶主宗法等级世袭制格格不入，"举贤才"为广大群众提供了从政的机会。孔子所主张的"举尔所知"的贤才，已突破了奴隶主贵族阶层的限制，这是向平民——主要是向"士"即知识分子开放政权，这完全是适应时代潮流的。"举贤才"就是孔子办教的出发点，这实际上也是思想领域和政治领域一次大解放。因此，"有教无类"是我国历史上思想解放和政治解放吹响的第一声号角。

孔子说："天下有道，则庶民不议。"② 这里，孔子提出了庶民，即老百姓议政的问题。庶民议政，这在我国历史上是第一次提出来的，把老百姓推到议论朝政这个席位上，孔子的民权思想有多么伟大。从庶民议政这个观点去推理：如果庶民没有文化，又如何去议政？如果"学在官府"，庶民又怎能学到文化？这样看来，孔子的"有教无类"的教育观，为庶民议政提供了文化条件，为庶民议政准备了人才，为庶民议政建树了丰功伟绩。

教书育人是孔子教育观的特点，孔子以六经为教材，培养学生的道德情操。孔子在《礼记·经解》中说："温柔敦厚，《诗》教也；疏通知远，《书》教也；广博宜良，《乐》教也；属辞比事，《春秋》教也。故《诗》之失，愚；《书》之失，诬；《乐》之失，奢；《易》之失，贼；《礼》之失，烦；《春秋》之失，乱。"孔子在这里指出六经中的优点和缺点，用以培养学生的道德情操。孔子说："弟子，入则孝，出则悌，谨而信，泛爱众而亲仁，行有余力，则以学文。"③ 很明显，孔子是把育人摆在首位的。

孔子衡量人的最高标准是"仁"，"仁"是孔子的思想核心，是他心目中理想的精神境界。但什么是"仁"？樊迟问仁，子曰："爱人。"④ 孔子

① 《论语·子张》。
② 《论语·季氏》。
③ 《论语·学而》。
④ 《论语·颜渊》。

说："泛爱众，而亲仁。"又说："节用而爱人，使民以时。"① 孔子说："君子学道则爱人。"② 由此看来，孔子是把"仁"和"爱"作为他教育的中心思想。"有教无类"，也是从"泛爱众"这个思想观点提出来的。如果不是爱所有的人，怎能提出所有的人都有受教育的权利。

孔子在解答仲弓问仁时说："己所不欲，勿施于人。"③ 自己不喜欢的，不要强加于人，这是对学生进行道德情操教育。孔子说："志士仁人，无求生以害仁，有杀生以成仁。"④ "杀生成仁"或曰"杀身成仁"已成为我们民族的格言。古往今来，无数英雄好汉，在国家民族危难的时候都是奋不顾身，杀生成仁。宋文天祥曰："人生自古谁无死，留取丹心照汗青。"明于谦诗曰："粉骨碎身浑不怕，要留清白在人间。"清谭嗣同诗曰："我自横刀向天笑，去留肝胆两昆仑。"这些用生命铸成的语言，光照千秋。这些用生命铸成的语言，又是和孔子思想的影响分不开的。

> 三军可夺帅也，匹夫不可夺志也。（《子罕》）
>
> 岁寒然后知松柏之后凋也。（《子罕》）
>
> 不患人之不己知，患不知人也。（《学而》）
>
> 知者不惑，仁者不忧，勇者不惧。（《子罕》）

这些都是孔子教书育人时精彩的语言，千百年来，金声玉振，一直震撼着我们的心弦，使我们精神抖擞，努力进取。

循循善诱和因材施教是孔子的主要教学方法。颜渊曾经这样形容孔子："仰之弥高，钻之弥坚，瞻之在前，忽焉在后。夫子循循然善诱人，博我以文，约我以礼，欲罢不能。既竭吾才，如有所立卓尔。"⑤ 颜渊说孔子的道德学问，抬头仰视，不知多高，低头钻研，不知多深，看去似乎在前，忽然又在后。虽然如此难以捉摸，但由于老师循循善诱，以丰富的文献典籍加以证实，以各种礼节约束我的行为，极大地启发了我学习的积极性，用尽了我的聪明才智。颜渊在这一大段话中主要说了两点，一是孔子学问道德的精深博大，二是由于孔子循循善诱的教学方法启发了他学习的积极性。孔子又说："不愤不启，不悱不发。举一隅不以三隅反，则不复也。"⑥ 不到他想解

---

① 《论语·学而》。
② 《论语·阳货》。
③ 《论语·颜渊》。
④ 《论语·卫灵公》。
⑤ 《论语·子罕》。
⑥ 《论语·述而》。

决问题而仍搞不通的时候，不去开导他；不到他想说出来却苦于无法表达的时候，不去启发他。举出东方，而不能推出南西北三方，便不再教给他了。那就是说，学生在学习上有了积极性和主动性的时候，教师的教学才能收到良好的效果。孔子这一教学方法是完全符合今天启发式教学的原则的。孔子说："中人以上，可以语上也；中人以下，不可以语上也。"① 具有中等以上聪明才智的人，可以教给他们高深的学问。具有中等以下聪明才智的人，不可以教给他们高深的学问。这一论点完全符合因材施教的原则。"因材施教"可以说是孔子教学中的一个重要方法。孔子说："回也闻一以知十，赐也闻一以知二。"② 那就是接受能力的不同，施教各异。孔子对每个学生都是很了解的，孔子说："由（子路）也果，赐（子贡）也达，求（冉求）也艺。"③ 又说："柴（高柴）也愚，参（曾参）也鲁（迟钝），师（子张）也辟（偏激），由也喭（鲁莽）。"④ 孔子对不同学生的特点，采用不同的教育方法。如《先进》记载了这样一件事："子路问：'闻斯行诸？'子曰：'有父兄在，如之何其闻斯行之？'冉有问：'闻斯行诸？'子曰：'闻斯行之。'公西华曰：'由也问闻斯行诸，子曰："有父兄在。"求也问闻斯行诸，子曰："闻斯行之。"赤也惑，敢问。'子曰：'求也退，故进之；由也兼人，故退之。'"两个学生问同样一个问题，获得两种不同的答复，公西华惶惑不解，问孔子。孔子开导他说："冉求遇事畏缩，所以要鼓励他；仲由遇事轻率，所以要加以抑制。"孔子针对学生不同的缺点，对症下药去进行不同的教育，收到了预期的效果。再如"问仁"、"问政"、"问孝"、"问君子"，孔子根据发问者的性格、动机、需要、因材施教，给予不同的解答。如："孟懿子问孝，子曰：'无违。'樊迟曰：'何谓也？'子曰：'生事之以礼，死葬之以礼，祭之以礼。'孟武伯问孝，子曰：'父母唯其疾之忧。'子游问孝，子曰：'今之孝者谓能养。至于犬马，皆能有养；不敬，何以别乎？'子夏问孝，子曰：'色难。有事弟子服其劳，有酒食先生馔，曾是以为孝乎？'"⑤ 这里，孔子对孟懿子、樊迟、孟武伯、子游、子夏等不同的情况和需要，做了不同的解释，这应是因材施教的典型范例。

孔子很重视学习，他好学，《论语》第一句就说："学而时习之，不亦说乎。"又说："温故而知新，可以为师矣。"⑥ 孔子把见闻也作为学习的一

---

① 《论语·雍也》。
② 《论语·公冶长》。
③ 《论语·雍也》。
④ 《论语·雍也》。
⑤ 《论语·为政》。
⑥ 《论语·为政》。

个重要部分。孔子说："多闻，择其善者而从之，多见而识之。"① 孔子博学多闻，知识渊博，在当时就享有盛名，但他从不说自己是天才，是生而知之者；而说是自己学习得来的知识。孔子说："我非生而知之者，好古，敏以求之者也。"孔子是非常好学的，他自己就说"学而不厌。"有一次，叶公问孔子于子路，子路没有回答。孔子说："女奚不曰，其为人也，发愤忘食，乐以忘忧，不知老之将至云尔。"孔子是以好学自诩的，孔子说过："十室之邑，必有忠信如丘者焉，不如丘之好学也。"②

孔子的学习是和思考分析结合在一起的，学与思并重，并有机地联系起来。孔子说："学而不思则罔，思而不学则殆。"只学习，不分析思考，则迷罔；只分析思考而不学习，头脑空虚，失掉了依据。关于知识，孔子要求学生以实事求是的态度去对待，孔子曾教导子路说："由！诲女，知之乎？知之为知之，不知为不知，是知也。"他反对不懂装懂，因此，他提出要做到"毋意（不主观臆断），毋必（不绝对肯定），毋固（不固执己见），毋我（不自以为是）"③。一言以蔽之，对学习知识要实事求是。

"学"与"问"联系在一起，是孔子学习的又一特点。孔子"入太庙，每事问"。又说，"敏而好学，不耻下问"。孔子师郯子，问关于皥氏（郯国始祖）和黄帝、炎帝、共工氏等古代部落领袖的传说；师老聃，问关于古代传统礼制等方面的问题；师鲁国有名的乐官师襄子学琴。他"学无常师"，学习别人的一切长处。孔子说："三人行，必有我师焉，择其善者而从之，其不善者而改之。"孔子是采取去芜存真、去伪存真的方法进行学习的。

孔子说："吾有知乎哉？无知也。有鄙夫问于我，空空如也。我叩其两端而竭焉。"④ "叩其两端"是孔子学习的另一重要方法，是指分析矛盾的正反两方面，既要看正面，又要看反面，既要认识开头，又要认识结局，这样就能避免认识的片面性，这种方法是有其辩证因素的。

二　孔子的文化观

孔子对我国文化古籍的整理，功绩之大，是不可估量的，他是我国古代文化承上启下的集大成者。孔子说："信而好古，述而不作。"他信而好古是真，他删《诗》、《书》，定《礼》、《乐》，赞《周易》，修《春秋》。"述而不作"是假。诗、书、易、礼、乐、春秋称之为六经。先说诗，就是

---

① 《论语·述而》。
② 《论语·公冶长》。
③ 《论语·子罕》。
④ 《论语·子罕》。

《诗经》，司马迁说："古者《诗》三千余篇，及至孔子，去其重，取可施于礼义……三百五篇，孔子皆弦歌之，以求合《韶》、《武》、《雅》、《颂》之音。礼乐自此可得而述。以备王道，成六艺。"① 从这里可以分析出两点：（1）删汰重复的篇章；（2）诗可以合乐，可以唱。孔子按乐曲的音调，进行了篇章的整理。司马迁说："孔子以诗、书、礼、乐教。"孔子是把这些古籍作为教材，诗经是作为文学教材。关于《礼》，司马迁说："孔子之时，周室微而《礼》《乐》废，《诗》《书》缺。追迹三代之礼，序《书》《传》……故《书》《传》《礼》《乐》自孔氏。"② 班固也说："《礼古经》五十六卷，《经》十七篇。《礼古经》者，出于鲁淹中及孔氏，与十七篇文相似。"③ 以司马迁和班固的记载分析，《礼》是孔子整理的。孔子所说的《礼》，大体分为三种类型：（1）作为历史发展标志的礼；（2）作为治国的礼；（3）作为行为规范的礼。东汉学者郑玄分别给《仪礼》、《周礼》、《礼记》做了注释之后，才有《三礼》这一名称。孔子整理《礼》是作为教材的。关于《书》，司马迁和班固都肯定是孔子编纂的。司马迁说孔子"序《书》《传》，上纪唐虞之际，下至秦缪，编次其事……故《书》《传》《礼》《乐》自孔氏"。④ 班固也说："《书》之所起远矣，至孔子纂焉。"⑤ 关于《书》，又称《尚书》，就是上古之书。在孔子之前，已有《夏书》《商书》《周书》等散篇流行于世，孔子把它们收集、整理、编纂成书，即《书经》，作为学生的历史教材，孔子应是编纂中国历史书的开山祖。关于《易》，司马迁说："孔子晚而喜《易》，序《彖》《系》《象》《说卦》《文言》。"⑥ 由于孔子对《易》下功夫进行深入钻研，来回反复翻动竹板，致使串连书板上的牛皮筋弄坏了三次，即"韦编三绝"。司马迁又说："孔子传易于瞿。"⑦ 从司马迁这几则记载看，孔子不但学过《易》，而且作过《易传》，并把《易传》传授给弟子商瞿。关于《乐》，孔子是很喜欢《乐》的，他说过："人而不仁，如礼何？人而不仁，如乐何？"又说："兴于诗，立于礼，成于乐。"就是说，诗可以振奋精神，礼可以立身处世，乐可以使情操完美。孔子是一个大音乐家，会弹琴，能击磬，善于歌唱。孔子把《乐》整理编纂成书，作为学生的音乐教材，这是当然的事，可惜《乐》已经失

---

① 《孔子世家》。
② 《孔子世家》。
③ 《汉书·艺文志》。
④ 《孔子世家》。
⑤ 《汉书·艺文志》。
⑥ 《孔子世家》。
⑦ 《仲尼弟子列传》。

传了。

孔子是中国第一个伟大的文献整理家，他把被贵族长期垄断的古代文献，进行了抢救、整理、刷新，加以普及，传之后世，这一伟大的贡献，是古代任何学者都无法与之相提并论的。他整理《诗》《书》《易》《春秋》，全部作为教材，他是我国第一个使用教材的人，是我国教材的伟大发明者和使用教材的伟大创始人。

孔子是把《诗》作为文学教材传授给学生的，孔子在《诗》上发表著名的文学观点。他说："小子何莫学夫《诗》？《诗》，可以兴，可以观，可以群，可以怨；迩之事父，远之事君，多识于草木鸟兽之名。"① 这里，孔子评论到了《诗》，也就是评论到了文学——评论到了文学的社会功能、教育作用和美感作用。

"《诗》，可以兴"的"兴"字，是指诗对读者的思想感情和精神世界有启发和陶冶作用。一言以蔽之，《诗》可以振奋人们的精神，鼓舞人们的情绪。这里，我们从《秦风·无衣》中可以得到充分的证实。"岂曰无衣？与子同袍。王于兴师，修我戈矛，与子同仇。"这应是一首军歌，诗分三节，表现出慷慨从军的乐观主义精神和保卫祖国的英雄气概，起到了振奋精神、鼓舞士气的作用。

"《诗》，可以观"的"观"字，是指帮助人们观察风俗、观察民情、观察国家的盛衰。《诗经》的诗和乐、舞是密不可分的。《墨子·公孟篇》说儒者："诵诗三百，弦诗三百，歌诗三百，舞诗三百。"便充分证明了这一点。司马迁也有"三百五篇，孔子皆弦歌之"的记载。因此，观诗和观乐观舞是同一概念。《礼记·乐记》中说："治世之音安以乐，其政和；乱世之音怨以怒，其政乖；亡国之音哀以思，其民困。声音之道，与政通矣。"这里，说明了音乐与政治的关系，通过音乐而知国家的盛衰。实际上是指通过文艺，包括诗歌、音乐、舞蹈而知国家的盛衰。《王风·黍离》："彼黍离离，彼稷之苗。行迈靡靡，中心摇摇。知我者谓我心忧，不知我者谓我何求？悠悠苍天，此何人哉？"应是"亡国之音哀以思"很好的说明。汉郑玄曾对"观"字注曰："观风俗之盛衰。"《秦风·黄鸟》应是这方面的例证。"交交黄鸟止于棘。谁似穆公，子车奄息，百夫之特。临其穴，惴惴其栗。彼苍者天，歼我良人，如可赎兮，人百其身。"这是一首殉葬者的挽歌，歌三章，分别挽三个人。据《左传·文公六年》记载："秦伯任好卒，以子车氏之三子奄息、仲行、铖虎为殉，皆秦之良也。国人哀之，为之

---

① 《论语·阳货》。

赋《黄鸟》。"《史记·秦本纪》载："缪公卒，从死者百七十七人。"诗中真实地描写了子车氏三子殉葬时毛骨悚然的景象，同时对受难者倾注最真挚的同情，发出了声声撕裂人心的抗争。读者从《黄鸟》中可以认识到秦穆公时的风俗，可以观察到奴隶社会中殉葬制度的野蛮性和残酷性。顺便提一句，对于殉葬制度，孔子是非常反感的，孔子曰："始作俑者，其无后乎；为其象人而用之也。"对以木人殉葬，孔子都反对，何况用人去殉葬？因此，孟子才说杀人"以刃与政"是没有区别的（《孟子·梁惠王上》）。朱熹对"观"字的注曰："考其得失"，从《黄鸟》中可以考察出秦政之失。

"诗，可以群"的"群"字，是指能够帮助人们处理好群众关系，互相了解，切磋琢磨，增进友谊。孔安国对"群"字注释为"群居相切磋"，也就是沟通思想，增强团结的意思。《芣苢》一诗可以作为这方面的范例。"采采芣苢，薄言采之；采采芣苢，薄言有之。"诗分为三章，这是一首古代妇女集体采摘野生植物时合唱的歌，再现了她们采集时劳动的过程。很明显，这首歌交流了她们之间的思想、感情，增进了她们的友谊，加强了她们的团结，劳动的欢乐把她们凝聚在一起。这就是"群"。

"诗，可以怨"的"怨"字，是指诗可以批评政治。对"怨"字，汉孔安国注为："怨刺上政"，也就是表达民情、批评政治的意思。钟嵘在《诗品序》中说："嘉会寄诗以亲，离群寄诗以怨。至于楚臣去境，汉妾辞宫，或骨横朔野，魂逐飞蓬；或负戈外戍，杀气雄边，塞客衣单，孀闺泪尽；或士有解佩出朝，一去忘返；女有扬娥入宠，再盼倾国；凡此种种，感荡心灵，非陈诗何以展其义？非长歌何以骋其情？故曰：'诗可以群，可以怨'。使穷贱易安，幽居靡闷，莫尚于诗矣。"除"嘉会"和"入宠"外，几乎全是怨。就算是"入宠"，也不一定是喜，《红楼梦》第十八回，元妃不也说："田舍之家，齑盐布帛，得遂天伦之乐；今虽富贵，骨肉分离，终无意趣"吗？"怨"，几乎可以说是文学永恒的主题，是文学的主流。司马迁在《报任安书》中说："古者富贵而名摩灭，不可胜记，唯倜傥非常之人称焉。盖西伯拘而演周易，仲尼厄而作春秋，屈原放逐，乃赋离骚；左丘失明，厥有国语；孙子膑脚，兵法修列；不韦迁蜀，世传吕览；韩非囚秦，说难、孤愤。诗三百篇，大抵圣贤发愤之所为作也。"司马迁所举的这一些，都可以概括为"怨"。《魏风·伐檀》中说："坎坎伐檀兮，置之河之干兮，河水清且涟猗。不稼不穑，胡取禾三百廛兮？不狩不猎，胡瞻尔庭有悬貆兮？——彼君子兮，不素餐兮！"这是一首伐木者之歌。一群伐木者替主人伐檀树制造车子时，联想到主人们不种庄稼，不打猎，却占有大量财富，过着奢侈的生活，因而非常愤怒，他们你一言我一语，发出了各种责难。这些责难就是"怨"。

"迩之事父，远之事君。"是指近者可以用来侍奉父母，处理家务；远者可以用来治国平天下。这是指的文艺的社会功能，即文艺的教育作用。"多识草木鸟兽之名"这是指文艺的知识作用。

孔子说："质胜文则野，文胜质则史。文质彬彬，然后君子。"[①] 此话原意是针对君子的个人修养，却包含了孔子对艺术美的看法。文是外在文采，即形式，质是指内在的品质，即内容。形式和内容的统一才是"文质彬彬"，才是美。孔子是中国美学史上第一个提出"文质彬彬"的美学家。

在美与善的问题上，孔子也提出了具有深刻意义的论点。《论语·八佾》载："子谓《韶》尽美矣，又尽善也。谓《武》尽美矣，未尽善也。"《韶》，舜时乐曲名，它声音优美，又表现了尧舜禅让的圣德，所以，认为它是尽善尽美。《武》，武王伐纣胜殷的乐曲名，它的声音优美，但表现的是武王伐纣取天下，所以孔子认为它尽美，却未尽善。孔子是第一个把善和美区分开的，而且在肯定美的价值的同时，要求美和善统一起来。

孔子对文艺理论和美学理论的观点都是有开创性的，他为我国文艺理论和美学理论立下了座座丰碑。

小　结

孔子是一个爱国者。他的教育观和文化观是紧密相连的，两者互为补充，浑然一体。

在孔子生活的那个时代，人们既以某诸侯国作为自己的"父母之邦"，同时，自己又认为是以周天子为共主统治下的一个臣民。就是说，自己是华夏的一分子。

孔子是鲁国人，他爱鲁国，"夹谷之会"正表现了这一精神。公元前500 年，齐景公以两国修好为名，约鲁定公在夹谷相会，意欲用武力劫持鲁定公。当时，孔子为鲁国大司寇，临行前提醒鲁定公说："有文事者必有武备，有武事者必有文备。"[②] 鲁定公采取了这一建议，带兵前往（山东莱芜县）。会盟仪式完毕，齐国一个官员向上请示："请奏四方（指边疆少数民族地区）之乐。"齐景公答道："诺！"于是，齐国的乐队，举着旗子，拿着戈矛剑盾乱哄哄拥上土台。孔子一看不好，快步走上土台，袖子一扬，大喝道："吾两君为好会，夷狄之乐，何为于此？请命有司！"齐国官员赶快叫

① 《论语·雍也》。
② 《孔子世家》。

乐队退下。不一会，齐国官员又到台上禀告："请奏宫中之乐。"齐景公答："诺！"又有一批倡优和侏儒到台前来耍戏逗乐。孔子再次上台厉声喝道："匹夫而营惑诸侯者，罪当诛。请命有司！"这一下，气氛紧张起来，鲁国有武力为后盾，齐国官员面面相觑，只得下令用刑，将倡优侏儒处斩。会后，齐景公为掩饰自己的过错，把过去侵占鲁国的土地郓（今山东郓城东）、文阳（今山东泰安南）和龟阳（泰安东）等一带地方归还给鲁国。孔子不但在"夹谷之会"中击破了敌人的阴谋，而且为鲁国收复了失地，捍卫了鲁国国威。

公元前 484 年（鲁哀公十一年），齐兵攻鲁，鲁国分兵两路抵抗，孟孺子统率右军，冉有统率左军，右军一战败北而逃。冉有率左军英勇奋战，打得齐军土崩瓦解，狼狈逃遁。樊迟为左军副将，也英勇地参加了战斗。孔子对冉有率国抗击入侵的齐国，保卫鲁国，赞之曰："义也！"右军中有一个少年叫汪骑，在保卫鲁国的战斗中英勇牺牲了，问孔子是否可以举行成人的葬礼。孔子说："能执干戈以卫社稷，可无殇也。"

更值得提出的是对有功于整个中国和华夏民族的管仲，孔子一再用最高的道德标准"仁"来称颂他。孔子说："管仲相桓公，霸诸侯，一匡天下，民到于今受其赐，微管仲，吾其披发左衽矣。"又说："桓公九合诸侯，不以兵车，管仲之力也。如其仁，如其仁。"管仲辅助齐桓公，多次召集诸侯，共同维护周天子共主的地位，还派兵救援燕、刑、卫等国，抗击北方戎狄对中原华夏的侵犯，这些后来被史学家概括为"尊王攘夷"的业绩，确是一种爱我华夏的壮举。他写的《春秋》也贯彻着这种"尊王攘夷"爱我华夏的思想。

孔子虽然有忠君思想，但却不是愚忠。孔子说："直哉史鱼，邦有道如矢，邦无道如矢。君子哉蘧伯玉，邦有道则仕，邦无道，则可卷而怀之。"[1]这里说的君，就是指的国君，孔子赞美史鱼，国君英明时，像箭一样忠实于他；国君荒淫时，像箭一样刺激他。孔子赞美蘧伯玉是君子，好国君他就工作，坏国君他就退隐。在另一次，孔子又重复了这个观点。子路问事君，孔子说："勿欺也，而犯之。"[2] 子路问侍奉君王的道理，孔子说，对君王要忠心耿耿，如君王有错，就要去谏净。君王有道可以接受俸禄，君王无道接受俸禄，这是耻辱。齐景公问政于孔子，孔子对曰："君君，臣臣，父父，子子。"[3] 这里孔子提出的观念当然是要维护封建的尊卑长幼的秩序，但也流

---

① 《论语·卫灵公》。
② 《论语·宪问》。
③ 《论语·颜渊》。

露出一种君臣相对立的思想，即"君不君"，则"臣不臣"的思想。

孔子，他不但是一个伟大的教育家，一个伟大的思想家，一个伟大的古籍整理家，一个伟大的文艺理论家，而且是一个伟大的爱国者。

姚秉正，孔庙和国子监博物馆助理馆员

◇《论语集解》何晏注之思想新探

◎ 常会营

[摘　要] 以《易传》解《论语》为何晏注之一大特色或主要特色，这在何晏所注《论语》各章中得到了充分证明。对于一些学者所言的何晏注"颜回屡空"体现了老庄虚无之思想，笔者认为这是值得商榷的。对于何晏注"颜回不迁怒，不贰过"，我们认为用儒家的"中和"思想解更为贴切，胜过作"圣人无情"解。而何晏注所体现的"道"的思想亦非道家或道教所认为的"道"，它更多的是指一种易道（形上之道）或天地之道，有时何晏也以"善道"或"圣道"来指称，它更多体现的还是儒家之道。其他的譬如德、仁等，是道在万物和人身上的落实，道无形体，而德和仁则有形质，另如"文，行，忠，信"等亦是有形质的，它们亦可以说是形上之道在人身上的一种落实和体现。

[关键词]《论语集解》　何晏　道

何晏，字平叔，南阳宛（今河南南阳）人。祖父为东汉大将军何进，父亲何咸，早亡，事迹无考。母亲尹氏，曹操担任司空期间，娶尹氏做夫人，同时收养了何晏。在正始年间，何晏由于为曹爽所赏识，而受到提拔，直至升为吏部尚书。在此期间，何晏主编了《论语集解》。本文将结合《论语集解》中的何晏注来对其中所体现的何晏思想予以探析。通过其生平来看，我们主要了解了何晏曾在正始中（244—245 年）主编过《论语集解》，而且大致知晓正始年间是何晏汉代经学思想与魏晋玄学交织的一个时期，但是《论语集解》主要体现了他何种思想，有待于我们通过《论语集解》中何晏注来予以把握。经过笔者考察，在《论语集解》中，涉及何晏所注共 93 章，数目亦算不少。但相较而言，后人所关注的主要是比较有争议的几章。下面我们就结合《论语》各篇中有代表性的大家关注较多、争议较大的何晏注来予以考察其思想（何晏所注在本文《论语》各章中用括号标出）。

一 以《易传》解《论语》为何注之一大特色

如果不仔细分析《论语集解》中的何晏注，我们往往会认为《论语集解》所体现的主要是汉代以及汉魏之际诸位学者的观点，何晏自身的观点似乎很少。这一看法大致是不错的，因为广采汉魏各家注解正是《论语集解》之最大特色。正因如此，如果要我们给《论语集解》定性，我们会认为它主要反映了汉代经学及汉魏之际经学的丰硕成果。但何晏之《论语集解》又有自身之特色，这种特色只有通过仔细研究何晏注我们才能发现。笔者以为，以《易传》解《论语》，可以说是何晏注之一大特色，或者说主要特色。但必须指出，《易传》所体现的主要是儒家思想，而非道家或道教思想，笔者将通过何注《论语》各章试析之。

《为政》篇：

> 子曰："攻乎异端，斯害也已矣。"（攻，治也。善道有统，故殊涂而同归。异端不同归也。）

殊涂而同归，也即"天下同归而殊涂，一致而百虑"，语出《易·系辞下》，它是对《周易》咸卦九四爻辞"憧憧往来，朋从尔思"的阐发。此处的异端是指儒家之外的诸子百家，这是汉武帝"罢黜百家，独尊儒术"之统治思想所决定的，则善道很可能代指儒家。若是，何晏在此处以儒家为善道，而诸子百家譬如道家、法家、墨家等则被视为异端，则其所持之思想应为儒家，而非老庄道家。其以《易》来解《论语》诚是，《易》确为三玄之一，但《易》非玄学所独尊，亦是儒家之重要经典，故不能以此言何晏在此以玄学注《论语》。

《里仁》篇：

> 子曰："富与贵，是人之所欲也，不以其道得之，不处也。贫与贱，是人之所恶也，不以其道得之，不去也。（时有否泰，故君子履道而反贫贱，此则不以其道得之，虽是人之所恶，不可违而去之。）君子去仁，恶乎成名？君子无终食之间违仁，造次必于是，颠沛必于是。"

此处何晏所注"时有否泰，故君子履道而反贫贱，此则不以其道得之，虽是人之所恶，不可违而去之"亦是用《易》之否卦与泰卦所反映之思想。《易》否卦之《象》曰："'否之匪人，不利君子贞，大往小来。'则是天地不交而万物不通也；上下不交而天下无邦也；内阴而外阳；内柔而外刚；内小人而外君子，小人道长，君子道消也。"其《象》曰："天地不交，否；君子以俭德辟难，不可荣以禄。"

《易》泰卦之《彖》曰："'《泰》：小往大来，吉，亨。'则是天地交而万物通也；上下交而其志同也；内阳而外阴；内健而外顺；内君子而外小人，君子道长，小人道消也。"其《象》曰："天地交，泰；后以财成天地之道，辅相天地之宜，以左右民。"

从否卦与泰卦之《彖》与《象》所解来看，它主要说明了自然与人事有通与不通之时，而君子亦应顺时而行。否就是不通之时，此时天地不交，万物不通，反映在人事上便是上下不交而天下国将不国，有邦同无邦。天为阳，为刚；地为阴，为柔。否卦天上地下，或曰天外地内，所以说是"内阴而外阳；内柔而外刚"。君子为阳，小人为阴，所以说是"内小人而外君子"，小人居内，君子居外，故曰"小人道长，君子道消"，言小人得志，君子不得志也。此时君子应该以俭约之德躲避灾难，不可以以仕禄为荣。孔子曰："天下有道则见，无道则隐。邦有道，贫且贱焉，耻也；邦无道，富且贵焉，耻也。"（《泰伯》）金景芳、吕绍纲在《周易全解》中认为"这其实是'有道则见，无道则隐'思想的表现，与道家出世主义不同"[1]。泰卦则不同，泰卦是言天地相交而万物畅通，反映在人事上便是上下相交而心志同一。泰卦天下地上，天内地外，天为阳，为健，地为阴，为顺，所以说是"内阳而外阴；内健而外顺；内君子而外小人，君子道长，小人道消也"，言君子得志，小人不得志也。天地交泰，然后君子才能裁制天地之道，辅相天地之宜，以便扶助人民。

总之，在此何晏的思想仍然是儒家的健顺之道，时有否泰，在不通之时则宜退不宜进；宜贫贱不宜富贵；在亨通之时，则宜进不宜退，宜富贵不宜贫贱。这即是所谓"邦有道，贫且贱焉，耻也；邦无道，富且贵焉，耻也"，而非道家的出世之道。

> 子曰："德不孤，必有邻。"（方以类聚，同志相求，故必有邻，是以不孤。）

"方以类聚"，出自《易·系辞上》："方以类聚，物以群分，吉凶生矣。"由此可知，何晏的确是喜用《易》来解《论语》的，在其《论语》

---

① 金景芳、吕绍纲：《周易全解》，上海古籍出版社 2005 年版，第 128 页。

注中时时处处都会看到《易》的影子。再如：

《公冶长》篇：

> 子贡曰："夫子之文章，可得而闻也。（章，明也。文彩形质著见，可以耳目循。）夫子之言性与天道，不可得而闻也已矣。（性者，人之所受以生也。天道者，元亨日新之道。深微，故不可得而闻也。）"

我们可以接续何晏以《易》解《论语》之思路，此处他曰"性者，人之所受以生也"，则他应认为所受的是天地之气，因其后面曰"天道者，元亨日新之道"亦是以《易》解《论语》，又《易经》（包括《易传》）以《乾》《坤》为首，且以天地为万物之本原。《乾·彖》曰：

> 大哉乾"元"，万物资始，乃统天。云行雨施，品物流形。大明终始，六位时成，时乘六龙以御天。乾道变化，各正性命。保合大和，乃"利贞"。首出庶物，万国咸宁。

又《坤·彖》曰：

> 至哉坤"元"，万物资生，乃顺承天。坤厚载物，德合无疆。含弘光大，品物咸"亨"。"牝马"地类，行地无疆，柔顺"利贞"。"君子"攸行，"先迷"失道，"后"顺"得"常。"西南得朋"，乃与类行；"东北丧朋"，乃终有庆。"安贞"之吉，应地无疆。

"天道者，元亨日新之道。"亦是以《易》来解《论语》，乾卦卦辞曰："乾：元、亨、利、贞。"《述而》篇：

> 子曰："加我数年，五十以学《易》，可以无大过矣。"（《易》"穷理尽性以至于命"。年五十而知天命，以知命之年读至命之书，故可以无大过。）

所谓"《易》'穷理尽性以至于命'"，出自《易·说卦传》。

《泰伯》篇：

> 子曰："民可使由之，不可使知之。"（由，用也。可使用而不可使

知者，百姓能日用而不能知。）

"百姓日用而不知"，出自《易·系辞上》：

> 一阴一阳之谓道。继之者，善也。成之者，性也。仁者见之谓之仁，知者见之谓之知，百姓日用而不知，故君子之道鲜矣。显诸仁，藏诸用，鼓万物而不与圣人同忧。盛德大业至矣哉。富有之谓大业。日新之谓盛德。生生之谓易。成象之谓乾。效法之谓坤。极数知来之谓占。通变之谓事。阴阳不测之谓神。

《子罕》篇：

> 子罕言利与命与仁。（罕者，希也。利者，义之和也。命者，天之命也。仁者，行之盛也。寡能及之，故希言也。）

《乾·文言》曰：

> "元"者，善之长也。"亨"者，嘉之会也。"利"者，义之和也。"贞"者，事之干也。君子体仁足以长人，嘉会足以合礼，利物足以和义，贞固足以干事。君子行此四德者，故曰："《乾》，元，亨，利，贞。"

《卫灵公》篇：

> 子曰："赐也，女以予为多学而识之者与？"对曰："然，非与？"曰："非也，予一以贯之。"（善有元，事有会，天下殊涂而同归，百虑而一致。知其元则众善举矣，故不待多学而一知之。）

此处亦是以《易传》来解《论语》。殊涂而同归，也即"天下同归而殊涂，一致而百虑"，语出《易·系辞下》，它是对《周易》咸卦九四爻辞"憧憧往来，朋从尔思"的阐发，原文是：

> 《易》曰："憧憧往来，朋从尔思。"子曰："天下何思何虑？天下同归而殊涂，一致而百虑，天下何思何虑？"

《季氏》篇：

> 孔子曰："君子有三畏：畏天命，（顺吉逆凶，天之命也。）畏大人，（大人，即圣人，与天地合其德。）畏圣人之言。（深远不可易知测，圣人之言也。）小人不知天命而不畏也，（恢疏，故不知畏。）狎大人，（直而不肆，故狎之。）侮圣人之言。（不可小知，故侮之。）"

何晏注"天命"："顺吉逆凶，天之命也。"这里的天命思想很可能受《易》之影响，结合前面我们所述。我们可以大致了解一下《易》之天命思想。

无妄卦《彖》曰：

> 《无妄》，刚自外来而为主于内，动而健，刚中而应。大"亨"以正，天之命也。"其匪正有眚，不利有攸往"，无妄之往何之矣？天命不祐，行矣哉？

萃卦《彖》曰：

> 《萃》，聚也。顺以说，刚中而应，故聚也。"王假有庙"，致孝享也。"利见大人亨"，聚以正也。"用大牲吉，利有攸往"，顺天命也。观其所聚，而天地万物之情可见矣！

《周易》上直言"天命"即此两处。第一段言"动而健，刚中而应。大'亨'以正，天之命也"，这句话其实是描述天命的状态的，即动而敏健，刚直居中而上下呼应，（君子行事无妄）是有元大、亨美、利物、贞正之德，乃天命之所在，必能昌盛也。"'其匪正有眚，不利有攸往'，无妄之往何之矣？天命不祐，行矣哉"，意思是说若轻举妄动则有灾祸，不利于有所去往，又能到哪里去呢？妄行则天命不祐，又怎么能行呢？由此来看，《易》之天命实在是"惟德是从"，正所谓"皇天无亲，惟德是辅"（《尚书·蔡仲之命》："皇天无亲，惟德是辅。民心无常，惟惠之怀。"）。这里的德是指"动而健，刚中而应。大亨以正"，顺而推之，其实便是乾卦卦辞所言的"元亨利贞"四德。

第二段言"顺以说，刚中而应"、"聚以正"，其实说的是萃卦之德，与第一段中所言相类，亦是"元亨利贞"四德之反映。因为它反映了天命之德，所以"利有攸往，顺天命也"。高亨先生曰：

> 刚中而应，象君上守正道，臣下以正道应和之。君上守正道，臣下以正道应和，则聚于其人之左右，此是《萃》之爻象含有聚义。要之，君上顺人心而他人喜悦，守正道而他人喜悦，守正道而他人应和，故聚也。①

第二段又言"观其所聚，而天地万物之情可见矣"，正是通过观察其所聚之物，天地万物之情实才得以显见。对此句，高亨先生曰：

> 《乾文言》曰："同声相应，同气相求；水流湿，火就燥，云从龙，风从虎。圣人作而万物睹。本乎天者亲上，本乎地者亲下，则各从其类也。"《系辞》上曰："方以类聚，物以群分，吉凶生矣。"然则观察天地万物之所聚，可以知其同异吉凶之情况矣。②

《易》之吉凶说随处可见：

> 夫大人者，与天地合其德，与日月合其明，与四时合其序，与鬼神合其吉凶。先天而天弗违，后天而奉天时。天且弗违，而况于人乎？况于鬼神乎？（《乾九四文言》）
>
> 天尊地卑，乾坤定矣。卑高以陈，贵贱位矣。动静有常，刚柔断矣。方以类聚，物以群分，吉凶生矣。（《系辞上》）
>
> 彖者，言乎象者也。爻者，言乎变者也。吉凶者，言乎其失得也。悔吝者，言乎其小疵也。无咎者，善补过也。是故列贵贱者存乎位，齐小大者存乎卦，辨吉凶者存乎辞，忧悔吝者存乎介，震无咎者存乎悔。是故卦有小大，辞有险易。辞也者，各指其所之。（同上）
>
> 圣人有以见天下之赜，而拟诸其形容，象其物宜，是故谓之象。圣人有以见天下之动，而观其会通，以行其典礼，系辞焉以断其吉凶，是故谓之爻。言天下之至赜而不可恶也，言天下之至动而不可乱也。拟之而后言，议之而后动，拟议以成其变化。（同上）
>
> 是故《易》者，象也。象也者，像也。彖者，材也。爻也者，效天下之动者也。是故吉凶生而悔吝著也。（《系辞下》）

---

① 高亨：《周易大传今注》，齐鲁书社 1998 年版，第 288 页。
② 同上书，第 289 页。

《易》之为书也，原始要终，以为质也。六爻相杂，唯其时物也。其初难知，其上易知，本末也。初辞拟之，卒成之终。若夫杂物撰德，辨是与非，则非其中爻不备。噫！亦要存亡吉凶，则居可知矣。知者观其彖辞，则思过半矣。（同上）

从上述《易传》对吉凶的描述来看，吉凶主要说的是一种得失，所谓"吉凶者，言乎其失得也"。"辨吉凶者存乎辞"，是说分辨吉凶存于卦爻辞之中，又所谓"系辞焉以断其吉凶"，观卦爻辞则知吉凶。"辞有险易。辞也者，各指其所之"，是说卦爻辞有艰险平易之分，卦爻辞各指其所发展的方向。总之，"知者观其彖辞则思过半矣"，智者通过观摩彖辞（一卦之断辞）就可以大半知其吉凶，更知其所当行，所不当行。"夫大人者，与天地合其德，与日月合其明，与四时合其序，与鬼神合其吉凶。先天而天弗违，后天而奉天时。"这里是说大人，或者说圣人，与天地合德（所谓元亨利贞），与日月合明，与四时合序，与鬼神（阴阳二气）合吉凶，所以能做到先天行而天不能违，后天行而能顺承天时。这便是所谓的"与天地造化为一体"，是一种相当高的境界了。《论语》中孔子言"君子有三畏：畏天命，畏大人，畏圣人之言"，难道是空穴来风吗？通过上面分析，我们可以看出，所谓天命、大人、圣人之言，在《周易》中本来便是一体的。天命主要是通过四德即元亨利贞来体现的，而大人"与天地合其德，与日月合其明，与四时合其序，与鬼神合其吉凶。先天而天弗违，后天而奉天时"，所以是与天命合一的。而圣人之言，也即大人之言，在《周易》中主要是通过卦爻辞来体现的，"系辞焉以断其吉凶"，通过观摩圣人所作的卦爻辞，我们可以断定事物发展的吉凶，尽管它"深远不可易知测"。

总之，何晏对《论语》中"君子有三畏"章的注解，主要还是通过《易传》来解读和分析的。

二　"圣人无情"说及"屡空"说辨

《雍也》篇：

哀公问："弟子孰为好学？"孔子对曰："有颜回者好学，不迁怒，不贰过。不幸短命死矣。今也则亡，未闻好学者也。"（凡人任情，喜怒违理。颜回任道，怒不过分。迁者，移也。怒当其理，不移易也。不贰过者，有不善，未尝复行。）

冯友兰先生认为："照当时一般'名士'的说法，无情比有情高。一般的玄学家们也是这样说。他们认为圣人'与无同体'，所以一切欲望感情，也都'无'了。这就是'虚中'，也就是'空'。"①据此他认为："何晏也是认为贤人与圣人不同，他的说法大概跟顾欢、太史叔明是一类的，是支持当时一般'名士'的说法。"①朱伯崑先生亦认为："'空'，谓贫穷（何注'颜回屡空'）。可是何注依老庄义，释为虚无的精神境界。又如释'不迁怒，不贰过'说：'凡人任情，喜怒违理。颜回任道，怒不过分。迁者，移也；怒当其理，不移易也'（《论语集解·雍也》）。此是以老庄的圣人无情说，解释儒家的'不迁怒，不贰过'。又其释'无为而治者'说：'任官得其人，故无为而治'（《论语集解·卫灵公》）。这是以道家的无为说，解释儒家的为政以德说。曹魏时期这种解释儒家典籍的学风，可以说是一种新倾向。"②

这里就牵涉到《论语·先进》篇：

> 柴也愚，（弟子高柴，字子羔。愚，愚直之愚。）参也鲁，师也辟，由也喭。子曰："回也，其庶乎！屡空。赐不受命，而货殖焉，亿则屡中。"（言回庶几圣道，虽数空匮，而乐在其中。赐不受教命，唯财货是殖，亿度是非。盖美回，所以励赐也。一曰："屡犹每也。空犹虚中也。以圣人之善道，教数子之庶几，犹不至于知道者，各内有此害。其于庶几每能虚中者，唯回。怀道深远，不虚心，不能知道，子贡虽无数子之病，然亦不知道者，虽不穷理而幸中，虽非天命而偶富，亦所以不虚心也。"）

此篇中，针对颜回"屡空"何晏在此存了两解：一是解"屡空"为"数空匮"，即贫穷不已；又引一解为"屡犹每也。空犹虚中也。以圣人之善道，教数子之庶几，犹不至于知道者，各内有此害。其于庶几每能虚中者，唯回。怀道深远，不虚心，不能知道，子贡虽无数子之病，然亦不知道者，虽不穷理而幸中，虽非天命而偶富，亦所以不虚心也。"也就是说解"屡空"为"虚中"。冯友兰先生据此认为："'虚中'就是说中心是空虚的。颜回'屡空'，就是说，他还不能经常地空，只能屡次地空。后来的玄学家，就这一点上发挥。"③例如南朝齐著名道教学者顾欢说："夫无欲于无

---

① 冯友兰：《中国哲学史新编》（中卷），人民出版社1998年版，第447页。
② 朱伯崑：《易学哲学史》第一卷，昆仑出版社2005年版，第273页。
③ 冯友兰：《中国哲学史新编》（中卷），人民出版社1998年版，第445页。

欲者，圣人之常也。有欲于无欲者，贤人之分也。二欲同无，故全空以目圣；一有一无，故每虚以称贤。贤人自有观之，则无欲于有欲，自无观之，则有欲于无欲。虚而未尽，非屡如何？"（皇侃《论语义疏》卷六引）这里顾欢将圣人与贤人从有欲无欲角度做了划分，圣人"无欲于无欲"，贤人"有欲于无欲"，孔子能做到无欲于无欲，也就是"常空"，因此是圣人；颜回只能做到有欲于"无欲"，也就是"屡空"，因此是贤人。

南朝梁时学者太史叔明说："按其遗仁义，忘礼乐，隳支体，黜聪明，坐忘大通，此忘有之义也。忘有顿尽，非空如何？若以圣人验之。圣人忘忘，大贤不能忘忘。不能忘忘，心复为未尽。一未、一空，故屡名生也焉。"（皇侃《论语义疏》卷六引）这里太史叔明显然是以《庄子》"坐忘"思想来解屡空。"忘礼乐，隳支体，黜聪明，坐忘大通"，这就是"忘有"之含义。忘有至尽，是谓空。圣人忘忘，也就是说，圣人如孔子能够无欲自忘，大贤不能忘忘，也就是说，大贤如颜回只能做到有欲自忘。因此，其境界便稍逊一筹。"屡空"便是"不能忘忘"之称谓。

由此可见，无论是顾欢还是太史叔明均是站在道教或道家立场，以《庄子》来解《论语》。而我们亦知，南朝齐梁时候，玄学思想非常浓厚，故其以无为本，以有为末，以无欲为上，以有欲为下之思想亦可想见。

而从何晏两解并存来说，他并没有强调何者为高、为上，则至少证明，何晏并没有废弃汉人旧注。蔡振丰先生在《何晏〈论语集解〉的思想特色及其定位》一文中更指出："何晏之《注》并存二义，并未确说何者为是。而且何晏以'每虚心'之解为'一曰'，显见这不是何晏的说法，否则应该将'每虚心'之解置前，而说'一曰：屡，数也；空犹匮也'。其次，《周易·咸卦》《象》曰：'山上有泽，咸；君子以虚受人'，'以虚受人'未尝没有'虚心感通'之义，虚心之义非必由《老》《庄》而来。"①

另从后面所引注解看，"以圣人之善道，教数子之庶几，犹不至于知道者，各内有此害"，此处何晏言"善道"所指为何？根据前面他对"攻乎异端，斯害也已"之注解"善道有统，故殊涂而同归。异端不同归也"，我们已经获知彼处的"善道"应是儒家，异端为诸子百家，则此处的"善道"亦应是儒家之道，而不应是道家之道。而后面他注解曰"其于庶几每能虚中者，唯回。怀道深远，不虚心，不能知道，子贡虽无数子之病，然亦不知道者，虽不穷理而幸中，虽非天命而偶富，亦所以不虚心也"，我们亦可以推而论之，此处的"虚中"、"怀道深远"以及"虚心"不应视为道家之

---

① 转引自刘小枫、陈少明《经典与解释的张力》，上海三联书店 2003 年版，第 222 页。

无、无欲。"虚中"、"怀道深远"或可概括为"虚心",而"虚心"亦并非为道家或道教所专有,儒家思想中亦不鲜见,如《论语》:子曰:"为政以德,譬如北辰,居其所而众星共之。"(《为政》)子曰:"予欲无言。"子贡曰:"子如不言,则小子何述焉?"子曰:"天何言哉?四时行焉,百物生焉,天何言哉?"(《阳货》)

《孟子》中这样的例子更多,例如在"浩然之气"章,孟子提到"必有事焉而勿正,心勿忘,勿助长也"(《公孙丑上》),勿正、勿忘、勿助长不正是"虚心"之称谓吗?又孟子曰:"舜之居深山之中,与木石居,与鹿豕游,其所以异于深山之野人者几希。及其闻一善言,见一善行,若决江河,沛然莫之能御也。"孟子曰:"无为其所不为,无欲其所不欲,如此而已矣。"(《尽心上》)孟子曰:"养心莫善于寡欲。其为人也寡欲,虽有不存焉者寡矣。其为人也多欲,虽有存焉者寡矣。"(《尽心下》)

此外,《荀子》中亦有"虚心"之思想,例如荀子在《解蔽》篇中曾提出"虚一而静"的观点:"人何以知道?曰心。心何以知?曰:虚一而静。"当然,荀子所言的"虚心"是一种认识事物的方法,而《论语》、《孟子》中的"虚心"更多是指一种修养手段和工夫境界。

何晏注曰"子贡虽无数子之病,然亦不知道者,虽不穷理而幸中,虽非天命而偶富,亦所以不虚心也",这里他提出的"穷理"与"天命"之思想,明显是采自《易·说卦传》"穷理尽性以至于命"。"尽性知命"是传统儒家的重要思想,我们在此亦不能将其作道家或道教观。

另外,在《述而》篇:

> 子食于有丧者之侧,未尝饱也。(丧者哀戚,饱食于其侧,是无恻隐之心。)

许多学者根据何劭的《王弼传》所说"何晏以为圣人无喜、怒、哀、乐,其论甚精,钟会等述之。弼与不同"(《三国志·魏书》卷二八《钟会传》注引),由此推测何晏在《论语集解》中亦是以此来言孔子的。笔者认为,这种由单方面的材料来探讨一个人思想的做法是值得商榷的。一方面,这方面的材料未必可信;另一方面,一个人的思想亦是不断发展变化的,我们不能凭借一个人年轻时的思想来推测他晚年时期的思想也必然如此,反之亦然。这就需要我们在研究一个人思想的时候,一方面需要对此人的生平有一个较为全面的了解,对他的思想演进之路有一个比较完整细致的把握;同时,还必须从其著作本身出发,由其著作整体所反映的思想来予以更为具体的体认，并将之贯之于著作的细节之中。如果我们凭借其著作能够确认其思想的概貌，则在著作完成之时，其思想特质亦应大致如此。至于此后其思想又是如何，我们不能马上予以评判，而须根据此后的著作和材料来予以探析。

在上面，我们主要分析和论证了何晏是以一个儒家学者的面貌出现的，其所持基本思想是儒家积极有为之思想，其以《易传》解《论语》是《集解》之一大特色。而这里对于此句的注解，何晏曰："丧者哀戚，饱食于其侧，是无恻隐之心。"这无疑是对上述论断的一个有力支持。恻隐之心出自《孟子》，孟子曰："恻隐之心，仁之端也。"（《公孙丑上》）又曰："恻隐之心，仁也。"（《告子上》）根据后代学者的理解，恻隐之心属于已发，属情。何晏认为丧者悲哀，如果饱食于其侧，则是无恻隐之心。这怎么能说圣人"无情"呢？再如何晏注"不迁怒，不贰过"说："凡人任情，喜怒违理。颜回任道，怒不过分。迁者，移也。怒当其理，不移易也。"（《论语集解·雍也》）笔者认为这里说"凡人任情"，"颜回任道"，并没有说明何晏便是以为"圣人无情"，"颜回任道，怒不过分"，则同时亦说明孔子亦是任道、怒不过分的（至少在魏晋时人看来）。那么，圣人亦应是具有喜怒哀乐的，如何说他"无情"呢？况且所谓"怒不过分，怒当其理"，其实就是《中庸》中所言的"中和位育"之道，所谓"喜怒哀乐之未发，谓之中；发而皆中节，谓之和。中也者，天下之大本也；和也者，天下之达道也。致中和，天地位焉，万物育焉"是也。且何晏在注《雍也》篇"子曰：'中庸之为德也，其至矣乎！民鲜久矣'"时明确言："庸，常也。中和可常行之德。世乱，先王之道废，民鲜能行此道久矣，非适今。"因此，笔者认为，诸位学者言何晏注"不迁怒，不贰过"体现了其"圣人无情"思想，是值得商榷的。

三　论何注之"道"非道家或道教之"道"

在《学而》篇：

有子曰：（孔子弟子有若。）"其为人也孝弟，而好犯上者，鲜矣。（鲜，少也。上，谓凡在己上者。言孝弟之人必恭顺，好欲犯其上者少也。）不好犯上，而好作乱者，未之有也。君子务本，本立而道生。（本，基也。基立而后可大成。）孝弟也者，其为仁之本与！"（先能事父兄，然后仁道可大成。）

魏晋玄学有无本末思想盛行，其核心思想认为有生于无，以无为本。然此处何晏注"本立而道生"曰："本，基也。基立而后可大成。""孝弟也者，其为仁之本与！"何晏注曰："先能事父兄，然后仁道可大成。"何晏所言的"本"并非魏晋玄学所言之"本"（即无）。结合上两句中其思想，他所言的"本"其实便是"先能事父兄"，他认为先能侍奉父兄，然后仁道方能很好地成就和建树。

在《述而》篇：

> 子曰："志于道，（志，慕也。道不可体，故志之而已。）据于德，（据，杖也。德有成形，故可据。）依于仁，（依，倚也。仁者功施于人，故可倚。）游于艺。"（艺，六艺也，不足据依，故曰游。）

此处何晏注"道不可体，故志之而已"，有人便做联想与发挥，此处的"道不可体"不就是所谓的"无"吗？这不就是魏晋玄学所言的"以无为本"吗？当然，若从纯字面来解，这种解释也可通。但若结合前面的注解，我们可以认识到，何晏实际是以一种诚敬的心态来注解《论语》的，他的注解处处是以儒家的积极有为的思想来指导的，怎么会突然便做起虚无的发挥来？道不可体，我们可以认为它指的是一种形上之道。《易·系辞上》曰："《易》不可见，则乾坤或几乎息矣。是故形而上者谓之道，形而下者谓之器。"何晏所言的道其实便是这里的形上之易道，或可谓之曰天地之道。那么，这里的"道"便不是魏晋玄学所言的"无"。如果将何晏完全作为一个玄学家来解，便不免陷入以"玄虚"或"无"解道的误区。如北宋邢昺《论语注疏》曰："道者，虚通无拥，自然之谓也。王弼曰：'道者，无之称也，无不通也，无不由也。况之曰，道寂然无体，不可为象。'是道不可体，故但志慕而已。"这里便是用王弼的"无"来解道，笔者认为是不妥的。

针对诸多学者皆以何晏所言"道不可体"之道为老庄之道，蔡振丰先生在《何晏〈论语集解〉的思想特色及其定位》一文中认为：何晏言"不可体"时，并没有对"道"的内涵做清楚的界说，所以直接认为它得自于《老子》的恍惚之道似乎不是公允之论。如果参看何晏对《论语·公冶长》"夫子之言性与天道，不可得而闻"的注解，他的释文似乎不是那么具有老、庄意味。何晏对道的注解是："天道者，元亨日新之道，甚微故不可得而闻。"首先，"元亨日新之道"很难说与道家"道"的观念相近。其次，"深微故不可得而闻"也可以是何晏所言"不可体"的另一说辞。另他结合

何晏注 "子夏曰：'虽小道，必有可观焉'"、《为政》"攻乎异端，斯害也已" 及《卫灵公》"予一以贯之"，认为何晏以 "善道" 说 "道"，这有别于道家之 "无" 之道。因为 "善道" 之 "善"，非俗世闻之于道路之善恶对立的概念，故 "善道" 与 "异端" 不同归，道也不能直接由异端小道得之，由此而说：道 "不可体" 或 "道深微故不可得而闻"。[①]

如果我们再结合《易传》来推测的话，这种 "不可体"、"深微不可得而闻" 的善道很可能指的就是易道，或者曰天地之道（乾坤之道）。

对于德，何晏注曰："德有成形，故可据。" 这里便是言易道或天地之道在万物之上的落实。既然能落实到万物之上，则此时的 "德" 便非如形上之道那样 "不可体"，而是 "可体"、"可据" 了。邢昺《论语注疏》曰：

> 德者，得也。物得其所谓之德，寂然至无则谓之道，离无入有而成形器是谓德业。《少仪》云："士依于德，游于艺。" 文与此类。郑注云："德，三德也，一曰至德，二曰敏德，三曰孝德。"《周礼·师氏》："掌以三德教国子，一曰至德，以道为本；二曰敏德，以行为本；三曰孝德，以知逆恶。" 注云："德行，内外之称，在心为德，施之为行。至德，中和之德，覆帱持载，含容者也。孔子曰：'中庸之为德也，其至矣乎！' 敏德，仁义顺时者也。《说命》曰：'敬孙务时敏，厥修乃来。' 孝德，尊祖爱亲，守其所以生者也。孔子曰：'武王、周公，其达孝矣乎！' 夫孝者，善继人之志，善述人之事者也。" 是德有成形者也。夫立身行道，唯杖于德，故可据也。

这里邢昺引郑注及《周礼·师氏》之注解，对于德之具体内容有了更为明确的体认：德有三种，依次为至德、敏德和孝德。至德，中和之德，覆帱持载，含容者也。敏德，仁义顺时者也。孝德，尊祖爱亲，守其所以生者也，是德有成形者也。

另如：

> 子以四教：文，行，忠，信。（四者有形质，可举以教。）

此处何晏注曰 "四者有形质，可举以教"，似乎是针对子贡曰："夫子之文章，可得而闻也。夫子之言性与天道，不可得而闻也已矣" 而发，言

[①]　转引自刘小枫、陈少明《经典与解释的张力》，上海三联书店 2003 年版，第 221 页。

文、行、忠、信如"德"，有形质，可以教，而性与天道无形质，所以不可教。

依于仁，何晏注曰："仁者功施于人，故可倚。"这里何晏将仁解为"仁者"，并认为"仁者"的特点是"功施于人"，所以可以倚靠。这便带有很强的汉代经学色彩，因为汉代经学家一般是将仁作为一种外在功业来看的，何晏此处的理解与他们是一致的。邢昺《论语注疏》曰："博施于民而能济众，乃谓之仁。恩被于物，物亦应之，故可倚赖。"可以说，"博施于民而能济众"是对"仁"之外在功业性的一种很好的注解。

总之，笔者认为，以《易传》解《论语》为何晏注之一大特色或主要特色，这在何晏所注《论语》各章中得到了充分证明。对于一些学者所言的何晏注"颜回屡空"体现了老庄虚无之思想，笔者认为这是值得商榷的。对于何晏注"颜回不迁怒，不贰过"，我们认为用儒家的"中和"思想解更为贴切，胜过作"圣人无情"解。而何晏注所体现的"道"的思想亦非道家或道教所认为的"道"，它更多的是指一种易道（形上之道）或天地之道，有时何晏也以"善道"或"圣道"来指称，它更多体现的还是儒家之道。其他的譬如德、仁等，是道在万物和人身上的落实，道无形体，而德和仁则有形质，另如"文，行，忠，信"等亦是有形质的，它们亦可以说是形上之道在人身上的一种落实和体现。

常会营，孔庙和国子监博物馆副研究馆员

博物馆学研究

◇小展厅如何容纳官德文化大展览

◎ 徐明

[摘　要] 孔庙和国子监浓缩了古代官德文化的历史内涵，内容丰富。一些历史事件、历史人物以及历史遗迹大多与孔庙和国子监有着不同程度的联系，尤其元、明、清三朝，孔庙和国子监在选拔官员、培养官员，使用官员和管理官员方面形成了一个有机整体。目前，我们举办"古代官德文化展"，正所谓恰逢其时，符合博物馆的主业，同时，以其一点带动全部，这对于孔庙和国子监博物馆整体展示功能的有效发挥，有着不可替代的现实作用。

【关键词】 小展厅　官德文化　大展览

前　言

　　2009 年 11 月，孔庙和国子监博物馆被北京市纪委命名为"北京市廉政教育基地"。2010 年 4 月，举行了授牌仪式。第一批十家教育基地中有九家是以反映红色革命题材为主要内容的教育基地，而唯独孔庙和国子监博物馆属于传统文化遗址类的教育基地，比例为十分之一。把孔庙和国子监建成廉政教育基地，博物馆领导曾经有过一个担忧：即孔庙和国子监是一个何等尊崇之地，它的知名度在我国内地、在台、港、澳地区以及东南亚地区和世界范围之内，影响极其深远，如果在这里建立廉政教育基地，会使人联想到"腐败现象"已经到了何种严重的程度了。但是，上级领导有更深层意义的考虑，指示我们：要充分利用孔庙和国子监厚重的历史传统文化优势，努力开发和探索"古代官德文化"方面的主要内容，并以展览的形式展示给观众。

举办"古代官德文化展"与本馆实际发生矛盾
—— "古代官德文化展"落户孔庙国子监

　　近年来"官德"一词的使用频率极高，称为"官德热"。"官德热"的主要原因是：

（1）腐败现象受到了民众的广泛关注；

（2）民众迫切需要清正廉洁的官员来掌握各级权力；

（3）十八大之后，从中央到地方整肃纪律、规范官员行为，表明了党的肃贪反腐的坚强决心。

为此，各级纪委、党校和行政部门都开展了对公务员进行职业道德的培训，要求不少于 6 学时，其中：古代"官德"文化是学习和培训的重要内容之一。孔庙和国子监博物馆是北京市廉政教育基地，上级要求：要充分利用孔庙和国子监传统文化的优势，努力开发"古代官德文化"内容，举办展览。

按照上级领导的指示精神，博物馆领导班子经过认真研究分析，感觉到：研究和探索古代官德文化，对于博物馆业务工作的开展有积极的促进作用。从业务工作本身来看，"古代官德文化"的研究包括：官员选拔、官员培养和官员管理等方面内容，这正和孔庙和国子监博物馆业务紧密相连，没有脱节。

接下来，我们的首要任务就是如何搞好官德文化的"固定展览"，这是一项艰巨任务，也是对我们各方面工作的考验，正如俗话所说："有条件要上，没有条件创造条件也要上。"

二　开发展览场地面临多种困难

孔庙和国子监博物馆自 2005 年成立以来，陈列展览包含了三大部分：一是固定陈列；二是原状陈列；三是临时展览和巡回展览。按照孔庙和国子监展览的类别和内容划分，展览计划已经完全落实到位，孔庙和国子监占地五万平方米，建筑面积两万平方米；两组院落的建筑之中，分别制作有四项专题展览，其他建筑为原状陈列，乾隆石经和进士题名碑也都在展览序列当中。所以，很难再找到空闲的面积来安排"古代官德文化展"。

三　服从大局以保障展览任务的完成

为了服从大局完成任务，领导班子经过认真研究分析认为：基地建设以及官德文化的展示都很重要，只有从办公用房方面进行调整才会有出路，最终，决定将"国学馆"搬迁新址，在此基础上进行资源整合。尽最大可能地腾出了一个约有 260 平方米的展览面积，可以充当展览场所。展览面积虽只有 260 平方米，但是我们一方面精炼内容，重点突出，同时，从整体上想办法与全馆形成一个闭合整体，来解决展览面积小的问题。

四　小展厅很难容纳大展览

具有了一个展览空间，大家都十分的兴奋，但是，旧问题没有解决，一个新的问题又随之而来，即面积只有 260 平方米的小展厅，怎样能够容纳得下一个很大的展览呢？

陈列工作面临着前所未有的困难：上级领导要求展出官德文化，其内容十分庞杂，其中大致有："官德的起源和发展"、"孔子的官德思想"、"官德的历史作用"以及"官德人物"等方面。分析表明，其中任何一个子项目如果展开来，都需要不小的面积，也都可以形成独立的展览，因此 260 平方米的展览面积很难容纳这样大的展览需求。

那么，古代官德文化的展览大抵需要展示哪些内容呢？以下做一简要分析。

古代官德展览内容简要描述

古代官德展览，大体上需要展示以下三个部分的内容：

一　古代官德的基本描述

"官德"一词并不是古代的专有名词，它是现代人的提法。在展览之中为了描述官德，就需要把"官"和"德"分别加以介绍。

（一）古代的"官"

（1）甲骨文中的官字

官，甲骨文字形，《说文》从宀（mián）从𠂤（以的异体字），𠂤犹众也。以宀覆众，则有治众的意思，预示着掌管人力、物力、财力、生产和生活资源以及意识形态。

（2）历史文献中的官

中国最早一部书《诗经》中提到官，讲道："溥天之下，莫非王土；率土之滨，莫非王臣。"[①] 这之中反映出，君王的权力大得无边，而他治下的官员的权力也不小，偌大的国土，帝王不会亲自去管理，一应行政事务就需要由官员去全权管理。西周时期官员的权力已经很大了。《周礼》一书中将职官为六个部分：即天官、地官、春官、夏官、秋官、冬官。可见，官员上可管天，下可管地，中间还能管四季。

（3）《周礼》之中规定了官员的职权范围

天官冢宰，邦治，均邦国。治官之属，六官之首。

地官司徒，邦教，安邦国。教官之属，执行法律。

春官宗伯，邦礼，和邦国。礼官之属，掌管礼仪。

---

① 《诗经·小雅·谷风之什·北山》。

夏官司马，邦政，平邦国。政官之属，主管军事。

秋官司寇，邦禁，刑邦国。刑官之属，主管刑律。

冬官司空，掌管工业。

（4）《礼记》中的官："有虞氏官五十，夏后氏官百，殷二百，周三百。"①又载："王者之制禄爵，公侯伯子男，凡五等。诸侯之上大夫卿，下大夫，上士中士下士，凡五等。"②

嗣后，中国古代职官的发展、品秩的变化形成了一个庞大的体系，此不赘述。

在中国古代社会，大夫以下官员产生之后，需要有一个严格的培训过程，"德"即成为统治者用来衡量官员、选拔官员、使用官员和管理官员的一个基本尺度。

（二）古代的"德"

（1）甲骨文中的"德"

中国古代，"德"字的出现，始见于商代的甲骨文，"德"字的演化过程中，在甲骨文以及在金文中表现出多种不同形式。比如甲骨文： 为早期字型， 为晚期字型。在徐仲舒先生主编的《甲骨文字典》中，对于"德"字作了如下分析："徝（zhì）［解字］：从彳（chì）从 ， 即直字，象目视悬（悬锤）以取直之形。从彳有行意。故自字形观之，此字当会循行观察之意，可隶定为徝。徝字《说文》所无，见于《玉篇》，徝，'施'也，甲骨文徝字又应为德。"③ 会意字"直"用眼睛直视的样子，表示正直，会行动要正，而且目不斜视之意。正符合孔子所说的非礼勿视，非礼勿听，非礼勿言，非礼勿动。这就是甲骨文中德字的基本含义。

（2）文献中的"德"

《尚书》中皋陶提出了为官九德的标准："宽而栗，柔而立，愿而恭，乱而敬，扰而毅，直而温，简而廉，刚而塞，强而义。"④

《周礼》提出六德："知、仁、圣、义、忠、和。"⑤

儒家认为"德"是修身的最高境界，即："修身齐家治国平天下。"⑥

朱熹讲："'德'字从'心'者，以其得之于心也。如为孝，是心中得

① 《礼记·明堂位第十四》。

② 《礼记·王制第五》。

③ 徐仲舒主编：《甲古文字典》，四川辞书出版社 1989 年版，第 176 页。

④ 《尚书·皋陶谟》。

⑤ 《周礼·地官司徒第二》。

⑥ 《朱子语类·大学章句集注》。

这个孝；为仁，是心中得这个仁。若只是外面恁地，中心不如此，便不是德。"①

"德在殷代已经是一个政治概念，《盘庚》即把德视为关系到政治成败的关键之一……""周公的贡献是进一步提高了德在政治中的地位。周公用'德'说明了天的意向，天惟德是选，用德的兴废作为夏、商、周三代更替的历史原因，有德者为王，无德者失天下，有德而民知，无德而民叛。周公所说的'德'内容极广，一切美好的东西都可以包含在德之中。"②

（三）对于"官德"的描述

含义："官德，指为官从政自身的品行素养与从政的德行素质。"③

简单地说：官德即官员的品格、德行（于私：表现为个人品质素养；于公：表现为遵守公共道德）。

复杂地讲：官德是政治术语，它包含了五种意识，即政治意识、文化意识、心理意识、伦理意识、道德意识；两个价值，即价值观念、价值取向。

（四）选官制度的描述

古代的选官制度经历了一段极其漫长的历史过程，从原始社会、夏、商、周到明清，形成了一个完整的选官制度体系，大致走向如下：

（1）母系氏族社会选官

"氏族酋长与全体氏族成员处于完全平等的地位，不脱离生产，并与氏族成员一起平均分配消费品，没有任何的特权，是真正的社会公仆。"④

（2）父系氏族社会选官

"根据大汶口文化遗址发掘表明，男子到这时期已经成为生产领域的主人了，而女人越来越从社会性的劳动领域中被排挤出去，只能是次要的家庭劳动者了。男子开始支配家庭和社会经济。"⑤ 王者产生。

（3）传说中的禅让制

禅让制是远古社会一个美好的传说，多见于儒家的经典著作，其中歌颂的是尧、舜、禹三位帝王，尧有子十人不授其子而授予舜，舜有子九人不授其子而授予禹，之后，禹选中了皋陶做接班人，但皋陶先于禹而去世，部落酋长就推举了禹的儿子启作为王位的继承人。禅让制中，舜是承上启下式的人物。夏建立之后，血亲传承关系即告形成，曾经"兄终弟及"，而后发展为"嫡长传承"，从夏、商、周三代一直延续至清末。

---

① 《朱子语类·为政以德章》。
② 刘泽华、葛荃：《中国古代政治思想史》，南开大学出版社 2001 年版，第 6 页。
③ 赵雅丽：《史说官德》，北京出版集团公司，北京出版社 2012 年版，第 2 页。
④ 白钢主编：《中国政治制度通史》第二卷，人民出版社 1996 年版，第 27 页。
⑤ 同上。

（4）分封制和世卿世禄制

"这个时期国家的显著特点是分封世袭制……周初大封建，除了都城附近的王畿之地由王朝官吏直接统辖外，绝大部分地方都被分封给了王室近亲建立诸侯国。所谓分封，就是把一个地区的土地和人民都授予一位诸侯全权管理，即所谓授民疆土，代代世袭……"①秦朝以前，中国社会采用的政体是分封制。西周时，天子以及诸侯分封天下。

社会阶级分明，管理国家由天子、诸侯、卿、士分级负责。而各阶层按伦常及血缘关系世袭。

卿是古代高级官吏的称呼。世卿就是天子或诸侯国君之下的贵族，世世代代、父死子继。世禄也是世世代代、父死子继，享有所封的土地及其赋税收入，世袭卿位和禄田的制度，在古代曾十分盛行。

（5）察举制

察举制的特点是：打破血亲关系，从民中选官。察举制是从汉武帝元光元年（公元前 134 年）开始确立的。其主要特征是由地方长官在辖区内随时考察、选取人才并推荐给上级或朝廷，经过试用考核任命官职。

（6）九品中正制

由中央在各州郡特定选择"贤有识见"的官员任"中正"官，中正按出身、品德等考核民间人才，以簿世（谱牒家世）、行状（才干、道德）、乡品（中正鉴定）为标准查访评定州郡人士，将他们分成上上、上中、上下、中上、中中、中下、下上、下中、下下九等，以六条作举荐标准：忠恪匪躬，孝敬尽礼，友于兄弟，洁身劳谦，信义可复，学以为己，分为九品录用。

（7）科举制

"在隋唐的举贡系统中，个别的征召，保荐等途，基本上沿袭了汉以来的模样，人们常以为这就是科举制的起源 ……无非是汉以来络绎传承的察举制的继续发展罢了。"②

科举是中国古代通过考试选拔官吏的一种制度。由于采用分科举士的办法，所以叫科举。科举始于隋代大业元年，即公元 605 年，废于清代光绪三十一年，即 1905 年，历经 1300 余年。其间曾产生出 700 多名状元，近 11 万名进士，数百万名举人，秀才不计其数。

（五）管理官员

（1）管理制度。古代社会在官员管理方面很严格，制定了一系列的管

①　袁行霈等：《中华文明史·绪论》，北京大学出版社 2006 年版，第 22 页。

②　楼劲、刘光华：《中国文官制度史》，中华书局 2009 年版，第 117—118 页注释［24］。

理制度，例如实行"考核、升赏、降罚、休假、丁忧、致仕、给谥"等。

（2）监察制度。在监察方面建立了监察制度，并且专设监察御史，主要工作内容为："弹劾不法、谏诤建言、申复案牍、决狱平冤、专项监察、任职回避"等。

（3）对官员私生活也要进行管理。对官员私生活的管控：官员随便喝"公酒"、送"公酒"，丢官；涉足声色场所，将永不录用；利用职务之便，将自己的著作刊刻营利，革职；无故到古玩铺，有受"雅贿"之嫌，被弹劾、免职。

历史上各个王朝对官员的私生活，都予以密切注视。不仅对官员的"公德"，而且对其"私德"，即道德品质，实行严密监管。

二　孔子及儒家官德思想

孔子思想，博大精深。在官德展览中主要体现孔子的"德治思想"，包含以下一些方面：

（一）汉代人归纳了儒家的"天下大同"思想

孔子崇尚西周大一统的政治形态，"大道之行也，与三代之英，丘未之逮也，而有志焉"①。意思是说，大道实行的时代，以及夏、商、周三代英明君王当政的时代，孔子非常遗憾地讲：丘都没有赶上。但是他十分感慨地说：我心向往之。"汉朝的思想家就提出'大同'的理想。"② 孔子及其儒家学派所追求的是人人平等，人人自由，人人无争、无贪、无求、无自私、无自利、大公无私、夜不闭户、路不拾遗、风调雨顺、国泰民安的大同天下。

（二）孔子提出社会行为规范

在维护社会秩序方面孔子提出："君君、臣臣，父父、子子。"③ 即：君为君、臣为臣，父为父、子为子，任何人都要严格遵守这个社会秩序。孔子指出要遵守君臣有序、贵贱有序、长幼有序的社会秩序，谁也不要违反和僭越；同时对"君王、官员、民众"提出了具体的规范要求。

（1）建议君王实行德治

孔子提出："为政以德，譬如北辰，居其所，而众星拱之。"④ 对于君，孔子提出为政以德的德治思想观念，这些思想内容可以从《论语》中找到答案，《论语》通篇贯穿了孔子的德治思想。孔子认为：以"德治"理念为

① 《礼记·礼运第九》。
② 冯友兰：《中国哲学史新编》，人民出版社1998年版。
③ 《论语·颜渊》。
④ 同上。

原则来治理国家，君主就会像北极星一样被群星所围绕，就会受到爱戴。受到爱戴的这颗星，自身德行很好，很正，施政才可以保持它的公正性。孔子认为："德"高于君主的权力，高于国家及法律，是区分"仁君"与"暴君"、"明君"与"昏君"的基本标准。

（2）要求官员自身要正

"政者，正也，子帅以正，孰敢不正?"①这是春秋时期鲁国大夫季康子②和孔子的一段对话。孔子认为：季康子位高权重，但是作为臣下不应凌驾于公室之上，孔子说："政者正也"，意思是，为政者自身首先要正。

孔子提出："其身正，不令则行，其身不正，虽令不从。"③ 意思是说：管理者自身端正，作出表率时，不用下命令，被管理者也就会跟着行动；相反，管理者自身不端正，而要求被管理者端正，纵然三令五申，被管理者也是不会服从的。

（3）对于民众的要求

孔子认为：正人先正己，他提出"己所不欲，勿施于人"④。意思是说：自己不愿意做的，不施加给别人，当你受到不公正的待遇，遇到不公平的事物，遇到升职、升级等不顺心、不如意的事情，不迁怒于旁的人，不迁怒于社会。

孔子还讲"己欲立而立人，己欲达而达人"⑤。从通俗意义上理解就是：在满足了自身需求的同时，也要满足他人的需求，立己，达己是基本要求，立人，达人是最终目的。这是儒家有关人际关系的道德理论，人与人在交往中需要相互尊重，"将心比心"，"设身处地为别人着想"，以达到推己及人的目的。

（三）对于自身的要求

孔子把修身分为三个高度：即"圣人"最高、"仁人"次之、"君子"又次之。孔子讲："圣人，吾不得而见之矣；得见君子者，斯可矣。"⑥意思是"圣人"我没有见过，得见"君子"还是可以的。孔子修身的最高境界就是成为圣人。

此后的数千年之间，孔子果然成为圣人，这对于他自己来说是始料不及

---

① 《论语·颜渊》。
② 季康子（?—前468），春秋时期鲁国的正卿（季康子三桓，即指鲁国卿大夫孟氏、叔孙氏和季氏）。
③ 《论语·子路》。
④ 《论语·颜渊》。
⑤ 《论语·雍也》。
⑥ 《论语·述而》。

的。中国封建社会两千多年，把孔子奉为道德典范，历朝历代对于他的名号多有加封，比如先哲、先师、先圣等。直到元代他的封号得以圆满，成为"大成至圣文宣王"。千百年来受世人的顶礼膜拜。

三　官德的历史作用

古代很重视德行的培养，"德"的发展延伸，主要涉及三个领域，即帝王、官员、民众。

（一）君德

"德"作用于帝王时，即为君德；君德体现得好会出现明主、明君。

朱熹讲："德与政非两事。只是以德为本，则能使民归。若是'所令反其所好'，则民不从。"①

历史上有许多明君的例子，比如尧、舜、禹、汤、文、武；比如汉文帝、汉景帝；比如唐太宗李世民；再比如朱元璋、康熙、乾隆等。在他们治下曾经分别出现过武丁中兴、文景之治、贞观之治、洪武之治和康乾盛世等。以下举唐太宗李世民一例来阐释君德的作用。

唐太宗的治世治国治吏实施德政仁政还是很有特色的，突出表现了他为政以德的思想理念。

唐太宗李世民，政治家、军事家、书法家、诗人。他名字的意思是"济世安民"。即帝位后，积极听取群臣的意见，努力学习文治天下，成功转型为中国史上最出名的政治家与明君之一。写下了《帝范》一书，共十二篇，其中《帝范·审官》中讲道：

> 夫设官分职，所以阐化宣风。故明主之任人，如巧匠之制木，直者以为辕，曲者以为轮；长者以为栋梁，短者以为拱角。无曲、直、长、短，各有所施。明主之任人，亦由是也。智者取其谋，愚者取其力；勇者取其威，怯者取其慎，无智、愚、勇、怯，兼而用之。故良匠无弃材，明主无弃士。不以一恶忘其善；勿以小瑕掩其功。割政分机，尽其所有……故云："则哲惟难。"良可慎也！②

意思是说：不管是曲的直的，还是长的短的，都能派上用场。所以，对于一个良好的工匠来说，没有废弃的材料；对于一个圣明的君主来说，没有被弃之不用的人才。"惟帝其难之，知人则哲"③，能够做到真正了解人，即

① 《朱子语类·为政以德章》。
② 吴玉贵、华飞：《四库全书精品文存·帝范·审官第四》，团结出版社1997年版。
③ 《尚书·皋陶谟》。

便明智的哲人，就连尧、舜那样的帝王也感到为难，所以，一定要慎重对待呀！

文章虽短，但文辞有力而优美，展现出一代英主对人生和世界的感悟；其中充满着哲理性的语言，对后世影响极大。唐太宗的治绩，被历代史家称颂为"贞观之治"。大唐历经 289 年，政治、经济、军事、文化人才辈出，唐诗也走向鼎盛时期，在外交上，是世界公认的中国最强盛的时代之一。

《贞观政要》是对唐太宗政绩的总结，成为后世历代君主模仿学习的样板，后来也成为日本和朝鲜的帝王教科书。"贞观时期是我国历史上政治基本廉洁的时期，皇帝率先垂范，官员一心为公，吏佐各安本分，滥用职权和贪污渎职的现象降到了历史上的最低点。"①

（二）臣德

"德"作用于官员时，即为臣德；官德体现得好会出现忠臣、良将、循吏，反之则是贪官污吏、酷吏、墨吏；历史上的忠臣有：傅说、伊尹、管仲、介子推、伍子胥、范蠡、诸葛亮、魏徵、寇准、包拯、文天祥、于谦、海瑞、史可法、郑成功、林则徐，等等；奸臣有：羊舌鲋（贪官的"鼻祖"）、董卓、安禄山、蔡京、秦桧、严嵩、魏忠贤、吴三桂、和珅，等等。

以下举官德人物一例：

明代的首辅王锡爵（1534—1614），为北宋宰相王旦后裔，张居正之后拜为首辅大臣。嘉靖三十七年（1558）乡试第四名，嘉靖四十一年（1562）壬戌科会试第一，廷试第二，授编修，累迁国子监祭酒。

王衡（1561—1609）王锡爵之子，从小聪颖过人，27 岁夺得乡试第一，因是宰相之子，遭弹劾有作弊之嫌，王衡决意：父在位期间不应进士考试。直至王锡爵退隐故里，40 岁的王衡再次走进科场，一举夺得一甲二名（榜眼），进士及第，授翰林院编修。

王锡爵与独子王衡同为科考榜眼，人称"父子榜眼"。王衡一生不顺，心情抑郁，49 岁那年先于其父辞世。王衡之子王时敏是享誉海内外的"四王画派"领衔人物。王时敏育有九子，其第八子王掞（音 shàn），官至清代大学士，后人称赞："祖孙宰相"、"两世鼎甲"。王锡爵、王衡、王时敏（荫赠）均为当朝一品，因此，又称为"四代一品"。王时敏之孙王原祁，画艺卓著，受到康熙皇帝的青睐，与王时敏、王鉴、王翚合称"四王"，对后世产生了深远影响，其家族影响经久不衰。

王锡爵当宰相时勤政廉洁，敢于建言，勇于直谏，提出"禁诡谀、抑

---

① http://zhidao.baidu.com/question/392828247，访问时间：2013—04—05。

奔竞、戒虚浮、节侈靡、辟横议、简工作"① 的建议，全为皇帝采纳，并受到褒扬。王锡爵家族世代为官，家学源远流长，后辈也个个努力，无论是在朝当官尽忠，还是为父严慈、为子尽孝，都堪称楷模。

（三）民德

"德"作用于民众时，即为民德；民德体现得好时就会出现社会安定，民风淳朴，就会夜不闭户，道不拾遗；反之则社会治安败坏，盗贼四起。以上三者如同一个连环，相互联系，不可或缺。

孔子赞扬颜回："贤哉，回也。一箪食，一瓢饮，在陋巷，人不堪其忧，回也不改其乐。贤哉，回也。"② 苇子蒸饭，用瓢饮水，住在简陋的小巷子里，别人很难忍受这种穷困清苦，颜回却始终不改乐观豁达、勤勉向学的优秀品格，颜回真乃贤人也。孔子在这一句话之中前后竟然两次使用了"贤哉，回也"，如此加重赞誉自己的学生，在其他文中是不多见的。由此可见颜回在孔子心目中的位置。

以上为官德文化展览的主要内容。

小展厅容纳大展览的解决方案

孔庙和国子监浓缩了古代官德文化的历史内涵，内容丰富。一些历史事件、历史人物以及历史遗迹大多与孔庙和国子监有着不同程度的联系，尤其元、明、清三朝，孔庙和国子监在选拔官员、培养官员、使用官员和管理官员方面形成了一个有机整体。目前，我们投入精力举办"古代官德文化展"，正所谓恰逢其时，符合博物馆的主业，同时，以其一点带动全部，这对于孔庙和国子监博物馆整体展示功能的有效发挥，有着不可替代的现实作用。

解决方案一：对于"古代官德文化展"进行总体设计

从展览的总体布局方面分析：将"古代官德文化展"安排在位于孔庙南库，面积约为 260 平方米的小展厅内，虽然面积很小，但是作用极大。从现状看，孔庙和国子监博物馆的固定展览、原状陈列以及临时展览等相对比较分散，而"古代官德文化展"形同一个聚合体，对于联通、拓展和调动博物馆的整体展览，具有一定意义的积极带动作用；同时，"古代官德文化展"还带有序厅的功能，观众以此作为参观的起点，聚合之后又像射线一样放射开去，继续拓展参观与之相关连的其他展览，因此，"古代官德文化

① http://www.baike.com/wiki/，访问时间：2013 - 04 - 05。
② 《论语·雍也》。

展"产生了发散性作用，使参观的线路犹如链条一般，一环一环地套下去，使小展厅容纳大展览，发挥其独特的使用功能，这是一个比较完整的规划设想。

解决方案二：在总体设计中，把孔庙和国子监全部展示区域分为三个板块

第一板块　以"古代官德文化展"为起点

（一）面积约为 260 平方米的南库展厅，将作为"古代官德文化展"的序厅。

（二）展览分为四个部分。即：古代官德的起源和发展；孔子及儒家官德思想；古代官德的政治实践；官德人物及官德著作介绍。

（三）发挥局部效能带动整体连动。"古代官德文化展"（附：导览图）。观众在参观了"古代官德文化展"的序厅之后，讲解员以及导览图将指引观众继续前行参观，比如：想了解孔子生平事迹展，可继续参观"大哉孔子展览"；想了解古代选官制度展，可继续参观"科举文化展览"；想了解天子讲学展，可继续参观"辟雍大殿"；想了解古代太学历史沿革，可继续参观"国子监原状陈列展"；想了解儒家经典教科书，可继续参观"乾隆石经（即十三经）展"；想了解科举选官育官成果，可继续参观"进士题名碑原状陈列展"。

第二板块　参观配合"古代官德文化展"组织的临时展览

参观"廉者仁心——北京廉政历史文化展览"临时陈列。该展览由东城区纪委组织编写，以北京廉政历史文化为主要内容，在形式设计、内容编排、资料收集方面均有一定的特色。廉政文化的相关内容也是官德文化的一个组成部分，对于"古代官德文化展"具有一定意义的依托效能，北京的廉政历史可以作为辅助项目参与临时陈列。在平日的临展以及"古代官德文化展"开展期间起到点缀作用。

第三板块　拓展内容

（一）发挥视频音频等媒介的宣传功能

（1）观看皇帝讲学的"临雍大典"宣传影片（计划制作为 3D 影片）。

（2）每年一度的"国子监国学文化节"举办期间（9 月中旬），观众可直接参与祭祀孔子大型文化活动，该项活动将面向全国，发展为面向东南亚地区，拓展为孔子学院范围。

（3）观看"大成礼乐"乐舞表演（今后将走入影院）。

（4）在"古代官德文化展"厅内，观众可以观看滚动播出的宣传小片。片长视需要可分为各种时长。

（二）发挥与观众互动的寓教于乐的功能

（1）观众可以参与有奖知识问答活动（主要侧重官德以及各项展览方面）。

（2）纪念礼品（达到百种以上）。

（3）签章留念（连锁参观券）。

（4）照相留念（各主要景点位置）。

（三）发挥国学大讲堂宣传教育功能

展览还将配合各级培训班举办国学文化大讲堂，举办官德文化大讲堂。授课时间及其授课内容可视参观情况，或者应主办方的意向而定。

结　语

通过接受这样一个展览任务，使得廉政教育基地的建设和发展与孔庙和国子监博物馆的建设与发展紧密地联系在一起，相互补足、相互前进。在设计和制作这样一个展览的同时，既考验了我们博物馆在发展过程中的适应能力，也考验了我们员工在发展道路上的工作水平。通过用小展厅举办大展览的这一模式，使得我们博物馆在展览的设计、制作，尤其是投入方面大胆尝试，得到了锻炼。这对于博物馆今后无论是政务方面还是业务方面的发展都有一定的帮助，相信孔庙和国子监博物馆今后的发展道路将是一片光明。

从发展前景看，廉政教育和培训工作具有很大的发展空间，目前各级纪委、党校举办有各种具有传统特色的文化培训、文化交流、文化研讨和文化展示等活动。广而言之：只要有官员存在，就会有以官德文化为内容的廉政建设培训形式的存在。通过以实地实物教学，孔庙和国子监博物馆将成为一处具有新形式、新内容、新题材的教学点；我们的工作重点，就是要突出古代官德文化特色，这是我们建立廉政教育基地的根本任务，也是一项利国、利民、立党为公的光荣任务，通过努力，我们一定要把这项工作任务完成好！

徐明，北京古代建筑博物馆馆长，原孔庙和国子监博物馆书记

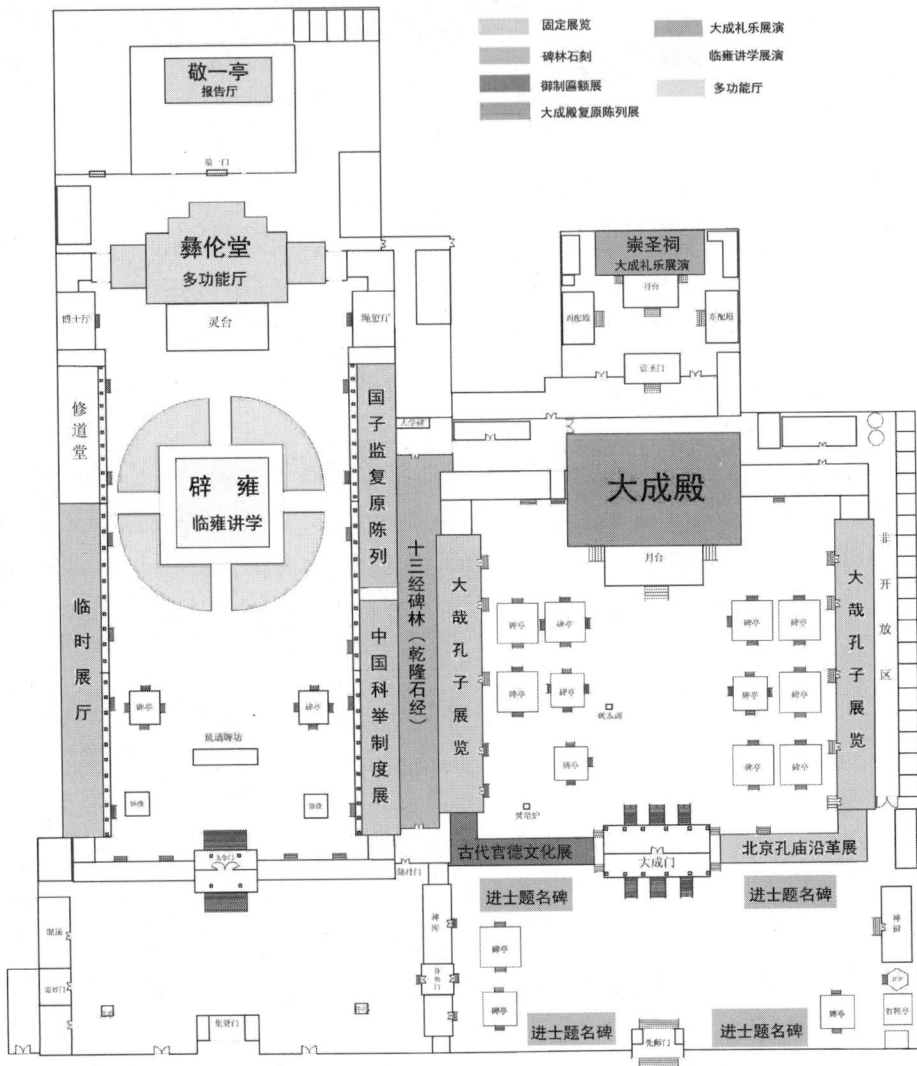

官德文化展导览图

◇关于《大哉孔子》展览改陈工作的一些思考

◎ 邹鑫

[摘　要] 《大哉孔子》展览是孔庙和国子监博物馆的一项长期展览，随着时代的发展和研究的深入，展览需要改陈来增减内容、优化设计、加强效果，以适应观众不断增长的文化需求。本文就《大哉孔子》展览的改陈工作中展览主体、内容、设计三个方面阐述个人的观点和想法，以供参考、讨论，以期抛砖引玉。

[关键词] 孔子　展览　改陈

《大哉孔子》展览自 2006 年开展至今已有 7 年时间。作为我馆的一项固定展览发挥了其展示、宣传、教育的功能，也收到了广大观众提出的很多宝贵的意见，我们依此做了几番修改和完善，并衍生出巡展版展览、网络版展览，还成为多家地方文庙的展览创作蓝本。可以说，《大哉孔子》展览是一项比较成熟的展览。随着时间的推移，展览的改陈工作也提上了日程。

展览改陈是对展览的改造提升，修改、增减内容，使其增加新意，通过更为先进的展陈技术手段和艺术设计使展览臻于完善，适应观众不断提高的观展需求。每项展览的改陈都有其自身特点，抓住特点，遵循规律才能达到改陈的最佳效果。就改陈《大哉孔子》展览而言，笔者认为应从三方面入手对展览进行定位，然后细化目标，达到改陈的效果和目的。

改陈之前，首先要以现在的眼光和标准全面分析原展览，找出不足和欠缺之处，再进行针对性的增减和改进。《大哉孔子》展览在以下几方面需要改进：

（1）突出孔子的一生经历和主要思想成就，缺乏儒家学派和传承方面的内容。

（2）突出孔子思想的传承力和影响力，缺乏与同时代中外思想家的比较研究内容。

孔庙国子监论丛（2013年）

（3）突出了孔子、儒家思想的原本内涵和对历史的影响，缺乏内涵的延伸和对现代社会生活的教育、启示内容。

（4）突出了孔子及儒家思想的发展和优势，回避了其局限性和衰退的客观因素分析。

（5）突出了场景展示，因年代限制，缺乏文物展示。

（6）多媒体系统、观众互动项目需进一步改进完善，引进新的表现手法。

针对以上问题，对展览的主体、内容、设计重新定位是必须考虑的事情。

一　展览主体的定位

作为一项人物展览的改陈，不同于文物、艺术品类的展览改陈，更新文物、变化设计即可耳目一新，而更应侧重于对人物新的认识、新的研究成果、新的理念或者新的现实意义和作用。《大哉孔子》展览把孔子定位成世界文化名人，详述了孔子的一生和其思想成就及在世界范围内的影响。《大哉孔子》展览大纲经过严谨的评审，认真的修改，最终定型，是一部比较完善的人物展览大纲。今天，我们改陈展览，如何重新定位展览主体孔子是一个关键问题。从社会环境看，7 年来，孔子在人们心目中的地位不断提高。人们试图通过孔子和以其为代表的儒家思想来唤醒中国的文化传统，提高公民意识和素质，增加民族凝聚力。比如在国家博物馆广场树立孔子像；提议每年的 9 月 28 日孔子圣诞日为教师节；因孟母三迁，教子有方，建议将孟子的诞辰日定为中国的母亲节。赞成、不置可否或反对的意见也常见诸媒体。当今国人的思想观、价值观已呈多元化，敢于表达自己的看法，也敢于提出不同意见。从文化环境看，以孔子命名的推广汉语和传播中国文化与国学的教育和文化交流机构——孔子学院在世界很多国家快速地扩张和发展，知道孔子，学习汉语的人也越来越多。中国在经济发展的同时也需要增强文化在世界的影响力。优秀传统文化的继承和发展也得到了政府的政策和经费支持，在此基础上开展的各类文化活动也得到了广泛的认可和参与。国学启蒙课程得到了学生家长的响应，朗朗读书声不绝于耳；国学经典讲座也广有听众，受到热捧。吹散历史的迷雾，当我们以现代眼光审视孔子，孔子不是孔家店，不是封建卫道士，也不应仅被视为儒家学派的化身。孔子是中华文明的代表，是汉文化的传播使者。通过展览将孔子光辉的一面和其思想精华发扬光大，中国需要优秀传统文化的回归，而孔子所开创的儒家文化是传统文化的重要组成部分。将孔子置于文化、思想、教育、道德范围内做主体展示，为《大哉孔子》展览提供了更为广阔的空间和舞台，也更利于达到展览的目的和效益。

在学术界，对孔子及其思想的探讨从未停歇，专家学者或引经据典，或寻章摘句，或谈古论今，标新立异的观点也层出不穷。作为展览，如何对待这些观点？笔者认为：

（一）甄选提炼，适度吸收。既要引起思想上的激荡和碰撞，又避免哗众取宠，引起巨大的争议或反感。适度引进新颖的观点，但不做定论性总结。这不仅有利于展览内容的突破和创新，而且能增强展览的新意。这部分内容也可在链接中呈现。

（二）适当增加儒学与其他学派的比较，反映出其时代先进性，解释为何历史选择了儒学作为中国封建社会的正统思想。展示历代著名思想家对孔子、儒家思想的继承和发展，尤其是近现代和当代思想大家和著名学者如章太炎、熊十力、牟宗三、梁漱溟等对孔子、儒学思想凝练的语言总结。

（三）适当增加孔子与其他世界文化名人和思想大家的对比展示。相同点与不同点对各自国家文化、历史、社会发展的影响乃至解释中西方的文化差异，增强展览趣味性。

（四）还原孔子本质，展示其思想精髓，及其对社会发展的积极影响。正如德国哲学家雅斯贝尔斯1957年9月24日给阿伦特的信中写道："孔子给我的印象极深。我并不是捍卫他什么，由于大多数汉学家的缘故使他变得平庸乏味，实实在在的他对我们来讲是取之不尽的。"让观众看到"实实在在"的孔子，感受激发人性的孔子也是展览的一种成功。

二　展览内容的定位

展览内容是展览的灵魂。做孔子的展览，内容是十分丰富的。尤其是孔子的思想，2500多年来，诸多大家对孔子思想和其代表的儒家学派进行了研究考证，使其内容不断丰富。如想全面系统地展示孔子一生和其思想成就及儒学的发展，恐怕再增加一倍的展厅面积也未必够用，所以确定展示内容的侧重点事关重大。《大哉孔子》展览主线以孔子的一生和其思想成就为核心，侧重于对中国历史、经济、文化的影响，对世界政治、文化的影响；副线系统介绍了各代大儒对其思想的认识和阐发，及在历史进程中的影响力。改陈中，这部分比较全面介绍孔子的内容应保留，让观众对孔子和其思想有基本的了解和认识。而要增加的是孔子思想对现代社会、现实生活的借鉴、启迪和教育意义。观众认识孔子后会思考这个2500多年前的思想伟人能给现代人带来什么？其实孔子思想中的很多内容颇具现实意义。比如孔子家马厩失火，孔子问"伤人乎？不问马"，相对于当今社会发生的极端事件中对生命的漠视是多么巨大的反差。此外，孔子在做人、做事、治学、施教、修身、交友、为政等诸多方面都有很多值得我们汲取的思想精华，其高度甚至超越现代人的思想境界，丝毫不落伍。如果我们每个人在处理人际关系时遵循孔子在《论语》中的教诲，社会将更加和谐，更具人情味。这样，作为一项大众化的展览，在展示学术成果、传播知识的同时，也宣传了优秀传统文化，培育了社会正气，在社教层面将发挥更大的作用，更好地履行博物馆的社会责任。

做好孔子展览在内容上要至少做好两件事：

一是如何弥补文物的匮乏。办孔子展览，最大的障碍和局限就是文物的匮乏。文物是历史和人物信息的载体，通过文物，我们可以较为直观地认识一段历史或一个人物。孔子是一个离我们远去的历史人物，我们需要历史的遗存感受他的气质、思想境界、精神面貌和其身上发生的故事。在《大哉孔子》展览中，借用青铜器、车马器、竹简、削刀等孔子同时代的文物和复制品来表现孔子身处的历史环境；通过塑像还原场景，让观众置身于孔子的时代或表现孔子的精神，如"孔子周游列国"、"韦编三绝"；以多媒体和观众互动项目表述孔子和儒家思想，如"与孔子对话"、"井中逃生"。这些方法都巧妙地弥补了展览文物的匮乏。在改陈中，如果条件允许，可以有目的、有计划地征集、购买承载儒家文化气息的文物和实物，体现孔子思想、儒家思想的文物或实物载体，比如绘有仁爱、忠义、诚信、孝道的瓷器、文房用品、生活用品；与孔子、儒学有关或表现儒家思想的绘画、书法、古籍、手稿、漫画；相关文物的复制品。从而美化展陈效果，丰富展览内容。

二是如何让图片说话。因为缺少文物，展览中更多地要用照片、绘画、漫画等方式。让图片说话才能让展览鲜活起来，让观众领悟展览内涵。图片来源可以是画册。孔子形象最多的画册是《圣迹图》，其中绘集了孔子一生的行迹，配以释文，图文并茂。画中孔子形象统一，人物生动，寓意深刻。在《大哉孔子》展览中已大量使用，改陈中可以根据内容需要再行筛选。近年出版的有关孔子的画册中也有精品，如中国台湾出版的江逸子画作《论语画解》，模仿《圣迹图》的形式，以工笔人物画注释《论语》中的名言，画面精美，制作精良，较好地阐述了孔子的思想，有很强的教育意义，在展览中完全可以借鉴。展览还可使用新闻图片，因为当前我们周边发生的故事、感人的事迹有些就表达了孔子、儒家的忠（爱国）、孝、节（廉）、义、仁、爱思想，比如最美系列，充满了社会正能量，表达了正确的社会价值观，在展览中也可以使用。总之，选用画面精炼，直抒思想、直指人心的图片能发挥较好的展示效果和教育意义。

三　展览设计的定位

好的展览源自好的设计。展览应该给人以美的享受，思想的激荡，赏心悦目。以孔子为主体的展览应给人以明朗、古典、舒缓的参观环境。根据《大哉孔子》展览的展陈效果和反馈意见，在改陈中应注意以下几点：

（一）改进展厅，调整展线。《大哉孔子》展览因古建筑的布局而不得不分成两部分。观众在参观的过程中会有明显的割裂感和不便利感。只有时间充裕或多次来馆的观众才能较为认真、耐心地观摩展览的全部内容。相当一部分观众可能只看了一半的展览。改陈中，这是应该考虑的因素，能否调整展线，把展览放到一个展厅中，更多的内容通过链接或播放器展示。

（二）增加手段，精炼设计。现代展览不仅是文物、艺术品、图片等实体的展示，还有很多通信手段可以实现观众与展览的交流互动，增强展览的效果，可以在有限的展览空间中无限扩展展览内容。比如我们使展览中或展览外的一些知识点或图片可以通过扫描二维码来获取，便捷又增乐趣；通过开辟微博、微信等展览平台与观众实时沟通互动；也可以将部分展览内容放到电容式触摸屏中，便于不熟悉使用智能手机的观众查阅。博物馆官网也可配合展览开辟网络版展览和相关栏目，使线上线下结合起来。这也解决了压缩展厅面积带来的内容不足问题。

（三）注重细节，便于参观。通过观众反馈，改陈中要特别注意细节的设计。比如名胜古迹要注明省份、地点。不少观众询问照片中名胜古迹的地址。在介绍世界孔庙的照片中没有注明国别给参观带来了不便之处。改陈中要增加相关的知识链接，营造一个便捷高效的参观环境，提升观众游览名胜古迹的兴趣。在展览中适量使用树状图、表格等形式，对梳理人物关系，理清历史发展规律，汇总对比各家之言极为有益。力求让观众"少跑腿，不费脑，看明白，增见识"。

（四）低碳节能，安全环保。改陈展览要特别重视建筑、展览材料的使用，灯光、电器的应用。在确保文物、展品、人员的安全下尽量使用低碳环保的设备，如感应式照明、LED灯具。使整体展厅减少碳排放量，以实际行动响应当今世界的环保主题，从另一方面践行博物馆的社教责任。

改陈孔子展览，我们有一些难点要突破，但我们也有得天独厚的优势。我们的博物馆就是一座巨大的展厅，大成殿、碑亭、崇圣祠、进士题名碑、乾隆石经等都是历史悠久、价值连城的文物，从这点来说，我们不缺乏文物，我们有举办展览深厚的文化沃土。我们要因地制宜，巧妙构思，务实高效，争取改陈出精品。

邹鑫，孔庙和国子监博物馆研究部副主任、馆员

◇浅谈博物馆文物库房的建筑设计理念

◎ 张慧

[摘　要] 在博物馆的群体建筑中，藏品库的建筑尤为重要。藏品是博物馆的心脏，永久性的藏品更是博物馆的灵魂。为了更好地满足博物馆对藏品收藏、保管、展览和教育职能的需要，藏品库的建筑设计应具有安全性、长效性、前瞻性和全面性。

[关键词] 博物馆　藏品库　设计理念

博物馆是一个国家、一个城市历史文化的缩影，从现代社会的发展趋势看，博物馆将成为所在国家、地区历史文化的象征。

在博物馆的群体建筑中，藏品库的建筑尤为重要。因为藏品库的建筑结构、装饰材料及空间质量的规划直接影响到藏品的保护及寿命，而藏品是博物馆的心脏，永久性的藏品更是博物馆的灵魂。为了更好地满足博物馆对藏品收藏、保管、展览和教育职能的需要，藏品库的建筑设计应具有前瞻性和全面性，必须满足以下条件：即最大限度地满足藏品的保管条件及事业的可持续性发展，包括藏品库房、藏品登记室、消毒室、研究及修复室、藏品库分区、藏品的无障碍运输通道等，符合藏品的"十防"要求。这些理念要力争在库房设计中得到详尽的体现，使藏品得到充分的保护和利用。

众所周知，藏品是博物馆全部活动的物质基础，没有藏品，就不成其为博物馆。保护藏品的实质是保护其历史价值、艺术价值和科学价值。为此，藏品库的设计应具有安全性、长效性、前瞻性、全面性。

一　设计方案计划书

建筑的灵魂体现在它的设计理念上，没有一个好的设计，就不可能有好的建筑。随着现代化水平的不断提高，藏品库房设计使用功能也日趋多样化。

（一）选址与布局

1. 藏品库的选址和布局应有长远规划。必须根据本馆的性质、藏品数量，使库房建筑结构更加合理，充分满足博物馆发展的需要。做到必须有博物馆专家共同参与，严禁只是交钥匙工程。要充分考虑藏品库的特殊性，合理选址，多地点选择、比较，确保文物的安全性。设计者应注意建筑同周围的关系及建筑的内部结构，避免窗户设计过大，导致温湿度难以控制。

2. 藏品库的设计要力求功能齐全。安全是博物馆的生命线，安全主要通过"人防"和"技防"来实现。在设计初期，应充分考虑监控设备的安装位置，避免出现安全死角。要满足藏品保管的"十防"要求，即防火、防震、防盗、防雷、防潮、防光、防尘、防虫、防裂、防空气污染等。

设计初期，博物馆工作人员和设计人员应充分听取多方意见或建议，多次进行现场勘察，并参照相关博物馆藏品库的建筑设计，拟出多种设计方案，经过反复研究、对比，最后确定设计方案。

（二）藏品的具体分析

首先，要分析现有藏品的占有空间，根据材质、类型、类别和大小对藏品进行分类，并根据每一类别的比例和特性赋予其相应的分布空间，这样有利于对每一类别藏品的增长速度作出估算，并为以后征集的藏品预留出空间。其次，应充分考虑藏品的体积、重量和质量，这些关系到空间和地面承载的重量。第三，空间的质量问题，如安全、环境、监控等，这是必须考虑的，因为它关系到藏品的永久性保存。第四，藏品库应有较宽敞的通道，利于藏品的运输及展出。并有相应的藏品库分区，便于不同质地藏品的保管。第五，应配备消毒室、藏品登记室、照相室、研究及修复室等。

二　建筑装饰材料及设备

（一）藏品库对建筑材料的选择尤为重要

施工阶段必须做好对监理人的监督、巡视和检查，做到事前检查、事后监督。对每批次的建筑材料要认真核对，随时进行抽查，严禁那些偷工减料、偷梁换柱的情况发生，确保建筑材料的质量。

（二）设备的选用及安装

1. 藏品的安全保卫是博物馆的重要任务之一，需做到"以防为主，以消为辅"。设计安装"安全管理智能系统"，包括安防监测、报警系统、出入口的电子控制、各个陈列柜的内外所有电子门锁等。所选设备不但安全耐用，而且要为未来的升级和技术改选留有空间。

2. 恒温恒湿设备。温湿度对文物的保管具有不可忽视的影响，控制温湿度是长期保存好文物的重要措施之一。现代化的计算机控制系统可严密地自动控制调节某一个特定范围的小气候。库房内部温湿度受着室外天气的影响，它们的变化息息相关。温湿度的变化能引起器物的膨胀和收缩。如有机物吸收了空气中的水分后，纤维膨胀，排出水分后又重新收缩，导致藏品的变形、开裂、表皮脱落现象的发生，控制好温湿度，也是防止微生物蔓延的重要手段。

3. 采光照明设备。藏品库必须有足够的光线，以避免在藏品收藏或提取时因光线太暗导致的损坏，同时也要符合《博物馆照明设计规范》的要求及有关规定，并根据藏品对光的敏感度不同加以分类，如对光线不太敏感的藏品，如金属、陶瓷、岩矿等；对光线敏感的藏品，如油画、漆器、木器等；对光线特别敏感的藏品，如纺织品、古籍善本、文献等。鉴于以上，应对各类藏品库的藏品采用集中、分散的保管模式。

三　空间质量的规划

（一）对藏品库所有的通道和开口做详尽的规划。所有库门、通道、大厅、电梯的尺寸及藏品运输到展厅的距离要测量，尽可能全面。楼层的高度、台阶的数量，任何转弯处等也应具体注明。

（二）对于存放藏品的柜架、囊匣，应测定出它们所占有的面积，使空间得到充分利用，同时也便于提取藏品。对于各类藏品，尤其是大型、珍贵藏品的搬运及存放问题，可利用大型叉车直接开进升降梯、库房和展厅，避免搬运途中带来的文物损坏。

（三）充分考虑藏品的存放空间。多大的空间、什么样尺寸才是最有效的？尤其是大件藏品，避免陈列和下架时所引起的各类问题的发生，如在搬运甲文物时意外碰倒了乙文物。因此，空间应被设计为能够容纳标准尺寸的藏品。

（四）全面考虑藏品的空间利用率，既保证藏品的安全，又要考虑人和藏品的安全走动，通道是否畅通？展柜内的藏品收藏是否太挤？藏品存放的高度是否合适，员工是否可以安全取到？每一类藏品的增长速度及预留空间是否明确？藏品库剩余面积是多少？同时，空间需求的规划设计还应考虑足够的流通空间。这些问题的考虑都应尽可能的全面。

（五）在设定收藏空间时，必须为今后潜在的变动预留空间。

（六）出于对藏品密度的考虑，空间设备的增加也是可能的，因为空间的功效依赖于它的配置。

　　总之，为未来规划是任何一家博物馆在规划中的工作之一。搞好藏品库房的建筑布局和功能区分，将现代设施和计算机管理纳入藏品库的设计建设中，借鉴各馆经验，不断完善，凡涉及藏品库设计和建设之事，均应全面考虑。

张慧，孔庙和国子监博物馆馆员

参考文献：

①凌振荣：《博物馆新馆建设与管理整体水平提升》，《中国博物馆》2007 年第 4 期。

②翟战胜、张沛心：《博物馆建筑功能规范化的几点具体拟议》，《中国博物馆》2002 年第 3 期。

③张明江、苗强：《某遗址博物馆文物库房的智能化系统设计》，《智能建筑电气技术》2008 年第 5 期。

④［斯里兰卡］亚历山大·阿里克：《简述博物馆藏品库以及藏品保管系统的规划》，《博物馆研究》2009 年第 1 期。

⑤张孜江：《博物馆建设应注意的几个问题》，《中国博物馆》2004 年第 3 期。

◇浅论孔庙和国子监博物馆的消防工作

◎齐伟良

[摘　要]　博物馆传承文明，不可于我辈失之于火。博物馆的防火工作是为了延续文明，责任重大。笔者结合在孔庙和国子监博物馆的日常工作，并参考中华人民共和国公安部消防局《防火手册》，浅论在工作中发现的问题和一些工作心得。

[关键词]　博物馆防火　博物馆保卫工作　古建筑防火

　　博物馆是一个不追求营利的、为社会和社会发展服务的、向公众开放的永久性机构，有研究、教育和欣赏的目的，对人类和人类环境的见证物进行搜集、保存、研究、传播和展览。安全保卫工作在博物馆工作中的任务主要是防自然灾害和防人为破坏，在具体工作中被分解为防火、防盗、防爆、防事故、防破坏等。最突出的就是一个"防"字，这是安全保卫工作在博物馆工作中的任务和性质。

　　博物馆的消防工作是保卫工作的重要组成部分。消防工作的方针是"预防为主，防消结合"，重点同样是一个"防"字，这需要建立完备的规章制度，并认真落实，严格检查。同时做好两手准备，要将预防和扑救有机地结合起来，在做好各项防火工作（如监督、检查、建审、宣传等）的同时，还要加强灭火队伍的建设，建立一支能够快速反应、扑救初起火灾的消防队伍，随时做好灭火准备，常备不懈，火灾一旦发生时，能够迅速有效地控制火灾的蔓延和发展，最大限度地减少人员的伤亡和财产损失。

　　以下是孔庙和国子监博物馆存在的火灾危险性及预防火灾的工作办法。

一　重视思想教育、提高防范意识、落实到实际行动

　　孔庙和国子监博物馆建筑年代久远，主体建筑都为砖木结构，耐火等级低。其主要的建筑材料为木材，木材是传播火的媒介，而古建筑的各种木材

构建又具有特别良好的燃烧和传播火的条件，而且古建筑的通风条件一般都比较好，起火时氧气供应充足，燃烧速度相当惊人。[①]

基于以上情况，在日常的消防工作中，一定要做好预防工作。全馆范围内配备了 600 具灭火器，全体工作人员尤其是一线展厅人员必须熟练掌握各种消防应急常识，每个月进行一次消防安全教育；保卫部制定完整的教案，从新员工进馆伊始就开始培养消防安全意识，不定期进行消防安全知识考试加深印象。每季度进行一次全馆消防演练，真实操作消防栓、灭火器等消防设备，提高大家对消防器具的使用兴趣和熟练度，既锻炼了身体又提高了认识，大家对这种形式普遍认同，使馆内消防安全工作群众基础扎实。在日常的消防检查中应本着一丝不苟的精神，坚决将一切隐患消除在萌芽阶段，每月进行一次安全综合检查（包括电检、消防重点部位检查、办公区域的电器设备线路检查等），每天进行防火巡视，严格落实消防安全检查制度，发现隐患立即整改，切实将火灾发生率降到最低。在历次的检查中电器使用不规范、布设电线混乱造成的安全隐患占大多数。

随着时代发展，古建筑内安装照明设备，博物馆内部办公都需要用电。安全用电，在博物馆消防工作中十分重要。由于古建筑内安装电器设备在布线上没有国家标准，设计施工也不是同一时间、同一个施工单位进行，所以造成线路混乱，使用不便，安全隐患显现出来。在博物馆领导高度重视下，投入大量资金对布线混乱区域进行大力整治，对锅炉房、监控室、文物库房等敏感区域进行增容，对办公区域不合理电器设备进行清理改造。保卫部认真监督、检查、落实、整改，对每名工作人员进行用电安全教育，树立安全用电意识，"人走关灯，下班断电"不只是一句口号，更是一个安全准则，从根本上消除电器电路造成的安全隐患。

二　运用现代技术手段，完善古建消防系统

孔庙和国子监博物馆建筑防火分隔差，博物馆是以辟雍和大成殿为中心的两个古建筑群落，采用回廊式布局，高低错落。一旦发生火灾，极易形成火烧连营的态势。古建筑不可能像现代建筑一样，使用不燃烧材料建设，也不可人为建立传统的防火分隔设备，这就使消防工作的难度大大增加。

现代科学技术对火灾的防范有很多成熟的设备，但在古建筑上实施难度比较大，最合适的前期报警设备就是烟感报警器。在孔庙和国子监博物馆一共安装了两种共计 493 个烟感报警器，一种是红外对射烟感报警器，安装在

---

① 参见中华人民共和国公安部消防局编《防火手册》"文物与古建筑"条，上海科学技术出版社 1992 年版，第 746 页。

辟雍、大成殿等高大建筑内；一种是热感应烟感报警器，安装在一般展厅内。但是充分发挥设施设备的功效其关键点还在于操作使用的人，博物馆加强对监控室值机人员的培训，输送 7 名监控操作人员到北京市消防局培训班学习，7 名同志全部考试合格，这样使博物馆的防火报警工作得到了基本的保证。

随着科学技术的发展，消防设施设备也在不断地更新。既不破坏古建筑整体美观又能起到灭火和防火分隔作用的水雾防火隔离系统可以很好地解决古建筑的防火问题。在建筑周边和建筑本身铺设消防管线，一旦发生火情管线出水形成水雾，既起到灭火作用，又将火势隔离在一定范围之内，是非常好的古建筑消防系统。采用这项日渐成熟的技术，是我们今后的发展方向。

三 开展社区消防宣传演练，构建社区联防体系

周边环境复杂，隐伏的火灾因素较多。由于历史原因，孔庙和国子监博物馆周边居民倚墙建房，损坏墙体等情况十分严重。因涉及民生问题，无法根本解决，但他们的用火用电问题对博物馆的消防安全构成极大的威胁。周边环境问题不可能在短时间内解决，这就需要做好打持久战的准备。

首先要考虑的就是周边居民的用火用电问题。唯一的办法就是深入到周边，多走访，多沟通，把他们请进来，以实地参观、座谈的形式让他们真切了解到博物馆消防工作的重要性。我们无法用行政手段解决周边居民的用火用电的危险，只能以这种交心的方式让他们自觉自愿地配合博物馆做好防火工作。

每年博物馆都要为周边社区提供一定数量的消防器材，并联合社区组织周边居民进行消防演练，教会他们如何使用消防器材，如何快速有效地扑救初起火灾。平时还需要和所在街道办事处、派出所，所在地区的公安消防支队加强联系，互通消息，掌握第一手资料，共同做好宣传教育工作。尤其是春节期间的烟花爆竹防火工作是每年防火工作的重中之重，每逢新年之前，博物馆都通过走访周边居民、召集座谈、发放纪念品等活动加强与周边居民的联系，使过年期间在博物馆周边形成一股民间的消防保卫力量。

四 对施工单位做好施工安全教育，签订施工安全协议

对在博物馆内进行施工的单位，在进场之前要做好施工安全教育，签订施工安全协议，更重要的是在每天的防火巡查中认真检查制度的落实情况。例如，在 2011 年十三经碑林改造工程中，施工方为首华公司，从进场施工前的安全协调会，到前期安全教育、签订安全施工协议，到施工过程中日常

安全管理，都严谨地落实到位，尤其是在制度的检查落实中一丝不苟。首华公司施工人员曾感慨表示，在他们施工的所有古建单位中，孔庙和国子监博物馆是安全制度最完善、执行最严格的单位。毕竟任何完备的制度，没有认真的执行落实，都是一纸空谈，都是安全隐患。

根据上述日常工作经验所得，消防工作必须持之以恒，功夫在每天的具体工作中，从制定完备的预案方案到制度的监督落实，从人员的教育培训到安全思想的牢固树立，从博物馆领导的支持重视到周边大环境的整体协调配合都需要我们一步一个脚印的踏实努力。总之，博物馆的保卫工作，不光停留在"观众平安有序的参观和看家护院的层次上"，更深层的意义是：保卫人类文明能够延续并传承下去。而火灾的危险时刻威胁着我们，是我们博物馆保卫工作者一个永远的敌人，消防工作，首先要防，要警钟长鸣，从而保卫好我们灿烂的古代文明。

齐伟良，孔庙和国子监博物馆业务干部

专题研究

◇浅议京剧衣箱的规制与保护

——以首博马连良戏装为例

◎ 韩英

[**摘　要**] 京剧是中国优秀传统文化的瑰宝，中国京剧最突出的特征，体现在它的"程式性、虚拟性、综合性。这些特征决定了京剧表演的特殊表现方式——程式化的动作"。随着京剧程式化的特殊表现方式，派生了京剧衣箱的程式化规则。本文以首都博物馆收藏马连良戏装为例，从京剧衣箱的种类，进而分析衣箱中戏装的特点，如，戏装与历朝历代实际人物服饰的区别；戏装与现实生活中服装的区别；京剧戏装的表现渠道。最后落脚到衣箱的穿戴程序与保护，从装扮程序、穿戴程序及衣箱分类规则的角度阐述"宁穿破，不穿错"等原则。笔者期望通过此文提醒后生，牢记传统，忠于职守，脚踏实地做好保护祖辈留下的文化遗产工作。

[**关键词**] 京剧　衣箱　穿戴　保护

　　京剧是一门综合性艺术整体，是中国优秀传统文化瑰宝，在国际上享有"国粹"称号。她的魅力不仅表现在优美的唱腔、精湛的做姿、奇幻的脸谱，同时更体现在多姿多彩的戏剧服装上。中国京剧最突出的特征，体现在它的"程式性、虚拟性、综合性。这些特征决定了京剧表演的特殊表现方式——程式化的动作。没有这种程式的表达就没有戏剧，程式贯穿在京剧的方方面面"①。随着京剧程式化的特殊表现方式，派生了京剧衣箱的程式化规则。衣箱程式化规则，正是为演员在戏中创造不同角色服务而产生的；属京剧戏装种类分工的行当，是京剧舞台塑造人物形象必不可少的手段，是演员完成表演创造的重要元素之一。一个小小的"衣箱"经过大师的演绎，装扮出许许多多鲜活的舞台戏剧人物形象，沿着它的轨迹使我们再次领略了京剧艺术的无穷魅力。

---

　　① 项晨、韶华：《京剧知识一点通》，人民音乐出版社 2008 年版，第 158 页。

一　京剧衣箱的种类

"衣箱"从字面上理解，为装置衣裳、服装的箱子。京剧衣箱，顾名思义是放置表演京剧所使用的全部服装、道具的箱子。一般是指京剧戏装，因此也称为"戏箱"。

说到衣箱，人们便会想到京剧服装。按照多年来京剧出演服装的使用分配，京剧衣箱形成了一套较为完整的体系，分为五个箱口①：分别是大衣箱、二衣箱、三衣箱、盔箱、把子箱。其中大衣、二衣、三衣箱是塑造舞台人物形象的主要部分，首都博物馆收藏的马连良戏装中蟒、衣、帔、褶子等，大靠、箭衣、马褂、包衣裤、龙套、青袍、大袖等，水衣子、胖袄、彩裤、护领等，都属于三类衣箱之物。盔箱和把子箱为辅助。盔箱，主要是放置塑造人物角色所用的盔帽、髯口等。在京剧表演中使用的兵器道具统称为把子，也称刀枪把子，舞台上的交战称作打把子，又引申为武打的同义词。因此，把子箱包括了京剧中武戏所有的棍棒、刀枪等道具。鉴于笔者资料有限，此文仅参照现存于首都博物馆的马连良先生戏装大衣、二衣、三衣箱行当做简要的阐述。

二　衣箱中戏装的特点

京剧衣箱及使用程序，主要来源于昆剧的装扮传统，衣箱的服饰规格样式是在明代服饰的基础上，吸收了历代服饰的典型特点，并加以综合、美化②，经过艺人们不断加工改造，衣箱发展到清代已形成一套十分完整的穿戴规制。衣箱行当中的服装是艺人们借鉴历史、捕捉生活，在戏剧舞台上不断摸索、改进，形成的独具特色的戏剧服装。还以马连良先生的京剧衣箱为实例。

（一）戏装与历朝历代实际人物服饰的区别

从根本上说，京剧戏段子很多都是以表现历史人物、讲述历史故事、反映社会的某段历史、某个阶层、市井人情、神话故事等为题材。因此戏中人物穿戴、扮相大都是以历史人物的穿着为依据，在此基础上进行加工改造使其适合舞台表演的需要；每一件戏装服饰都有其历史来源。例如蟒袍，它是中国戏剧中最常用的服装，款式为：圆领、大襟右衽、阔袖加水袖，蟒袍长及足，袖根下有摆，又称"摆衩子"。蟒袍，原本是封建社会皇亲国戚、王

---

①　刘月美：《中国戏曲衣箱——角色穿戴》，中国戏剧出版社 2006 年版，第 2 页。

②　参照中国京剧学院编《中国京剧服装脸谱》，北京工艺美术出版社 1999 年版，第 3 页。

室贵族穿用的服装。据历史文献记载龙袍和蟒袍的形制一致，区别在于图案
中的纹样；即，五爪为龙、四爪为蟒。① 戏剧大衣行当中的蟒袍，源于历史
文献记载中的龙袍、蟒袍。但戏曲服装同历史上的生活服装又有很大的区
别。它是专供戏曲表演用的艺术品，无论形制还是图案色彩都与历史生活中
的蟒袍有所不同。艺人们在蟒袍的袖根下加上"摆衩子"，袖口设计为阔袖
加水袖，以舒展和突出演员在舞台上的做姿及形象。这方面马连良先生最为
突出，马先生设计的戏剧蟒袍，在尊重历史典章服制的基础上加以艺术美
化，并适当改造，升华形成马派独具特色的京剧舞台服装。马连良先生是一
位杰出的前辈表演艺术家，在戏剧服装革新方面大胆创新、独树一帜，蟒袍
可谓最具有代表性的一面旗帜。例如：《淮河营》中"香色改良蟒"是先生
对蟒袍的改良创新的代表作品，在保持其形制的前提下，简化蟒袍的繁琐纹
样，将多个团龙图案简化为只有前胸和后背绣一个团龙，并大胆地将团龙和
行龙融合在一起，这种款式的蟒袍戏服在当时十分新颖，受到同仁们的赞许
和效仿，并且约定俗成沿袭至今，丰富了京剧传统服装宝库。再如"绛红
色箭蟒"，是马连良先生专为《胭脂宝褶》这出戏中永乐皇帝设计的戏装。
在这件戏装背后还流传着一段故事，据说马连良先生一次偶见永乐皇帝的画
像，画像中永乐皇帝身穿黄缎绣龙图案的龙袍，仪态威严，表现出尊贵和权
威，给马先生以很大的启发。继而将这一画像，运用到戏中永乐皇帝这一角
色的服装。箭蟒保留了圆领、大襟、两侧开裾款式；在服装上刺绣龙图案，
表明了皇帝的身份；因为戏中表现的是永乐皇帝微服出巡的故事，为适应特
定环境下的特殊扮相，同时也受封建社会色彩等级的约束，服装的面料没有
完全照搬历史规制中皇帝专用的颜色——明黄色，而采用的是绛红色暗花绉
绸；这种设计既保持了平民武士的风范，又不失帝王的气质，使皇帝的形象
在戏中非常突出，给观众留下了深刻的印象（见图1）。从以上列举中可以
看出，戏装虽源于历史，但又有所不同。究其原因，最重要的是受到封建社
会等级制度的制约。中国封建社会经历了两千多年的发展，逐渐形成了朝廷
与百姓、皇帝与大臣、上级与下级，等级森严的封建社会体制。这种严格的
等级制度不仅体现在封建统治者制定的冠服制度中，同样也约束戏剧行当，
即便是在舞台上，在戏剧中也不允许完全照搬历史服装，必须有所区别。这
恐怕也成为舞台艺术升华，不可忽视的理由。

（二）戏装与现实生活中服装的区别

京剧舞台上塑造的每一个角色，都来源于生活，很自然演员穿着的戏服

① 《清史稿·舆服二》第11册，中华书局1976年版，第3045页。

图 1

必然源于生活，但并不是照搬现实生活中的服装。它是经过艺术改进、艺术
夸张，成为戏剧表演用的艺术品。这种为适应舞台表演，便于观众欣赏而进
行的艺术加工改造，正是戏装区别于生活服装的因素。如马连良戏剧服装中
的"靠"属于京剧二衣箱行当，在戏中是表现元帅、大将所穿用的戎服，
又称"甲衣"。"靠"是中国戏剧服装专用的名称，其式样来源于古代现实
作战中防身的铠甲，在此基础上加以艺术夸张产生，运用于舞台戏剧服装
中，以展示出舞台上武士将领们的戎姿。在现实生活中铠甲为用于防身是用
皮革或金属制成的，而戏剧中的"靠"是用丝织品制作完成；靠的各扇甲
片以及背后的靠旗都可以舞动，在舞台上表演起来四下飘荡，从而加强了舞
姿的美。"靠"有男、女、软、硬之分。马连良先生在《临潼山》一出戏中
扮演唐代皇帝李渊穿用的靠，形制为圆领，紧袖口，衣身分为前后两片，长
及足；周身满绣表示甲片的图案纹样。在背部扎系附加物"靠盒子"，也称
"背壶"。内插四面三角形"靠旗"，靠旗的颜色与靠衣相同，造型呈向外放
射状。在戏剧中使用插靠旗，表示人物已经全副武装，处于临战状态。靠的
服装结构很复杂，全身共有绣片 31 块，每块都刺绣表现人物神勇的吉祥图
案。其他还有，如官衣、蟒袍等服装在衣袖处加水袖；官帽，形制虽然源于
宋代、明代冠服制，为了更好地表现舞台效果，加强演技，在帽翅上加了弹
簧；靴鞋，是人们日常生活中的必需品，剧中为了塑造舞台英雄高大威猛的
形象，一般依据男士演员的身材高矮，在靴底部加上多层厚厚的底用以增

高，鞋底层有二寸到三寸多厚，称作厚底靴。这些来自于生活的衣冠服饰，经过不同程度的艺术加工，形成了一种艺术表达媒介，这种媒介既反映了生活，又与生活现实有差距，既取材于生活，又比生活更夸张。它们是演员与观众之间对话的艺术语汇。演员穿着它在舞台上一做姿、一亮相，便传达给观众舞台角色的信息。

（三）京剧戏装的表现渠道

京剧表演中使用的戏服，其实并不神秘，它源于历史生活，成型于舞台；巧妙地运用传统图案和色彩，并在此基础上提炼、夸张、加以丰富，在不经意间将生活的艺术积淀，转化为文化的升华。并以款式、色彩、图案、面料和穿着五种表现渠道与观众对话，通过舞台为观众传递角色装扮的信息及人物造型的艺术魅力。在此通过马连良先生戏剧衣箱中的几个方面可以看出。

（1）款式，是指京剧戏服中的各种样式。京剧戏服各种扮相的名称，基本来源于冠服的款式。京剧舞台上人物装扮的款式区别非常明显，是表现剧中人物社会地位的一个重要手段，是联系观众与舞台角色对话的信息渠道。例如：马先生在《甘露寺》一出戏中扮演的是乔玄这个角色，在戏中乔玄是丞相身份，因此穿戴扮相为身穿蟒袍，头戴相貌（见图2）。蟒袍，帝王将相的礼服。相貌，是戏剧中文官的冠帽，代表着最高级别。在相貌的两侧长翅上，饰有立体行龙纹，使角色身份更显尊贵；此出戏中以蟒袍、相貌装扮人物角色十分贴切。蟒袍最大的特点是可舞性强，它与古代现实中的蟒袍有所不同，摆脱了自然生活形态，不束腰，服装可任意摆动，以此来表

图2

示人物的情绪。再借助艺术夸张后形成的水袖，丰富的表演动作，传达出人物的感情。

京剧服装的样式非常有限，还要依靠不同的色彩、花纹和质料，才能使之变化多端，使观众感到丰富多彩，富有艺术表现力。京剧戏装展现舞台人物最大的特点是它的"非时代性"，京剧戏装在使用上，"并不过多的强调时代性"。京剧展现的剧目故事上至商周，下至明清，尽管朝代历经变迁，但服装作为京剧的整体，并不受时代的限制，比如唐代戏与清代戏，虽不在同一个时代，可以使用同样一套戏装表现，前提是人物角色的身份、阶层要一致。现在活跃在京剧舞台上的戏装款式，基本上是以明、清服装为依据。

（2）色彩，属于大众化美感形式，以其斑斓、绚丽，夺人眼目。色彩，古代封建社会具有鲜明的等级之分；在戏剧服装上色彩同样具有等级、气质、情境等多种表现功能。如蟒袍，在戏剧服装中与龙袍没有很大的区别，扮演皇帝和大臣时都穿用。区别舞台上的皇帝和大臣是从色彩上加以划分：皇帝穿正黄色，文武大臣则穿其他各种颜色。戏剧服装中色彩分为上五色和下五色，上五色为"黄色、红色、绿色、白色、黑色"，下五色是"紫红、粉红、深蓝、湖蓝、秋香（或是古铜）"。上五色中的黄色排在首位，凸显出黄色的重要。黄色又称为明黄，据文献记载属于皇家专用色，因此戏剧舞台上只有扮演皇帝时才能使用，但当时受等级制约也不敢用明黄色。其次是红色，红色属贵重色，绿色次之。马连良先生的代表作《清官册》中寇准这一角色，随着剧情的变化，在戏中的穿戴扮相也有不同变化。头场戏中寇准只是一个普通县令，身穿蓝色官衣扮相；最后一场寇准被封为西台御史，扮相改变为穿红官衣，围玉带。黑色在戏剧中有象征寒微、刚强粗犷之意，还以马连良先生的作品为例，《一捧雪》中的莫怀古这一角色，在他落难之时为了表现出贫寒、落魄，莫怀古的穿戴由蓝官衣、围玉带，改为穿海清、系丝绦。京剧戏装的色彩是吸引观者目光的闪光点，除了具有等级尊贵之分，还具备情境表现功能，比如白色在民间常用于哀悼场所，戏剧舞台上也借用白色表现哀痛的气氛。再如红色，舞台上经常用此色渲染喜庆的场景。色彩是通过舞台，传达给观众感悟美的享受。马连良先生对戏装色彩搭配十分讲究，要求更加挑剔，因挑剔而更精致。马连良先生以他对色彩美感的领悟，熟练地运用色彩变化，营造出色彩斑斓的舞台艺术效果，奉献给观众。

（3）图案，图案在戏剧服装中不仅具有装饰效果，同时具备一定的含义。服装上使用图案装饰，在中国历史悠久。早在商周时期就已经使用图案作为服饰，以示等级之分。在戏剧服装中龙凤纹样是最主要的装饰图案，龙，是中国古代神话传说中一种极为常见的神物，它瞬息万变，威力无穷，升天潜渊，喷云吐雾，无所不能。因此，封建社会统治者把龙视为最高权力的象征。戏剧服装中也以龙凤图案作为皇帝后妃的标准装饰，例如在马连良先生的《胭脂宝褶》代表作中，马先生饰演的永乐皇帝穿的就是一件绣龙图案的"箭蟒"。此外，戏装中蟒和官衣，从基本形制上看是相同的，都是圆领、大襟、大袖、衣长及足、袖根下有摆，区分在于刺绣的花纹图案不同，蟒袍是上下、前后绣图案，上绣云龙、团龙、正龙等图案，下绣海水江涯、行龙等图案；官衣只是在前胸和后背缀一方形补子图案。这种巧妙地运用图案装饰就成为两种不同的戏服，各有用途。官衣补子又分为武官和文官，文官使用文禽图案，武官补子使用瑞兽图案。如：马连良先生在《清官册》代表作品中，就以獬豸作补子图案（见图3）。"靠"一般是武将所穿用的戏服。马连良先生在《临潼山》一出戏中为扮演唐代皇帝李渊穿用的武将戏服。先生设计这套戏装时，改变以往传统戏装中，用二龙戏珠或团龙图案装饰帝王服装的通常做法。在"靠肚子"部位大胆采用一龙一虎相对的"龙虎斗"图案，用以显示出武将的威猛。靠腿子里衬也采用的是五福捧寿图案，马连良先生选用的这些图案，都是古代传统常用的吉祥图案。在马连良先生的大衣箱中，有一件专为《空城计》这出戏设计的戏服，称作"八卦衣"，八卦衣与其他戏服有所不同，特点在于款式和纹样。八卦衣款式独特之处是身后无摆，它与传统的戏服袖根设摆完全不同，腰腹部略向里收、缀腰梁，前垂两条飘带。衣边及袖口，镶平金绣及青色丝线绣草龙戏珠宽边，呈波纹状，给人以曲线的美感。八卦衣纹样具有浓厚的宗教色彩，其主体图案采用的是道教太极图和八卦纹。马先生大胆创新，用金银线代替了传统的黑白丝线绣阴阳鱼图案；在戏服的前胸和后背，以金银线分别刺绣"阴阳鱼"纹饰环绕在一起，构成一个圆形的太极图。在两肩、前后襟、两袖，都排列、对称饰有八卦符号。采用宗教抽象符号作戏服纹样，在京剧服装中较为少见。马连良先生设计的八卦衣活计精细，用料讲究，图案设计造型古朴文雅，是戏装中之精品。

　　从上述例子中我们可以看出，设计剧中人物服饰图案时，关键是要根据人物和剧情的需要来确定，定位准确，这款图案就会为大众所接受。使京剧服装上的图案设计，成为舞台上塑造人物形象程式化定义之一。观众通过戏装上的图案，即可判明舞台上演员扮演角色的身份，增强对戏中人物形象、性格特色的理解。

图 3

（4）面料，京剧服装的面料基本上继承昆剧选料的传统，大都以素面丝织物为主。选择素面丝织品为面料，可以按照舞台角色的需要刺绣图案，具有鲜明的表现力。选择的丝织品中使用最多的是素缎面料，一般蟒、靠、开氅、八卦衣等选用硬面素缎制作，到了后期也有选择暗花缎作为面料；而褶子、帔、裙、裤等，大都选用软缎、绉绸面料。京剧圈内有句老话"硬面开氅软面褶"，就指的是面料和款式的选择。

（5）穿着，演员在扮相前，穿着戏装的程序是，首先穿水衣子，用于吸汗，因此有的地区也称为"溻褂子"；其次是穿胖袄，俗称"垫肩"，为表现舞台人物体形健壮、美观；胖袄外面还要穿褶子。每逢夏季演出的时候，还要穿竹衣子，是一种用线串好的小竹节制作成的衣服，为保护大衣、二衣，穿在水衣子和胖袄的中间，以防汗水打湿戏服（见图 4）。以上穿戴程序，是京剧演员装扮角色中最基本的穿戴程序，之后，要根据所扮演的人物特色，再穿不同的符合人物形象特点的戏装，带盔帽、穿靴鞋、配饰件。

三　衣箱的穿戴程序与保护

中国京剧衣箱，历经二百多年，通过老一辈艺术家及管箱老师们的实践和研究，形成了一整套的"衣箱制"、"扮相谱"、"穿戴提纲"等严谨的服装穿戴规矩制度。在京剧剧目演出中，为突出塑造戏剧中的角色，不同类型的人物，具有不同类型的扮相，每个人物形象都具有自身的特点。舞台上演员塑造的每位成功形象，都离不开严谨的衣箱程式化规则。

图 4

　　（1）装扮程序。后台，是打造舞台人物形象的平台，同样成为展示衣箱管理者的舞台。演员上台前的所有准备工作，都是在后台完成。到后台，首先是洗脸、换水衣子、胖袄，再到化妆台前涂彩、勾脸，脸部画好以后，就是头部的装扮，旦角演员要梳头、贴片子、戴银泡子。男演员要勒头、吊眉，再到大衣、二衣、三衣箱那里穿彩裤、彩鞋或厚底靴、薄底鞋、穿箭衣、褶子、系裙子、系大带、绦子或穿靠衣、系靠旗。然后到盔箱戴盔头，再穿外面的蟒袍、开氅或官衣等。需要戴髯口（胡子）的还要到盔箱戴好髯口，至此角色装扮全部整齐，最后到把子箱拿各种兵器和马鞭、牙笏、船桨等道具。这就是京剧衣箱穿戴扮相的大致程序。在京剧演出的后台，我们就会看到所有的演员都在有条不紊地按着这一顺序穿戴化装。每逢演出，一般"大腕儿"、"好角儿"都到场很早，提早就做好了剃头刮脸的准备，您再瞧这衣箱，水衣子、胖袄干干净净，彩裤靴子整整齐齐，坐在后台安安静静的候着。

　　（2）"宁穿破，不穿错。"戏班里流传至今有句老话"宁穿破，不穿错"，一句话道出了京剧衣箱的传统规制。"宁穿破，不穿错"并不是要大家穿着破衣服上台，而是要大家按照一定的规则或定例来穿戴，什么人什么扮相，都有一定之规，表现出艺人们对穿戴规制的严肃态度。例如《群英会》中的曹操，他是丞相，按照衣箱程式化，扮相应该戴相貂、穿蟒袍。如果演员嫌这些服装旧了，挑一套新的纱帽、官衣来穿戴，降低了他的官阶，那就算错了。再如《清风亭》这出戏中的张元秀，是贫民身份，按照穿戴规制，出场的扮相应该是头戴罗帽，身穿富贵衣。罗帽采用素棉布为面料，无装饰物。"富贵衣"是在素褶子上缝缀若干块杂色补丁，以表示衣衫破烂，贫困潦倒之意。戏中穿着富贵衣、戴罗帽的角色，"一般表示暂时贫困，将来仍会富贵显达"①。如果演员感觉服装不够华丽，换一种穿戴，那就改变了戏中人物的身份。京剧穿戴中，穿蟒袍、围玉带、配靴子，穿褶子、系丝绦、配鞋履，穿马褂配箭衣等，是戏装穿戴的程式化。该穿海青，不能穿富贵衣，该穿褶子，不能穿青袍。什么人物该穿什么，就穿什么，不能只顾好看随意乱穿，破坏了衣箱中穿戴的规则。此外衣箱的程式化规则，有利于突出舞台角色形象。在《杨门女将》戏中寇准以老生扮相，脚登厚底靴。舞台上为了表现出对主张屈膝投降者的鞭挞，王辉以丑行应工，脚穿朝方靴。厚底靴与朝方靴样式上没什么差别，区别在靴底的薄厚不一样，厚底靴要比朝方靴底厚两寸。这样，使王辉比寇准在形体上矮了一截，从而突出了寇准的高大形象，并将塑造的形象差距传递给观众，与观众的爱憎产生共鸣，收到更好的舞台效果。戏装穿戴的规矩就是要让观众能一目了然，辨别出人物的身份。旧时艺人们常说："穿出的行头，得让祖师爷认识。"这个"祖师爷"，实质上就是观众。

（3）衣箱的保护。中国京剧戏装不仅只是为了美观，同时也是一种规范，有着 200 多年的辉煌历程，形成了古都北京特有的戏曲文化，是中国服饰"文化'活'在舞台上的'标本'"，更是传统文化的一个重要组成部分。但随着社会文化娱乐的多样性，日常生活节奏的加快，年轻人价值取向都发生了深刻的变化。今非昔比，如今的京剧，在年轻人心目中的位置逐渐被淡出。现代艺术不断充斥着舞台，传统戏曲艺术走向边缘化。欣赏京剧演出的人少了，演出的剧目少了，了解、研究"衣箱"的人少之甚少。如果不及时加以抢救，可以想象随着岁月的流逝，当老一辈戏曲艺术家越来越少时，京剧剧目中各种人物的装扮、舞台设置标准的程序，将退出历史舞台，"衣箱"终将淡出人们的视野而不为人知。中国传统戏曲文化的危机也就由预言变成了现实。

不可否认，现在有许多人在利用各种现代技术手段，从历史资料、服装、道具到表演艺术形式等多方面进行收集、整理、研究，这些都属于对京剧艺术实物形态领域内的保护。京剧是我们的国粹，属典型的非物质文化遗产，对她的保护应是全方位的，而京剧表演中各种角色服饰的穿戴程式化、配挂方式是京剧艺术整体中不可缺少的一部分。这种程式化，是老一辈戏曲艺术工作者，在多年工作中摸索总结形成的，每一出戏的勾脸次序、扮相穿

---

① 曾遁平：《京剧问答三百题》，文化艺术出版社 2007 年版，第 337 页。

着的规矩，大、二、三衣箱行头使用的程序，在他们的脑海中已经成为一套系统规则。如不加以收集整理，一旦老艺人们故去，或失传或不完整，都是传统戏曲，国粹文化的一大损失。

2006 年 6 月，京剧，作为戏剧传统文化，被列入中国非物质文化遗产保护行列。"非物质文化遗产的最大的特点是不脱离民族特殊的生活生产方式，是民族个性、民族审美习惯'活'的显现。它依托于人本身而存在，以声音、形象和技艺为表现手段，并以身口相传作为文化链而得以延续，是'活'的文化及其传统中最脆弱的部分。因此对于非物质文化遗产传承的过程来说，人就显得尤为重要。"

京剧类似于西方的歌剧，历史悠久博大精深，是经过老一辈艺术家多年不断创新、完善的人类文化艺术结晶。京剧衣箱，以有限的服装，表达几千年的历史故事与人物，完美的再现出舞台艺术效果，是一个极富想象力的创举。在艺术上，尤其是戏剧服装使用方面，应该说京剧戏装是世界艺术品种中，最程式化、虚拟化、综合化，最夺目、最色彩斑斓的服装，令世人瞩目。但也不可否认，高雅艺术，阳春白雪和者寡。缺少群众基础特别是年轻人的追捧喜爱，令高雅的京剧多少有些生存的艰难，这是她的不幸。但优秀的艺术文化具有强大的生命力，是不会轻易消亡的。如同一坛陈年佳酿，慢慢地品别有一番滋味在心头。只要我们牢记传统，忠于职守，努力多角度、全方位做好京剧的研究保护工作，在此基础上推陈出新，相信不久的将来京剧艺术一定会重新焕发出勃勃生机，给生活在快节奏现代社会中的人们，以幽雅、舒心的艺术享受。

韩英，孔庙和国子监博物馆副研究馆员

◇文庙棂星门略考

◎孔喆

[摘　要]　棂星门在文庙建筑中具有独特的地位。自宋仁宗始创棂星门后，孔子庙随之设置棂星门，随着朝代的变迁，棂星门的位置、形制和建筑样式都有了很大的变化。考察现存的孔子庙棂星门，对于我们整理研究孔子庙建筑有着重要的意义。

[关键词]　棂星门　位置　形制　建筑样式

棂星门的寓意

灵星又名天田星，古人认为此星主管农事，周朝时于仲秋月祭祀于国都东南，以祈祷五谷丰登或报功谢恩，汉高祖曾令天下皆立灵星祠。宋仁宗天圣六年（1028 年）令构筑郊坛外垣，设置灵星门，以象天体，太庙等大祀坛庙都以灵星门为正门，孔子庙也随之设置灵星门，"天帝座前三星曰灵星，王者之居象之，故以名门。先圣为万世绝尊，古今通祀，衮冕南面，用王者礼乐，庙门之制悉如之"①。灵星本是二十八宿之一龙星的左角，角是天门，门形为窗棂，所以后世改作棂星门。其原因，清代袁枚在《随园诗话》中说"后人以汉灵星祈年与孔庙无涉，又见门形为窗灵，遂改为棂"②。清康熙间的《武定府志》说"门皆用板，古王者用棂，纵横相错，望之如星，取辟门求贤之意，惟孔庙用之，尊圣人之至也"③，给棂星门加上了求贤的寓意。《古微书》说"天镇星主得士之庆，其精下为灵星之辰"④，又给灵星增加主管人才的功能。孔庙设置灵（棂）星门，既显示尊孔如同尊天，也寓意孔子思想广育人才。

明代罗伦曾经赞颂棂星门说："此圣人之门也，上帝命之，圣人立之，

---

① （元）鲜瑨：《庙学门记》。
② （清）袁枚：《随园诗话》。
③ （清）康熙：《武定府志·学校》，见《续修四库全书》第 715 册。
④ 《古微书》卷三十四。

天下古今之人由之。以太极为栋橆，以阴阳为阖辟，以五行为往来，以六合为垣宇，以诚为根，以敬为钥，以礼为阃，以勇为卫，以知为先，入此门也然后为大成。其行天下之大道，其立天下之正位，其居天下之广居。升其堂其广无外，入其室其密无内。天下之高年皆吾家之老也，天下之孤弱皆吾家之幼也，天下之颠连无告者皆吾家之兄若弟也，天下之昆虫草木动植百物皆吾家之党与也。伏羲、神农、黄帝、尧、舜、禹、汤、文、武、周公、孔子之治，载之六经者，皆吾家之所以为教也。其教之成也，根于心，晬于面，盎于背，施于四体而达于吾家。父安其慈，子安其孝，君安其仁，臣安其敬，长幼安其序，朋友安其信，男安于外，女安于内，士安于学，农安于耕，商贾安于贸迁，行旅安于役，天地万物无不各安其所，此吾家之教化也"①，实际上是在借赞门而赞颂儒家思想。

棂星门的位置

从现存的宋元庙学图看，棂星门大多位于孔子庙的最前端，其实就是孔子庙的大门。从明嘉靖时庙图看，大多数文庙仍然以棂星门为庙门，如嘉靖年间的赣州、建阳、思南、莱芜、如皋、夏邑、萧山、兰阳等，但到清代时发生了变化，据说没有出过状元的地方文庙不能开正门，棂星门退居到庙内，有的仍然作为门使用，有的则成为装饰，失去了门的功能。

到清代时，棂星门的位置有三种情况：一是位于文庙的最前面作为大门使用，二是退入庙内仍然作为庙内的门使用，三是退入庙内成为装饰。

作为庙门使用的有云南嵩明州学、赵州州学、江苏江阴县学、赣榆县学、元和县学、上海县学、广东番禺县学、揭阳县学、德庆州学、北京国子监、赫图阿拉、湖南岳州府学、浙江慈溪县学、乌程县学、鄞县县学等文庙。

作为庙内门使用的有云南姚州州学、安宁州学大成门、楚雄州学大成门、江川县学、建水临安府学、景东厅学、四川成都县学、洪雅县学、新宁县学、雷波厅学、射洪县学、西充县学、犍为县学、资州州学、山西代州州学、河北定州州学、江苏苏州府学、江宁府学、海州州学、沭阳县学、福建屏南县学、安溪县学、惠安县学、台湾台北府学、天津府学、天津县学、陕西西安府学、韩城县学、辽宁兴城卫学、河北承德府学、浙江杭州府学、镇海县学、永嘉县学、安徽宁国府学、北京顺天府学、上海嘉定县学、山东历城县学、甘肃武威卫学等文庙。如沭阳县学文庙，因为未设正门，前面以照

① （明）罗伦：《安庆府学棂星门记》，见《一峰文集》卷六。

壁和两侧的院墙组成一个封闭的空间，在东西庙墙上各设置一座侧门作为文庙的出入口，棂星门虽然仍旧作为庙门使用，但已经退居到院内。

作为庙内装饰使用的有云南晋宁州学、四川岳池县学、安岳县学、高县县学、富顺县学、德阳县学、中江县学、渠县县学、贵州安顺府学、山东济南府学、安徽桐城县学、广西恭城县学、海南文昌县学、哈尔滨、吉林府学、湖南澧州州学、石门县学、湘阴县学、城步县学、新田县学、宁远县学、安徽东流县学、河北永清县学、陕西旬阳县学等文庙。如四川富顺县学，因为未设正门，文庙正面设置"数仞宫墙"照壁，在照壁两侧设置了圣域、贤关两座小门，在棂星门略前的东西庙墙上设置了义路、礼门两座偏门，所以棂星门就退居在大成门前、泮池以后，成了院中的牌坊。

棂星门的历史

孔子庙始用棂星门的年代，《辞源》"棂星门"条作"其移用于孔子庙，始于宋《景定建康志》、《金陵新志》所记"。《景定建康志》"府学图"中棂星门作三座，单间，双门。"儒学志"记载建筑说："大成殿在棂星门北，戟门内；从祀位在两廊"；记述府学历史说："本朝兴崇府学，雍熙中有文宣王庙在府西北三里冶城故基，天圣七年，丞相张公士逊出为太守，奏徙庙于浮桥东北，建府学，给田十顷，赐书一监。景佑中，陈公执中又徙于府治之东南，即今学基。建炎兵毁，绍兴九年，叶公梦得更造学，援西京例，奏增置教官一员。淳熙四年，刘公拱重修。庆元二年，张公构建阁以奉御书，阁下为议道堂，稍重释奠礼仪，储典籍，增既廪，文风大振。淳祐初年，别公之杰增修学宇；六年，赵公以夫即命教堂更名明德，增造两廊以安从祀；十年，吴公渊列祠先贤，增学廪，创义庄。宝祐中，马公光祖兴学校，举孝廉，筑周汉以来名贤祠而赞之，士气兴焉"；但都没有始建棂星门的记载。

在宋代，棂星门是大祀等级的坛庙才可以设置的建筑，由此结合孔庙的祭祀等级历史可以考察出孔庙始设棂星门的年代。

唐代时，确定孔子庙的祭祀为中祀，北宋崇宁四年（1105 年），令孔子庙庙门树立二十四戟，孔子塑像冕用十二旒，服绘十二章，采用了天子服饰，具有了大祀的因素，但祭祀等级并没有改变，仍然为中祀，所以曲阜孔子庙也没有增设棂星门。南宋绍兴十年（1140 年），高宗将孔子庙升为大祀，笾豆增加为十二，但庆元元年（1195 年）又恢复为中祀。孔子庙升为大祀的时间虽然很短，但始设棂星门应该在此段时间内。建康于绍兴七年被确定为留都，九年分镇建康的叶梦得重修府学，"乃命有司因旧址尽撤而新之。起己未孟冬，讫庚申仲春，凡五月，为屋百二十有五间。辟其南向以面

秦淮。增斥讲肄，列置斋庐，高明爽垲，固有加于前；不侈不陋，下及庖
湢，罔不毕具。既，又作小学于大门之东"①。此次重修不可能建造棂星门，
一是因为竣工时孔子庙尚未升格为大祀，二月竣工，七月孔子庙才升格，二
是从府学图看，府学是以棂星门为大门的，而且东侧也没有小学，说明此图
并非叶梦得重修后的形制。从上引修建历史看，很可能是淳熙四年（1177
年）刘拱重修或淳祐初年别之杰增修时增设，而以刘拱增设的可能性最大，
因为此时孔子庙祭祀等级为大祀。

　　从现有资料看，严州州学最早建造了棂星门。乾道五年（1169 年），知
州张宣公将庙门改为南向，"直北为棂星门，又北为泮水，为大成殿门"，
已经建造了棂星门。《百度百科》认为"文庙中的棂星门是在明太祖洪武十
五年以后出现的"，此说更是不正确，使棂星门的出现晚了二百多年。南宋
时，建造棂星门的记载逐渐增多。常州州学"绍熙间，盛教授廪修两庑，
作棂星门"②，于绍熙（1190—1194）年间建造了棂星门。庆元元年文庙复
改为中祀后，仍然有孔子庙建造棂星门。福建泉州文庙于嘉泰元年（1201
年）建造棂星门，仙居县学嘉定元年（1208 年）时县令姚偓"创明伦堂、
棂星门"③，台州州学"嘉定四年黄守𪩘作棂星门"，"十五年齐守硕重造棂
星门"，杭州府学文庙于九年建造了棂星门，桐庐县县学"嘉定间始建棂星
门"④，溧阳县学于嘉定初年添建棂星门。端平元年（1234 年）常熟县"仿
郡庠之制，东为庙，庙之前为殿门，又前为棂星门，两庑绘从祀"⑤，既然
是仿郡庠之制，说明郡学也建造了棂星门。

　　南宋文庙始设棂星门后，元明时期不少文庙陆续添建。吴江县学于元大
德四年（1300 年）"知州李玘建灵星门"，明代时文庙棂星门已经十分普
及，到清朝时期棂星门就几乎成为文庙必设的建筑之一，只有个别文庙如福
建同安县学文庙等没有设置，但也将庙门称作棂星门。

　　宋代时，文庙如坛庙一样也作棂星门。咸淳年间《重修毗陵县志》中
毗陵孔庙就是如此，清同治年间德阳文庙也名棂星门，直到现在，湖南新
田、四川资州、名山、犍为等文庙仍然题作棂星门。

棂星门的形制

　　棂星门虽然名为门，但就后世大多数建筑形制来看，其实为牌坊或牌楼。

①　（宋）叶梦得：《府学记》，见《建康集》卷四。
②　（宋）咸淳：《重修毗陵志》，见《续修四库全书》第 699 册。
③　（宋）陈耆卿：《赤城志》，见《四库全书》第 486 册。
④　（宋）景定：《严州续志》。
⑤　（宋）宝祐：《重修琴川志》，见《续修四库全书》第 698 册。

其源头应该是古代的衡门，《诗经》就有"衡门之下，可以栖迟"的诗句。其形式，颜师古说"衡门，谓横一木于门上，贫者之所居也"，即两根柱子上面再加一根横木，现在东北仍有保存。后世的阀阅也应该由此发展而成，《册府元龟》说"正门阀阅一丈二尺，二柱相去一丈。柱端安瓦筒，墨染，号乌头染"，与宋代建筑专著《营造法式》中的乌头门形制相似，名称也相近。从绍定二年（1229 年）的《平江府图碑》看，南宋时棂星门为三座建筑，都是两柱一间的冲天柱式，形制与《营造法式》中的乌头门相似，不同的是柱子上端斜出一物。今天苏州文庙的棂星门至今仍保持着宋代棂星门的形制。

宋代乌头门是棂星门的最初形式，梁思成先生注释《营造法式》时说，乌头门"到清代，它就只有'棂星门'这一名称"[1]；张亦问先生不同意梁思成先生的意见，认为"乌头门"与"棂星门"非同一类门，棂星门使用等级规格要高于乌头门，只限于高等级祭祀性建筑，且结构上要远比乌头门宏丽豪华[2]。其实他们都搞错了概念，乌头门是建筑形式的名称，棂星门是建筑物的名称，棂星门可以是乌头门式的建筑，也可以是牌楼式的建筑，甚至可以是屋宇式的建筑，现在乌头门式的牌坊与牌楼、多间的牌坊与牌楼、分心式木架的屋宇式建筑不都被命名为棂星门吗？

宋代孔子庙棂星门与宋代坛庙的形式应该是相同的，因为即使到明清时期，坛庙建筑仍然保存着这种形式，现在北京天坛圜丘坛、地坛方泽坛、朝日坛、夕月坛都是正门棂星门三座，其他三面一座，每座都是两柱一间。现在许多义庙棂星门仍然保存着宋代的制度，江苏苏州府学、上海县学、嘉定县学、浙江慈溪县学、福建永春州学、四川资州州学、中江县学、广东番禺县学、揭阳县学、德庆州学等处的文庙以及福州螺洲孔庙、白鹿洞书院棂星门等仍然是三座两柱一间的冲天式建筑，山西太原、代州学校文庙虽然增加了牌楼，但仍然是三座两柱一间冲天柱式的样式，四川德阳文庙棂星门虽然改成了三间，但两侧仍然设有两座一间两柱冲天柱式石坊，保留着棂星门三座的遗意，西安文庙泮池后的三座单间小石坊现在虽然分别题刻"文庙"、"德配天地"、"道冠古今"，应该是原来棂星门的遗存。

刘敦桢先生认为，"牌楼之始，殆限于一间二柱，其自一间增为三间五间，始于何时，尚属不明"[3]；梁思成先生认为"宋元以前仅见乌头门于文

①　梁思成：《营造法式注释》，见《梁思成文集》第七卷，中国建筑工业出版社 2001 年版，第 169 页。
②　张亦问：《〈营造法式注释〉卷上"乌头门与灵星门"误作同类门的献疑》，见《古建园林技术》2004 年第 4 期。
③　刘敦桢：《牌楼算例》，见《刘敦桢文集（一）》，中国建筑工业出版社 1982 年版，第 196 页。

献，而未见牌楼遗例。今所谓牌楼者，实为明清特有之建筑型类"，虽然"推知牌楼之型成，必在明以前也"，但并没有找到证据①。笔者在《四库全书》中的《圭斋文集》中发现了已知最早的四楹棂星门的记录，纪念揭傒斯之父的贞文书院"其制为大成殿四楹于中，殿之北为明伦堂四楹，殿之南为门四楹，上为重屋，门之南为灵星门四楹"②，出现了四楹三间的棂星门。该书院于元至正九年（1349年）建成，可见元末已经出现了三间四楹的棂星门。

到了明代，虽然许多孔子庙棂星门仍然保持着三间三座乌头门的形式，但也有许多采用三间四楹的牌楼式或牌坊式。明弘治十一年（1498年）深州文庙棂星门改为四楹，"庙之东为省牲所、为神库各四楹，前为灵星门，亦如之"③。在明代方志的学校图绘中，明嘉靖时福宁、泾县、如皋、威县、萧山、莱芜、临江、瑞金等文庙棂星门都是三间式。到清代时，三间成为主流，并出现了五间式。四川犍为文庙、德阳文庙在嘉庆时都还是三座单间建筑，德阳文庙同治年间将建筑改成三间三楼，两侧仍为单间单楼，犍为文庙大约在清末改成三间式，渠县文庙棂星门道光年间还为四柱三间，现在保存下来的是六柱五间式应该是清晚期扩大的。

棂星门的建筑形式

对于主要由中柱与额枋等组成的建筑，目前人们统称之为牌坊或牌楼，笔者认为，牌坊与牌楼应该区分，无屋盖者应称之为牌坊，有屋盖者应称之为牌楼。因此棂星门的建筑形式，可划分为牌坊式、牌楼式、牌坊牌楼混合式和屋宇式四种。

（一）牌坊式棂星门

牌坊式棂星门主要为冲天柱式。它是棂星门的最初形式，宋代的乌头门即属于这种形式。其建筑形式又有两柱一间、两柱一间三座、四柱三间、六柱五间等数种形式。

1. 两柱一间冲天式坊（简称单间坊）

两柱一间的棂星门非常罕见。四川乐山的原嘉定府文庙有三座两柱一间的石构建筑，中间一座题刻"棂星门"，东西两侧分别题刻"德配天地"和"道贯古今"，虽然形式与三座一间式棂星门相同，但是两侧石坊既然已经

---

① 梁思成：《中国建筑史》，见《梁思成文集（三）》，中国建筑工业出版社1985年版，第261页。

② （元）欧阳玄：《贞文书院记》，《圭斋文集》卷五。

③ 李东阳：《重建深州庙学记》，《怀麓堂集》卷六十六。

分别题刻了文字，而且是文庙牌坊或牌楼常用的名称，那就不能再认为是三座式的棂星门，而应该将中间一座称作棂星门，两侧分别称作"德配天地"坊和"道贯古今"坊。方柱，接近顶端处束腰，额枋三层，上层额枋雕刻二龙戏珠，其上装饰也形如二龙戏珠，但宝珠上雕刻了鲤鱼跳龙门图案。此种情况还有 20 世纪新建的台湾台中文庙，正坊题刻"棂星门"，侧坊分别题刻"金声"和"玉振"，也应该视作单间坊。近年广东永固孔氏族人新建的家庙棂星门是真正的两柱一间冲天式坊，两层额枋，中夹花板，花板浮雕云龙等图案，但坊名却题刻在了小额枋上，不太符合定制。

2. 三座两柱一间冲天式（简称三单坊）

三单坊是棂星门最初的常用形式，已知最早为《平江府图》中的苏州府学文庙。从明代庙图看，三单坊有两种形式，一种是乌头门式，一种是额枋以上出云朵式。前者如嘉靖年间的夏邑文庙、宿州文庙、福安文庙、宁德文庙以及万历年间的宿迁文庙，但与《营造法式》不同的是额枋均没有伸出柱外；后者如弘治年间吴县文庙、嘉靖年间的赣州府学文庙、安溪县学文庙、淳安文庙以及万历新昌文庙，除淳安文庙外额枋也是均未伸出柱外，淳安文庙棂星门三坊额枋均伸出柱外，正坊并出云朵，吴县弘治时棂星门正坊带宝珠，新昌棂星门正坊下有字作"黉门"。

现在保存的三单坊棂星门还比较多，已知有江苏苏州和江阴文庙、上海县学和嘉定县学文庙、浙江慈溪县学文庙、福建福州、螺洲和永春文庙、广东番禺文庙、广西临贺和北流文庙、四川资州和洪雅文庙，全部为石造。现存范围主要在苏南、浙江、福建、广东、广西以及四川，均在原南宋管辖区内，看来都是保存的南宋时期的形制。

三单坊棂星门一般都比较简单。江阴文庙、嘉定文庙、上海文庙棂星门都是两层额枋中夹花板，正间花板上上海、江阴文庙题刻了门名，上海、嘉定文庙柱端都是平顶，浮雕云纹，江阴文庙柱端则是浅浮雕云鹤纹，柱顶雕成荷叶形，还带有宋代乌头门的遗意，主间穿柱云朵东刻金乌，西刻玉兔。慈溪文庙棂星门立柱方形，柱顶下为球形，顶为毡帽形，额枋两层，上额枋伸出柱外，中间置有一对双菱形相交图案，较宋代乌头门多了下一层额枋和额枋间的方胜以及额枋下的角替。由此可见，江浙一带棂星门更多保留了宋代乌头门的风格。广西临贺文庙棂星门双柱均为素面，无纹饰，柱端圆雕石兽，前后以石抱鼓夹抱，横向只有一层额枋和一层花板；北流文庙棂星门立柱及额枋均素面无纹饰，仅柱端刻成云罐形，上饰圆雕石兽，花板正坊镌刻"棂星门"三字，侧坊仅正面浮雕动物。福建永春文庙棂星门只有两柱和两层额枋，额枋之间设置花板，正坊题刻门名，左右各浮雕一只麒麟；福州文庙棂星门为两柱和三层额枋，仅中层额枋有浮雕装饰，立柱仅略微高出上额枋，雕刻也非常简单，只是顶部加了一个束腰。四川洪雅县文庙棂星门有两层额枋和一层花板，正坊柱子顶端装饰圆雕石兽，侧坊装饰莲蕾，均于额枋之上位置出云朵，正坊还装饰宝珠，柱子为素面，额枋阴刻云纹，上额枋伸出柱外一段装饰有简单纹饰，正坊为卷曲纹，侧坊为形如"8"的绦环纹。资州文庙棂星门两层额枋中夹花板，除石抱鼓外，额枋以下全无装饰，上层额枋正中装饰圆雕石兽，石兽正坊南向，东西侧坊西东向相对，额枋上皮处于立柱上出云板，立柱顶端装饰圆雕朝天吼，所有朝天吼均面向大成殿方向。广东揭阳文庙棂星门形式发生了变化，额枋变薄，花板加高，正坊立柱置云板，但只在向内一侧，而侧坊云板改成了龙头。番禺文庙棂星门最为复杂，三层额枋，两层花板，主门花板雕刻有云蝠，两侧门浮雕双凤朝阳和龙凤呈祥等，顶层额枋上都是装饰宝珠，并有云朵插入柱上，柱子顶端圆雕石首。建筑最为精美的是苏州文庙棂星门，它建于明洪武年间，是现存最早的棂星门之一。三坊额枋均是两层，中坊上额枋浮雕云龙，下额枋浮雕双凤，侧坊上额枋浮雕双凤，下额枋浮雕对鹤，上额枋以上均出云板，中坊云板向内一侧西刻桂树和玉兔捣药，以象征月亮，但东侧只有树而不见动物，应该是以扶桑象征太阳，柱顶为平顶，雕刻云龙图案，侧门则只雕刻云纹。

三单坊棂星门作为门使用时三坊之间一般以墙相连，墙有的砖砌抹灰，有的以石垒砌，许多还有装饰，有的还在两侧设置了八字照壁。在院内装饰的一般是各自独立的建筑，为了加固，有的也进行了连接，永春文庙就在两侧坊的额枋处以石横梁相连，苏州文庙则是以墙连接。

3. 四柱三间冲天式坊（简称三间坊）

棂星门比较常见的形式。如前所述，元代后期已经出现了四柱三间的棂星门，明代逐渐增多，从天一阁藏明代方志所载庙图看，嘉靖年间时，福宁州、泾县、莱芜、南康、如皋、瑞金、绍兴、淄川棂星门都是四柱三间冲天式，夏津为四柱三间牌楼式，许州文庙棂星门为门屋式，但前面的大成门和大成坊全都是三间四柱的冲天式牌坊，四柱三间坊已经成为仅次于三单间的大宗，到清代末期，四柱三间就成为棂星门的主流。

三间坊形式多样。海南文昌文庙棂星门最为简洁，两层额枋，仅正间额枋间置素面花板，上刻坊名，上层额枋上置火焰宝珠，四柱为方柱，顶置云罐，云罐下出云朵。桐城文庙棂星门与文昌相似，不同的是两层额枋间均置素面花板，额枋均加雕刻，柱端云罐中柱装饰云龙，边柱仅装饰云纹，下层额枋以雀替承托。曲阜孔子庙棂星门是清乾隆年间改为石构的，为冲天式三间四柱火焰石坊，石柱上部出云头，柱头圆雕四大天将，正间额枋二层，次间一层，略加雕刻，结构匀称，造型清秀，仰视 10 米多高的柱头确实有高耸入云之感，设计是非常成功的。吉林文庙棂星门柱端雕刻朝天吼，两道额枋之间正间花板题刻坊名，正间额枋上有山形装饰，造型简洁，但装饰丰富，所有构件上均有云龙、花卉等浮雕图案。四川建武厅文庙和名山县文庙棂星门也很简单，方形石柱，前者两层额枋中夹花板，仅正间上下额枋分别浅浮雕二龙戏珠和双凤朝阳，中柱柱顶刻成半球形，边柱装饰卧狮，正间花板题刻坊名，次间分别题刻文字；后者也是两层额枋中夹花板，但上罩龙门坊，额枋及花板均加浅浮雕，中柱柱顶成笔首形，边柱圆柱形，均装饰浮雕。湖南新田文庙棂星门三层额枋，两层花板，上层花板透雕装饰，下层花板题刻文字，正间额枋高浮雕云龙。柱顶蹲兽兽头向内相对。湖北浠水文庙棂星门比较复杂，正间额枋两层，中夹花板，题刻坊名，上下额枋浮雕龙凤，上置龙门坊，龙门坊上装饰火焰宝珠，次间下额枋与龙门坊中夹花板，素面无纹饰，四柱于龙门坊上再置圆雕蹲狮为柱首。湖南宁远文庙棂星门三层额枋，浮雕龙、狮、象等图案，下花板为素面，上花板镂空泉纹，柱端也置蹲狮，正间上置三层葫芦瓶。四川富顺文庙棂星门最为复杂，正间额枋四层，下两层额枋浮雕花鸟等图案，上层花板题刻坊名，下两层花板装饰浮雕人物故事，次间额枋三层，均透雕团寿图案，三间下层额枋下装饰飞罩，均为透雕，上额枋上也装饰浮雕，所有立柱上部浮雕云龙，下部抱鼓均圆雕石狮，所有雕刻都非常精美。可惜的是，吉林、建武、名山、浠水、宁远、富顺文庙棂星门柱上均未出云朵。

三间坊棂星门上一般只题刻坊名，湖南新田文庙棂星门在次间下花板上分别题刻"太和""元气"，四川建武厅次间正面分别题刻"德配"、"天地"，背面分别雕刻"道冠"、"古今"，犍为文庙棂星门次间前面分别题刻"德参天地"与"道冠古今"，背面题刻"金声玉振"与"江汉秋阳"，都是比较少见的。

近年新建的许多文庙棂星门也采用三间坊式。长春文庙棂星门全石质，额枋两层，中夹花板，正间题刻坊名，次间分别题刻"取士"和"必得"，正间上额枋上置山形石板，浮雕二龙戏珠，柱端装饰圆雕蹲狮。山东宁阳文庙棂星门全仿曲阜孔子庙，杭州文庙则是略作改变，石柱方形，柱顶天将改作浮雕云纹圆柱。福建漳平文庙方柱，额枋两层，中夹花板，额枋略加雕刻装饰，柱顶刻作莲蕾。

4. 六柱五间冲天式坊（简称五间坊）

五间坊出现较晚，现存也比较少。湖南湘乡文庙棂星门最为简单，每柱之间仅有三道额枋，除正间上、中额枋间安装花板以题刻坊名外，其他额枋间均无花板，额枋除正间浅浮雕二龙戏珠与卷草云纹外，其他均为素面，石柱均为上下两段以卯榫相接，柱端圆雕蹲狮。广西恭城文庙棂星门形式略微复杂，每柱间设置两层额枋，额枋间置花板，花板浅浮雕二龙戏珠、双凤朝阳、鱼跃龙门、封侯拜相等图案，坊名刻于正间额枋上面五重塔式的石板上，奇特的是，柱端的卧狮均头朝大成殿孔子方向。四川渠县文庙棂星门最为复杂，正间额枋五层，次间和稍间四层，素面无文，花板全部透雕，正间花板由上而下分别是二龙戏珠、松鹤同春和双凤朝阳，坊名刻于中层花板中央，石刻匾形，匾框高浮雕云龙，左右为对称的松鹤同春，次间上下分别雕刻鱼跃龙门和麒麟玉书，稍间上下分别雕刻三鹤翔云和五福归真，坊顶均雕刻拐子龙捧寿，柱顶圆雕昂首蟠龙，石柱以前后石抱鼓夹抱，满雕夔龙、汉纹和蝙蝠等图案，棂星门在清道光重修后还是三楹，同治年间的庙图为五间，很可能是同治年间重建的。湖南湘阴文庙泮池前有三座牌坊，左右分别题刻"金声"、"玉振"，而中间却无坊名。从位置看，应该是棂星门。六柱五间冲天式石坊，方柱，前后石抱鼓夹抱，中柱柱顶承托下额枋，其他承托龙门枋，额枋与龙门枋之间置花板，除正间外，均为透雕。正间额枋上以短柱承托龙门枋，龙门枋上置蹲狮及其方座，次间向外一侧也是以短柱承托龙门枋，蹲狮做法与正间相同。

湖南岳州文庙棂星门形式比较简单，但题刻最多。柱端浮雕云龙，额枋两层，浮雕二龙戏珠等图案，中夹花板，花板均题刻文字，前面正间题刻坊名，左右次间分别题刻"德侔天地"和"道冠古今"，两稍间分别题刻"金声"和"玉振"，背面正间题刻"太和元气"，次间分别题刻"删述六经"和"垂宪万世"，稍间分别题刻"弘道"和"圣时"，是题刻最多的棂星门。

近年新建的广西南宁、泗城和柳州文庙棂星门均采用六柱五间冲天式。南宁为方柱，两层额枋中夹花板，正间花板浮雕二龙戏珠，次间浮雕人物故事，稍间浮雕仙鹤与动物吉祥图案，柱顶圆雕蹲狮；柳州为圆柱，正间额枋一层，次间三层，稍间两层，均无花板，柱顶置圆雕人物，与传统形制差别较大。

（二）牌楼式棂星门

牌楼在明代中期已经非常普遍，从天一阁所藏方志看，许多庙学前就建造了四柱三间的牌楼。赣州嘉靖年间庙学前有六座牌楼，分别是跨街的"腾蛟"与"起凤"、"崇正学"与"育真才"两对，府学和县学前的"国家元气"与"邹鲁源流"；龙溪庙学前也有六座牌楼，跨街有"起凤"、"腾蛟"和"科甲"三座，学门前及庙两侧各有一座；临江庙学前嘉靖时有五座牌楼，泮池前有三座，棂星门两侧分别有"仰圣"和"成贤"；此外南康、如皋、绍兴、岳州、平湖、威县、宿迁、襄城等处庙学前也有一座或两三座牌楼。但是棂星门却很少采用这种建筑牌楼形式，仅有夏津一座庙学棂星门为四柱三间牌楼式，淄川文庙为四柱三间坊楼混合式，由此可见，至少在明代中期，棂星门仍然以冲天式坊为正宗。石质构造的冲天式坊不怕风吹雨打，但是木构的棂星门就难以持久，必须有屋盖遮风避雨，这应该就是牌楼出现的原因。最晚明代中期开始出现牌楼式棂星门，此后陆续发展，到清末，牌楼式已经成为棂星门的主要形式之一。

牌楼式棂星门可以分作冲天柱式和不出柱式两大类。

1. 冲天柱式牌楼（简称冲天楼）

棂星门还更多带有坊的特征，其建筑形式有两柱一间三座、四柱三间、六柱五间等数种形式。

（1）两柱一间三座冲天柱式牌楼（简称三单冲天楼）

三单冲天楼是由宋代棂星门发展而成的，早在明代中期就已经出现。明嘉靖年间的建阳文庙庙门（即大成门）前有三座两柱单间的牌楼，虽然没有标出棂星门，但从位置看，应该就是棂星门。但这种形式的棂星门还非常少，清代有所增加，保存到现在的有山西太原、代州、陕西韩城和四川中江等几座文庙。从现存建筑看，有木构也有石构。

太原文庙棂星门为木构，双柱单间，三座，蓝色琉璃瓦，黄瓦脊，悬山顶，旋子小点金彩画。正门斗栱五昂十一踩，立柱上罩琉璃瓦罐，上置蹲狮，偏门楼四昂九踩，立柱瓦罐浮雕云龙，上置莲蕾。三门之间均以影壁相连，影壁以蓝色琉璃件装饰，墙脊为黄色琉璃，两端均加鸱吻，檐下置琉璃仿木单昂三踩斗栱。壁心置琉璃云龙，中间两座为单龙，外侧两座为二龙戏珠。影壁再外接撒山影壁，灰瓦装饰，两端置垂花，壁心砖雕云龙。门楼、影壁尺度和谐，非常优美。代县文庙棂星门与太原文庙棂星门相似，都是三座冲天柱式牌楼。代县棂星门为绿色琉璃瓦，歇山顶，柱顶瓦罐为黄绿双色云龙纹，顶置蹲兽。三楼之间也置影壁，但影壁上置夹楼，绿瓦悬山顶。斗栱正门单翘四昂十一踩，偏门单翘三昂九踩，夹楼重昂五踩。影壁形同一封书撒山式，门楼之间影壁绿瓦顶，壁心装饰五彩云龙图，外侧壁心装饰蓝色琉璃云龙图，撒山影壁装饰比较简单。

陕西韩城文庙棂星门建筑比较独特，立柱直接穿过屋盖，柱头置琉璃瓦罐。屋盖为绿瓦悬山顶，檐下施如意斗栱，九踩，直接施于大额枋之上。立柱以前后夹杆石夹护，由于夹杆石太低，前后又加木斜撑支撑。

四川中江文庙棂星门全石结构，三牌楼基本相同。双柱承托龙门枋，枋上以四摺柱支撑屋顶，柱间装饰透雕花板，檐下装饰垂花柱，庑殿顶，正脊中间装饰宝珠。龙门枋下装饰花板，下置小额枋，额枋下置雀替。柱子以石抱鼓前后夹抱，正门抱鼓装饰蹲狮，侧门装饰下行走狮。冲天柱浮雕云龙，顶置蹲兽。牌楼间置石照壁，也是庑殿顶，壁心装饰透雕。除柱身外，满布浮雕，具有很高的艺术性。

（2）四柱三间冲天式牌楼（简称三间冲天楼）

三单冲天楼比较少见。四川德阳文庙棂星门独立于庭院内，全石构造，四柱三间三楼。方柱，柱顶承托龙门枋，龙门枋上以摺柱承托屋盖，屋盖全仿木构，庑殿顶，檐下垂花蕾，正间脊上置宝顶，透雕二龙戏珠等图案，冲天柱浮雕云龙。额枋与龙门枋浮雕二龙戏珠、双凤朝阳、鱼龙变化、麒麟玉书、鹿鹤同春等图案，可惜的是额枋以下略低，影响了美观。天津府学与县学相连，棂星门形式也相同，都是四柱三间三楼冲天柱式，木构，柱顶以瓦罐覆盖，悬山顶，两层额枋，大额枋直接承托斗栱，斗栱为单昂三翘九踩，正间有坊心以题写坊名，次间则无。两坊不同的是，县学用灰色陶瓦，府学用黄色琉璃瓦，彩绘为旋子，府学点金而县学不点。

最独特的是甘肃武威文庙的棂星门，它也是四柱三间三楼冲天柱式牌楼，但立柱不是独立于屋盖之外，而是穿过屋盖挺立于楼脊之上。牌楼黄瓦庑殿顶，次楼伸到正楼斗栱之下，向内一侧为悬山顶。檐下斗栱两段，下段三翘七踩，上段单翘三踩，属于地方做法。坊心前题坊名，背题“太和元气”。从平板坊宽于额枋等特点看，此坊当是明正统年间初建的凉州卫学的遗构。

（3）六柱五间冲天式牌楼（简称五间冲天楼）

五开间的牌楼比较少，四川广汉原汉州文庙是其中的佼佼者。全石构造，方柱，立柱上部高浮雕云龙，顶端踞蹲兽，昂首向天。额枋两层，中夹花板，大额枋上置额枋承托屋盖，但仍分刻成摺柱和花板。正间为庑殿顶，次间、稍间向内一侧切断，向外一侧也为庑殿顶，正间脊上装饰宝珠，浮雕，局部透雕。正间、稍间辟门，内置抱框，次间中部设窗，透雕球文格眼，下碱分别浮雕麒麟和太狮少狮。石柱前置石抱鼓，上踞蹲狮。除立柱抱框外，满布雕刻，浮雕二龙戏珠、鱼跃龙门、博古图、蔓草等图案，尤以以赵孟頫八骏图为蓝本的图案为精美。

20世纪新建的高雄文庙棂星门为此种形式，方柱，顶部浮雕云龙。额枋两层，不置花板，坊名刻匾悬挂于大小额枋之间。正间、次间和稍间依次降低，黄瓦顶，屋面外展挡住了部分立柱，影响了美观。立柱以前后石抱鼓夹抱，左右安置抱框，也影响了美观。

2. 不出柱式牌楼

不出柱式牌楼是牌楼式棂星门的大宗，按其形式，刻分为一间楼、三单楼、三间楼和五间楼数种。

（1）两柱一间式牌楼（简称单间楼）

此种牌楼非常罕见。西安文庙有三座单间石牌楼，正间题刻"文庙"。两次间分别题刻"德配天地"、"道冠古今"，虽然习惯上将三座统称之为棂星门，但三座牌楼既然都有名称是不可以如此相称的。如果文献中有棂星门之称，也只能将正门称之为棂星门。牌楼全石质，额枋两层，中夹花板以刻字，屋盖为庑殿顶，脊上中置宝珠，两端置相对独角兽。从建筑风格看，应该是明代中期建造。

（2）两柱一间三座式牌楼（简称三单楼）

四川安岳文庙棂星门全石构造，方柱，柱间均设额枋一层，额枋上正门设花板两层，侧门均一层。柱顶置龙门枋，枋上置三楼，一主二次，均为庑殿顶，正门坊名竖刻于主楼下。雕刻很少，正门下层花板浮雕二龙戏珠，侧门透雕缠枝花纹。三门间以短墙连接，置透雕漏窗，浮雕瑞兽。

（3）四柱三间不出头式牌楼（简称三间楼）

三间楼有木构建筑，也有石构建筑，但以木构为多。建筑平面有一字形、撇山形和"＞—＜"形，以一字形为多。

湖南石门文庙棂星门木构建筑，一字形，接近清代官式建筑，四柱三间三楼，黄瓦庑殿顶，次间向内一侧切断，重昂五踩斗栱。正楼三层额枋两层花板，次楼两层额枋一层花板，花板均施透雕，坊名题刻于正楼上层花板。立柱以夹杆石环抱而不用斜撑，是很好的做法。哈尔滨文庙棂星门与石门文庙棂星门相似，都是四柱三间三楼式，正楼檐下用四昂九踩斗栱，次楼斗栱减一等为三昂七踩，金龙和玺彩画。虽然立柱也以夹杆石环抱，但前后加斜撑，影响了美观。贵州安顺文庙棂星门也为一字形，石质构造，方柱，前后石抱鼓夹抱，顶踞石兽，东西相对；额枋两层，中夹花板，正间题刻坊名，次间透雕，额枋浮雕云龙、人物等图案。石刻瓦垄，悬山顶。2002 年恢复重建的赫图阿拉文庙棂星门也是四柱三间三楼，灰瓦悬山顶，无斗栱，额枋两层，中夹花板，前后以柱斜撑，是最为简单的牌楼之一。

凤庆文庙棂星门四柱三间三楼，庑殿顶，次楼向内一侧伸入正楼之下，悬山顶，檐下用四昂九踩斗栱，中柱前后用石抱鼓夹抱，沿边柱前后砌墙。江川、八街、澂江、石屏、虹溪、景东、宾川等文庙棂星门也是沿边柱设纵向的墙壁，看来这是云南文庙牌楼流行的做法。江川文庙棂星门由于屋顶太大而立柱偏低，加之主楼檐下施九踩如意斗栱而次楼没有，易发显得如同门屋。

　　四川崇州文庙棂星门为撇山形，木构建筑，但形式比较特殊。四柱三间，平面呈撇山形，外柱以 45 度角向前伸出。庑殿顶，边楼向内一侧切断，檐下施如意斗栱。正间后接抱厦，两侧接廊，卷棚歇山顶。

　　近年新建的都江堰市原灌县文庙与崇州相似，但更为复杂，平面为"＞一＜"形。立柱均为两根，边柱两根向前后均斜伸出 45 度，形成主楼一座而边楼各两座的样式，灰瓦庑殿顶，边楼均向内一侧切断，檐下施如意斗栱。牌楼外接方亭，卷棚庑殿顶。

　　（4）六柱五间十一楼不出头式牌楼（简称五间楼）

　　五间楼灵星门仅见于 20 世纪新建的台湾桃园文庙，钢骨水泥建筑，五间五楼，每柱顶均有一座夹楼。黄瓦顶，均施重昂五踩斗栱。正间及次间、稍间均为庑殿顶，夹楼稍间外侧为庑殿顶，其他均为切断，连斗栱也是半朵。方柱，柱枋比例都略显纤细。

（三）牌坊牌楼混合式棂星门

　　混合式棂星门早在明代就已经出现，嘉靖年间的淄川文庙图中棂星门为冲天柱式，正间额枋两层，中夹花板，题刻坊名，次间有屋盖。但后世很少见到，现在仅有广西泗城文庙灵星门为混合式牌楼。

　　六柱五间冲天柱式牌坊与牌楼混合式（简称五间混合）

　　2008 年新建的广西泗城文庙棂星门全石质，方柱，两层额枋，中夹花板，额枋浮雕二龙戏珠以及花卉鸟兽等图案，正间花板题刻坊名，其他装饰花卉等图案，唯正间上加悬山式屋顶，其他四间上额枋上加山形装饰，柱顶柱首圆柱，浮雕云纹。

（四）屋宇式棂星门

　　屋宇式棂星门最早见于明嘉靖许州庙学图中，棂星门为屋宇式建筑，位于大成殿前，前面为大成门，四柱三间冲天式坊，两侧向前斜伸八字形撇山影壁，庙前有四柱三间的冲天式坊大成坊，此图可能有误，棂星门应该是大成门，而大成门应该是棂星门，如果无误，那就是最早的屋宇式棂星门。宁国府学庙学图中也是大成殿前为屋宇式棂星门，三间带两耳，前有泮池，泮池前有四柱三间的冲天式坊。现存屋宇式棂星门比较少，见于云南、福建、台湾和北京国子监孔子庙。

　　屋宇式棂星门可以分作两类，一类是屋脊上出柱，带有棂星门的遗意，一类则是纯粹的屋宇建筑。

　　（1）屋脊出柱式棂星门（简称脊柱式）

　　屋脊上出柱的屋宇式棂星门见于云南和福建、台湾的闽南式建筑。云南比较多，建水临安府学、姚州州学、白井盐井司学、楚雄州学、安宁州学、石羊县学等文庙棂星门都是屋宇式建筑，安宁州学和楚雄州学都还是建在了大成殿前作为殿庭的大门，占用了大成门的位置。建水文庙棂星门为清乾隆五十年重建，三间，辟三门，分心式木架，灰瓦歇山顶，檐下施三昂七踩斗栱。中柱高出屋脊两米多，柱头罩青花云龙瓷罐，瓷罐下穿柱装饰飞龙，仍保留了冲天式棂星门的特点。石羊文庙棂星门与建水相似，也是门屋三间，屋脊出柱，但仅当心间辟门，次间都是设窗。福建安溪文庙大门面阔五间，中三间为正屋，高起为一脊，两端落鹅间①略低，另为一脊，屋脊上凡是柱子的位置都设置了柱形的装饰，如同门屋的中柱穿过了屋脊，虽然门上悬挂着"文庙"竖匾，但称之为棂星门。台湾嘉义文庙也是这种形式，正屋屋脊上设置了六个柱头形装饰，落鹅间却没有，正屋的柱头性装饰也没有设置在柱头之上，这些建筑称作棂星门式建筑还是可以的，因为它们都还带有棂星门的遗意。

（2）纯粹屋宇式棂星门（简称纯屋式）

纯屋式棂星门见于福建、台湾和北京。福建惠安文庙棂星门面阔三间，黄瓦歇山顶，辟三门，是标准的闽南式门屋建筑。屏南文庙现存棂星门也是标准的门屋建筑，面阔五间，中三间辟门，两稍间封闭，分心式木架，灰瓦顶，柱子不出头，文庙为清乾隆元年始建，从泮池、建筑基础多用卵石、块石看，当时建筑确实非常简陋。台北文庙棂星门与安溪文庙棂星门相似，但屋脊上没有柱头形的装饰。同样是门屋式建筑但屋脊上没有柱头形装饰的还有北京国子监文庙大门，虽然文献中它们也都称之为棂星门，但全无棂星门的意味，这样的建筑物称之为棂星门是很勉强的。

棂星门建筑的地域特点

从现存棂星门看，石构建筑大多分布在江南地区，木构建筑大多分布在北方地区，三单石坊主要分布在苏南、浙江、福建、广东、广西、四川等原南宋辖区，两端加筑墙体主要分布在云南地区。

孔喆，孔庙和国子监博物馆副研究馆员

---

① 闽南建筑行话，闽南式建筑中正屋略高，有正脊和两条垂脊，两侧建筑略低，有正脊和一条外侧垂脊，这样的建筑，正屋两侧的建筑就称作落鹅间或落规、落廒间。之所以以鹅取名，是屋脊上翘，如同鹅尾。北方将这样的建筑称作正房和耳房。

◇略论北宋前期循吏的积极作用

◎白雪松　唐宁

[摘　要] 北宋前期的循吏，大多政绩出色，在发展农业、稳定治安、防灾赈灾、改善风俗、出使邻邦等诸多方面颇有作为，他们治理一方，成为朝廷政策的有力执行者，起到了积极的历史作用。

[关键词] 北宋前期　循吏　积极作用

"循吏"一词最早出现于《史记·循吏列传》中，后为班固的《汉书》与范晔的《后汉书》所承袭，且为历代史书沿用。司马迁认为，循吏最基本的特点是"奉职循理"，即依循人情物理，依法办事。自《史记》之后，历代史书对"循吏"概念的理解都遵循"奉职循理"这一点。据史书记载宋代循吏以北宋前期居多，历史功绩也最大，所以本文集中考察该时期循吏在政治、经济、外交等各方面的作为，以阐释他们在当时的历史条件下所起到的积极作用。本文所述北宋前期，大体是指太祖到仁宗这四朝。

《宋史·循吏传》开篇云："宋法有可以得循吏者三：太祖之世，牧守令录，躬自召见，问以政事，然后遣行，简择之道精矣；监司察郡守，郡守察县令，各以时上其殿最，又命朝臣专督治之，考课之方密矣；吏犯赃遇赦不原，防闲之令严矣。"这里列出了判别循吏的三条标准：精审的选拔，严密的考核，严格的惩戒。可见宋代对官员的选任、考核、惩戒措施都相当严格，要合乎这三条标准，且"其间必有绝异之绩"①，能称得上"循吏"，确实不易。而循吏也是有相当出色且务实的政绩的。北宋前期的循吏在经济、行政、司法、外交等诸多方面都有较好的作为。概括起来有以下几方面。

一　务兴农事，兴修水利

《东都事略·循吏传》云："自唐季以来，王政不纲，天下以战争为事，

---

① （元）脱脱：《宋史》卷四百二十六《循吏传》。

五代之际，民失耕桑之业，天既厌之矣。艺祖受命，知民疾苦，故自即位以来，劝农之诏屡下，由是斯民欣然有乐生之意，而治民之吏率皆有循良之风。太宗继承，守而勿失，真宗、仁宗德泽深厚。于斯时也，吏皆以平易近民为政，招怀流亡，导达沟洫。赵尚宽、高赋治有异效，最先褒宠，以风天下。"唐末五代的战乱给农业经济造成了严重的破坏，北宋初年很多地方田园荒芜，人民疾苦。在封建社会，农业一向是立国之本，恢复农业、发展生产当是北宋统治者的一项要务。太祖"劝农之诏屡下"；太宗曾下诏有司议均田法，陈靖就曾上书进言："两京东西千里，检责荒地及逃民产籍之，募耕作，赐耕者室庐、牛犁、种食，不足则给以库钱。"① 他又发明了"分殿最为三等"的考课之法；真宗即位后，"复列前所论劝农事"，陈靖又"请自京东、西及河北诸州大行劝农之法"②，其主张虽泥古不可行，但足见北宋前期统治者对农业的重视，且以陈靖为代表的诸多循吏，多所建言。而以赵尚宽、高赋为代表的大部分循吏则身体力行、付诸实践，是国家政策的切实执行者。他们在地方上招抚流民、开田垦荒、恢复生产、发展经济的成效甚为显著，也最早受到表彰，于是太宗把他们当作循吏的楷模予以表彰，以风天下。

《宋史·循吏传》云："（赵尚宽）嘉祐中，以考课第一知唐州。唐素沃壤，经五代乱，田不耕，土旷民稀，赋不足以充役，议者欲废为邑。尚宽……乃按视图记，得汉召信臣陂渠故迹，益发卒复疏三陂一渠，溉田万余顷。又教民自为支渠数十，转相浸灌。而四方之民来者云布，尚宽复请以荒田计口授之，及贷民官钱买耕牛。比三年，榛莽复为膏腴，增户积万余。"唐州历来是土地肥沃的丰收之地，经历了唐末五代的战乱，田地荒芜，人口流离，到了"赋不足以充役，议者欲废为邑"的窘迫境地。赵尚宽教导并率领百姓兴修水利，垦辟良田，招抚流民，终使唐州恢复了往昔繁盛的旧貌。赵尚宽对唐州的治理可谓是北宋初年循吏的典范。他的继任者是高赋。高赋在任内继续招募流民、计口授田、兴修水利，与赵尚宽的治理政策一脉相承。由于二人均"勤于农政"，唐州的垦田数、人口数显著增加，农业迅速恢复发展。

农业的发展离不开水利。其他循吏亦多有兴修水利者。如崔立"知江阴军，属县有利港久废，立教民浚治，既成，溉田数千顷，及开横河六十里，通运漕"。鲁有开知韦城县时"兴废陂，溉民田数千顷"。程师孟"劝

---

① （元）脱脱：《宋史》卷四百二十六《循吏传》。
② 同上。

民出钱开渠筑堰，淤良田万八千顷"。① 他们的措施都便利了农业的发展，起到了促进作用。

二　奉法循理，捕盗安民

北宋大多数循吏都能做到既以法律为准绳，秉公执法，又能顺从事理，按事物规律办事。如张纶"所部卒纵酒掠居民，纶斩首恶数人，众乃定"②。可见他对部下绝不姑息、包庇。做得更加出色的像周渭，"为白马县主簿，大吏有罪，渭辄斩之，太祖奇其材，擢为赞善大夫。后通判兴州事，有外寨军校纵其士卒暴犯居民，渭往责而斩之，众莫敢动。上闻益壮之，诏褒称焉"③。他不仅不纵容自己的属下，甚至其他外地军官的属下在本地犯案亦绝不纵容，且惩罚极严。在处理刑狱方面，诸多循吏亦有很多出色的作为。如邵晔知蓬州录事参军，"时太子中舍杨全知州，性悍率蒙昧，部民张道丰等三人被诬为劫盗，悉置于死，狱已具，晔察其枉，不署牒，白全当核其实。全不听，引道丰等抵法，号呼不服，再系狱按验。既而捕获正盗，道丰等遂得释，全坐削籍为民"④。邵晔审查案件实事求是、认真负责。崔立"为果州团练推官，役兵辇官物，道险，乃率众钱，佣舟载归。知州姜从革论如率敛法，当斩三人，立曰：'此非私己，罪杖尔。'从革初不听，卒论奏，诏如立议"⑤。崔立能够做到按律量刑，维护了法律的公正性。又如鲁有开"知金州，有蛊狱，当死者数十人，有开曰：'欲杀人，衷谋之足矣，安得若是众邪？'讯之则诬。天方旱，狱白而雨"⑥。又张逸知益州时"华阳驺长杀人，诬道旁行者，县吏受财，狱既具，乃使杀人者守囚。逸曰：'囚色冤，守者气不直，岂守者杀人乎？'囚始敢言，而守者果服，立诛之，蜀人以为神"。在他知开封府时"有僧求内降免田税，而逸固执不许"⑦。又王明，"药元福为原州刺史，又为陈州防御使，明皆在幕下。元福耆杀，明劝之以宽，多所全宥"⑧。诸如此类，大多循吏既不畏惧地方豪强，又不怕得罪自己的长官，都能做到奉法循理，秉公办事。

许多循吏在保境安民方面也做得相当出色。如张纶"从雷有终讨王均

---

① （元）脱脱：《宋史》卷四百二十六《循吏传》。
② 同上。
③ （宋）司马光：《涑水记闻》卷一《周渭治州县》。
④ （元）脱脱：《宋史》卷四百二十六《循吏传》。
⑤ 同上。
⑥ 同上。
⑦ 同上。
⑧ （宋）王称：《东都事略》卷一百一十二《循吏传》。

于蜀，有降寇数百据险叛，使纶击之，纶驰报曰：'此穷寇，急之则生患，不如谕以向背。'有终用其说，贼果弃兵来降"。又"奉使灵夏还，会辰州溪峒彭氏蛮内寇，以知辰州。纶至，筑蓬山驿路，贼不得通，乃遁去"。我们可以看出，张纶还是很有韬略计谋的。鲁有开知韦城县时"曹、濮剧盗横行旁县间，闻其名不敢入境"。盗贼不敢入鲁氏所辖县境，可以想见，鲁氏对盗贼的打击力度还是颇大的。程师孟为江西转运使，"盗发袁州，州吏为耳目，久不获，师孟械吏数辈送狱，盗即成擒"。程氏对与匪串通的官吏的惩罚毫不手软，对抓捕盗贼起了关键作用。

三　防灾赈灾，整治风俗

北宋前期，全国各地各种自然灾害多有发生，而地方上的循吏，既是朝廷赈灾政策的具体执行者，又是处于最前线的指挥者。诸多循吏在地方上工作多年，对灾害的预防和治理，经验丰富且能大力贯彻。他们往往具有准确的预见性，又能因地制宜，修建防灾工程，以保障当地百姓的生命财产安全。"泰州有捍海堰，延袤百五十里，久废不治，岁患海涛冒民田"，张纶"表三请，愿身自临役"，最终修复了捍海堰。此举又使得泰州的人口增加了二千六百户。邵晔知广州，"州城濒海，每蕃舶至岸，常苦飓风，晔凿内濠通舟，飓不能害"。修内濠以通舟，邵晔的举措使得广州海上贸易的船只避免了飓风的威胁。程师孟"知洪州，积石为江堤，浚章沟，揭北闸，以节水升降，后无水患"。薛颜"徙广南河东陕西路，浮桥岁为河水所败，颜即北岸疏上流为之渠以顺水怒，又以溉其下舄卤之田，而民利之"。①

在灾害发生后，循吏们也都能够想方设法赈济灾民。如鲁有开"知卫州，水灾，人乏食，擅贷常平钱粟与之，且奏乞蠲其息"。崔立知兖州时"兖州岁大饥，募富人出谷十万余石赈饿者，所全活者甚众"。许遵"知长兴县，会县有水灾，民多流徙，遵募民出米赈济，终以无患，益兴水利，溉田甚博"。② 张逸知益州时"会岁旱，逸使作堰壅江水，溉民田，自出公租减价以振民"。难能可贵的是有些循吏还能提前做好赈灾准备，未雨绸缪。如吴遵出知常州"尝预市米吴中，以备岁俭，已而果大乏食，民赖以济，自他州流至者亦全十八九"。无论是防灾还是赈灾，循吏们的举措为百姓的生活生产提供了保障，稳定了北宋前期的地方基层统治。

北宋前期的循吏在发展地方生产，稳定社会秩序的同时，还整治地方上

---

① （宋）王称：《东都事略》卷一百一十二《循吏传》。
② 同上。

的落后习俗，对百姓进行教化。赵尚宽知忠州时，"俗畜蛊杀人，尚宽揭方书市中，教人服药，募索为蛊者穷治，置于理，大化其俗"。高赋知衢州时"俗尚巫鬼，民毛氏、柴氏二十余家世蓄蛊毒，值闰岁，害人尤多，与人忿争辄毒之。赋悉擒治伏辜，蛊患遂绝"①。赵尚宽、高赋革除了当地蛊毒害人的落后习俗，促进了社会进步。王嗣宗知邠州时，"州有狐王庙，巫祝假之以惑百姓，历年甚久，举州信重"。"嗣宗毁其庙，熏其穴，得狐数十头，尽杀之。"② 破除了当地百姓的愚昧迷信。张逸知长水县"兴学校，教生徒。后邑人陈希亮、杨异相继登科，逸改其居曰桂枝里"。叶康直知光化县时"县多竹，民皆编为屋，康直教用陶瓦，以宁火患"。③ 张逸、叶康直的举措传播了先进的文化与生产技术，为当地培养了人才。这些都是和循吏们的积极有为分不开的。

四　稳定边境，协助平叛

北宋一代，一些出色的有外交才能的循吏还担当过同邻国交涉的事务。景德年间，交趾内乱，诸子争位，邵晔"为缘海安抚使"，驻岭表，"贻书安南，谕朝廷威德，俾速定位。明护等即时听命，奉龙廷主军事"④。邵晔通过劝谕稳定了交趾的国内局势，同时也稳定了宋朝的边境。程师孟"判三司都磨勘司，接拌契丹使，萧惟辅曰：'白沟之地当两属，今南朝植柳数里，而以北人渔界河为罪，岂理也哉？'师孟曰：'两朝当守誓约，涿郡有案牍可覆视，君舍文书，腾口说，讵欲生事耶？'惟辅愧谢"。程师孟反驳了契丹使者妄图侵占国土的图谋，维护了宋朝的国土利益与边界安全。又："贺契丹主生辰，至涿州，契丹命席，迎者正南向，涿州官西向，宋使价东向。师孟曰：'是卑我也。'不就列，自日昃争至暮，从者失色，师孟辞气益厉，叱候者易之，于是更与迎者东西向。"⑤在此他又保持了使者的尊严，即是维护了北宋朝廷的尊严。除了处理交涉事物，许多驻扎边州的官吏更是每天同邻邦打着交道，他们同样尽着自己的努力维护着边境的稳定与安全。比较出色的像李允则，知雄州十八年，"契丹中机密事，动息皆知之，当时边臣无有及者"⑥。

北宋边界亦多有兵事者，其中亦有一些循吏出谋划策，发挥了辅助

① （元）脱脱：《宋史》卷四百二十六《循吏传》。
② （宋）司马光：《涑水记闻》卷三《王嗣宗》。
③ （元）脱脱：《宋史》卷四百二十六《循吏传》。
④ 同上。
⑤ 同上。
⑥ （宋）司马光：《涑水记闻》卷六《李允则知雄州》。

作用。侬智高进犯广南时，朝廷派遣狄青做宣抚招讨使，狄青到后首先微服往见久在广南做官的陶弼请教对策。陶弼"为青言广南利害曰：'官吏皆成贪墨不法，惟欲溪洞有边事，乘扰攘中济其所欲，不问朝廷安危，谓之"做边事"，涵养以至今日。非智高能至广州，乃官吏不用命，诱之至此。'"① 狄青听从陶弼建议，"按法诛不遵节制、出兵而败陈崇仪而下三十余人"，之后果然一鼓作气打败敌人。广南地区得以太平，恢复稳定的局面，陶弼的建策起了极大的作用。王罕为广东转运使时，侬智高入寇广州，王罕于惠州"呼耆长发里民，补壮丁"，"增弓手二千"，并"简卒三千，方舟建旗，伐鼓作乐，顺流而下"。至广州后，"悉众登岸，斩木为鹿角，积高数仞，营于南门"②。侬智高见守备森严，遂不敢犯。

北宋前期，吏治清明，产生了大量良吏，奉法循理，积极有为，起到了积极的历史作用，究其原因，主要有以下几个方面：

其一，是北宋前期统治集团的倡导。一个王朝初年的统治者往往是比较励精图治的。同样，北宋初期的统治者在建国后善于汲取唐末五代战乱的历史经验教训，能够体察下情，以身作则。早在建隆二年太祖就说过"烦民奉己之事，朕必不为也"③。并且太祖确实生性节俭，"寝殿设布缘苇帘，尝出麻履布衫以示左右，曰：'此吾故时所服也。'"④ 而太宗书《戒石铭》"以赐郡国，立于厅事之南"，其词曰："尔俸尔禄，民膏民脂，下民易虐，上天难欺。"⑤统治者的表态，必将对官吏阶层的道德行为产生极大的影响。由此，官吏们亦不难体察圣意，以民为本，励精图治。

其二，士大夫集团的操守风尚。宋代士人比较亲民，同情农民的苦难，敢作敢为，蔑视贪惰，同时也有着勤劳俭朴的优良风尚。太祖曾经问王昭素治世养身之术，"昭素曰：'治世莫若爱民，养身莫若寡欲'。上爱其语，尝书屏几间"⑥。不仅如此，宋代士大夫阶层中还互相推崇优良的道德品行，颇有操守。"章献太后临朝，内侍省都知江德元权倾天下，其弟德明奉使过杭州，时李及知杭州，待之一如常时中人奉使者，无所加益。"李及不阿权贵，"时人服其操守"⑦。士大夫们自己也非常珍惜自己

① （宋）王铚：《默记》卷上。
② （元）脱脱：《宋史》卷三百一十二《王罕传》。
③ （宋）李焘：《续资治通鉴长编》卷二《建隆二年》。
④ （宋）司马光：《涑水记闻》卷一《太祖性节俭》。
⑤ （宋）洪迈：《容斋续笔》卷一《戒石铭》。
⑥ （宋）李焘：《续资治通鉴长编》卷十一《开宝三年》。
⑦ （宋）司马光：《涑水记闻》卷十《李及不阿权贵》。

的官品声誉，"盖为士者知其身必达，故自爱重而不肯为非，天下公望亦以鼎贵期之，故相与爱惜成就，以待其用"①。这种注重道德与操守的风尚一旦形成，就在士大夫阶层的心里形成了一种无形的价值判断标准，人们都会自觉地遵循。

其三，广泛审慎的人才选拔。人才选拔关系到国家的兴衰，选拔得当则政治清明，国家富强。北宋初年即扩大了选士范围，工商、杂类子弟和边远地区的士人均有了应举的可能。而在如何选拔人才的标准上，宋代士大夫们比较看重德与才两个方面，而且要以德为先，以德为重。李觏说："才乎才，有德以为功，无德以为乱。"② 北宋前期对人才的选拔是严谨审慎的，而能够在人才众多的官员队伍中脱颖而出称得上循吏，则更是难上加难。如此，则在制度上保证了官僚队伍的整体素质有着较高的水平。光是严格的选举还不够，在惩戒措施上宋初"尤严贪墨之罪""而不赦犯赃"③ 这一点也是十分值得我们注意的。

其四，宋代儒学的勃兴。儒学在宋代的勃兴，"宋初三先生"（即孙复、胡瑗、石介）与邵雍有着首功。孙复"除秘书省校书郎、国子监直讲。车驾幸太学，赐绯衣银鱼，召为迩英阁祇候说书"。石介"入为国子监直讲，学者从之甚众，太学由此益盛"。胡瑗"教人有法，科条纤悉备具，以身先之……从之游者常数百人"。④宋初三先生教学有方，为人师表，而邵雍亦不在三先生之下。他们的道德修养被士大夫们所推崇，而他们的诲人不倦，也调动了士大夫们的读书兴趣。在他们的带动下，儒学的复兴，提升了北宋初期士大夫阶层道德修养与文化修养的整体水平。而士大夫阶层整体素质的提高必将带动更多良吏的涌现。

北宋前期的循吏本着"凡政皆务以利民"的宗旨，奉职循理，为民兴利除弊，执法公允，处事得宜，作为国家政策在地方上的直接执行者，能切实落实国家政策，造福一方，对经济的迅速恢复、社会的稳定发展都起到了积极作用。因此，他们受到百姓的拥戴，皇帝的褒扬。赵尚宽"留于唐凡五年，民像以祠，而王安石、苏轼作《新田》、《新渠》诗以美之"。高赋"玺书褒谕，宣布治状以劝天下，两州为生立祠"。张纶知泰州后，州民"为立生祠"。程师孟"洪、福、广、越为立生祠"。宋太宗夸奖邵晔曰："尔能活吾平民，深可嘉也。"程羽"涖事循谨，太宗称其长者"。⑤ 这些，

---

① （宋）洪迈：《容斋续笔》卷九《高科得人》。
② （宋）李觏：《直讲李先生文集》卷二十《潜书八》。
③ （清）顾炎武著，（清）黄汝成集释：《日知录集释》卷十二。
④ （元）脱脱《宋史》卷四百三十二《孙复、石介、胡瑗传》。
⑤ （宋）王称：《东都事略》卷一百一十二《循吏传》。

恰是对循吏们政绩的肯定。当然，我们也应看到，百姓是出于衷心的爱戴，但最高统治者褒奖循吏是要在百官中树立样板，以此鞭策官吏执行国家政策，效忠朝廷，使其安定民心，努力生产，向国家提供更多稳定的赋役，以实现统治的长治久安。

白雪松，孔庙和国子监博物馆助理馆员

唐宁，首都博物馆研究与展示中心

◇北京先蚕坛建筑调查

◎ 刘文丰　庞湧

[摘　要] 先蚕坛是明清国家典祀的重要坛庙，具有十分重要的历史文物价值。本文通过整理史料、实地调查，对北京先蚕坛的格局变迁、建筑形制、历史遗迹等进行记录，借此希望这座珍贵的古建筑，得到妥善的保护。

[关键词] 先蚕坛　格局变迁　建筑形制　历史遗迹

先蚕坛位于北海东北隅，是清代皇家坛庙之一，总占地面积 17000 平方米，原坛建于北京城北郊。明嘉靖十年（公元 1531 年）迁西苑。现存先蚕坛建于清乾隆七年（公元 1742 年），原为明代雷霆洪应殿旧址。乾隆十三年（公元 1748 年）、道光十七年（公元 1837 年）及同治、宣统年间均有修缮。

先蚕坛院内建筑有观桑台、先蚕神坛、具服殿（亲蚕殿）、织室（后殿）、先蚕神殿、神厨、神库、井亭、宰牲亭、蚕署、蚕室、游廊、桑园、浴蚕池等。坛院东面有一条贯通南北的小河，名为浴蚕河。它是元代由金水河引入北海的一支水系。先蚕坛建筑不仅种类多、构造精美，也是现存唯一一处中国古代皇家祭祀先蚕之神的场所。

一　先蚕坛的建筑布局

北京的先蚕坛始建于元代，据《元史》志二七记载："武宗至大三年（公元 1310 年）夏四月，从大司农请，建农、蚕二坛……坛位在籍田内。"① 该处坛址现已湮没不清。明初，永乐帝迁都北京后，建立天地坛、山川坛、社稷坛、太庙等礼制建筑，但先蚕坛并未列入祀典。

直到明嘉靖九年（公元 1530 年），都给事中夏言等人建议"请改各官庄田为亲蚕厂公桑园。令有司种桑柘，以备宫中蚕事"、"耕蚕之礼，不宜偏

① 宋濂等撰：《元史》卷七六，上海古籍出版社 1986 年版，第 220 页。

废"。嘉靖皇帝乃敕命"天子亲耕，皇后亲蚕，以劝天下。自今岁始，朕亲祀先农，皇后亲蚕，其考古制，具仪以闻"①。由此明代的先蚕坛得以筹建。

然而在先蚕坛的选址问题上，却颇费了一番周折。大学士张璁等主张在安定门外建先蚕坛。詹事霍韬以道远为由予以否定。户部官员也主张安定门外水源不足，无浴蚕之所，建议仿照唐宋时期，在皇家宫苑中，利用太液池水浴蚕缫丝。然而嘉靖帝崇尚周制古礼，仍坚持将先蚕坛建在安定门外。并且亲自制定了先蚕坛的制度与规模。"坛方二丈六尺，叠二级，高二尺六寸，四出陛。东西北俱树桑柘，内设蚕宫令署。采桑台高一尺四寸，方十倍，三出陛。銮驾库五间。后盖织堂。坛围方八十丈。"② 并于当年阴历四月在先蚕坛尚未建成的情况下，由皇后在安定门外举行了一次仓促的先蚕祭祀典礼。但是到了第二年就朝令夕改，又以皇后出入不便为由，命改筑先蚕坛于西苑仁寿宫附近（在今中南海西北部）。而安定门外的先蚕坛，则因道远不便，未完工即废弃，长期无人管理，形成积水坑洼，成为今日所见之青年湖。③

据《大明会典》卷五一记载："先蚕坛高二尺六寸，四出陛，广六尺四寸，甃以砖石。又为瘗坎于坛右方，深取足容物。东为采桑台，方一丈四寸，高二尺四寸，三出陛，铺甃如坛制。台之左右，树以桑。坛东为具服殿三间。前为门一座，俱南向。西为神库、神厨各三间。右宰牲亭一座。坛之北为蚕室五间，南向，前为门三座，高广有差。左右为厢房各五间。之后为从室各十，以居蚕妇。设蚕宫署于宫左偏，置蚕宫令一员，丞二员。择内臣谨恪者为之，以督蚕桑等务。"④

最终，在西苑建成的先蚕坛，用砖石砌成，正方形，高二尺六寸，广六尺四寸（比原来的设计小了约四分之一），四面有台阶。坛西设有瘗坎深坑，以填埋玉帛等牲物。坛东的采桑台为砖石砌筑，方一丈四寸，高二尺四寸（亦与原设计大小有变化），北、东、南三面设有台阶，台前及两侧栽植桑树。坛台以东坐北朝南有具服殿三间及殿门一座。坛台以西是神库、神厨各三间，另有宰牲亭一座。坛台之北为五间南向的蚕室，南有仪门三座，一正二掖，高低错落，两侧有东西厢房各五间。后面还有从室各十间，是养蚕妇女的居住地。在先蚕坛偏东的地方，还设置了一座办公机构——蚕宫署，并设官员管理，称蚕宫令、蚕宫丞，以负责先蚕坛的日常行政事务。每年季

---

① 张廷玉等撰：《明史》卷四九，上海古籍出版社 1986 年版，第 137 页。

② 同上。

③ 北京市东城区志编纂委员会编：《北京市东城区志》，北京出版社 2005 年版，第 521 页。

④ 李东阳等编：《大明会典》卷五一，江苏广陵古籍刻印社 1989 年版，第 915 页。

春（农历三月）中选择一天吉日，由皇后亲临先蚕坛拜祭"蚕神"，并观桑治茧，作为一种仪式，垂范天下，教化斯民，体现了封建王朝"男务稼穑，女勤织红"的治国理念。

到嘉靖三十八年（公元 1559 年），实行不久的亲蚕典礼即被废止，直至明代灭亡，也再未实行过。明代的先蚕坛从无到有，由兴而衰，只不过存在了短短的 29 年时间，只约等于明朝国祚的十分之一。而且皇后亲自参加的亲蚕仪式，也只有嘉靖九年这一次，此后再无明文记载。由此可见，明代对祭先蚕礼并不重视，只是走个过场，聊胜于无罢了。

清代立国之初，承袭明制，先蚕坛并未列入祀典。清圣祖康熙对蚕桑开始重视起来，他曾在中南海丰泽园之东设立蚕舍，植桑养蚕，浴茧缫丝，并在内府设置了额定 825 名匠役，设立织染局，织染自产蚕丝。雍正十三年，河东总督王士俊奏疏请祭祀先蚕："百神各依本号，如农始炎帝，止称先农神，则蚕始黄帝，亦宜止称先蚕神。按周制蚕于北郊。今京师建坛亦北郊为宜。"工部右侍郎图理琛奏请："立先蚕祠安定门外，岁季春吉巳，遣太常卿祀以少牢。"① 然而由于这时的雍正帝已久病缠身，自顾不暇，因而请立先蚕坛的建议就此搁置。

直到乾隆七年（公元 1742 年）七月，大学士鄂尔泰又上奏折，请建先蚕坛：

> 古制天子亲耕南郊，以供粢盛。后亲蚕北郊，以供祭服。我皇上亲耕耤田，以示重农至意。乾隆元年议建先蚕祠宇，所以经理农桑之道，至为周备。今又命议亲蚕典礼。伏思躬桑亲蚕，历代遵行，但北郊蚕坛，向在安定门外。前明嘉靖时，以后妃出入道远亲莅未便。且其地水源不通，无浴蚕室，遗址久经罢废。考唐宋时后妃亲蚕多在宫苑中，明代亦改建于西苑……今逢重熙累洽，礼明乐备之时，亲蚕大典，关系农桑，自应遵旨举行，以光典礼。其应相度蚕地建立蚕坛蚕官从室之处，请交内务府会同工部等衙门办理。②

鄂尔泰提出了建立先蚕坛的动因是要遵从"帝亲耕南郊，后亲蚕北郊"的古制"以光典礼"。这时清朝立国已近百年，国家各项统治秩序已臻完善。而先蚕典礼的缺失，显然有违乾隆朝宫闱礼仪制度的完备性。在农桑为本、男耕女织的封建时代，既然皇帝要耕籍田祭先农，皇后作为六宫之首母

---

① 柯劭忞等撰：《清史稿》卷八三，上海古籍出版社 1986 年版，第 342 页。
② 张廷玉等撰：《清朝文献通考》卷一〇二，商务印书馆万有文库本 1936 年版，第 896 页。

仪天下，当然要起表率作用，因而建立先蚕坛的计划便提上议事日程。

同年八月初四，这天内务府大臣海望根据鄂尔泰的奏折，进一步提出了建坛构想。这个构想俨然是在详细考证历代先蚕祭祀之制的基础上提出的一个成熟的、具有可操作性的建坛规划：

> 奴才海望谨奏，为请旨事。窃惟古制，天子亲耕以供粢盛，后亲蚕以供祭服。自昔亲蚕大典，原与亲耕之礼并重。奴才谨按历代旧制，《周礼》仲春天官内宰，诏后率内外命妇蚕于北郊。有公桑蚕室，近川而为之，筑宫仞，有三尺棘墙，而外闭之。汉制蚕于东郊。魏黄初中蚕于北郊。晋太康年间蚕于西郊。立先蚕坛，高一丈，方二丈，四出陛，陛广五尺。在采桑坛东南，帷宫外门之外，而东南去帷宫十丈，在蚕室西南，桑林在其东。宋孝武置蚕室建大殿又立蚕观。北齐置蚕坊于京城北，去皇宫十八里，外有蚕宫，方九十步，墙高一丈五尺。其中起蚕室二十七（间），别建殿一区置蚕宫。令亟宦者为之，路西置皇（室）后。蚕坛高四尺，方二丈，四出陛，陛各广八尺。置先蚕坛于桑坛东南，坛高五尺，方二丈，四出陛，陛各五尺，外兆方四十步，面开一门，有椽檐棂构。隋制，先蚕坛于宫北三里，为坛高四尺。唐立先蚕坛于长安宫北苑中，高四尺，周回三十步。开元年间，又为瘗埳于坛之壬地。内壝之外，方深取足容物，南出陛，又为采桑坛于坛南二十步所，方三丈，高五尺，四出陛，量施帷幛于外壝之外。宋真宗朝筑先蚕坛于东郊，从桑生之义，其坛酌中用北齐之制。神宗年间定祀先蚕不设燎坛，但瘗埋以祭，徽宗朝仿北齐制，置公桑蚕室，度地为宫，四面为墙，高仞有三尺，上被棘。中起蚕室二十七（间），别建殿一区为亲蚕之所，仿汉制置茧馆，立织室于蚕宫中，养蚕于箔，度所用之数为桑林，筑采桑坛于先蚕坛南，相距二十步，方三丈，高五尺，四出陛。明嘉靖九年，建先蚕坛于安定门外，准先农坛制，旁设采桑坛，仿籍田制。共别殿如南郊。斋制少减其数，即斋宫旁起蚕房，为浴蚕室。后改筑坛于西苑仁寿宫侧。坛高二尺六寸，四出陛。广六尺四寸。东为采桑坛，方一丈四尺，高二尺四寸，三出陛。台之左右树以桑。东为具服殿，殿北为蚕室，又为从室，以居蚕妇。设蚕官署于宫左，置蚕宫令一员，丞二员，择内臣谨恪者为之。是历代建立蚕坛规制，仿于周时，至北齐而制度略备，嗣后由唐宋以至于明，虽互有增益，大概悉仿北齐之制而扩充之。奴才谨就各朝所定，详加酌量，援古制以为程，据地形而相度，拟建先蚕坛所，南向方广二丈六尺，四出陛。采桑坛所，古制原

有东向，取桑生之义。今拟用东向，方广一丈四尺，三出陛。于坛之四围广植桑树。建蚕宫正殿五间，配殿六间为新蚕室，织室五间，茧馆六间，从室二十七间。外建神库九间，蚕宫署九间。至具服殿一区，创自明嘉靖年间，从前各朝采用帷幕，均未议定建殿宇，现已于图样内照明代将具服殿画就，如减盖或仿晋唐之制，酌用帷幕，谨绘成图样三张。恭呈御览，伏候圣明指定，另行放样烫胎呈览。至于高下丈尺及应需工料统俟逐细估计，奏请谕旨遵行，为此谨奏。

海望历数了前朝各代先蚕坛的规制，据此初步拟定出清先蚕坛的建筑形制，并进行了绘图和模型（烫样）制作。

同年九月初八，海望又上奏道：

乾隆七年八月二十六日将先蚕坛烫样呈览，奉旨照样准做，钦此。钦遵随即率员踏勘，约估得先蚕坛祭台、采桑台、蚕宫、织室、茧馆、神库、神厨、井亭，从室殿宇房座八十七间。天门、宫门、瘗坎、方河、桥闸十一座并各处随墙门座、大墙、月台、海墁甬路、填筑海岸河道，起培地基以及拆修外围大墙等项，除需用颜料向户部领用，琉璃瓦料、杉木、架木、席竿向工部取用，绫绢纸张、铜锡物料，向广储司领用，亮铁槽活交武备院办造，并遵旨将建福宫、瀛台等处余剩木、石、砖瓦选用外，所有办买木、石、砖、灰、绳、麻、钉、铁、杂料等项，以及各作匠夫工价，约估银九万六千五百余两。再查得兔儿山前有旋磨台一座，经年久远，倾圮不堪，其中周围砖块甚多，并有补垫河帮石料，此项旧有砖石不便任其弃置，今现在修建蚕坛，奴才愚见请即将此项砖石拣选添用，约估银砖块值银四千三百余两，石料值银三千四十余两，除将前项约估银两扣除外，净应需银八万九千一百六十余两，请向广储司支领应用，以便今冬备料，明春兴修。谨将约估殿宇、房座需用物料工价银两数目另缮清单，一并恭呈御览。为此谨俱奏闻。①

海望的两个奏折，是建造清代先蚕坛的重要历史文献。

海望将先蚕坛的设计方案和工程预算呈报皇帝。乾隆帝大为高兴，对此规划予以批准。从乾隆七年九月二十日动工至乾隆八年九月二十七日，先蚕

---

① 《奏销档》转引自《北海景山公园志》，中国林业出版社 2000 年版，第 82—83 页。

坛建成完工。据十一月二十一日奏销档记载，先蚕坛建设共"销算银七万四千一百二十七两七钱二分二厘"，比预算有所结余。

新建成的先蚕坛，垣周 160 丈（合今 512 米），占地面积 17160 平方米。《日下旧闻考》卷二八记载了先蚕坛的形制：

> 先蚕坛在西苑东北隅。先蚕坛乾隆七年建，垣周百六十丈。南面稍西正门三楹，左右门各一。入门为坛一成，方四丈，高四尺，陛四出，各十级。三面皆树桑柘。西北为瘗坎。我朝自圣祖仁皇帝设蚕舍于丰泽园之左，世宗宪皇帝复建先蚕祠于北郊，嗣以北郊无浴蚕所，因议建于此。坛东为观桑台。台前为桑园，台后为亲蚕门，入门为亲蚕殿。观桑台高一尺四寸，广一丈四尺，陛三出。亲蚕殿内恭悬皇上御书额曰"葛覃遗意"。联曰："视履六宫基化本；授衣万国佐皇猷。"亲蚕殿后为浴蚕池，池北为后殿。后殿恭悬皇上御书额曰"化先无斁"。联曰："三宫春晓觇鸠雨；十亩新阴映鞠衣。"屏间俱绘《蚕织图》，规制如前殿。官左为蚕妇浴蚕河。南、北木桥二，南桥之东为先蚕神殿，北桥之东为蚕所。浴蚕河自外垣之北流人，由南垣出，设牐启闭。先蚕神殿西向。左、右牲亭一，井亭一，北为神库，南为神厨。垣左为蚕署三间，蚕所亦西向，为屋二十有七间。①

院内殿宇、游廊、宫门、井亭、亲蚕门、墙垣均为绿琉璃瓦屋面，通蚕桑之意。将先蚕坛建于西苑之中，既方便了皇后妃嫔等亲蚕，又与园林景观融为一体，将坛庙建筑的规整庄严融于西苑景致优美的山水风光中，匠心独运又相得益彰。

蚕坛建成不久即发生火灾，烧毁蚕舍十四间。乾隆十三年（公元 1748 年）十月三十日奏案：

> 总管内务府谨奏：为奏闻料估钱粮数目事。据提督九门兵巡捕三营统领衙门文开，乾隆十三年十月十九日本衙门奏称，本月十八日晚间蚕坛内东边养蚕房失火，烧毁房九间，交总管内务府修造。等因具奏。奉旨，知道了，钦此。钦遵前来，臣等交该司料估得，据该司料估呈称，蚕坛内失火烧毁养蚕六檩房九间，灭火拆毁养蚕房三间，太监值房二间，共房十四间，内烧毁房九间，照依旧式重复盖造，安砌台阶、柱

---

① 于敏中等编纂：《日下旧闻考》卷二八，北京古籍出版社 2001 年版，第 391—192 页。

顶，竖立大木，头停铺望板，苫背瓦布筒瓦，成砌山檐隔断坎墙，屋内定锭棚、墁地、搭炕装修，红土油油饰。拆毁房五间，挑换头停，除将官房内现今歪斜将圮房九间拆毁，旧木砖瓦石块应用外，共用银六百三十一两七钱二分一厘，向官房收租库领取等因。

到乾隆二十二年，对先蚕坛进行了扩建。据《奏销档》记载：

乾隆二十二年五月二十七日，遵旨。先蚕坛南边新建官门三间，前殿五间，抱厦三间。后殿五间，前后抱厦六间。配殿二座，记六间。周围转角游廊三十六间。殿前豆渣石水池一座。东边临河房三间，游廊十二间。随山式院墙凑长五十六丈二尺，随墙门楼一座，石桥一座，牌楼二座，山石出水河口一道。南边点景房四座计二十二间，游廊二十九间，山石水池一座，青砂石弯转桥一座，东边筒子河一道。并挪盖船坞一座，计十一间。值房、库房十四间，院墙三十丈，龙王庙三间，请旗房四间，并成堆土山，培垫河沿，堆做山石泊岸以及油饰彩画裱糊等项目……共约需银八万八千七百三十五两。

道光十七年（公元1837年）十二月奏案：

先蚕坛具服殿一座五间，内西稍间拆盖，其余四间揭；更衣殿一座五间，配殿四座，每座三间，游廊四座，每座五间，净房二座计二间，俱揭；神殿一座三间，配殿三座，每座三间，省牲亭一座，俱揭；井亭一座拆盖。官门一座，亲蚕殿一座，俱夹陇；蚕池一座，水箱一座拆修以及拆修、粘修涵洞、拜台、采桑坛、月台陛、木影壁、坛墙、院墙、随墙门口、拆墁甬路、海墁散水。

同治二年（公元1863年）四月十九日奏案：

蚕坛内木板桥一座，栏杆间有散坏，板片间有损坏。蚕坛内外门墙垣间有坍塌。东大墙里外皮坍塌。

宣统三年（公元1911年）六月奏案：

自宣统三年三月至五月初五止，传做各项活计……蚕坛后木板桥一座，计三孔，各长一丈，宽一丈五尺，代挂檐。满换栏杆挂檐板并桥板，计板厚五寸五分，栏杆十四堂，两边挂檐板凑长六丈六尺，宽一尺二寸，厚二寸，随铁活。油饰栏杆，挂檐板俱使无光柿红油做。①

进入民国后，先蚕坛一直闲置，作为北海公园的一部分存在，建筑多已陈旧，存在不同程度的凋敝。

民国三十七年（公元 1948 年）五月十八日，文物整理委员会通知北海公园事务所："北海蚕坛保养工程即将开工，拟将坛东坡房三间拆除，旧料移做修缮亲蚕殿工程。"②

1949 年 4 月 1 日，经北京市公用局军管会批准，将蚕坛全部房屋拨借给北海实验托儿所使用。7 月份托儿所迁入先蚕坛。1951 年 1 月 23 日，北京市人民政府公园管理委员会函北海公园管理处："关于北海实验托儿所借用你处蚕坛建筑房屋订立手续问题，兹拟订协议书一纸，希按此项精神径与该所订立为荷！"③

北海实验托儿所初入先蚕坛时，坛内杂草丛生，一片狼藉。旋即由托儿所对蚕坛进行了修葺和改造，对原有古建筑除蚕署外均进行了修缮，并将旧式门窗改成新式玻璃门窗，安装暖气及儿童漱洗设备并油饰一新，一些古建筑先后拆除，填平了浴蚕池。在先蚕坛旧址即亲蚕门西侧，添建做厨房用的平房和儿童教室、活动室、礼堂、办公室及锅炉房等混合用两层楼房，均为青砖、灰筒瓦，共约 2700 平方米，在观桑台旧址即亲蚕门南，开辟为儿童活动场。

1975 年，对蚕坛内全部古建筑和建托儿所早期添建的平房和楼房，进行比较彻底的修缮和加固，并将原楼内的锅炉移至南院另添建锅炉房，由北京市房修二公司古建处施工，投资 127 万元。目前，先蚕神坛、浴蚕池、观桑台和蚕坛祠祭署均已无存，其余建筑保存较好，近年来，进行了两次修缮。

二　先蚕坛门、先蚕神坛、观桑台

先蚕坛门位于先蚕坛南垣偏西，为先蚕坛正门，南向。建筑面阔三间 13.1 米，进深一间 5.1 米，高约 7.8 米。为砖石仿木的拱券结构（即无梁殿形式），歇山顶调大脊，正脊带螭吻，绿琉璃筒瓦屋面，四条垂脊带垂兽，四条戗脊分置戗兽、五小兽（一龙、二凤、三狮、四天马、五海马）及骑凤仙人。梁枋绘金线大点金旋子彩画，勾丝咬旋花，龙锦枋心。坐斗枋

---

① 《奏销档》转引自《北海景山公园志》中国林业出版社 2000 年版，第 84 页。
② 北海景山公园管理处编：《北海景山公园志》，中国林业出版社 2000 年版，第 84 页。
③ 同上书，第 85 页。

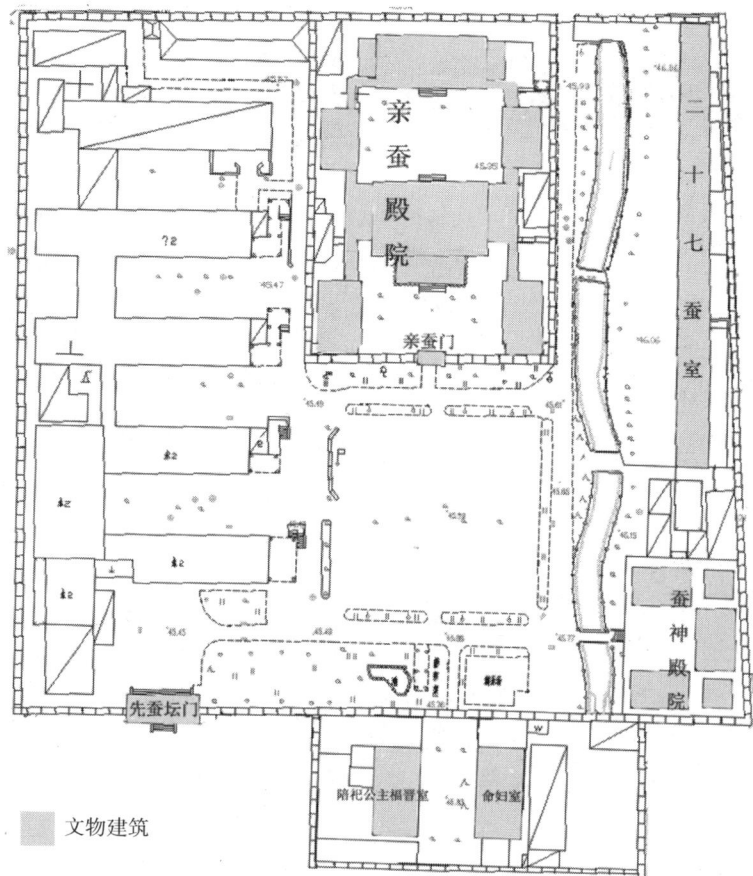

先蚕坛现状平面图

图中标注：亲蚕殿院、亲蚕门、二十七蚕室、蚕神殿院、先蚕坛门、陪祀公主楼晋室、命妇室、文物建筑

为降幕云云纹图案，枋上承单昂三踩磨砖斗拱，每开间斗拱均为六攒，山面斗拱亦为六攒。檐下斗拱、额枋、椽子都是砖石所做，但初视几乎与木构无异。为了适应砖石材料的特点，其斗拱个体较小，在砖石上刻出万拱架在昂头上，出檐也较短。但从外观上看，比一般木构建筑显得更为厚重。南立面明间坐中悬"先蚕坛"斗匾一方，满汉双文。大门上身涂红垩，下碱为青砖干摆。明间辟拱券门洞，红漆实榻门两扇。左右两侧次间亦应为拱券门洞，现已封堵。台基部分为砖石基础，南侧明间前出垂带礓磜坡道，两侧次间踏垛已拆改；北侧为连三踏垛，中为礓磜。在亲蚕门东西两侧坛墙上，原辟有随墙式掖门各一间。现已封堵，了无痕迹。

　　先蚕神坛位于坛门正北50米外，坐北朝南，是一座砖石结构的方形平台，边长四丈（12.8米），高四尺（1.28米），四面各出垂带踏垛十级，坛台为二号城砖包砌夯土，陡板、台帮等为青白条石，台上地面由方砖铺砌。坛西北原有瘗坎坑穴，用以填埋牺牲、玉帛等祭祀物。20世纪50年代，先蚕神坛及瘗坎被拆除，原地盖起幼儿园的三栋二层教学楼，这两处文物建筑由此彻底消失。

先蚕坛历史照片，喜仁龙摄①

先蚕神坛东侧偏南，正对亲蚕门以南 30 米处，是观桑台，亦是一座砖石结构的方形平台。该台坐北朝南，高一尺四寸（0.45 米），宽一丈四尺（4.48 米），三面各出垂带踏垛十级。台为二号城砖包砌，陡板、台帮等为青白石材，台上地面由方砖铺砌。可惜在 20 世纪 50 年代中，此观桑台被拆平，改建儿童运动场。

观桑台前为桑园，东、西、南三面广植桑柘。据 87 岁高龄的北海公园总工程师袁世文先生回忆，1950 年前后先蚕坛内尚有桑树、柘树 290 余棵。与观桑台一样，桑、柘树现早已无迹可寻。

三 亲蚕门、具服殿（亲蚕殿）、织室（后殿）

具服殿（亲蚕殿）院位于先蚕坛中部正北，由两进院落构成，坐北朝南，南北长 62.6 米，东西宽 45 米，占地面积 2817 平方米。中轴线从南向北依次为亲蚕门、具服殿（亲蚕殿、前殿）、浴蚕池（已填平）、织室（后殿）。具服殿和织室前两侧均有东西配殿相对而立，前后院东西院墙上各辟一随墙门，方便出入。

亲蚕门位于具服殿院南垣正中，为黄绿琉璃砖砌仿木结构墙垣式起脊门楼一座，过梁式方形门洞。建筑面阔一间 4.5 米，进深 2 米，高约 5.5 米。单檐歇山调大脊，绿琉璃筒瓦。正脊带螭吻，四条垂脊带垂兽，四条戗脊分

---

① 傅公钺编：《旧京大观》，人民中国出版社 1992 年版，第 114 页。

《孝贤皇后亲蚕图》中的观桑台，台北故宫博物院藏

置戗兽、一小兽（一龙）及骑凤仙人。额枋为黄绿琉璃砖雕一整二破旋子彩画。枋上承单翘单昂五踩绿琉璃砖雕斗拱，南、北立面斗拱共计十二攒，山面斗拱各五攒。南立面明间坐中悬"亲坛门"斗匾一方，满汉双文，做工粗陋，应为后期仿制。门辟方形门券，双扇朱漆大门，门上有铺首一对。上槛置金线包边梅花门簪四枚，门两侧立柱墙装饰中心四岔琉璃砖西番莲雕花。基础部分为汉白玉须弥座，莲瓣束腰内雕饰椀花结带图案。亲蚕门内原有一独立式木质影壁屏门，此门在《清会典》及喜仁龙所摄历史照片中均有记录。

　　具服殿为该院落第一进主殿，也是先蚕坛内最大的单体建筑，为清代皇后更换祭服、稍事休憩、挑选优良蚕种以备向皇帝和皇太后进献（献茧）之处。建筑坐北朝南，建于0.57米高的砖石基座上，面阔五间18.7米，进深七檩（加前后廊一步）10.95米，建筑面积204.8平方米，建筑台明以上至正脊高9.635米。前置月台长12.2米、宽7.26米、高0.42米，月台与建筑明间及次间之和等宽。月台东、西、南三面出陛，各设垂带踏跺四级。建筑为单檐歇山顶调大脊，绿琉璃筒瓦。正脊带螭吻，四条垂脊设垂兽，四条戗脊分置戗兽、五小兽（一龙、二凤、三狮、四天马、五海马）及骑凤仙人。梁枋及斗拱彩绘均已遍涂红色油漆，遮蔽了原有清式彩画，依据《孝贤皇后亲蚕图》所绘，推测应为龙锦枋心旋子彩画。枋上承单昂三踩斗拱。明间面阔 4.5 米，置平身科斗拱六攒，两次间面阔 3.85 米，置平身科斗拱五攒。两梢间面阔 3.25 米，置平身科斗拱四攒。前后廊深 1.62 米，前后金柱间距 7.71 米，檐柱径 0.4 米，高 3.94 米，金柱径 0.44 米，高 5.34 米，檩径 0.32 米。原有清式槛墙支摘窗应在金柱位置，现已拆改为玻璃门窗并推至檐柱位置，檐柱间原有雀替均已拆除。侧立面山花博缝内应有金丝绶带及梅花钉等装饰，现已涂抹红漆。前后金柱间带平身科斗拱十一攒，前后廊间带平身科斗拱一攒。前廊两边连接卡墙，后廊两边连接后院抄手游廊。北立面装修与南立面相同，明间前出垂带踏跺四级。依据 1922 年喜仁龙所摄照片判断，殿内原为井口天花吊顶，明间设有金凤御座、五扇屏风、须弥座围栏等供皇后更换礼服、献茧典礼的陈设用具。殿内原悬有乾隆皇帝御书匾额曰"葛覃遗意"。两侧有对联曰："视履六宫基化本；授衣万国佐皇猷。"

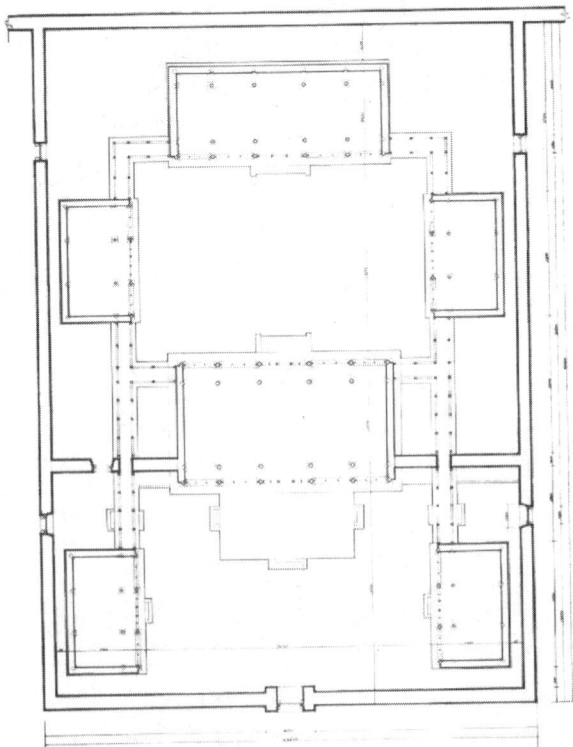

具服殿院总平面图

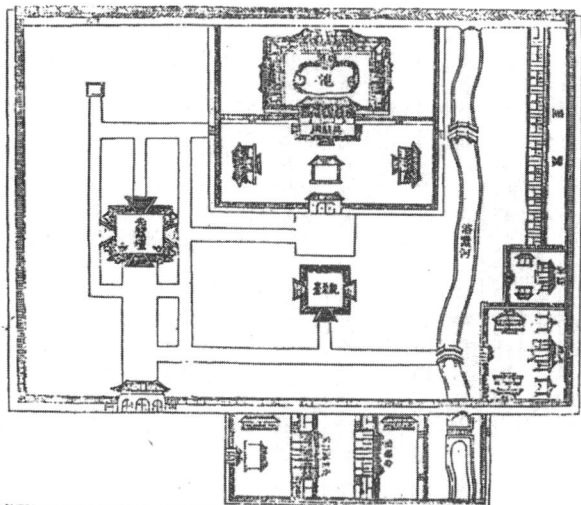

《嘉庆会典》先蚕坛图中具服殿前有一屏门①

亲蚕殿现状（自摄）

　具服殿前东西两侧有东西厢房相对而立，形制相同。建筑面阔三间10.34米，进深五檩前出廊檐一步5.76米，廊深1.3米，台明以上至正脊高6.67米。硬山调大脊，正脊带螭吻，绿琉璃筒瓦，四垂脊分置五小兽（一龙、二凤、三狮、四天马、五海马）。山面排山勾滴，方砖博缝。后檐为冰盘檐封护墙，后开方窗三扇。博缝砖与墀头均以绿琉璃砖装饰。檐下彩绘被红色油漆覆盖，据《孝贤皇后亲蚕图》卷推测，应为一字枋心旋子彩画，檩枋之间置一斗三升斗拱，明间宽3.86米，设斗拱六攒，次间宽3.24

① 《大清五朝会典》十四《嘉庆会典图》，线装书局2007年版，第27页。

米，设斗拱五攒。台基压面石为青白石基础高 0.2 米，前出垂带踏跺二级。原有金柱上的槛墙支摘窗装修已拆改为檐柱上的现代玻璃门窗。厢房北侧有游廊连接具服殿及第二进院。

《孝贤皇后亲蚕图》献茧，台北故宫博物院藏　　亲蚕殿内景历史照片，喜仁龙摄①

　　第二进院正殿为织室，又称后殿，是清代皇后举行缫丝礼和织工用先蚕坛所产蚕丝织造丝织品的场所。面阔五间 20.4 米，进深五檩（加前后廊一步）7.7 米。台明以上至正脊高 7.5 米。悬山调大脊，正脊带螭吻，绿琉璃筒瓦，四垂脊分置垂兽、五小兽（一龙、二凤、三狮、四天马、五海马）、骑凤仙人。山面为五花山墙，木质博缝板。檐下彩绘被红色油漆覆盖，据 1922 年喜仁龙所摄历史照片判断，应为一字枋心旋子彩画，檩枋之间置一斗二升蕉麻叶斗拱，明间宽 4.5 米，设斗拱六攒，次间宽 3.8 米，设斗拱五攒，梢间宽 3.4 米，设斗拱四攒。前后廊深 1.35 米。前后金柱间距 5.15 米，檐柱径 0.32 米，高 3.59 米，金柱径 0.32 米，高 4.5 米，檩径 0.27 米。台基压面石为青白石基础高 0.28 米，前出垂带踏跺三级。原有金柱上的槛墙支摘窗、隔扇门装修已拆改为檐柱上的现代玻璃门窗，檐柱间的雀替已被拆除。织室内曾悬挂乾隆皇帝御书匾额："化先无斁"。两侧对联曰："三宫春晓觇鸠雨；十亩新阴映鞠衣。"其他御座、宝屏等的规制与具服殿相同，只是屏风内彩绘图案由凤鸟改为《蚕织图》。

---

① 故宫博物院编：《帝京旧影》，紫禁城出版社 1994 年版，第 151 页。

亲蚕殿后殿历史照片，喜仁龙摄①

　　织室前两侧有东西配殿相对而立，形制相同。建筑面阔三间 10.34 米，进深五檩前出廊檐一步 5.76 米，廊深 1.3 米，台明以上至正脊高 6.67 米。硬山调大脊，正脊带螭吻，绿琉璃筒瓦，四垂脊分置五小兽（一龙、二凤、三狮、四天马、五海马）。山面排山勾滴，方砖博缝。后檐为冰盘檐封护墙，后开方窗三扇。博缝砖与墀头均以绿琉璃砖装饰。檐下彩绘被红色油漆覆盖，据 1922 年喜仁龙所摄历史照片，应为一字枋心旋子彩画，檩枋之间置一斗三升斗拱，明间宽 3.86 米，设平身科斗拱六攒，次间宽 3.24 米，设平身科斗拱五攒。台基压面石为青白石基础高 0.2 米，前出垂带踏跺二级。原有金柱上的槛墙支摘窗装修已拆改为檐柱上的现代玻璃门窗。

　　在织室与东西配殿之间以及南侧第一进院具服殿之间，均连接抄手游廊，游廊共 40 间，高 3.33 米，四檩卷棚顶，绿琉璃小筒瓦，排山勾滴。廊柱为木质绿色梅花方柱，据喜仁龙 1922 年所摄照片可知，柱间原有步步锦倒挂楣子、坐凳栏杆、花牙子、苏式彩画，现均已改造为玻璃窗槛墙形式。据历史地图及喜仁龙所摄照片显示，第二进院内原有浴蚕池供蚕妇洗茧缫丝之用。此浴蚕池水是什刹海水注入北海后，由地下暗沟向南引入该院的。据喜仁龙的老照片显示，1922 年时的浴蚕池内杂草丛生，几近干涸，想是年久失修，荒于疏浚所致。1950 年，北海实验托儿所进驻先蚕坛后，将浴蚕池彻底填平。

四　蚕神殿

　　蚕神殿院位于先蚕坛东侧，是平时供奉先蚕之神嫘祖西陵氏神位之处。其自成一座矩形院落，坐东朝西，南北长 29 米，东西宽 21 米，绿琉璃砖砌

　　①　《帝京旧影》，紫禁城出版社 1994 年版，第 150 页。

冰盘檐，绿筒瓦调大脊。随墙门开在西墙中间，前出垂带踏垛三级。主殿蚕神殿西向，面阔三间，进深五檩，前出廊，硬山调大脊，绿琉璃筒瓦，正脊带螭吻，四垂脊分置垂兽、五小兽、骑凤仙人。山面排山勾滴，方砖博缝。后檐为冰盘檐封护墙。博缝砖与墀头均以绿琉璃砖装饰。檐下绘墨线大点金旋子彩画，勾丝咬旋花，一字枋心。檩枋之间置一斗三升斗拱，明间设平身科斗拱六攒，次间设平身科斗拱五攒，垫栱板绘西番莲卷草图案。台基压面石为青白石基础，前出垂带踏跺三级。

蚕神殿南北两侧有井亭、宰牲亭各一座。南侧为井亭，为提供洗涤祀神牺牲用水之所。建筑面积 29.16 平方米，亭为四方形，面阔一间，盝顶屋面，合角吻兽，绿琉璃筒瓦滴水檐，垂脊带五小兽。梁枋绘雅五墨旋子彩画，一整二破旋花，一字枋心。坐斗枋为降幕云云纹图案，枋上承一斗二升蕉麻叶斗拱，每面共计六攒。亭中原有砖砌水井一座，青白石井口。现水井及门窗装修均已改造。台基压面石为青白石基础，前出垂带踏跺三级。

宰牲亭是祀神前宰杀牺牲之所，位于蚕神殿北侧，与井亭位置对称，形制相同，不过是亭内无井。与井亭一样，现已改作幼儿园办公使用。

此前有文章、书籍将这两座方亭屋顶描述为四角攒形式①。但经现场考证，在蚕神殿两侧逼仄狭窄的空间内，井亭及宰牲亭屋面上均未设置攒尖顶收束之用的宝顶，反而配备的是只有盝顶才安装的合角吻兽，况且在郎世宁等所绘《孝贤皇后先蚕坛亲蚕图》诣坛、采桑两部分中也能看到此二亭的盝顶屋面。故由此可证，此二亭之屋顶形式，必是盝顶无疑。此前的各种材料所记的四角攒尖形式，可能是依据《清会典》所绘图像误记。

蚕神殿北侧配殿为神库，为平时存放祭祀先蚕之神礼器之处。面阔三间，进深五檩，前出廊，硬山调大脊，绿琉璃筒瓦屋面，正脊带螭吻，四垂脊分置垂兽、五小兽、骑凤仙人。山面排山勾滴，方砖博缝。后檐为冰盘檐封护墙。博缝砖与墀头均以绿琉璃砖装饰。檐下绘墨线大点金旋子彩画，勾丝咬旋花，一字枋心，檩枋之间置一斗三升斗拱，明间、次间均设平身科斗拱四攒，垫栱板绘西番莲卷草图案。台基压面石为青白石基础，前出垂带踏跺三级。南侧配殿为神厨，为祀神时制作祭品的厨房。建筑与神库相对，形制相同。

五　其他建筑

坛内的其他主要功能建筑，还有蚕室、先蚕坛祠祭署、陪祀公主室、福

---

① 如《北海景山公园志》中国林业出版社 2000 年版，第 138 页所记。

晋室、命妇室。另外，坛内的浴蚕河也是先蚕坛重要的文化遗存。

浴蚕河在具服殿院东侧，纵贯先蚕坛南北。这条浴蚕河宽约 4 米，长约 160 米，是北京城内最短的一条河道。浴蚕河是由什刹海水经北皇城墙下的西压桥汇入北海后门内的水池（俗称小海）后，分流成四段。一段流入西侧的镜清斋，一段向西南注入北海，一段由地下暗沟引入织室前的浴蚕池，另一段向东南流入蚕坛北垣，并由南垣流出。这段河道即是所谓的浴蚕河。河道两侧为花岗石驳岸，河上原架设两座木桥（现已改建为水泥桥），南北各一，桥分别连接蚕神殿、蚕室；河内还有两座水闸可以启闭，用于调节水位，清洗桑叶。

浴蚕河水南流出先蚕坛，经画舫斋、濠濮涧出北海东墙，过西板桥、白石桥，经景山西墙、山右里门（今景山西门）、鸳鸯桥，汇入紫禁城筒子河。由此可见，先蚕坛的浴蚕河与前后三海、景山和紫禁城的水流融为一体，是皇城水系的重要组成部分。可见其设计精巧，匠心独运，这一点是其他皇家坛庙所不具备的。

浴蚕河东侧北部有一组通脊连檐的排房为蚕室，是皇家举行亲桑之礼期间的育蚕之所及蚕妇居住之地。建筑坐东朝西，面阔二十七间 82.3 米（三间一室，共计九室 27 间），进深六檩 5.6 米，高 4.9 米。灰筒瓦硬山卷棚顶箍头脊，山面带排山勾滴，脊端带花草盘子砖雕。后檐墙为抽屉封护檐，墙体上身丝缝，下碱干摆。门窗为步步锦棂心。台基压面石为青白石基础，高 0.3 米。

蚕室南侧，蚕神殿北侧，原有先蚕坛祠祭署院落一座。该院是清代先蚕坛日常事务的管理机构，隶属内务府，相当于"先蚕坛管理处"。院内正殿面阔三间，坐东朝西，南北配殿各二间，西院墙正中辟有随墙门。该院于 20 世纪 50 年代初期拆除。据《孝贤皇后亲蚕图》显示，蚕署院落建筑均为灰筒瓦卷棚顶箍头脊。

《孝贤皇后亲蚕图》诣坛，台北故宫博物院藏

在先蚕坛南垣外侧有一座小型院落，坐西朝东，南北长 28 米，东西宽 59 米。院内东西并列有两座五开间正房，形制相同。西侧为陪祀公主福晋室，东侧为命妇室，是陪同皇后完成祭祀先蚕之神的贵族女性于祀神当日恭候皇后驾临的临时等候处。建筑面阔五间 16 米，进深七檩带前后廊 7.1 米，高 6.3 米。灰筒瓦硬山卷棚顶箍头脊，山面带排山勾滴。门窗为槛墙支摘窗。台基压面石为青白石基础。这五间公主福晋室、命妇室南北两侧原有耳房各一间，西墙有随墙门一座，可通蚕坛正门，现已无存。流经此院东侧的浴蚕河现已成为暗沟，河上原有木桥亦无存，河东岸原有三间平房已拆除。民国初年，曾于该院东墙（也是北海公园东墙）上辟一门，称为蚕坛门，可通园外北海夹道。此门在 20 世纪 50 年代初期已经封堵。

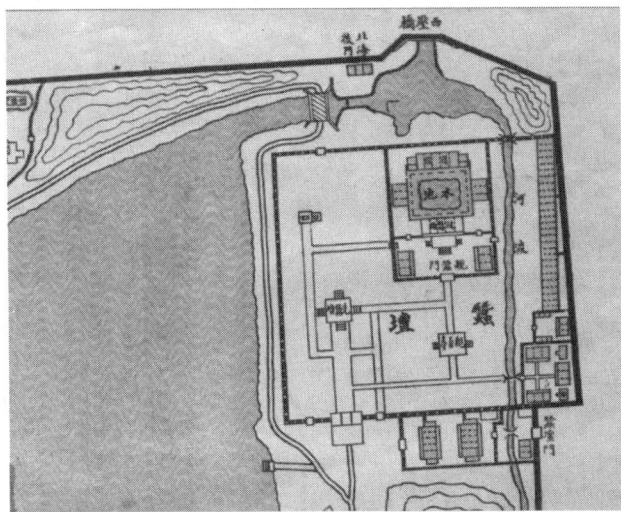

1925 年《北海公园》总图中标出蚕坛门位置，首都图书馆藏

历经近现代的沧桑巨变，先蚕坛早已失去了封建王朝的瑰丽辉煌。被北海幼儿园长期借用后，先蚕坛坛台、蚕署、观桑台等文物建筑被先后拆除。今日之先蚕坛仅余残躯败垣，建筑构件破损，彩画被涂，消防设施不完备，私搭乱建严重，与先蚕坛全国重点文物保护单位的身份极不相符。自 2001 年以来，就有人大代表、政协委员等提案，多次呼吁腾退先蚕坛，恢复历史原貌。果能如是，必将成为建设北京历史文化名城事业的又一善举！

刘文丰、庞湧，北京市古代建筑研究所馆员

◇ 进士趣事

◎ 魏黎瑾　郭小铨

[摘　要] 本文主要介绍了历史上十位进士的趣闻轶事，其中包括范钦和天一阁，"河神"朱之锡，袁痴袁国梓，孙光祀打井，书痴林云铭，分肉吴自肃，县官种树何金蔺，围裙接住个会元宫梦仁，科举世家山东省昌乐县阎氏家族，植物学家吴其濬。

[关键词] 进士　趣事　科举

一　范钦和天一阁

天一阁是明嘉靖间鄞县（今浙江宁波市）范钦所建的藏书阁，在宁波月湖之西天一街中，是中国现存最古老的藏书楼。范钦，字尧卿，号东明。明嘉靖十一年壬辰科（1532）二甲三十八名进士，官至兵部右侍郎。

范钦酷爱典籍，曾在江西、广西、云南等地做官，每到一处，都要搜集当地的各种图书，随着藏书不断增加，于嘉靖四十年（1561）建藏书阁。因藏书最怕火，所以范钦取汉郑玄《易经注》里"天一生水，地六成之"之句，将楼名为"天一阁"，有以水克火之意。天一阁自建成以来，经范家"代不分书，书不出阁"的努力，到清乾隆时藏书已达七万余卷。乾隆三十七年（1772）修撰《四库全书》时，范钦的八世孙范懋柱献所藏之书 638 种，以供编选。《四库全书》成书，乾隆帝欲建藏书楼存放，下诏让人测绘天一阁房屋及书橱款式，建造了著名的"南北七阁"。天一阁经 400 余年，历多次天灾人祸，至新中国成立时存书仅剩万余卷。在人民政府的帮助下，天一阁收回了大部失散的藏书，宁波的藏书家捐赠出自己的收藏，现在天一阁有藏书 30 万卷，其中善本书达 8 万卷。

二　"河神"朱之锡

朱之锡，字孟九，号梅麓，浙江义乌人。清顺治三年（1646）丙戌科二甲八名进士。总结朱之锡的一生，都与治水有关。首先他参加殿试的试题是《治河策》，因当时黄河年年决口，给沿河百姓造成重大灾难，顺治帝一直想找到治理的办法，所以希望通过殿试策论，能发现好的答卷。朱之锡在答题时先说了水患的危害，然后陈述了"治河十事"，提出了他对治水患的想法。顺治看后大加赞赏，并记住了这个进士。朱之锡先入翰林院，后官至兵部尚书兼都察院右副都御史等。顺治十四年（1657），原任河道总督卸职，因该职关系重大，需要选一个合适的人继任。顺治帝想到了当年殿试陈述"治河十事"的朱之锡，于是下旨朱之锡以兵部尚书兼河道总督。刚上任黄河在滑州（今河南滑县）决口，大水一路南下直灌江苏淮安，整个淮安地区被淹。朱之锡亲赴决口处，组织堵塞决口，又到淮安组织疏浚河道，加固堤防，排洪入海。灾后他拿出自己的俸禄并上奏朝廷拨银赈济灾民，由于他措施得力，灾区秩序稳定，后查竟无一人饿死。顺治十五年（1658），黄河又在淮安山阳湾决口，朱之锡勘察后发现是上游江苏宿迁旧河道为流沙所堵，至河水改道，他采取多水门引水放沙技术冲淤，开新河道引水，筑堤堵口，只用一个月就解决了水患。

大运河，向为历代漕运要道，对南北经济和文化交流曾起了重大作用。淮安地处运河要冲，为控制水量，防洪排涝，淮安以下至山东南旺（今属山东梁山、嘉祥县），建有数十座闸门控制。由于运河河运繁忙，常会出现船只拥堵，影响闸门开闭，造成淤沙阻塞河道。为此朱之锡上奏请旨又增建八座船闸，以控制水量，并加强对船闸的管理，保证了运河航运和沿河农田的灌溉。

朱之锡在河道总督任上十年，治水赈灾，减轻了黄、淮、运河三河水患。使淮安、宿迁以及河南中牟、阳武（今河南原阳县），山东曹县、南旺等沿河地区百姓能安居乐业，老百姓将他奉为"河神"。

三 袁痴

袁国梓，字丹叔，松江府华亭县（今上海市松江县）人。清顺治六年（1649）己丑科二甲十九名进士。官浙江衢州知府，有《嘉兴府志》传世。袁国梓有文才，但其为人处事用现在话说有点"二"，人皆以"袁痴"称之。晚年致仕返乡，居松江。这日他正要外出，进来一个仆役打扮的人，见他问道："袁痴在家吗？府公（旧时对州、府官员的统称）有信让交与他。"袁国梓答："我是。"也不招呼来人，转身回屋了，来人只得跟进屋中，袁国梓接过信径直进了内室，将其"干"在堂中，因主人未发话，来人也不敢走，过了许久，袁国梓才抱着一个包袱出来，对他说："这是你们府公要的，一定要交到他手中。"来人接住包袱觉得很是沉重，因是知府要的，也不敢问是何物。赶紧告辞一路抱着包袱回到府衙已累得浑身是汗。当知府打开包袱，只见包的竟是一块大石头和一封信。知府打开信见上面写到："贵仆当面直呼我'袁痴'，特罚其负重以示惩戒。"又看了看满头大汗的仆人不禁哈哈大笑。仆人不知是怎么回事，知府将信递给他，看了信仆人也笑了。心说："真不该叫他袁痴，哪有这样的傻子呀！"

四　孙光祀打井

孙光祀，字溯玉，号作庭，山东平阴人。清顺治十二年（1655）乙未科二甲六名进士。孙光祀幼时因家在山中，常年缺水，他立志将来定要为家乡打井解决水的问题。他发奋读书终于在41岁成了进士，授翰林院庶吉士，历刑、工、吏、户、礼五部给事中。孙光祀为官敢于直言，多次上疏痛陈时弊，皆切中要害，得到顺治、康熙二帝赏识。平定"三藩之乱"时他任少司马，积极参与谋划，受到褒奖。典试湖广时主持湖南科考，录取当地英才凡106名，其中中进士者64人。康熙十八年（1679）在兵部右侍郎任上告老还乡。孙光祀在外为官二十载，一直没机会为家乡解决缺水问题，返乡后他做的第一件事就是出资凿井，一直凿至二十余丈深，方打出了水，乡亲们盼了几辈子终于有井用了。为感谢孙光祀，人们取他的字"溯玉"中的玉字，将井取名为"玉井"。

五　书痴

林云铭，字道昭，号西仲，福建闽县（今福州市）人。清顺治十五年（1658）戊戌科二甲第二十二名进士。他一生嗜书，凡有好书便爱不释手，不仅读还要深究其意，往往废寝忘食。一次家人送来的晚饭被他弄翻，撒了一身他竟浑然不知。盛暑之时，家人为他预备了洗澡水，他竟和衣而入。家人每每见此，背地里都叫他"书痴"。

林云铭好读，却不善为官。在徽州通判任上他精于推断，明察秋毫，凡遇疑难之案，经他侦讯无不真相大白。但他生性耿直，从不趋炎附势，又不会阿谀逢迎上官，所以屡遭构陷被革职，经查又找不出实据，再以原职起用，如是者三。林云铭终于不耐其烦不干了，辞官回家著书立说，做他的"书痴"去了。他的著作有《西仲文集》、《损斋焚余》、《四书讲义》等，尤以《古文析义》影响较大。

六　分肉

吴自肃，字克庵，号在公，山东海丰（今山东无棣）人。清康熙三年

（1664）甲辰科二甲三五名进士。放江西万载县令，时平西王吴三桂反，有叛军流窜至万载。吴自肃虽以文入仕，但自幼习武，深通韬略。率守兵配合平叛清军，屡败叛军，杀敌无数。战后出榜安民，组织百姓休养生息。由于他为百姓办事，扶危济困，他离任时百姓不舍，相送数里。后吴自肃官内阁中书舍人，刑部郎中等。

吴自肃为官多年，但生活简朴，晚年归家出门从不坐轿，只以马车代步。他家的马不用时，乡邻常来借用，或驮货，或代步，或下田。吴自肃有求必应，后来四邻借马，直接在槽头牵上就走，连招呼都不用打了。这日村头张老汉借马赶集，回来时马不慎摔死了。张老汉慌忙到吴府赔罪，并要出钱赔马，吴自肃赶忙对老汉说："马死了就死了吧，你家本不富裕，怎能让你赔呢！不过也不能不罚你。"张老汉连忙说："小老儿任罚、任罚。"吴自肃说："那就罚你将马抬回来，快过年了，把马肉给乡邻分了吧！"张老汉千恩万谢地走了。不几天，吴府的槽头又传来马嘶声，原来吴家又买了一匹枣红马，此后乡邻牵送如故。

七 县官种树

浙江桐乡有个屠甸镇，镇上有座寂照寺，该寺建于五代十国时后晋天福八年（公元 943），名报恩院，宋改寂照院，明称寂照寺，曾香火鼎盛。清咸丰十年（1860）毁于战乱。这里不是要介绍这座千年古寺的兴衰，而是要说说寺中天王殿外的两块石碑，石碑刻于清康熙二十四年（1685），上刻《买地种松勒石记》一篇，记述了桐乡知县何金蔺，任职期间，查禁寂照寺附近山林被乱砍滥伐、毁林占地之事。何金蔺，字相如，江苏丹徒县人，康熙九年（1670）庚戌科二甲一名进士，康熙二十年（1681）至康熙二十五年（1686）任桐乡知县。刚到任时听说治下屠甸镇有个寂照寺乃是一座古刹，便去参观。到了那里只见庙堂宏伟，人声鼎沸。可环顾四周是一小块一小块的田地，竟连一棵树都没有，再往远处看，更是一片狼藉，到处是砍树留下的树桩，看着非常别扭。一了解此地原来是一片葱茏，有大片的松树林。因附近村民及庙里僧人圈地开荒，致使林木砍伐殆尽。面对这种情况，何金蔺觉得一定要好好整治整治，要不然由于环境被破坏，古庙早晚也得荒废。于是他一面发告示禁止继续开荒毁林，一面号召大家捐款，购地换田，将寺庙周围土地收回，然后栽种松树。经过治理这里的环境大为改观。何金蔺当时的做法，在现在也是很有意义的。

八 围裙接住个会元

宫梦仁，字容宗，号定山，江苏泰州人。据说他出生时，他的曾祖母在梦中见几个小孩玩叠罗汉，忽然立于顶上的小孩掉了下来，她赶紧用腰间的围裙去接，小孩正好落入其中，老太太也被惊醒。这时有人来报说：您的重孙子出生了。于是这个孩子就叫"梦人"了，后改"人"为"仁"。这孩子非常聪明，到十几岁就文才卓著了。清康熙九年（1670）宫梦仁参加庚戌科会试，得会元。可殿试后发榜却没有他的名字。原来他被怀疑有冒籍之嫌，结果除名了。冒籍就是假冒籍贯，科举考试作弊的方法，按规定各地参加考试的名额皆有限定，有人就假用他地籍贯参加考试，一经查出即被除名。虽然后来查清是冤枉，但为时已晚。三年后，宫梦仁获准参加康熙十二年（1673）癸丑科殿试，中二甲五名进士。这时家人才明白当年宫梦仁曾祖母做的梦，小孩由顶端跌落即指从会试头名到被除名，掉入围裙里，指没有一跌到底。后宫梦仁官至监察御史、福建巡抚。他生于明崇祯末年，经清顺治、康熙两朝，寿91岁。

九　科举世家

　　山东省昌乐县，阎氏家族是清代著名的科举世家。在以科举取士的时代，要想有官做，唯一的途径就是参加科举考试。阎氏家族从清康熙至嘉庆期间应试，五代人出了七位进士，这在当时是了不起的事情。阎家七位进士是阎世绳，字宝诒，号丹崖，康熙十五年（1676）丙辰科三甲九名进士，官翰林院修撰兼东宫侍讲；阎愉，阎世绳长子，字敬生，康熙三十九年（1700）庚辰科三甲四六名进士，官工部尚书；阎廷佶，阎愉二子，字方宅，号汝贞，雍正二年（1724）甲辰科三甲九二名进士，官广西宾州知府；阎循琦，阎廷佶二子，字瑞庭，号景韩，乾隆七年（1742）壬戌科二甲九十名进士，官内阁侍读学士、刑部右侍郎、工部左侍郎；阎循观，阎循琦堂兄，字怀庭，号伊蒿，乾隆三十一年（1766）丙戌科二甲六二名进士，官吏部考功司主事；阎学淳，阎循琦三子，字浩特，号茚园，乾隆四十九年（1784）甲辰科三甲三七名进士，官淮安知府、庐州知府；阎学海，阎循琦五子，字星特，号雨帆，嘉庆二十二年（1817）丁丑科三甲四六名进士，官翰林院侍读、户部宝泉局监督。阎氏家族还有举人22人；太学生、贡生51人；秀才等一百五十余人。同一国号间，一个家族有如此多的人考取了功名，这是从隋大业年间开科举考试到清光绪末年废止的1300余年间，绝无仅有的。

十　植物学家

　　吴其濬，字瀹斋，号雩娄农。清嘉庆二十二年（1817）丁丑科一甲一名进士（状元）。自翰林院修撰官至湖南等省巡抚。鸦片战争时，他在湖南积极行动，查禁鸦片，支持福建沿海抗英斗争。他学识渊博，是一位植物学家，在外为官时，注意各地物产及植物分布，依据耳闻目见和古籍中有关植物的记载，以图文形式编辑了植物学巨著《植物名实图考长编》二十二卷和《植物名实图考》三十八卷，这两本著作是我国 19 世纪重要的植物学专著。吴其濬在中医药学方面也有独到的见解。

魏黎瑾，孔庙和国子监博物馆助理馆员
郭小铨，孔庙和国子监博物馆助理馆员

◇说说拓碑

◎ 郭小铨　魏黎瑾

[摘　要] 本文对拓碑的内涵和发展历史进行了简要的追溯，并结合拓碑所用的材料、拓碑所用的工具、拓碑步骤等对如何拓碑进行了较为细致的论述。拓制拓片这项技术，在文物考古、保护，金石碑帖文字研究很多领域有着很大作用，好的拓片也常作为艺术品和收藏品，受到人们喜爱。所以掌握这门古老的技术，还是有用武之地的。

[关键词] 拓碑　内涵　历史　材料　工具　步骤

"拓"字是个多音字，一个读"tà"（踏），意为"在刻铸文字、图案的器物上，蒙上一层纸，捶打后使文字、图案凹凸分明，然后涂上墨显出文字、图案来"，这样制出的制品就是"拓片"；一个读"tuò"（唾），意为"开辟、扩充"；另一个读"zhí"（直），意为"拾取"。拓碑、拓片的"拓"字应读"tà"。

碑，古时是指宫、庙门前用以识日影及拴牲口的竖石。后有人开始在石上镌刻文字，作为纪念物或标记，也用以刻文告，秦代称刻石，汉以后称碑。秦始皇时常刻石记功，东汉以来，碑刻渐多，有碑颂、碑记，碑的形制也有了一定的格式。在纸张发明前，要将碑刻复制下来很难。如果是国家文告刻石，向地方发布，地方要公布只能就地取材，或刻石；或雕木；或铸铜。有了纸后文告的发布就简单了，只要将刻石文告拓成拓片发往各地，由地方张挂公布就行了，可以说这是后来印刷术的前身。当然拓片和印刷是有区别的，拓片所用的器物上文字是正的，而印刷的刻版文字是反的。再有就是上墨的方法不同，拓片是先铺纸然后在纸上涂墨；印刷是在版上涂墨再铺纸。拓片究竟是什么时间出现的今已无从查考，南北朝时梁朝虞和《论书表》中提到了"拓书"，这是关于拓片最早的记载；现存最早的拓片是在敦煌发现的唐太宗的《温泉铭》。

拓片制作技术不但用于碑刻，还用于诸如画像砖、青铜器、陶器、玉器等。这里只介绍一下如何拓碑。

一　拓碑所用的材料

拓碑所用的纸是中国传统的宣纸，宣纸有许多品种，拓碑时需根据碑的不同情况选用。如碑的石质光滑，可选较薄的棉莲或净皮单宣；如石质较粗糙或风化较重的可选单宣；如拓摩崖石刻等石质很糙或凹凸不平的可选高丽纸。由于石碑一般都很高大，且大都在室外，受风等环境影响较大，因此为了将纸能粘牢，要用一些黏合剂，常用的是白芨水。白芨（见图一）是一种常用的中药（中药店有售），分块状和粉状，以块状为好，将白芨放于碗中加适量温水浸泡8—12小时，待黏液析出备用。拓碑所用的墨，因碑大都比较大，所以都选用墨汁，墨汁应选择发色黑，含胶适中，添加天然香料，加工精细的品种，如北京一得阁墨汁、天津曹素功墨汁等。

二　拓碑所用的工具

打刷（见图二），打刷是拓碑的主要工具。用于将纸打进碑刻字口，并使纸与碑面粘牢。拓碑用的打刷为竹柄，刷毛选用上好的猪鬃，刷头长17厘米，宽6厘米，毛长5厘米，把长10厘米。刷毛要求密实坚挺，富有弹性，刷面平整。现在市场上很少有售，必须到专门的厂家定做。

扑子（见图三），又叫扑包，是拓碑时上墨的工具。由纯棉布（最好选用俗称"豆包布"的粗织布）、棉花及塑料布，捆扎而成。将豆包布裁成约30厘米见方，取2—3块叠落，取棉花若干团成球，将塑料布根据欲扎扑子的大小（拓碑用的扑子直径约10厘米左右）略放大一些，剪成圆形衬在布与棉花之间起隔墨之用，然后兜起布边逐渐收紧成球用绳扎紧。注意扎好的扑子要软硬适度有弹性。为使用方便可多扎几个。

其他工具还有剪刀、裁刀、镊子、针锥、毛巾、羊毛刷等（见图四）。

三　拓碑步骤

上纸，上纸前要先将碑面及碑侧清理干净，根据碑的材质、风化程度选用适当的宣纸，按碑的大小四边放出2—5厘米将纸裁好备用。如碑过大需多张纸组接应留1厘米接口。将泡好的白芨水根据情况加清水勾兑，以手指蘸少许在纸上压按测试，略有黏性即可。若碑的石质较糙或有风化，白芨水应略浓些。将兑好的白芨水用毛刷均匀的刷于碑面及侧面5厘米左右，取备好的纸覆于碑上，注意留边，立碑可请人协助摁纸。然后用湿毛巾（水略多些）按一定方向逐步压按，使纸紧贴碑面，操作时应尽量避免纸出现折皱或破裂。如需接纸在1厘米处刷白芨水再上下一张纸。纸上好后，要垫另外吸水比较强的纸用打刷砸打，撤去多余水分（撤潮）。然后揭去撤潮纸，直接用打刷砸打，使纸紧贴碑面，完全嵌入字口内。注意打时刷子要与碑面垂直，用力要均匀，一刷接一刷，切不可挫动，以免把纸打烂。折于侧面的纸边也要打实，以防被风掀起影响整体。打好后检查有无破损或纸下夹有杂物，如有破损可选同质的纸按破损大小手撕一块略大的补丁补好打实。杂物可用镊子、针锥挑出。

上墨，待纸九成干后即可上墨拓制。上墨用两个扑子，一个蘸墨，一个捶拓。将一个扑子蘸上墨，然后两扑对拍使墨过到另一个扑子上并揉匀，用这个扑子捶拓，在整个捶拓中都以此方法补墨。拓第一遍时应垂直下扑，宜轻不宜重，一下压一下尽量拓匀。第二遍与前同，用力重些。前两遍是打底，从第三遍起开始上墨色，拓的手法要有所变化，应采用擦拓的方法，如还按前法容易使墨浮在纸上形成"浮墨"，影响墨的附着力，以后如对拓片加工托裱时容易走墨。所谓"擦拓"，就是拓时加上一些擦蹭，使墨吃进纸中。注意不能让墨透到纸的背面，由于墨含胶，透墨轻则会形成墨斑影响拓片质量，重或面积较大则会拓完后因粘连牢固根本揭不下来，只能报废。如此反复2—3遍，最后一遍可加大擦蹭力度擦出墨光，拓片就拓好了。这种用墨拓的拓片称"墨拓"，根据墨的深浅又分"乌金拓"、"蝉翼拓"等。乌金拓是指拓片墨色乌黑发亮，黑白分明，犹如乌金。蝉翼拓是指拓片墨色清淡，如"知了"的翅膀。当然对墨色的要求应根据碑的具体状况而定，石质细腻、碑面平滑、字迹图案清晰的墨色可重些，可用乌金拓；石质较粗糙、表面不平、风化严重或碑过大的原则上只要能看清内容，就没有必要一定要拓得很黑。至于蝉翼拓大都用于小件上。

揭取，碑拓好后用裁刀沿折边将纸挑开，注意一定要全部挑开，然后从一个方向慢慢揭下。有时因白芨没有刷匀、打得过重或拓时透墨，有些地方粘得比较牢固揭不下来，可在粘连处用嘴哈气，受潮后一般就能揭下。切记不能用水，否则会使墨晕散影响质量，甚至前功尽弃。待完全揭下拓碑工作就完成了。一张好的拓片，墨色均匀，文字图案清晰，无折皱破洞，背面洁白无透墨（如图五、图六、图七）。

在拓碑实践中，经常会遇到各种特殊的碑刻，如字过大，字口过深的；碑文为阳刻（即文字凸出）的；浮雕、圆雕的等。对于这类碑石，拓时除了前面说的基本方法，还要用到一些特别的处理方法。这就要向有经验的人员学习，多操作、勤实践，这样在遇到不同情况时，才能做到得心应手。

拓制拓片这项技术，在文物考古、保护，金石碑帖文字研究很多领域有着很大作用，好的拓片也常作为艺术品和收藏品，受到人们喜爱。所以掌握这门古老的技术，还是有用武之地的。

郭小铨，孔庙和国子监博物馆助理馆员

魏黎瑾，孔庙和国子监博物馆助理馆员

附图：

图一　白芨

图二　打刷

图三　扑子

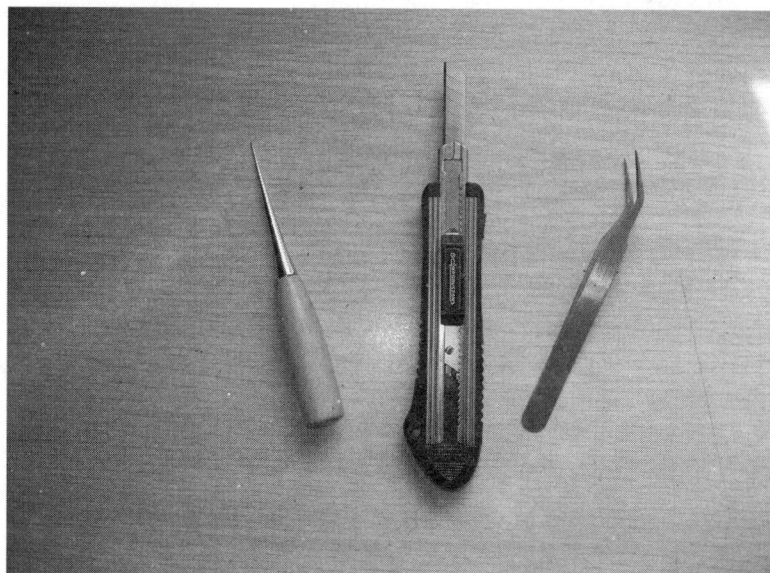

图四　针锥，裁刀，镊子

图五 孔庙国子监存"蒋衡写经图"拓片

图六 北京孔庙存"张照碑"碑额拓片

图七　明代观音像刻石拓片

博物馆探索与实践

◇找准思路 攻坚克难

——建设中国梦从我做起

◎ 高树荣

[摘　要] 十八大精神对我们如何开展十二五期间的工作规划及任务，有着诸多指导之处，领导干部的思想意识要跟上时代的形势。作为博物馆的一名领导，既应具备馆领导的全局视野和长远眼光，又应具备一线工作人员的实际操作能力。既要做到能够为领导建言献策、上传下达，又要能带领下属真抓实干、征求民意。而做好本职工作的关键，又在于具备正确的思想意识，找准工作思路，才能攻坚克难，取得发展。服务意识即是十八大强调的使命意识、宗旨意识，经营意识即需要创新意识，而管理意识即蕴涵忧患意识。

[关键词] 思路　中国梦　十八大精神

党的十八大是在我国进入全面建成小康社会决定性阶段召开的一次十分重要的大会。如何在工作实践中学习好、宣传好、贯彻落实好党的十八大精神，是当前和今后一个时期我们的首要政治任务。特别是全国人大十二届一中全会的召开，新当选的国家主席习近平 3 月 17 日发表讲话，号召人们为实现中国梦而努力奋斗。

习近平在十二届全国人大一次会议的闭幕会上说，实现全面建成小康社会、建成富强民主文明和谐的社会主义现代化国家的奋斗目标，实现中华民族伟大复兴的中国梦，就是要实现国家富强、民族振兴、人民幸福，既深深体现了今天中国人的理想，也深深反映了我们先人们不懈奋斗追求进步的光荣传统。

在实现中国梦的道路上，需坚持三个“必须”。一是实现中国梦必须走中国道路（中国特色社会主义道路）。这条道路是在改革开放 30 多年的伟大实践中走出来的，是在中华人民共和国成立 60 多年的持续探索中走出来的，是在对近代以来 170 多年中华民族发展历程的深刻总结中走出来的，是在对中华民族 5000 多年悠久文明的传承中走出来的，具有深厚历史渊源和广泛现实基础。全国各族人民一定要沿着正确的中国道路奋勇前进。二是实现中国梦必须弘扬中国精神（以爱国主义为核心的民族精神，以改革创新为核心的时代精神）。爱国主义始终是把中华民族坚强团结在一起的精神力量，改革创新始终是鞭策我们在改革开放中与时俱进的精神力量。全国各族人民一定要弘扬伟大的民族精神和时代精神迈向未来。三是实现中国梦必须凝聚中国力量（中国各族人民大团结的力量）。中国梦是民族的梦，也是每个中国人的梦。只要我们紧密团结，实现梦想的力量就无比强大，我们每个人为实现自己梦想的努力就拥有广阔的空间。生活在我们伟大祖国和伟大时代的中国人民，共同享有人生出彩的机会，共同享有梦想成真的机会，共同享有同祖国和时代一起成长与进步的机会。有梦想，有机会，有奋斗，一切美好的东西都能够创造出来。

习主席还讲：中国梦归根到底是人民的梦，必须紧紧依靠人民来实现，必须不断为人民造福。我们要坚持党的领导、人民当家做主、依法治国有机统一，坚持人民主体地位，扩大人民民主，推进依法治国，坚持和完善人民代表大会制度的根本政治制度，中国共产党领导的多党合作和政治协商制度、民族区域自治制度以及基层群众自治制度等基本政治制度，建设服务政府、责任政府、法治政府、廉洁政府，充分调动人民积极性。

我们要随时随刻倾听人民呼声、回应人民期待，不断实现好、维护好、发展好最广大人民根本利益，使发展成果更多更公平惠及全体人民，在经济社会不断发展的基础上，朝着共同富裕方向稳步前进。

作为文化单位，十八大报告中关于文化建设的精神是与我馆最为息息相关的。十八大提出"五位一体"的建设中国特色社会主义的总布局，这其中文化建设是灵魂，凸显了我们工作的意义。胡锦涛同志在十八大报告中提出扎实推进社会主义文化强国建设，关键是增强全民族文化创造活力。要深化文化体制改革，解放和发展文化生产力，发扬学术民主、艺术民主，为人民提供广阔文化舞台，让一切文化创造源泉充分涌流，开创全民族文化创造活力持续进发、社会文化生活更加丰富多彩、人民基本文化权益得到更好保障、人民思想道德素质和科学文化素质全面提高、中华文化国际影响力不断增强的新局面。我们必须深刻领会"文化创造活力"、"文化体制改革"、"文化生产力"等这些提法的内涵，要思考怎样将这些表述与我馆今后的发展方向联系起来，要意识到这是我们确定今后工作思路的精神指针。十八大报告强调党员干部要增强忧患意识、创新意识、宗旨意识和使命意识，归根结底，这些都是对我们工作思路、工作意识和工作创新的要求。在思想意识到位的情况下，我们才好理清工作思路，确定如何开展工作。结合博物馆的工作实践，我认为应当明确服务思路、经营思路和管理思路。

其一，是增强服务思路。服务思路来自于博物馆的立馆宗旨，博物馆本身即是社会公益性机构，旨在为公众和社会发展提供服务，以学习、教育、娱乐为目的。但在具体操作上，我们还需不断借鉴先进经验，改善服务措施和意识。一方面，在服务措施上可以灵活处理。譬如在讲解员不足的情况下，可否聘请志愿者予以弥补。另一方面，在服务意识上应当放开视野、放远眼光。博物馆的服务职能不仅仅是普通的社会游客，也包含科研工作者，其开放程度与文化资源的共享程度，往往决定了这方面服务的质量水平。当前世界上做得好的博物馆均将自己的藏品信息与科研成果放在互联网上与世共享，国内文博界的老大哥故宫博物院已经走在了前列。各馆自身文化资源的开放共享已是大势所趋。在可以预见的未来三到五年内，省市级博物馆必将纷纷跟上，我馆也将汇入这个时代潮流。文化资源的开放共享恰恰是增强文化创造活力，为人民提供广阔文化舞台的举措。由此可以想见，在网站建设、网络配置以及网络宣传方面，我们还将有很多工作要做。

其二，是要放开经营思路。经营思路是最为体现博物馆创新和发展的思路，是搞好文化建设这一"灵魂"的灵魂，是关于如何解放和发展文化生产力的思路。博物馆虽不是营利性机构，但这并不表示博物馆没有自己的生意经可做。博物馆的合理经营，是提升自身发展的必由之路，只有我们自身打造亮点文化品牌，才能开拓一片属于自己的文化产业。而且，博物馆的合理经营也有据可循。《北京市博物馆条例》第十条规定："博物馆可以多渠道筹措资金发展博物馆事业。博物馆可以依法开展符合本馆特点的经营活动，接受捐赠、资助。经营活动的收入或者接受的捐赠、资助应当全部用于发展博物馆事业。"《博物馆管理办法》第四章第三十条规定："鼓励博物馆研发相关文化产品，传播科学文化知识，开展专业培训、科技成果转让等形式的有偿服务活动。"博物馆通过经营活动取得合理的经营收益，是响应十八大的号召加快落实转变经济发展方式，为努力建设美丽首都实现永续发展添砖加瓦。而且经营所得也能惠及博物馆人的民生工作，增进和谐，恰恰符合将十八大精神落实到促进社会和谐、保障和改善民生上的要求。我们推进文化产业的发展，目的不在追求文化产业所带来的利益，而在丰富人民的精神文化生活，在于为配合中央推进社会主义文化强国建设而贡献一己之力。在经营思路上，如何转变观念、开拓思路，是理解十八大精神、做到与时俱进的关键。

其三，是要明确管理思路。作为一名馆级领导，在就博物馆自身的困难和问题寻求解决方案之时，一定要摆正思路，意识到这些困难是博物馆发展过程中遇到的亟待解决的问题，而不仅仅是历史丢给我们的包袱。在向上级主管汇报工作或与兄弟单位交流经验时，一定要阐明发展中的问题所在。我们解决问题，改良现状，是在攻坚克难，促进发展，而不仅仅是哭穷要钱和安于现状。例如我们投入资金进行基础设施的改良是为了提升服务水平，更好地为下一步发展打下基础，是增进效益为国家减轻负担之举，而不仅仅是为了贪图自身享受。再如我们建议古建筑单位以每年一次的岁修代替多年一次的大修，更是为国家省钱而不是费钱；建议聘用专门保安巡场值夜班是为了规范化、安全化而不是推卸责任。国际上的古建单位皆尽可能地以岁修取代大修，这样容易防患于未然；博物馆聘任专门保安值守，做到责权明确才能尽心尽力。偌大故宫尚且丢失七件文物便是前车之鉴。况且随着时代的发展，我们不是没有经济条件，北京市政府每年投入上亿专项经费用于文物修缮。我们必须破除文物修缮经费只能用于文物本体修缮的狭隘观念，每年一次的岁修全面检查与长年累月的安全保卫更是未雨绸缪的修缮。明确管理思路的同时，一名馆级领导还应对管理体制加以深思。十八大提出要推动政治体制改革，这就必然会带动文化体制改革。

全国两会闭幕会后，新任国务院总理李克强举行中外记者招待会，回答了记者的提问。"忠诚于宪法，忠实于人民，以民之所望为施政所向。把努力实现人民对未来生活的期盼作为神圣使命，以对法律的敬畏、对人民的敬重、敢于担当、勇于作为的政府，去造福全体人民，建设强盛国家"的有力开场白，为人们增添了信心。由此人们感受到，人民被写在新任国家领导人的精神旗帜上，人民的期望被写在新一届政府的施政方略中。正如习近平所言，"中国梦是民族的梦，也是每个中国人的梦"，归根到底是人民的梦。

回望"两会"，从传统媒体到网络新媒体在"两会"第一天就浓墨重彩聚焦中国梦，即寄托着社会各界对"两会"助推中国梦领航中国的热切期待，承载着 13 亿民众对自己家国梦的无数期许与真挚情怀。"两会"作为国人政治生活的重要平台，日渐释放着对中国未来发展乃至前途命运的影响力，成为亿万民众及其代表的有序政治参与渠道。因此这个梦想，13 亿人致力于改变。没有人觉得可以随随便便，无论是会上的代表委员，还是会外的亿万民众，都越来越深刻地体认到，自己就是改变者，每一个人都是这改变力量的一部分。每个人的围观，哪怕是无声也有温暖的热力穿透。每个人的关注，就能汇成势不可挡的力量。

我作为 13 亿人中的一分子，作为博物馆领导班子成员之一，我认为在博物馆领导班子的工作进展中，深切领会并贯彻十八大精神，不仅能够让领导干部对抓好当前工作有全面正确的认识，更能为我们顺利有效地开展文博工作提供坚强保障。具体到个人，作为博物馆领导的副职，既应具备馆领导的全局视野和长远眼光，又应具备一线工作人员的实际操作能力。这个职位的基调，是既要做到能够为领导建言献策、上传下达，又要能带领下属真抓实干、征求民意，是上下衔接的关键岗位。而做好这项本职工作的关键，又在于具备正确的思想意识，找准工作思路，才能攻坚克难，取得发展。服务意识即是十八大强调的使命意识、宗旨意识，经营意识即需要创新意识，而管理意识即蕴涵忧患意识。连日来的学习和自省使我感觉到，十八大精神对我们如何开展十二五期间的工作规划及任务，有着诸多指导之处，领导干部的思想意识要跟上时代的形势。副职虽然没有决定之权，但是要具备宏观统筹放眼全局和操作起来切实可行的思维意识，不具备这样的意识，则事业上难以更上层楼。

高树荣，孔庙和国子监博物馆副馆长

◇成贤国学馆礼仪实践

——重阳节敬老礼

◎ 纪捷晶

[摘　要]　中国养老礼仪制度，至少从上古舜帝就已经开始，虞、夏、商、周四代相传承，至周代已逐渐形成了一套比较完备的养老礼制。重阳节的习俗有登高、吃重阳糕、赏菊、饮菊花酒、喝菊花茶，等等。它以潜移默化的形式，展示着中华民族的精神世界，表达着人们对美好理想、智慧与伦理道德的追求与向往，是中华传统美德代代相传的重要载体。成贤国学馆以国学经典诵读教育普及为基础，并开展多项传统礼仪及节俗文化活动。其中九九重阳节敬老礼已经连续举办六届。本文主要追溯重阳节敬老礼的源流和内涵，并简述"2012 年暨农历壬辰年重阳日北京孔庙重阳节敬老礼"基本流程及我们的践行理念。

[关键词]　成贤国学馆 礼仪实践　重阳节　敬老礼

凝目望，秋高气爽，遍地金黄，祖孙三代聚一堂，喜洋洋；

泪满襟，白发苍苍，温馨荡漾，子孙磕头奉菊花，庆重阳！

这是笔者在参加北京孔庙和国子监博物馆举办的第四届（2010 年）"重阳节敬老礼"时，被现场动人的情景感染所做的一首词。

中国人自古有敬老的传统，《论语》第一章第二段就说"君子务本，本立而道生。孝弟也者，其为仁之本与?"君子以孝为本，本立而道生。《孝经》开宗明义章第一章"子曰：'夫孝，德之本也，教之所由生也。'"民俗称"百善孝为先"。从在家中孝敬父母开始，推己及人，由此尊重别人的父母，以致普天下所有的老年人，《孟子·离娄章句上》孟子曰："道在迩而求诸远，事在易而求诸难。人人亲其亲、长其长而天下平。"《礼记·礼运·大同篇》提出了这样的理想社会："大道之行也，天下为公。选贤与能，讲信修睦。故人不独亲其亲，不独子其子。使老有所终，壮有所用，幼有所长。矜寡孤独废疾者，皆有所养。男有分，女有归……是谓大同。"由此，人类繁衍、文化流传，才成就了中国五千年不断绝的传统文化。这也是中国维系稳定的人伦政治体制之关键。

中国养老礼仪制度，至少从上古舜帝就已经开始，虞、夏、商、周四代相传承，至周代已逐渐形成了一套比较完备的养老礼制。老年人积蓄了一生的智慧经验，后人则是在老人经验阅历的基础上，不断发扬传承，从而使文明高度积累，更加灿烂。

作为"敬老礼"，古人并没有像"士冠礼"、"士婚礼"或"乡射礼"这样单独形成一种礼仪，而是体现在诸如"乡饮酒礼"、"士相见礼"等其他礼仪和日常生活之中。如《礼记·内则》记载："凡养老，有虞氏以燕礼，夏后氏以飨礼，殷人以食礼，周人修而兼用之。"在州郡乡党中举行的乡饮酒礼也体现了以尊老尚齿为宗旨的特点，在这类养老的礼仪活动中，其形式往往是以饮食之礼来体现养老、敬老之义。

《礼记·祭义》曰："立爱自亲始，教民睦也。立敬自长始，教民顺也。"在重大活动中，国家邀宴敬养长者。虞、夏、殷、周四代的养老礼上邀宴请的是这四类人。孔颖达注云：人君养老有四种：

一是养三老五更：（"更"，为"叟"义）指阅世久深之老人。三与五，取象于三辰、五星，象征德高望重。（北京国子监辟雍大殿外东侧有"清代议三老五更碑"）

二是子孙为国死难，王养死者之父祖。

三是养致仕之老，"致仕之老"指离官退位的老人。

四是引户校年养庶人之老。（《礼记·内则》曰："凡三王养老皆引年"，夏、殷、周三代天子，都是根据户籍核定年龄，确定邀宴庶人老者。）

因地位有别，上述老者不但有"国老"，也有"庶老"两类。"国老，谓卿大夫致仕者；庶老，谓士也。"

可见，受尊重的长者代表了国家凝聚的深刻的文化精神，人们应产生敬意。北宋范祖禹说："经礼三百，曲礼三千，亦可一言以蔽之，曰'毋不敬'。"恭让，含有谦谨、恭敬、礼让之意，实质体现了一个"敬"字。

《礼记·乡饮酒义》曰："乡饮酒之礼，六十者坐，五十者立侍，以听政役，所以明尊长也。六十者三豆，七十者四豆，八十者五豆，九十者六豆，所以明养老也。民知尊长养老，而后乃能入孝弟。民入孝弟，出尊长养老，而后成教，成教而后国可安也。君子之所谓孝者，非家至而日见之也，合诸乡射，教之乡饮酒之礼，而孝弟之行立矣。"古人尊老尚齿，出于孝悌之心；由天子倡导，无所不及，行尊长养老的礼仪，使万民受到教化，形成一个恭顺有序的天下。

据《礼记·内则》曰："五十养于乡，六十养于国，七十养于学，达于诸侯。""有虞氏养国老于上庠，养庶老于下庠；夏后氏养国老于东序，养庶老于西序；殷人养国老于右学，养庶老于左学；周人养国老于东郊，养庶老于虞庠，虞庠在国之西郊。"《辞源》："庠序，古代地方所设的学校，与帝王的辟雍、诸侯的泮宫相对而言，后泛指学校。"古人养老之所，就在学校，特别是"太学"，代表了知识存在的地方，是教化施行的场所（北京孔庙国子监办敬老礼活动是最恰当的地方）。《礼记·祭义》曰："食三老五更于大学，天子袒而割牲，执酱而馈，执爵而酳［yìn］，冕而揔［zǒng］干。"在太学奉养三老五更时，天子竟然袒开衣襟，亲自切割牲肉，捧着酱请三老五更食肉，又捧着酒爵请三老五更漱口，头戴冠冕、手执盾牌，亲自舞蹈，使他们能欢乐快活。天子这样做，是给臣民作出了对老者敬养、谦恭、礼让的表率，以此教化诸侯，使其尊长敬老，懂孝悌之道，即所谓的"祀乎明堂，所以敦诸侯之孝也。食三老、五更于大学，所以教诸侯之弟也。祀先贤于西学，所以教诸侯之德也"（《礼记·祭义》）。

《易经》中把"九"定为阳数，九月初九，日月并阳，两九相重，是为重九，也称重阳，是一个值得庆贺的吉利日子。九九重阳，又与九九同音，带有长寿、长久的含义，农历九月九日是重阳节，也是传统的老人节。又称敬老节。重阳节的习俗有很多，古代重阳节最著名的风俗当属登高了，金秋九月，秋高气爽，这时候外出登高望远，既锻炼身体，怡悦性情，也可以健身祛病、思乡怀人。重阳节的习俗还有吃重阳糕、赏菊、饮菊花酒、喝菊花茶等。它以潜移默化的形式，展示着中华民族的精神世界，表达着人们对美好理想、智慧与伦理道德的追求与向往，是中华传统美德代代相传的重要载体。

成贤国学馆自 2007 年 9 月成立以来，以"宣教化、行礼仪、昭文明、流教泽"为宗旨；以"事不避难，义不逃责"为馆训；以"圣贤之地、读圣贤之书、成圣贤之士"为目标，要肩负起弘扬优秀传统文化的重任。成贤国学馆以国学经典诵读教育普及为基础，并开展多项传统礼仪及节俗文化活动。其中九九重阳节敬老礼已经连续举办六届了。

以下简述"2012 年暨农历壬辰年重阳日北京孔庙重阳节敬老礼"基本流程及我们的践行理念。这是按照现代的活动方式进行的。

活动开始，由主持人（虹云）宣布开场词：九九重阳节，浓浓敬老情，人间百善孝为先，家庭社会共和谐。孔庙和国子监博物馆第六届重阳敬老礼活动现在开始——

此时，国子监中学的同学们诵读《孝经》："仲尼居，曾子侍。子曰：'先王有至德要道，以训天下，民用和睦，上下无怨。汝知之乎？'曾子避席曰：'参不敏，何足以知之？'子曰：'夫孝，德之本也，教之所由生也。复坐，吾语汝！身体发肤，受之父母，不敢毁伤，孝之始也。立身行道，扬名于后世，以显父母，孝之终也。夫孝，始于事亲，中于事君，终于立身。'"

在《孝经》诵读气氛中，敬老礼仪式正式开始，由司礼（于晓鹏）宣布：壬辰年重阳敬老礼，开礼——

有请孔庙和国子监博物馆馆长吴志友先生宣读告文——

告：北京孔庙和国子监，曾为元明清三代文化教育中心，更是当代文化传承基地。今中华日将崛起，提倡文化，孔庙、国子监秉承文化理念，于重阳日举行敬老礼，倡导敬老尊贤。示范节俗传统，弘扬礼乐精神，成就国风民俗。以顺天时，以应地利，以从人心。

正心诚意，告白四方。

北京孔庙和国子监博物馆馆长 吴志友　于2012，壬辰年重阳日

敬老礼仪式按儒家家国天下、推己及人的理念，以个人、家庭、社会三层含义，分别设计了三个环节。

首先，由司礼（于晓鹏）宣布：全体来宾起立，向普天下华夏长者，行三鞠躬拜礼——

拜，兴；再拜，兴；三拜，兴；就座。

第一环节，由司礼（于晓鹏）宣布：行奉杖礼——

请现场年龄最长者李光曦先生上台，请孔庙和国子监博物馆吴志友馆长奉杖——

《周礼·秋官》："伊耆〔qí〕氏掌国之大祭祀，共其杖咸。军旅，授有爵者杖，共王之齿杖。"郑玄注："王之所以赐老者之杖。"孙诒让《正义》："此王所赐老者之杖，校年以授之，故谓之齿杖。"《礼记·王制》："五十杖于家，六十杖于乡，七十杖于国，八十杖于朝，九十者，天子欲有问焉，则就其室，以珍从。"杖是一种尊严，一种权利，"齿杖"还是国家授给老年人标志特权的王杖，是老年人受到礼遇的一种象征。《礼记·曲礼》"谋与长者，必操几杖而从之"，年轻人向长者请教，一定要携带长者所需的几杖前去，以服侍长者。与年长者坐在席上，自己的席要移到稍后的位置。

接着，由长者传言即传达人生智慧（持杖者讲话）：中国是文明古国，是礼仪之邦，具有五千年的不间断的文化历史。五千年的历史，国家安定、兴盛的时间要比战争、大乱的时间长，靠的就是文化。文化要传承，所以要

尊老，老人有一辈子的人生经验，要让后人在前人的基础上成长，文明才会更有高度。尊老是为了敬贤，尊师是要重教，或者说是重道。老人、老师担负着文化传播的责任。每个人都会老去，每个人都是历史之中的一环，文化就是这样传下去。

后辈答语（吴志友馆长代）：感谢老人家的教导，文化传承是我们每个人的责任，是北京孔庙、国子监的使命。老人把我们抚养长大，我们要知道感恩，反哺长辈，贡献社会。

第二环节，由司礼（于晓鹏）宣布：行家庭敬老礼——

子辈，跪，拜，兴；子辈奉茶。孙辈，跪，拜，兴；孙辈奉重阳糕、菊花茶。

敬老爱幼，长幼有序，是中华民族的传统美德，我们把老人请到宗庙、太学，接受子孙们的敬拜，人常说：家庭是社会的细胞，家和万事兴。在重阳节到来的这个特殊的日子里，让我们给辛苦操劳一生的白发父母长辈行个礼，以表达自己的感恩之情。

菊花是秋季里最美的花朵，菊花也是长寿的象征，让我们怀着一份浓浓的感恩情亲手给我们的父母奉上一杯淡淡的菊花茶，感谢他们对我们的养育之恩，感谢他们一生辛勤的操劳，感激他们赋予我们的一切生命、健康、幸福、家庭。

重阳糕又叫作花糕，在南朝时期就已经成为在重阳节期间的大众食品了。今天，我们的小孙子、孙女亲手捧一枚重阳糕，敬给平时疼爱你们的爷爷奶奶、姥姥姥爷。祝愿他们健康，长寿。

在社会层面的第三环节中，由此次活动请到的德高望重的长辈（中华儿童文化艺术促进会会长范崇嬗，中国煤矿文工团团长瞿弦和，中国民俗专家王作楫，著名歌唱家李光曦、姜嘉锵，北京朗诵研究会会长曹灿，中央电视台主持人陈铎，著名演员杜宁林等）为现场的孩子们佩戴铭志牌，铭志牌上面刻着"至德要道"四个字。铭志牌虽小，却饱含了长辈对孩子们殷殷的期望。希望孩子们不会辜负长辈们的期望，成为热爱家庭、孝敬老人、热爱生活、奉献社会的好孩子。

敬老爱老是我们全社会的责任，有请孔庙和国子监博物馆党组书记徐明先生宣读"敬老倡议书"——

倡议：中华文明的精神是礼义精神。双向对等，有序有让，敬人人敬。礼，一施一报。父母施我以慈爱，我报父母以孝敬。此天经地义。孝之义有三层，一是"把自己的事情做好，让父母放心"；二是"养父母，敬父母"；三是"为国家民族做贡献"。孝敬父母有大节，勤奋向上，报效祖国。孝敬父母有小节，常电话问问，常回家看看。敬老，是家庭文化，是家庭教育，是国民品质。

一个敬老礼，教化三代人。北京是祖国的首都，国风民俗由此生发，民德归厚由此开始。敬老岂在一日？今发此倡议，希望全社会把敬老、奉老的传统传承万代。

倡议人：北京孔庙和国子监博物馆书记徐明

此后，由老艺术家瞿弦和领读，现场所有人高声诵读《礼记·大同篇》："大道之行也，天下为公。选贤与能，讲信修睦。故人不独亲其亲，不独子其子。使老有所终，壮有所用，幼有所长。矜寡孤独废疾者，皆有所养。男有分，女有归。货恶其弃于地也，不必藏于己。力恶其不出于身也，不必为己。是故谋闭而不兴，盗窃乱贼而不作。故外户而不闭。是谓大同。"

在现场几百人高声朗诵《礼记·大同篇》的热烈气氛中，孔庙和国子监博物馆第六届重阳敬老礼活动圆满地落下了帷幕。

纪捷晶，孔庙和国子监博物馆国学推广部主任

参考书目：

杨伯峻译注：《论语译注》，中华书局 2009 年版。

汪受宽：《十三经译注·孝经译注》，上海古籍出版社 2004 年版。

金良年：《孟子译注》，上海古籍出版社 1995 年版。

杨天宇：《礼记译注》，上海古籍出版社 1997 年版。

彭林：《中华传统礼仪概要》，高等教育出版社 2006 年版。

◇清末民初北京香会

◎ 李超英　李杨

[摘　要]　香会是民间信仰组织，有着悠久的历史。而北京香会是香会这一历史画卷中不可或缺的部分，也是民间淳朴真挚感情的凝结。本文即是对相关资料搜集整理后系统地展示清末民初北京香会的面貌。

[关键词]　香会　香会的组织　职位设置　人员构成　经费资金
香会的分类　文会　武会

　　香会是传统的民间信仰组织，它有着古老的传承，是人们对大地的崇拜或者说是社神祭祀的演化。顾颉刚先生对香会的起源曾有这样的论述："香会是从前社会的变像。社祭是周代以来一向所有的，自天子以至于庶人都有。现在各村里都有土地堂，这原来是一社的社神……春天游览是适合人性的要求，再与宗教的信仰结合，就生出春天进香的结果，渐渐成了风俗。于是固定的社会就演化为流动的社会。流动的社会分为二种：一种是从庙中异神出巡的赛会，一种是结合许多同地、同业的人齐到庙中进香的香会。"①

　　北京的香会繁盛于清代，一是香会数量众多，仅在奉宽先生著《妙峰山琐记》中就列有善会、社火及茶棚 313 个；二是香会种类丰富，如顾颉刚先生根据调查结果将香会分为 10 大类。香会以其顽强的生命力经清代、民国一直延续至今，本文即是对清至民国时期的北京香会的相关资料搜集整理后，从香会的组织、香会的种类等方面进行阐述。

一　香会的组织

　　香会在不断发展中逐渐形成了系统而规范的组织。香会的组织中有来自不同地区、不同年龄、各行各业的人们。而这些人各安其分，井然有序，共同经营和维护香会这个组织。以下是从职位设置、人员构成、经费资金三方

---

①　李景汉：《妙峰山朝顶进香的调查》引顾颉刚《香会》，转引自北京市东城区园林局汇纂《北京庙会史料通考》，北京燕山出版社 2002 年版，第 184 页。

面简述香会的组织。

（一）职位设置

香会设有会首、副会首；下设把儿头，即"各把儿"的负责人（"把儿"是按职责划分的，即各部/组）。这些香会中有职务的人，称"老都管"，俗呼都官。以下是香会内常见职位等的具体介绍：

1. 会首

会首，是香会的负责人，也是承办人，担负着组织香会的重要职责。会首的具体人数不定，有几人、十几人，甚至更多，如康熙年间曾在东岳庙进香的西直门里小街口金牛圣会，正会首有 15 人，副会首多达 80 余人。[①] 而会首大多是有钱人。因行香走会时各会皆遵守"箱笼自带，茶水不扰，分文不取，毫厘不要"的会规，而香会所需香烛钱粮、道具设备、会众食宿等皆需花钱采办，因此，有"扬香走会名声大，耗财买脸费钱钞"[②]，"各会组织，多系耗财买脸，固需富家子弟担任设备"[③] 的说法。而刘小萌先生在《清代北京旗人与香会》一文中对担任会首的条件有更为全面的总结："其一是政治条件。都城隍庙西棚老会由李世昌、杨茂春等汉军旗人领衔，应是倚重他们的政治地位，较高的政治地位，势必产生较强的号召力，对香会的发展，是一个有利条件……其二是宗教条件……白云观祈福消灾会，则是由该观住持高仁峒等人组织的……其三是经济条件……"[④]

2. 前引

前引是行香走会时带领或指挥会档，同时协调一切事务；熟知会规，多是思维敏捷、巧言善辩之人担任。前引通常手持拨旗走在会档前面。拨旗是一种带火焰边的三角形旗，旗上绣有四字会名，旗头处连两条白色飘带，上写会名及建立日期等；旗杆漆红色，杆顶为塔形，称"佛头"。《北平风俗类征》引《民社北平指南》中有这样的描述："每届走会时在最前部指挥一切，手执较大之旗，与笼子上之旗式相同，谓之播子，遥为指挥，谓之前引。"

3. 钱粮把儿

钱粮把儿负责献供所用香烛、钱粮，担挑会笼。会笼是香会中的盛物器

---

① 北京图书馆金石组编：《北京图书馆藏中国历代石刻拓本汇编》第 64 册，《金牛圣会进香碑》，中州古籍出版社 1989 年版，第 53 页。

② 李家瑞编，李诚、董洁整理：《北平风俗类征》（下）引《百本张钞本琴腔》，北京出版集团公司、北京出版社 2010 年版，第 691 页。

③ 李家瑞编，李诚、董洁整理：《北平风俗类征》（下）引《民社北平指南》，北京出版集团公司、北京出版社 2010 年版，第 695 页。

④ 刘小萌：《清代北京旗人与香会》，中华文史网 http://www.historychina.net/。

图 1　首都博物馆馆藏《杨树屏绢本〈京都走会图〉卷》局部

具，内放香烛、钱粮等，又称"屏"，木质，呈圆形，高约三四十厘米，直径约六十厘米，表面黑漆描金花并写有会名，另带红漆木架作为底托。会笼上插有四面带火焰边的三角旗，用两根红绳连接，成十字形，绳上系若干小铃铛；挑笼人在前引后行走，走时有一定技巧，铃铛会发出有节奏的响声，

图 2　第十二届北京民俗文化节小红门乡太平同乐秧歌圣会用拨旗和会笼

称"颠屏振铃"。两笼为一挑。另有一种高形会笼，高约一米，直径约六十厘米，用于需化妆的会，如开路、五虎棍、秧歌、天平会，内放服装、化妆用具等。高笼上插有两面三角旗，一串铜铃连接。进香时，笼上的旗角结在一起；回香时，旗角解开。会中人名之曰开门儿，照会规开门时之钱粮把都管应跪而行之。① 此外，金勋先生著《妙峰山志》中记录有一种方形会笼，为巧炉圣会所用，"其会笼木制方形，漆黑色，有四个黄铜大字，为'巧炉圣会'，插着四面会旗"。

4. 其他

另有，中伙把儿负责伙食；神堂把儿负责祭祀神佛的礼仪、供品等；大

---

① 北京市东城区园林局汇纂：《北京庙会史料通考》引瑜翁《东岳庙香会补记》，北京燕山出版社 2002 年版，第 52 页。

车把儿负责车辆；裱作把儿负责佛殿窗户等的裱糊；练把儿负责武会中的歌舞技术等表演……

此外，关于香会中的职位、分工等还可见于石刻碑文的记载，进香或香会碑的碑阴等处往往会镌刻有会众的名字，这些题名均按分工分类排列。如朝阳区东岳庙康熙十七年（1678）九月刻《路灯老会碑》的碑阴题名有正会首、副会首、司房、正都管、管事弟子、众信弟子；① 又如《白纸会碑》也有助善、守纛、前引、值棚、摆账、钱粮把、仲伙、中军、大把、神堂、德善堂彩作、会首、里堂、承办、经理等。②

（二）人员构成

香会中的人员众多，有几十人的、数百人的或是上千人，如安定门大街中城兵马司胡同扫尘圣会约 1000 余人。③ 而香会中的人员可以按性别、阶层、行业、地区等进行归类。

从性别方面，香会中除男性会众外还有不少女性会众，如阜成门里朝天宫东廊下香灯圣会男女不下三五百。④ 又如《显圣宫香会碑》碑阴题名，180 余人，其中女性 130 余人。⑤ 而女性不仅在香会人员中占有一定比例，也担任会中的重要职务。如西直门里南扒儿胡同弥罗庵进香胜会有女性正会首王门邹氏、薛门刘氏、李门李氏。⑥ 而创立于雍正八年（1730）的成府村献供斗香膏药圣会也是多年妇人所为。⑦

从阶层方面，香会的会众涵盖了各个阶层的人们。阜成门里三条胡同进香圣会于康熙二十六年（1687）立《西顶洪慈宫进香碑》里有"故畿内西顶亦有泰山慈宫，清和月中浣为母诞辰，是日也冠盖云集、蹄轮踵蹀、入庙报赛猗欤盛矣……阜成门里朝天宫三条胡同仕宦满汉军民，每岁十二日奉香瞻拜"⑧。因此，由碑文"仕宦满汉军民"可知会众主要有官宦、百姓、旗

---

① 北京图书馆金石组编：《北京图书馆藏中国历代石刻拓本汇编》第 63 册，《路灯老会碑》，中州古籍出版社 1989 年版，第 126—127 页。

② 同上书，《白纸会碑》，第 63—64 页。

③ 北京图书馆金石组编：《北京图书馆藏中国历代石刻拓本汇编》第 64 册，《扫尘会碑》，中州古籍出版社 1989 年版，第 146—147 页。

④ 北京图书馆金石组编：《北京图书馆藏中国历代石刻拓本汇编》第 64 册，《香灯会垂后碑记序》，中州古籍出版社 1989 年版，第 108—109 页。

⑤ 北京图书馆金石组编：《北京图书馆藏中国历代石刻拓本汇编》第 65 册，《显圣宫香会碑》，中州古籍出版社 1989 年版，第 82—83 页。

⑥ 同上书，《年例进香碑》，第 12—14 页。

⑦ 《门头沟地方志丛书——潭柘山岫云寺志·妙峰山志 妙峰山琐记·北京妙峰山记略》合集，金勋编纂、李新乐点校整理《妙峰山志》，北京燕山出版社 2007 年版，第 140—141 页。

⑧ 北京图书馆金石组编：《北京图书馆藏中国历代石刻拓本汇编》第 64 册，《西顶洪慈宫进香碑》，中州古籍出版社 1989 年版，第 93—94 页。

人、汉人等。

官员中有不少人参与香会，也会成为香会人员的主体。如三顶老会的弟子吕秉乾是御膳房提督加二级；① 再如马王老会中有正黄旗满洲轻车都尉三保。② 而一些机构也会参与香会，有的人员也是香会的承办方，如金勋先生的《妙峰山志》有"引善杠箱圣会，北京只此一堂。为正阳门内兵部职役二班人员所办"。香会除汉人还有很多旗人参与其中，如《清实录》（道光十九年六月十九日）里有"宛平县昌平州妙峰山，建立庙宇，每年四月开庙，京中旗民男妇前往烧香，沿途搭盖茶棚……"③ 关于旗人与香会，刘小萌先生的《清代北京旗人与香会》一文已有全面而深入的论述，本文不再赘述。除上述的官宦、百姓、旗人、汉民参与香会外，内廷太监也是香会人员的主体。如，白云观雷祖殿外西侧有长春永久供会碑一通（如图 3），碑文有"内官、信官助善者百余人建立长春永久供会……素云恐失其传，又自捐三千二百六十金……"，"素云"是素云道人，即太监刘诚印；《妙峰山琐记》中记录的北坞村金山寺普兴万缘净道会的启贴中也提到素云道人，"略云：'中道系甲子年起，中北道系壬辰年素云道人修。'按：同治三年（1864）甲子，太监安得海修大觉寺中道，光绪十八年（1892）壬辰，太监刘诚印修北安窠中北道。刘即素云道人。"

从行业方面，香会的会众涉及各行各业的人员，各行业也会各自组织建立香会。《京都风俗志》有"三月十五日起，朝阳门外东岳庙，日日士女拈香、供献、放生、还愿等诸善事，及各行工商建会，亦于此庙酬神"④。各行业除在香火极盛的东岳庙建会祀神外，还有"各行铺户攒聚香会，于右安门外中顶进香"⑤。而妙峰山也是各行业祭神、酬神的重要地点，如《妙峰山志》提到巧炉圣会，有三处，皆九城锔碗行公立。

各行业人员组成的香会众多，如：朝阳门棚行众善人等公立的鲁祖圣

① 北京图书馆金石组编：《北京图书馆藏中国历代石刻拓本汇编》第 65 册，《三顶圣会碑》，中州古籍出版社 1989 年版，第 27—29 页。

② 北京图书馆金石组编：《北京图书馆藏中国历代石刻拓本汇编》第 72 册，《马王老会碑》，中州古籍出版社 1989 年版，第 80—81 页。

③ 北京市东城区园林局汇纂：《北京庙会史料通考》引《清实录》，北京燕山出版社 2002 年版，第 136 页。

④ 李家瑞编，李诚、董洁整理：《北平风俗类征》（上）引《京都风俗志》，北京出版集团公司、北京出版社 2010 年版，第 83 页。

⑤ 北京市东城区园林局汇纂：《北京庙会史料通考》引《帝京岁时纪胜·赏莲》，北京燕山出版社 2002 年版，第 99 页。

图 3　白云观雷祖殿外西侧的长春永久供会碑

会，此会为棚铺扎彩人组成，年例献供于鲁祖；① 宣武门内外猪行公立如意圣会祭拜于五显财神庙，冠袍带履金银供器之献岁以为常。② 以上是同行业人员组成的香会，也有不同但相互关联的行业组成一会共祀神灵的情况，如：城里关外木石瓦作同立的鲁祖老会，会首有广盛灰铺郝、复兴山厂刘、永成木厂任等众多的厂、铺人员。③

　　从地区方面，一个香会的会众往往来自于同一地区，如东华门外散司圣会即是集同里之忠厚信心者共成一会。④ 再如，显圣宫香会会众由京都顺天府宛平县南城关外坊下庄各村村民组成。⑤ 而不同地区的人也

　　① 北京图书馆金石组编：《北京图书馆藏中国历代石刻拓本汇编》第 75 册，《鲁祖圣会碑》，中州古籍出版社 1989 年版，第 151—152 页。

　　② 北京图书馆金石组编：《北京图书馆藏中国历代石刻拓本汇编》第 73 册，《如意圣会碑》，中州古籍出版社 1989 年版，第 83 页。

　　③ 北京图书馆金石组编：《北京图书馆藏中国历代石刻拓本汇编》第 78 册，《鲁祖会碑》，中州古籍出版社 1989 年版，第 106—108 页。

　　④ 北京图书馆金石组编：《北京图书馆藏中国历代石刻拓本汇编》第 64 册，《散司会碑》，中州古籍出版社 1989 年版，第 144—145 页。

　　⑤ 北京图书馆金石组编：《北京图书馆藏中国历代石刻拓本汇编》第 65 册，《显圣宫香会碑》，中州古籍出版社 1989 年版，第 82—83 页。

会汇聚在一起组成香会，如乾隆八年（1743）四月八日刻《茶豆圣会碑》有香会人员题名，其中有正阳门内住的、有永定门住的、有海岱门住的等。①

（三）经费资金

香会作为一种组织，它的成立和延续需要经费支持。经费的主要来源有会内自捐和在外募化。在城里，香会活动前会首带人粘贴启贴②时会众会各捐己资，《北京庙会史料通考》引《旧都文物略·礼俗习尚》也有"凡在会之户，闻声纳香烛、茶资如例，首事则簿记之"。而粘贴启贴时也会向外募化，"由会首人等手举黄色小旗向前要求布施，以其事关公益善举，故人皆乐施之。第一年之缘簿之注册者，第二年即按原册查找施主，习以为例，如添新侍主则从新加以登记"③。会费也有按照地亩收取，如阜成门里朝天宫东廊下香灯圣会是"随分捐资以成香灯一会……每逢岁之丰歉，量捐资之多寡"④。顾颉刚先生在《妙峰山》中也有记录："他们的会费，是依地亩捐的，一亩地派捐多少钱，所以很公平。"

会费的主要用途除维持香会的日常开销外，也用于寺庙神灵的献供，如奉献香烛钱粮、修缮神像寺庙、向进香的人布施粥茶等。乾隆三十五年（1770）六月刻《掸尘会碑》记录有"合心永义掸尘会众等于乾隆三十五年公盖戏台一座、戏房三间、寝宫左耳禅堂一间……会内会外输银姓名数目恭缮于碣之背面"，碑阴的众善缘簿有"周清泰自助银拾两、于永禄自领缘簿一个募南烧酒阁行银拾两、卢士英分领缘簿一个共募银五十三两 所有人银数目开列于左、张天福分领缘簿一个共募银五十两 所有人银数目开列于左"，下面另列有正会首姓名及捐银数。⑤ 以上仅摘录少数几条，实则姓名及捐银数众多。由此可见，香会得以维持是需要大量资金费用的。因此，有些香会置购铺面房或土地，以其租息作为会费。如，成立于清早期的东岳庙献花胜会用会中余存香资银两在南池子路东置铺面房四间，每年收取租银以

---

① 北京图书馆金石组编：《北京图书馆藏中国历代石刻拓本汇编》第 69 册，《茶豆圣会碑》，中州古籍出版社 1989 年版，第 118 页。
② 启贴又称会报、会启，是关于进香的通知，告知会众进香的时间、地点、行程安排等，也有收取或募化资费的作用。奉宽先生的《妙峰山琐记》中有："每年开山之前，以黄纸为启贴，执事者著黄色衣裙，帕首，担旗笼，鸣报，走诣各当事及助赀家，张启贴于门，谓之'刷报子'"。
③ 北京市东城区园林局汇纂：《北京庙会史料通考》引芙萍《妙峰山》，北京燕山出版社 2002 年版，第 211 页。
④ 北京图书馆金石组编：《北京图书馆藏中国历代石刻拓本汇编》第 64 册，《香灯会垂后碑记序》，中州古籍出版社 1989 年版，第 108—109 页。
⑤ 北京图书馆金石组编：《北京图书馆藏中国历代石刻拓本汇编》第 73 册，《掸尘会碑》，中州古籍出版社 1989 年版，第 19—21 页。

搭补会需。① 再如成立于雍正十三年的潭柘山岫云寺的楞严胜会于乾隆十三年得金五百六十两，在城子村东置地二顷，每年得租二百零十两为香火之需。②

二　香会的分类

香会有"文会"和"武会"之分。"文会"是从事献供舍物等善事活动的香会；"武会"是表演杂技歌舞等以娱神的香会。文会分工明确、各司其职，武会大戏上演、热闹非凡，共同构成香会的大致面貌。这也是香会分类的特点。

（一）文会

"文会"又称"善会"，具有服务性质且种类丰富，下面依据具体的行善内容对其进行大致分类并列举常见的几类：

1. 修路照明

修路通常由净道或修道会承担，照明由路灯会承担。这些会所行善事的主要内容是对进香道路清扫、维修以便香客行走，增加照明设施便于香客夜间行走。修路方面，如京西北坞村等于同治乙丑年（1865）诚献的净道圣会定于每年三月二十七日妙峰山香会前，将自大觉寺至灵感宫止的中路一带的道路进行维修，具体为将石砍打平，活石挪弃于道旁，浮沙扫除，坑洼觅土盖垫，以备香客往来，顺行，至三十日净道告竣。③ 照明方面，有的路灯会除设置照明设施外还为香客提供灯笼以便夜行。如妙峰山香会期间，远近香客络绎不绝，昼夜不停，而南道道路尤为崎岖，不易行走，西北涧处有提灯乐喜（一说"善"，《妙峰山琐记》卷三"提灯乐善茶棚"）茶棚，香客到此领取灯笼以便夜行照明。④ 张次溪先生的《北京妙峰山记略》引《天津路灯会重修玉皇庙碑记》的碑文中也有"例年四月朔日至望日，朝顶进香者，昼夜联（连）络不绝。其山路崎岖而昏暮，犹虞峻险也。津郡善士公议，由北安河村起，遍设明灯，直达金顶。斯举也，自光绪十二年（1886）逮十六年（1890），又在大觉寺添设灯以便跋涉……"

---

① 北京图书馆金石组编：《北京图书馆藏中国历代石刻拓本汇编》第 69 册，《献花会碑》，中州古籍出版社 1989 年版，第 87—88 页。
② 北京图书馆金石组编：《北京图书馆藏中国历代石刻拓本汇编》第 70 册，《楞严胜会碑》，中州古籍出版社 1989 年版，第 34 页。
③ 《门头沟地方志丛书——潭柘山岫云寺志·妙峰山志 妙峰山琐记·北京妙峰山记略》合集，张次溪撰、李新乐点校整理《北京妙峰山记略》，《净道圣会碑》，北京燕山出版社 2007 年版，第 259 页。
④ 同上书，第 273 页。

2. 掸尘、净炉

掸尘、净炉通常由掸尘、净炉会承担。掸尘会所行善事的主要内容是对庙中殿宇等进行清扫除尘。芙萍先生的《新年之调查·东岳庙考》中对民国时期东岳庙的掸尘会有较为具体的描述："掸尘会，他们是专管洒扫的。每天各会员都拿着大掸子在佛前的桌案上，什么五供蜡阡儿，只要是佛前的东西便把它掸个干净，连一点尘土也不使落上。"① 净炉会行善的主要内容是除去香炉中的香灰、灰尘，通常是"朔望前一日相率到庙为之，淘匀拭净，务使炉无积滞，灰不飞扬"②。

3. 献供冠袍带履

冠袍带履是庙、观中神像所着的衣物，这也是许多香会在会期时进献的供物。如康熙十年岁次辛亥成立的涿洲圣会，由京都西城金城坊西河漕居住弟子众等敬起，此会虔备冠袍带履、金银器皿等仪进贡天仙圣母、玉皇大帝、东岳天齐圣前，历今一十八载，年年供献。③ 而东华门外散司圣会则是"攒印积金，虔办冠袍带履供器等仪"。④

4. 献供盘香

献供盘香之事主要由盘香会承担。有乾隆五年（1740）刻《盘香会碑》，碑文大致记录了此盘香会由男女长幼九十余人组成，在东岳庙、九天宫、赦孤堂三处进献盘香。⑤ 至于盘香的样式，芙萍先生的《妙峰山》有相关记录"此会备有特种之大香盘及大号盘香，其式样即旧京烟店之悬挂者。此会在妙峰山顶神前贡献盘香外，并在各茶棚悬挂香盘，此种大号盘香每盘可燃点数日云。"⑥

5. 献供鲜花

献供鲜花主要由鲜花会承担。这种会所行善事的主要内容是为庙中进献摆放在神像前的鲜花。首都博物馆馆藏文物中也有与鲜花老会有关的会旗和会笼（如图4、图5）。会旗呈三角形，旗面上有"鲜花老会"四字，旗头处连两条白色飘带上分别写有"中华民国二十九年旧历六月二十四日重

---

① 北京市东城区园林局汇纂：《北京庙会史料通考》引芙萍《新年之调查·东岳庙考》，北京燕山出版社 2002 年版，第 49—50 页。

② 北京图书馆金石组编：《北京图书馆藏中国历代石刻拓本汇编》第 72 册，《净炉会碑》，中州古籍出版社 1989 年版，第 33—35 页。

③ 北京图书馆金石组编：《北京图书馆藏中国历代石刻拓本汇编》第 64 册，《涿州圣会碑》，中州古籍出版社 1989 年版，第 125—127 页。

④ 同上书，《散司会碑》，第 144—145 页。

⑤ 北京图书馆金石组编：《北京图书馆藏中国历代石刻拓本汇编》第 69 册，《盘香会碑》，中州古籍出版社 1989 年版，第 81—82 页。

⑥ 北京市东城区园林局汇纂：《北京庙会史料通考》引芙萍《妙峰山》，北京燕山出版社 2002 年版，第 210 页。

整"、"右安门外丰台镇角堡村万花献瑞鲜花老会";会笼呈圆形,高30余厘米,黑漆地儿,有金色花、叶、葫芦图案及荷叶顶、莲花座的碑形图案,碑形图案上分别写有"万花献瑞"、"鲜花老会"。

图4　首都博物馆馆藏鲜花老会会旗　　图5　首都博物馆馆藏鲜花老会会笼

6. 献茶、施茶

与献茶、施茶相关的香会有献茶会、施茶会、清茶会及粥茶会等。如赐福如意供茶老会于每月初一、初二、十五、十六等日在东岳庙育德殿前玉皇阁下设清茶姜豆便于香客解渴。① 又有集义献茶老会于每月初二、十六日备好帐子、桌凳、壶盏等物在东岳庙广嗣子孙殿北边设清茶、缘豆、红枣、酱姜以缓解寒暑之际香客渴燥。② 公议同善重整诚献清茶圣会每逢会期献供清茶于东岳庙正殿及各配殿、九天宫、慈尊庙,此后于山门内鼓楼前设立茶棚以便香客止渴。③

茶棚是香会在固定地点建立的建筑。茶棚往往提供粥茶等服务便于往来香客歇脚休息。

茶棚或借庙而设或另外搭建,其内供奉神像或神位,设香案供器供品等,悬挂二十八宿④旗及四值功曹⑤旗,并备有拜垫、桌凳茶盏等以便香客入棚参拜及喝茶休息。关于茶棚的设备,金勋先生的《妙峰山志》中有更为具体的记录:"内陈设香案供品,安坛设驾,奉元君或奉他神像。周悬红

---

① 北京图书馆金石组编:《北京图书馆藏中国历代石刻拓本汇编》第70册,《供茶会碑》,中州古籍出版社1989年版,第18—19页。
② 同上书,《献茶豆会碑》,第102—103页。
③ 北京图书馆金石组编:《北京图书馆藏中国历代石刻拓本汇编》第87册,《献茶会碑》,中州古籍出版社1989年版,第49—51页。
④ 张梦道编著:《图解道教》,"二十八宿 中国古代星相家将黄道(即太阳所经之天区)之恒星分为二十八个星座,称作二十八宿。道教奉为神灵,称每个星座各有一神,共有二十八神将,亦称'二十八宿'。"陕西师范大学出版社2007年版,第328页。
⑤ 同上书,第329页。"四值功曹 即年、月、日、时之值班天神,共四位。其职掌为专门记录天界真神之功劳,向玉帝禀奏;人间上奏天庭的表文,焚烧后也由他们呈递。"

边白布地儿旗，每旗绘一神像，共二十八面，是为二十八宿。又有四值功曹像四旗。棚口设灵官长方大旗一面、辕门方旗二面。棚门外斜插七星皂纛旗①一面，棚外两旁设摆会笼二副。棚外另设代座豆青琉璃钵形缸两座，内里注满热茶，是为劳动人饮之。棚内设八仙桌与凳子，代黄围桌。桌上摆着茶盅、盘香。棚外正中搭起杉槁架子，高三丈余。挂着铁丝制灯笼，上端八方形，每角三个一串。正中大灯一串九个，名九联灯。"茶棚有的规模大，有的小些，而规模较大的茶棚常设有客房供香客住宿。同治六年（1867）四月刘湅文书《重修寨尔峪茶棚碑》记述了妙峰山香道中道寨尔峪茶棚修葺后的规模："寨尔峪天仙圣母娘娘头道行宫设立茶棚，历年已久。甲子之初，葺山门外药王殿一间，添盖马王殿、财神殿各一间，抱厦三间，灵官殿添盖抱厦一间。"②

图6 首都博物馆馆藏《妙峰山进香图》局部，寨尔峪

　　茶棚内安坛设驾，如同神佛行宫，即具有庙宇神殿的性质。因此，香客入棚后有先参驾的规矩。民国时期的《晨报·妙峰山专辑》有相关报道："神案前左右各列一铜磬，以会中夫役之名横笨儿者，司击磬之责。此辈皆短装，穿黄布马褂，而赤一臂，黄布包覆头顶，当当然敲击铜磬，随敲随喊曰：'先参驾，来啵！后喝粥哇！'……惟香客入棚必先拜神，其名曰参驾。"③ 而各种香会不论文会、武会在进香途中遇茶棚皆须奉上知贴、行参驾之礼。

　　茶棚不仅作为参拜神佛的场所，更重要的是它为香客提供了服务，使人们在进香劳累之余有解渴饱腹之处、歇脚休息之所。

---

　　① 吴效群：《妙峰山：北京民间社会的历史变迁》，"七星纛旗，一般是黑旗帜，白火沿，二十八个火沿代表二十八宿。纛顶叫太子宫，纛须称为八万四千星斗。旗帜上画有明七星，暗七星。"人民出版社 2006 年版，第 68 页。

　　② 《门头沟地方志丛书——潭柘山岫云寺志·妙峰山志 妙峰山琐记·北京妙峰山记略》合集，张次溪撰、李新乐点校整理《北京妙峰山记略》，《净道圣会碑》，北京燕山出版社 2007 年版，第 264 页。

　　③ 北京市东城区园林局汇纂：《北京庙会史料通考》引《晨报·妙峰山专辑》（1940 年 5 月 18 日），北京燕山出版社 2002 年版，第 233 页。

以上提到的会只是文会中的一部分，各种文会尚有很多，有素供会、鲜果会、献灯会、献蔬会、献油会、献盐会、献米会、献茶盅会、献鞭炮会、粥茶会、馒首会、茶烛会、茶勺会、拜席会、拜垫会、攒香会、檀香会、白纸会、敬惜字纸会、缝绽会、巧炉会、膏药斗香会，等等。

（二）武会

"武会"又称"社火"，表演民间杂戏。"武会"分"会规以里"的会和"会规以外"的会。"会规以里"有十三种会，又称"幡鼓齐动十三档"，分别是开路会、五虎棍会、秧歌会、中幡会、狮子会、双石会、石锁会、杠子会、花坛会、吵子会、杠箱会、天平会、跨鼓会。

据说，武会所演练的器具，如飞叉、五虎棍、高跷、中幡、狮头、双石头、石锁、杠子、坛子、吵子、杠箱、天平、跨鼓皆来源于庙中的物件。隋少甫先生、王作楫先生著《京都香会话春秋》中有相关记述"开路（耍钢叉），专打神路，是为神佛开道的。五虎棍，专打人路，是为香客开道的。侠客木（秧歌），就是庙门前做木栅栏用的木棍（木板）。中幡是庙里的大旗。狮子是庙门口两旁的狮子。双石头是庙旁门木栅栏底下的石轮。杠子是庙门上的门闩。掷子（石锁）是庙门上的锁头。杠箱是为庙里装钱粮的。花坛是庙里殿内盛'圣水'用的。吵子是庙院里的钟楼。胯鼓是庙院里的鼓楼。"此外，还有相关的顺口溜儿："开路打先锋，五虎紧跟行，门前摆设侠客木，中幡抖威风，狮子蹲门分左右，双石头门下行，掷子石锁把门挡，杠子门上横。花坛盛美酒，吵子响连声，杠箱来进贡，天平称一称，神胆（跨鼓）来蹲底，幡鼓齐动庆太平。"

下面列举武会中的几种并做具体介绍：

1. 开路

开路就是耍钢叉或飞叉。开路之名一是避讳"叉"字；二是有开辟道路之意，因飞叉舞动起来有一定的危险，围观人群会自觉避让。飞叉是开路会的表演道具，叉头三股，下有几个铁环，舞动时铁环撞击发出有节奏的声响。首都博物馆馆藏文物中也有飞叉，长约150厘米，插头呈"山"字形，"山"字两侧的"竖"稍向外倾，中间的"竖"稍有突出；下面套有三个铁环（如图7）。

开路通常有五个"样鬼"，行进时在前面，表演时在后面，一般不练。金勋先生的《妙峰山志》中对此有具体描述："大鬼抹红花脸，代（戴）獠牙，挂耳环，金抹额，上加白鬼头五个，披罗汉发，上有二扁发圆光，青衣靠，腰系虎皮战裙，红裤黑靴，手执钢叉。其余四鬼均抹黑花脸，服装同前，均手执铜叉。化妆者是为门面货，技艺高超，乃为净练儿。""净练儿"

图 7　首都博物馆馆藏飞叉局部

的耍叉技术高超，人数不定，表演时有很多动作，《都市丛谈》里有相关记录："……在香会中称为'开路'，虽是一种游戏玩艺儿，非有真功夫不能成，如'套子背剑'、'戏水过桥'，以及'倒正转身'、'单打儿翘子'、'提柳（溜）'等等，要皆非溜（遛）不可。其中最难者，莫过于踢，只要杆子一打蹦儿，准保碰伤迎面骨。当年最出名者，南城为栗十、徐三、徐四、王天禄；西城为二瑞子、疯瑞子、玉四、大萧……现在售艺之王雨田，即是'开路会'中的好练儿……"而连阔如先生著《江湖行当》中也提到王雨田，"王雨田久住南横街，父为商人，他自幼就好练叉，随黑窑厂的'开路'走过些趟会，'三股子'练得最为出色（管叉调侃儿叫三股子）。"

　　此外，开路会还带有文场，即伴奏的乐队，由一个单皮鼓、一个堂鼓、"八扇铜"（两副铙、两副钹）、一副小镲组成。芙萍先生的《妙峰山》一文中对此有详细描述："它的组成共分为七部分，以一个支鼓作为乐管，他居于中心点，铺张的最美丽，是套在脖子上的一面小鼓儿，打起来好像小梆子一般，非常紧凑，全局受他一个人的指挥。一个是堂鼓，一个人背着一面大鼓，一个人在后面击打，作冬冬很巨大的声音。二鼓之外还有五面大镲，铜法相合的乐器，正名铙钹，共分两副铙，它是在两面铜片的中心点有一个凸头，可以抓住相击，发音响声宏亮，它位居于首。还有两副钹，它和铙的分别是在中心没有那个凸头，而有线穗子缠在手上相互打击，声响相同。它位居于铙的次。余者一副曰镲官儿，是两面小而且厚的铜镲，相击起来声音清脆，它位居于铙和钹的后面，堂鼓的一旁。"[①]

　　2. 五虎棍

　　五虎棍有四类，分别是式架棍、少林棍、藤牌少林棍和跟斗棍。其中最常见的式架棍又称五虎打路，主要的表演道具是齐眉棍，用白蜡杆制成，长

---

① 北京市东城区园林局汇纂：《北京庙会史料通考》引芙萍《妙峰山》，北京燕山出版社 2002 年版，第 213 页。

图 8　首都博物馆馆藏《妙峰山进香图》局部，开路

度齐眉。五虎棍会的表演内容来源于赵匡胤未做皇帝时在董家桥打五虎的民间故事。时锁金桥有董达等五虎称霸；强收行人税，赵助柴往寻五虎，互斗；郑恩（子明）卖油，见状助柴、赵打死五虎。[①]（赵：赵匡胤、柴：柴荣）关于五虎棍会，金勋先生的《妙峰山志》也有详细的描述："五虎棍化

图 9　首都博物馆馆藏《万寿山过会图》局部，五虎棍

---

①　中国京剧戏考网 http://www.xikao.com/，京剧剧目考略《董家桥》（一名：《打五虎》）。

妆八人，第一为赵太祖匡胤，抹油红三块瓦儿，黑眼瓦，眉正中描一笔金圈儿，尾尖至顶端，像形似龙，有帝王之像。挂黑满髯口……手执蟠龙棍……二为鲁郑恩，字子明，抹黑花脸……挂黑扎髯口……手执齐眉棍。第三为柴王，面如满月，白发纂，挂白满髯口……手执齐眉棍。其后五人，为董家五虎……"金勋先生提到的"鲁郑恩"即郑恩（郑子明），因性格鲁莽，人称"鲁郑恩"。

五虎棍分单练、对练、群练等。单练是开场；对练是五虎分别与赵匡胤对打，五虎分别跟郑恩对打；群练是五虎一同与赵匡胤打，五虎一同与郑恩打。五虎棍会也带有文场。

另外，香会进香参拜时，五虎棍会中扮演赵匡胤的演员不用磕头，只作揖即可，因为赵匡胤是人间帝王。

3. 中幡

中幡，又称大执事。中幡顶部有三个用布围成的伞状圆桶，按从小到大

图 10　首都博物馆馆藏《万寿山过会图》局部，中幡

依次排列，称"楼子"；楼子两侧分别斜插一面带火焰边的三角旗；下面是用细竹竿绑成的长方形框架，称"耙子"；再下面挂着用布或绸制成的幡，幡面上绣有神像，或有一说是书有会万儿（会名）及建立日期，金受申先生著《北京通》中记有一例"如'礼部大执事'写幡心，旁写'大清同治九年八月吉日建立'"。中幡的幡竿是长约五六米的粗竹筒，分量重，因此要练起来相当不易。《北平风俗类征》引《民社北平指南》中也有对中幡的描述"幡会，又名大执事，钟幡之形式，以一大竹竿为主，高可数丈，中嵌一大长布旗式，并缀铜铃，顶有小伞，重约百斤，角色耍弄幡，作种种姿势，远望之若冲天之塔，走时如遇牌楼，必掷之而过，尤为难能而可贵。"首都博物馆馆藏文物《万寿山过会图》中也绘有耍中幡的场面：中幡顶部的"楼子"外围呈红色，幡面首处有"正阳门内"四字；中幡立于练把儿肘部，似做"盘肘"的动作（见图10）。

　　耍练中幡一般从"旱地拔葱"开始，即幡放在脚面，一抬脚把幡踢起来，接着练别的套路。中幡落下时可以用头接、肘接、牙接等，因此有"脑建"、"盘肘"、"牙建"。耍时将幡竖于顶上，名曰脑建；移时，使其自移于鼻上，名曰鼻建；又移于口上，名曰齿建；渐移于肘上，名盘肘。① 因此，耍中幡是个苦差事，动作危险。中幡虽然危险难练，而好的练把儿是很多的。如天桥的宝三，金受申先生的《北京通》中有"天桥宝三本礼部大执事会友，近在天桥摔跤，兼练中幡，虽然摆地的玩意，却也是保存香会的一法"；评书艺术家连阔如先生著《江湖行当》中也提到了宝三，"天桥的摔跤场占长久了的就是宝三跤场……宝三的品行端正……并且他比别人多出戏，还耍中幡，每逢

图11　首都博物馆广场上的中幡表演

① 齐如山：《北平怀旧》合集，《北京百戏图考》，辽宁教育出版社2006年版，第322页。

年节的时候就不摔跤，耍几天中幡"。

4. 狮子

狮子会的表演内容是舞狮。狮子会分为两类，有一对大狮子的太狮会，另一种是除大狮子外还有小狮子的太狮少狮会。太狮由两人扮演，一人举狮头一人在尾部；而少狮只一人扮演。《妙峰山志》中有"练把儿穿上狮子腿联（连）脚裤，以雄黄雌蓝分之，练手非青年力大之人不能练。每狮由二人练之，前人为拿头，后人为拿尾儿（尾读椅），前后一气练成，俗称'耍大巴儿狗'……过茶棚参驾名曰'拿参'，上香时摇举头，一次为一参，须拿三参，然后按式练之。前引用布掸子为指挥，改变驾式，如走圈儿打滚儿，碎（蹲）坐喵痒，后腿弹痒，二狮同斗等等，亦甚可观。"此外，走会时还有"太狮过河须戏水，少狮遇树须上高"① 等说法。

狮子会的表演工具主要是狮头。狮子头用托纱法制成，先用泥塑一狮子头，阴干后，糊纸或细布到一定厚度，干后把泥土掏出，外面彩画油漆即成。② 首都博物馆《京城旧事——老北京民俗展》也展示着一对狮头：狮眼怒瞪、狮嘴微张，呈凶猛状；项部挂有一圈大铃铛，舞狮时铃铛会发出有节奏的响声，也是练把儿之间的"语言"，有指挥的作用（如图 12）。此外，狮头大且重，因此走会时将一对大狮头分别放置在两个大会笼内，一个大会笼一挑，由两人抬着。

图 12　首都博物馆《京城旧事——老北京民俗展》，狮头

---

① 李家瑞编，李诚、董洁整理：《北平风俗类征》（下）引《民社北平指南》，北京出版集团公司、北京出版社 2010 年版，第 696 页。

② 宋兆麟、高可主编：《中国民族民俗文物辞典》，山西人民出版社 2004 年版，第 648 页。

5. 杠箱

杠箱会是武会中规模较大的一档会，其场面较大，参与人员较多，表演内容丰富。

走会时杠箱会的队伍较长，大致的顺序是：会笼两挑，其后杠箱四抬，再后是杠箱会的主要角色杠箱官一众人等，有衙役鸣锣开道、清道飞虎旗随后，手执鞭、板、锁、棍的衙役随行，又有师爷一人，最后是杠箱官，其坐在由二人抬着一大长竹竿上，背后还有一人执伞。《北平风俗类征》引《民社北平指南》对杠箱官有形象的描述："中间有一杠子，杠箱官坐其上，红袍短须，圆翅纱帽，具滑稽之形状，不时有告状人等与杠箱官互作谐谈，语词及歌唱。"此外，杠箱官和抬竿的二人还有配合表演，抬竿人会故意左右摇摆、急走急停，而杠箱官不论他们如何"捣乱"都稳坐于上。杠箱官还会在竹竿上表演各种动作。

图13　首都博物馆馆藏《万寿山过会图》局部，杠箱

杠箱会中的主要道具是杠箱，木质，内盛献神钱粮。首都博物馆馆藏文物中也有杠箱，杠箱长70余厘米、宽40余厘米、高60余厘米；四面皆以木条分割成若干小格，格内绘有人物、花卉等图案；两侧中部均有铁环，中部稍下方（即铁环垂下时的对应之处）安有铁帽，练杠箱时铁环撞击铁帽发出响声如同伴奏（如图14）。金勋先生的《妙峰山志》中对此有详细记述："尚有房形木箱四抬，漆红色如小戏箱，盖尖形如房顶，两山尖各插黄旗一根，二

图14　首都博物馆馆藏杠箱局部

旗顶端拴铜铃一串。箱两旁有弹性软竹板儿，拴黄绒绳系于铁箱方形环上。箱之前后有端有孔，穿入四寸径、长一丈五尺大竹竿，以二人抬之，四抬用八人。第一抬二人，扮褚彪、黄天霸。第二抬二人，扮关泰、朱光祖。第三抬二人，扮季全、何路通。第四抬二人，扮秦尤、濮天球。演时，会场地方需十余丈，宽约四五丈。四抬分两行行走，由东至西往返着走。倒肩、换肩不须手扶，换肩儿有种种花招儿，箱子走起来，环子碰箱上，声音'呱哒哒，呱哒哒'。"

另外，杠箱会还肩负着一项重要任务。行香走会时，如有杠箱会参加，其他各会的献神钱粮应交予杠箱会，由杠箱官统一献供；遇茶棚时，也由杠箱会统一烧香参驾。

6. 天平

天平会，又称什不闲会。什不闲是中国传统曲艺的一种，由莲花落发展而来。薛宝琨先生的《中国的曲艺》中对此有相关阐述："流行在京津一带的莲花落则以'什不闲'的名称轰动一时，是由杂耍和说唱相互交融的曲艺形式……'什不闲'本指手脚不闲、忙乱不堪的动作。彩扮时期因为增加了鼓、板、钹、钲之类的乐器，演奏时相当红火、惹人注目，因此得名。"相声名家郭荣起、李寿增两位先生的《八大改行》中也提到："莲花落分三种，大口儿莲花落、小口儿莲花落、还有什不闲。"

图 15　《旧京社戏图》，天平①

天平会的伴奏用具主要有天平架子。天平架子高约一米，上面固定有锣、小钹及单皮鼓；整个天平架子上的乐器皆由一人演奏。此外，还有堂鼓

①　图片出自王文章主编（清末）佚名绘图《旧京社戏图》，学苑出版社 2007 年版。

一面、铙、钹等。天平会以演唱为主，经常演唱的剧目有《锯大缸》、《王小赶腿》、《墙头会》、《十里长亭》，又称"四大活"。关于演员角色，"演员一般为八位，两个男丑，行话叫'画面'的，两个女丑，行话叫'画里'的，四个俊扮女相，两个'旗头'、两个'珠头'，因为这四个人一般不参加演唱，所以也叫'样头'。"[①]

天平会在行香走会时遇到茶棚须打三参，金勋先生的《妙峰山志》中也有相关描述："至棚，打三参。进棚，会首上香，打三参，安会。群唱云：'什不闲儿鼓来，什不闲的锣额，什不闲儿的奶奶儿唱秧歌呀！唱的（得）好来你就别说好哇，唱的（得）不好你就别打锣呀！'第二节唱'金殿当头紫阁重，仙人掌上玉芙蓉，太平子朝元日，五色云车驾六龙呀！'"

7. 跨鼓

跨鼓会又称大鼓会。跨鼓会分文武两类：文会以大鼓为主，有花钹、沉子伴奏；武会以花钹为主，数量较文会多，因此又称"花钹大鼓"或"大鼓带花钹"。

图 16　《旧京社戏图》，跨鼓[②]

跨鼓会的表演道具有跨鼓、花钹、沉子[③]。张次溪先生的《天桥丛谈》中对跨鼓有具体描述："早年北京有跨鼓会，在彰仪门内白纸坊，名长年神担跨鼓老会，用击鼓者八人。鼓径约二尺，而扁。"首都博物馆馆藏文物中也有跨鼓，鼓呈扁形、漆红色，径约七、八十厘米，两侧各有一铁环，由一

---

①　郭子昇：《北京民间花会》，载张紫晨选编《民俗调查与研究》，河北人民出版社 1988 年版，第 205—206 页。

②　图片出自王文章主编（清末）佚名绘图《旧京社戏图》，学苑出版社 2007 年版。

③　沉子是挂在拐尺形架子上的小铜锣，且较一般的小锣厚。

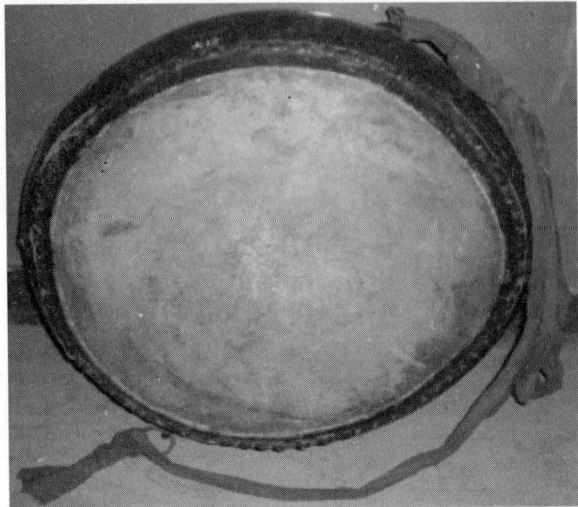

图 17 首都博物馆馆藏跨鼓

条红带连接（如图 17）。《北平风俗类征》引《民社北平指南》则是这样描述的，"鼓甚大，上嵌铁环，击之当冬作响……旁有童子二排，各执铜镲一对，互相击响，有时亦各以铜镲之单个与他人之镲任意碰响"。

跨鼓会在行香走会时遇到茶棚须打三参，金勋先生的《妙峰山志》中也有具体描述"带至棚前，打三参……入棚，会首上香，亦打三参。然后练起来，钹鼓齐鸣，幼童跳舞，二人对钹，翻跟斗、挑字形、推山子等等招数"。此外，跨鼓会还肩负着一项重要任务。行香走会时，参与的各会到齐后，跨鼓会击一遍鼓，各会便开始进行准备工作，如化妆等；等准备好后，跨鼓会再击一遍鼓，走会便开始了。还有一种说法是击三遍鼓，第一遍齐人、第二遍准备、第三遍开始走会。而以上两种说法皆可说明跨鼓会利用自身优势在行香走会时承担着发布指挥令的重要责任。

此外，民国时期又增加三档会，分别是旱船会、小车会和踏车会（自行车）。吴效群先生的《妙峰山：北京民间社会的历史变迁》一书中对此有明确的记录："民国初年'井字里'革新，把旱船、小车、自行车也容纳到里面来，就是后来的'十六档'。"

三　结语

香会是传统的民间信仰组织，既属于社会民俗范畴，也属于精神民俗范畴。而笔者在查阅相关资料时常常会被这种信仰的力量所感动。顾颉刚先生在《妙峰山》一书中将这感动写得真切："试闭目一想，在三月中，他们如何的在山前山后打平浮沙，扫除活石；一到四月初，就如何的在各条路上架起路灯，在各个站口开起茶棚；他们开了茶棚之后，如何的鞋匠来了，铜锡匠来了，施送拜垫围桌的人来了，施送茶盐的人来了。那时香客们如何的便利，一路上随处有人招待，如熟识的朋友一般。开茶棚的人也如何的便利，茶叶是有人送来的，供品设备是有人送来的，打破了的碗盏也自有人来修补的。大家虔诚，大家分工互助，大家做朋友！他们正在高兴结缘时，又如何的音乐班子来了，玩武艺的人来了，舞幡舞狮的人来了，他们眼中见的是生龙活虎般的健儿的好身手，耳中听的是豪迈勇壮的鼓乐之声。这一路的山光水色本已使人意中畅豁，感到自然界的有情，加以到处所见的人如朋友般的招呼，杂耍场般的游艺，一切的情谊与享乐都不关于金钱，更知道人类也是有情的，怎不使人得着无穷的安慰，仿佛到了另一个世界呢！"①

李超英，孔庙和国子监博物馆副馆长、副研究馆员

李杨，首都博物馆助理馆员

---

① 顾颉刚编著：《妙峰山》影印本，上海文艺出版社1988年版，第72—73页。

◇2013 年大事记

1. 2013 年 1 月 9 日，北京市文物局崔国民副局长一行到孔庙和国子监博物馆考核验收。

2. 2013 年 1 月 25 日，孔庙和国子监博物馆召开退休老干部迎新春团拜会，近 20 名退休老干部参加了团拜会。团拜会上，馆长吴志友同志首先向退休老干部通报了 2012 年博物馆的总体工作情况，重点汇报了博物馆一年来取得的成就及 2013 年的奋斗目标。

3. 2013 年 1 月 31 日，孔庙和国子监博物馆联合周边社区共同举办的迎新春联欢会在国子监彝伦堂隆重举行。安定门街道办副主任孙彤、水利规划院党委书记、孔庙和国子监博物馆吴志友馆长、国子监中学、方家胡同小学师生代表及国子监社区居民代表 140 余人参加了联欢会。

4. 2013 年 2 月 5 日，文化部党组书记、部长蔡武一行十余人到孔庙和国子监博物馆检查、慰问。国家文物局局长励小捷、北京市委常委、宣传部长、副市长鲁炜，北京市文物局局长孔繁峙等领导陪同检查、慰问。

5. 2013 年 2 月 7 日，东城区陈之常副区长一行到孔庙和国子监博物馆检查节日安全工作。

6. 2013 年 2 月 8 日，孔庙和国子监博物馆召开 2012 年度表彰暨 2013 年目标责任书签订大会。

7. 2013 年 2 月 16 日，孔庙和国子监博物馆精心安排部署，实现了"两个效益"双丰收。

8. 2013 年 4 月 16 日中午，新加坡常秘访华团一行二十余人到孔庙和国子监博物馆参观考察。东城区区委常委、区组织部部长吴松元、孔庙和国子监博物馆书记徐明陪同参观考察。

9. 2013 年 4 月 18 日，北京孔庙和国子监博物馆与柳州文庙传统文化交流活动揭幕仪式在柳州文庙隆重举行。

10. 2013 年 4 月 26 日—28 日，为期三天的宣传系统"我的梦·中国梦"宣讲比赛在孔庙和国子监博物馆隆重举行。来自宣传系统三十多家单位约 150 名选手参加了此次比赛。市委宣传部原常务副部长何卓新、市委宣传部基层处处长张爱军、宣传处处长荣大力、孔庙和国子监博物馆馆长吴志友、市委宣传部基层处副处长朱娜、北京电台播音指导冉丽、北京电视台新闻中心编辑部副主任周永萍、中国博物馆协会专业委员会秘书长于延俊等 8 人担任了此次活动的评委。

11. 2013 年 5 月 23 日，蒙古副总理特尔比西达格瓦一行到孔庙和国子监博物馆参观考察。

12. 2013 年 5 月 23 日，市科委一行到孔庙和国子监博物馆开展廉政教育与官德文化讲座，北京市科学技术委员会组织机构党员领导干部和直属单位 20 余家班子成员，约 70 余人在孔庙和国子监博物馆开展《廉政教育——官德文化》讲座。会议由市纪委驻市科委纪检组组长李京瑞主持。

13. 2013 年 5 月 31 日，国子监彝伦堂、敬一亭同时开讲座。

14. 2013 年 6 月 8 日，《孔子——圣人圣地文化展暨书画艺术精品展》在澳大利亚新南威尔士大学展出。

15. 2013 年 6 月 9 日，《孔子——圣人圣地文化展》在新加坡南洋理工大学孔子学院展出。

16. 2013 年 6 月 18 日、19 日，孔庙和国子监博物馆学术委员会年会暨中国科举研究会筹备会在敬一亭隆重召开。

17. 2013 年 6 月 28 日，北京市文物局在孔庙和国子监博物馆彝伦堂召开"纪念中国共产党诞辰 92 周年暨'我的梦·中国梦'宣讲大会"，文物局系统 200 余名党员参加。会议由郝东晨副局长主持。

18. 2013 年 7 月 18 日，"童谣中国 感悟经典"——2013 全国少儿国学文化节开幕仪式在孔庙和国子监博物馆隆重举行。

19. 2013 年 7 月 24 日，市文物局在国子监召开党的群众路线教育实践活动动员大会。

20. 2013 年 8 月 7 日，香港南区区议会北京交流团参观孔庙和国子监博物馆。

21. 2013 年 8 月 25 日，孔庙和国子监博物馆荣获第十九届亚洲旅游业金旅奖。

22. 2013 年 9 月 9 日，"国学圣地 德化天下"国学文化饕餮盛宴开席——第四届北京孔庙国子监国学文化节盛大开幕。

23. 2013 年 9 月 25 日，"中国古代官德文化展"深化设计方案研讨会召开。

24. 第四届北京孔庙国子监国学文化节自 2013 年 9 月 9 日开始，至 9 月 28 日闭幕，历时 20 天，期间陆续推出了国子监大讲堂、东城区中小学生书画作品展、国学进校园进社区、圣人·圣言·圣景书画艺术展、"风雅颂之夜"诗歌音乐会、"孔门七十二贤瓷板画暨岫岩玉雕孔子像"国学文化新景观揭幕仪式和"祭孔大典"等 18 项重点国学文化活动，各类文化活动此起彼伏，异彩纷呈，为公众奉上了一席国学的饕餮盛宴。

25．2013 年 10 月 12 日，"心系老年"孝心工程——"重阳敬老礼"孝心文化宣传活动在孔庙和国子监博物馆隆重举行。我馆及市妇联领导，区妇联、老龄办、街道居民、中小学生代表及社会家庭等近 200 人共同出席活动。

26．2013 年 10 月 30 日，诺贝尔文学奖获得者莫言先生在孔庙和国子监博物馆参加网络文学大学成立仪式暨 2013 年开学典礼。

27．2013 年 12 月 5 日，法国总理埃罗一行五十余人到孔庙和国子监博物馆参观考察，孔庙和国子监博物馆馆长吴志友等陪同参观。

◇征稿启事

　　《孔庙国子监论丛》前身为《孔庙国子监丛刊》，于 2006 年正式创刊，至今已历时八年。全馆上下一直非常重视科研工作，《孔庙国子监论丛》主要为我馆年度科研工作的论文集，不但为馆内外研究人员提供了一个学术文化平台，它也日益成为我馆展示优秀学术成果、拓展对外文化交流的重要窗口，且不断为我馆推出的各项陈列展览及大型文化活动提供智力支持。现向博物馆全体职工、社会各界及海内外相关专家学者发出征稿启事：

　　1. 稿件以孔庙研究、国子监研究、儒家思想研究、古代教育及科举制度研究、博物馆学研究等几个方面为主题。

　　2. 要求稿件观点鲜明，脉络清晰，层次分明，语言流畅。

　　3. 稿件字数原则上控制在 3000—7000 字，文前有内容摘要及关键词；引文标明出处；文末标明参考文献。

　　4. 稿件应是作者原创，若抄袭他人者，一经发现，不予录用。

　　5. 引用他人论著一定要用页下注注明作者、论著名、出版社（或期刊）、出版（或发表）时间、第几页等出版信息。

　　6. 禁止一稿多投，一经采用，即刻与您取得联系。

　　7. 每年 3 月 10 日前确定并提交论文题目，以免出现研究题目重复的现象。征稿截止时间为每年 7 月 10 日，作者按照征稿通知的要求，提交论文的电子文本（宋体小四号字）。

　　8. 研究部组织学术委员会专家匿名评审论文。委员严格按照征稿通知的要求评审论文，并标明是否录用。在不被录用的论文后，详细写出评语和不被录用的原因。

　　9. 来稿请寄：北京市东城区孔庙和国子监博物馆研究部，邮编 100007

　　电子邮件：149238703@qq.com　　　电话：010－64065795

　　联系人：常会营

孔庙和国子监博物馆研究部

2013 年 11 月